내적 증거로 읽는 요한계시록

아멘! 주여, 오시옵소서

내적 증거로 읽는 **요한계시록**

아멘!
주여
오시옵소서

REVELATION to be Read as Internal Evidence

김경태 지음

다산글방

차례

차례

저자 서문

요한계시록에 대한 수많은 연구가 있었지만 성경의 대부분의 주석들이 점차 통일성을 갖추어 가는 추세와 달리 요한계시록은 각 연구마다 해석을 서로 달리 하는 혼란이 여전히 상존하는데, 이는 계시록의 해석에서 성경의 자증이나 내적 증거에 충실하기보다는 문자적이거나 과도한 상징적 해석이 그 배경으로 작용하고 있다. 이러한 배경에는 요한계시록의 기록시기와 관련하여 잘못된 전승에 근거한 AD 90년 이후의 저작이라는 전통적인 이해에 의존하는 것도 자리하고 있다. 비록 최근에 개혁주의에 의한 일부(부분)과거주의 관점의 등장이 고무적이긴 하지만, 요한계시록이 구속사의 성취로써 즉 새 창조 역사로써 복음에 의한 옛 법의 심판이라는 대 주제적인 해석에 이르지 못하는 점에서는 이 관점 또한 크게 다를 바가 없다고 할 수 있다.

요한계시록의 수신자는 명시적으로 일곱 교회가 분명하지만 그 너머에 하나님을 떠나 스스로 하나님 없는 낙원을 건설하려 했던 아담을 상징하는 율법 아래의 유대인들과 세상임을 간과해서는 안 된다. 이것은 오늘 날 거룩하고 흠 없는 하나님의 말씀이 독사의 자식들에 의해 오독을 당하는 현실과 무관하지 않다.

요한계시록의 미래주의 종말론의 가장 큰 함정은 새 언약 교회에 직면한 현실로부터 먼 미래의 일로 이완시킨다는 것이라 할 수 있다. 말씀에 대한 잘못된 이해는 세대종말론이 지나치게 심판의 긴박성을 호도한 것과 달리 미래주의는 지나치게 이완된 관점에서 교회의 보장된 승리를 말함으로써 자초하는 위기라 할 수 있다. 현대의 새 언약 교회는 1세기 유대인들보다 더 심각한 우상숭배에 빠져 있고, 도처에서 목도되는 다양한 환경적인 변화는 성경에 약속된 징조들로 받기에 부족함이 없을 만큼 영적으로도 시급한 때임이 분명하다. 그러므로 요한계시록의 강론은 어느 때도 시의 적절한 것이었지만 지금은 시기적으로 더 없이 긴요한 때라 할 수 있다.

요한계시록에서 새 하늘과 새 땅 및 새 예루살렘의 건설 곧 새 창조는 첫 사람 아담의 반역으로 하나님의 불가분의 수정된 역사가 아니라 하나님의 원 예정 안에 있었던 선재적인 역사의 성취물이며, 신약 성경의 예언서로서 단지 역사지 말에 있을 사건들을 계시하는 것이 아니라 에덴동산으로부터 시작된 첫 언약에서 파생된 모든 언약들의 갱신의 종착지이다. 또한 어린 양의 희생제의에 함축된 새 언약의 절정이자 신구약 성경의 저수지로서, 모든 수신자들에게 심판의 당위성과 믿음의 인내에 대한 당위성을 각각 계시하고 있다. 요한계시록은 새 언약 교회로 하여금 소망과 확신이라는 신앙의 바른 태도를 알림과 동시에, 메시아 언약 안에서 옛 법 아래에 속한 것들의 심판과 메시아 안에서 구약 교회의 승리 및 새 법 아래에서의 '최후심판'과 그리스도 안에서 새 언약 교회의 '최후승리'라는 두 가지 핵심 주제 위에서 전개된다.

수많은 요한계시록의 저작들이 넘쳐나지만 최근에 **이필찬** 교수(이하 이필찬)의 주석에 이어 **그레고리 K. 비일**(이하 Beale) 교수의 주석이 번역본으로 소개되어 국내의 기독교계에 상당한 권위와 영향력을 끼치고 있다. 그러나 요한계시록의 연구에서 **제임스 B. 조르단**(이하 Jordan)을 빼놓을 수는 없다. 필자는 개인적으로 요한계시록의 권위 있는 주석으로 주저 없이 이 세 사람의 책을 추천할 것이다. **이필찬**은 세밀함에서, Beale은 연구의 폭과 깊이의 측면에서 반면, Jordan의 연구는 깊은 통찰력을 제공하는 측면에서 그러하다. 하지만 이 영향력 있는 신학자들의 연구의 공통적인 아쉬움은 요한계시록의 단락의 이해와 연구의 깊이에 비해 계시록의 전반적 맥락의 이해에 어려움과 저자의 의도와 다른 결론에 도달한다는 난제는 여전히 상존한다는 것이다.

필자의 연구는 내적증거에 근거하여 요한계시록의 한 이레의 절반, 네 생물과 24장로, 십사만 사천과 셀 수 없는 무리, 여자(어린 양의 신부와 아내), 큰 두루마리와 작은 책, 그리고 세 심판 시리즈의 이해 등에서 이들과 견해를 달리한다. 무엇보다 요한계시록의 삼위일체에 대한 의도적인 계시에 대하여 모두가 강조하지 않는 것은 참으로 이해하기 어려운 부분이다. 요한복음에서 사도 요한의 삼위일체 신학은 이 계시를 모판으로 하는 것이 분명하나 결코 요한계시록만큼 표면적이지는 않다. 그것은 그가 구원을 얻게 하려던 동족 유대인들에게는 아주 위험한, 그러나 그들에게 반드시 이해되어져야만 했던 계시의 핵심이었다.

필자의 본 주석은 이들의 주석서에서 특히 Jordan의 연구에 많은 빚을 지고 있다. 필자는 그들처럼 신학적인 깊이가 없을 뿐더러 그들의 학문적인 이해의 폭에도 크게 미치지 못하는 무명의 목회자에 불과하다. 하지만 그들의 교부 전승에 기초한 미래 종말론적 읽기는 성경의 내적증거와 상충하는 까닭에 요한계시록은 여전히 신학자들만의 책으로 남아 있다. 이를 해소하기 위해 전체 맥락의 이해에 초점을 두고 성경을 연구하는 학생들 특히 평신도들의 계시록 이해를 돕고자 이 책을 준비하였다.

본 책의 제목은 사도의 마지막 청원에서 차용하였는데, 그의 마음을 사로잡은 우리 주님의 사랑이 독자들의 모든 마음에서 저자와 하나 되기를 필자가 희망하기 때문이다. 만일 이 책이 독자들에게 한 줄기 영감을 준다면 단언컨대 그것은 성령님의 몫이 분명하다. 집필 내내 노구를 간섭하시고 감동케 하신 것에 턱없이 부족한 필력에 대한 아쉬움이 독자들에게 고스란히 전달되기를 바라는 마음이다.

김경태

서론

1. 요한계시록의 배경

1) 저작 시기

요한계시록의 저작 년대는 그동안 교부시대의 전승에 근거하여 도미티아누스의 통치 기간인 AD 95년경으로 읽는 후기 저작설과, 네로 황제(이하 네로)의 죽음 직후 베스파시안 황제의 재위 때인 AD 68년경으로 읽는 초기 저작설[1]로 대분되는데, 저작 시기의 이해는 내용의 해석적 맥락에 많은 차이를 발생시킨다.

요한계시록의 기록 시기는 작금에도 많은 논란이 있는데 이것은 계시록의 이해에 있어서 매우 중요한 문제이기 때문에 면밀한 연구와 분석을 필요로 한다. 특히 요한계시록과 요한복음의 저작 순서를 반대로 인식하는 보편적 오류는 요한계시록의 본문 읽기에서 많은 혼란을 자초하는 요인 중 하나임이 분명해 보인다. 물론 이것은 한국 교회의 정서일 뿐 현대 세계 유명 주석가들의 인식은 빠르게 전환되는 추세이다.[2]

요한복음이 요한계시록보다 앞서 기록되었다는 인식은 계시록의 '늦은 저작설'이 더 지배적인 지지를 받았다는 단정적인 사례로 볼 수 있다. 이 같은 경향은 이방교회(새 언약 안에서 이방은 존재하지 않지만) 중심적으로 성장해 온 신학의 영향력 때문이다.

하지만 저작 시기는 현대인들의 논쟁과 무관하게 하나님의 계시였다는 측면에서 그리고 무엇보다 언약의 성취라는 측면에서 선행적인 이해를 요구한다. 후기 저작설은 대체로 요

---

1) van der Waal and J. M. Ford; Robinson, Redating the New Testament, 221-53; Rowland, Open Heaven, 403-13; Bell, "Date of John's Apocalypse"; Gentry, Before Jerusalem Fell.

2) D. A .Carson, The Gospel According to JOHN, 서론, 68-81쪽, PNTC.

한계시록을 미래종말론의 관점에서 그 수신자를 새 언약 교회로 읽는다. 하지만 주석학적 관점에서 요한계시록은 구약 언약의 성취로써 말라기 이후에 위치해도 전혀 어색하지 않을 수 있다. 특히 일차 수신자가 유대인일 경우 더욱 그렇다. 동시에 해석학적인 관점에서 그 책은 현재의 성경의 위치에 놓이는 것이 합당하다 할 것이다. 만약 저작시기를 후기로 여긴다면 '속히 될 일'은 과도한 해석을 요구받지만, 전기라면 그것은 단지 내적증거로써 본문증거에 지나지 않는다.

또한 그의 복음서가 계시록보다 기록이 앞선다면 요한이 복음서에서 스스로 '그의 사랑하시는 제자'라는 익명을 자신감 있게 사용할 수 있었던 근거를 찾아야 한다. 하지만 그가 부활하신 주께로부터 그의 남겨진 사명 곧 계시록을 기록하도록 남겨졌다는 사실을 확인 받았기 때문이라면 그 이유와 기록 시점은 충분한 설명이 된다.

필자는 개인적으로 그가 환상의 계시를 통해 받은 네 생물이 주는 영감을 인하여 그가 이미 공관복음의 존재를 알고서도 보충적으로 그의 복음서를 기록할 수밖에 없었던 근본적인 동기가 되었을 것으로 본다. 그의 계시록이 임박한 환난을 경고함으로써 배도한 유대인들을 회개하도록 촉구(주의 뜻대로 오직 들을 귀 있는 자에게)하고, 동시에 그리스도 안에 있는 형제들로 하여금 하나님의 나라를 위하여 환난과 인내를 격려한 것이라면, 요한복음은 AD 70년의 그 재앙이 닥친 후에도 여전히 깨닫지 못하고 남겨진 유대인들을 향하여 기록된 것이라는 D. A .Carson(이하, Carson)의 주장은 매우 설득력이 있다 할 것이다. 예수 그리스도는 '내가 친히 가리라'(출 33:14)고 말씀하셨던 그 여호와께서 이 땅으로 성육신하여 오신 그 여호와시며, 비록 너희가 그를 십자가에 못 박히도록 내어 주었지만, 그것은 하나님께서 미리 정하신 것인바 하나님은 여전히 너희를 긍휼히 여기시며, 회개하고 주 예수를 믿으라고 촉구한다는 것이다.

이것은 주께서 이스라엘 곧 자기 백성을 얼마나 사랑하시는지 1:7-8의 함축적인(이스라엘을 핍박하는 열국을 철장으로 파하고 구원자로 오신 메시아에 의해 시작된 종말과, 유대인이 그를 배척하고 찌른 것을 회개하고 구속될 마지막 기간. 참조, 슥 12:10, 마 24:30) 선언에서 잘 드러난다고 할 수 있다 (거기 주석 참조).

따라서 요한계시록의 저작 시기가 이른 저작설을 뒷받침하는 하나의 자증적인 사례 가 첫 장 첫 구절에서 이미 함축적으로 제시되었다고 할 수 있는데, 거기에는 'δεῖ ἐντάχος γίνομαι-데이 엔타코스 기노마이, 반드시 속히 될 일'이라는 계시의 긴박성 때문이다. 이것은 요한계시록을 미래주의적인 관점으로 읽으려는 시도들로부터 멀리 떨어져 있다.

2) 기록 목적

요한계시록의 기록 목적은 부활하신 주께서 친히 '반드시 속히 일어날 일들을 그 종들에게 보이시려고' 한 것에서 기원을 갖는다. 이 책이 기록될 당시에 교회는 유대교와 로마 당국으로부터 박해를 받고 있었던 까닭에 '그리스도의 승리에도 불구하고 환난이 지속되는 까닭은 무엇일까?' 에 대한 질문에 대하여 일반적으로 그 기록 목적을 신앙의 강화와 위로에 초점을 두고, 동시에 현대 교회에도 동일한 교훈과 경고로서 적용시키려 함에 있다.

현대 교회는 그리스도의 승리를 '이미 그러나 아직' 으로 잘 이해하고 있으며, 교회가 '아직' 이라는 때까지 하나님의 영광을 위해 충성된 증인으로서 끝까지 '인내하며 살라' 는 권고로 받고 있다(물론 과거주의적인 관점에서는 하나님의 은혜를 배도한 이스라엘의 심판을 교훈 삼아, 교회는 이 배도를 반복하지 않도록 경고를 받아야 한다).

당시 사도들은 주의 재림이 임박했다는 관점을 공유한 것으로 보인다(벧후 4:7, 빌 4:5, 히 10:25, 약 5:8, 고전 7:29, 계 1:3, 22:20). 이것은 하나님께서 정하신 때를 기다리는 현대에서도 오직 충성된 증인들만이 가지는 동일한 관점이라 할 수 있다.

'교회의 인내' 라는 주제의 핵심적인 맥락은 '이미 그러나 아직' 의 상태에 있는 교회(유대인과 이방인)로 하여금 우상 숭배와 세속과 타협하는 영적 무감각에서 떠나 새 언약을 지킴으로써 죄와 함께 멸망되는 것으로부터 피하라는 것이다. 교회는 하늘 성소와 축을 이루어 서 있는 새 예루살렘 성의 모형으로서 세상 가운데서 새 창조 질서의 중심으로서 존재해야 하며, 그것이 교회가 이 세상을 하나님의 영광으로 가득 채우는 일이므로 요한계시록이 요구하는 그 기록 목적의 결론은 맡겨진 그 증인의 사명을 '감당하라!' 는 것이다.

2. 저작설 논증

1) 초기 저작설

초기 저작설은, 요한계시록의 저작 시기를 예루살렘 멸망 직전의 인근 년도에 기록된 것으로 보는데, 이 같은 관점은 초대교회의 불분명한 사료들보다는 성경의 내적 증거를 근거로 하는 학자들의 주장이다.

이 학설에 의하면 요한계시록은 일차적으로 AD 70년 예루살렘 멸망을 계시하고 있으며, 그 실현된 종말론을 통하여 하나님의 정하신 때에 나타날 미래 우주종말론적인 최후 심판을 직시하며 준비토록 하는 것으로 이해한다.

필자가 이른 저작설을 지지하는 요소 중 하나는 성경이 창조의 책이며 그 창조의 핵심이 하나님의 형상을 따라 사람을 만드는 것을 목적으로 한다는 가장 표면적인 진리에 기초한다(창 1:26-27). 이것은 성경에서 비롯된 '시작과 끝'의 직선적인 기독교 세계관에서 옛 창조는 새 창조의 모형으로서 시작에 불과한 것이며 완성과 성취라는 종착지를 내포하고 있음을 짐작케 하는데, 구약 선지자들에 의해 지속적으로 계시되어 온 언약으로서 메시아의 왕국의 종착지는 어디인가?

다니엘은 이스라엘이 하나님께 심판을 당한 것과 그럼에도 그들을 다시 구속하신 은혜에도 불구하고 그들은 여전히 우상을 포기하지 않음을 인하여 짐승들에 의하여 정복되는 환상 안에서 인자 같은 이에 의해 세워질 영원한 나라를 보았다.

경건한 유대인들은 선지자들의 글을 통해 오실 메시아와 그의 나라를 소망으로 삼았지만, 불경건한 대부분의 유대인들은 종교권력으로서 세상 가운데서 자신들의 이름을 빛낼 다윗의 왕국의 영화를 소망했다. 그들은 하나님의 언약보다 권력을 더 사랑했기에 거룩한 곳에 가증한 것(안티오쿠스의 신상)이 들어서는 것을 허용했다. 이것은 1세기 로마의 통치 아래에 있던 유대인들에게서도 반복되었다. 놀랍게도 대제사장과 종교지도자들을 앞세운 그들은 메시아 앞에서 자기들의 왕은 예수가 아니라 가이사라고 천명했다(인 심판). 그들이 메시아 예수를 '성전을 허물고 사흘 만에 다시 세우리라'는 말씀을 신성모독이라는 죄목을 씌워 십자가에 달도록 빌라도를 협박하는 시위를 벌였고 마침내 뜻을 이루었다. 하지만 주께서 장사된 지 사흘 만에 부활하시고 승천하심으로서 새 창조의 서막이 열렸다. 그리스도는 지상의 교회와 택한 자들을 위하여 성령을 보내시어 새 언약 안에서 새 창조의 역사를 펼치신다(나팔 심판).

요한계시록의 새 창조에서 귀결되고 있는 것은 첫 사람의 타락으로 인해 무너진 옛 창조 질서가 결코 새 창조 질서 안으로 유입될 수 없는 까닭에 심판이라는 정결이 선행되어야 함과 그것이 에덴동산의 반역을 모형으로 하는 우상숭배의 성과 대로서 예루살렘을 가리킨다는 사실에서 요한계시록의 이른 저작설은 마땅히 지지를 받아야 한다.

새 창조는 간략히 에덴동산에서의 모든 반역적인 요소들을 다 멸하고 하나님의 사랑과 은혜에 즐거이 순종하는 자들로만 구성된 새 예루살렘을 만드는 것이다(참조, 롬 1:5). 그것은 하나님의 언약에 근거한다. 메시아 언약 안에서 이스라엘의 구원이 보장되었기에 그 언약은 옛 언약의 성과 대였던 예루살렘의 멸망과 더불어 소멸된다(대접심판). 따라서 그리스도의 새 언약 안에 있는 새 창조에는 죄와 그것에 속한 어떠한 불의도 참여할 수 없기에 심판은 필수적이라 할 수 있다.

따라서 요한계시록이 임박한 예루살렘의 멸망을 앞두고 기록되었다는 이른 저작설은 요한계시록을 이해하는데 필수적인 관점을 제공한다. 이것은 교부들의 전승에만 의존하는 늦은 저작설과 다르게 성경의 내적증거로 가득하다는 사실에서 더욱 지지를 받는다. 필자는 Beale과 이필찬이 그들의 깊고 방대한 연구에도 불구하고 성경의 맥락과 다른 결론에 도달한 것은 이 관점 차이에서 비롯되었다고 생각한다.[3] 미래주의자들은 요한계시록을 실현된 종말론에 비중을 두기보다 미래 종말론에 비중을 두기 때문에 심판의 대상을 불신자로 읽는 우를 범한다. 하지만 주님의 말씀처럼 그들은 믿지 않음으로 이미 심판을 받은 것이기에 결코 계시록의 주제가 될 수 없다. 그들의 종말은 단지 20장의 백 보좌 심판과 둘째 사망에서 심판 받음의 당위성이라는 측면에서 잠시 언급될 뿐이다. 계시록의 수신자는 오직 교회와 유대인들이다.

그러므로 속히 이루어질 일로서의 '장차 있을 일'은, 그리스도의 재림과 그 이후의 교회의

---

3) 초기 및 후기 저작설에 대한 Beale의 이해는 온전한 균형을 이루고 있다. 그럼에도 그는 "한 마디로 말해서 초기 저작설이 옳을지도 모른다. 하지만 내적 증거(?)는 이레니우스에서 기원한 확고한 전통보다 비중이 있다고 할 만큼 충분하지 않다"는 스위트의 결론을 인용한다.

영광까지를 내포하는 것은 분명하지만, 주석적으로 볼 때 계시록의 핵심적 요소는 AD 70년의 임박한 멸망에 초점을 두고 유대인의 회개와 교회의 인내를 촉구하고 있음을 부인할 수 없다.

대부분의 신학자들이 계시록을 교회의 승리에 대한 기록으로 강조하면서도 새 창조가 반드시 옛 창조에서의 반역적인 요소의 심판을 필수로 한다는 사실과 그것이 곧 승리라는 이면을 간과한다. 만약 늦은 저작설이 옳다고 가정하면, 교회사적으로 너무나 중요한 AD 70년의 예루살렘 멸망 사건을 요한계시록에서 언급하지 않은 이유가 설명되어야 할 것이다. 성경은 유대인의 관점에서 기록되어 세상에 주어진 것이므로, 거듭난 유대인의 관점에서 그리스도의 부활은 율법의 마침을 증명하는 것이었다. 따라서 부활하신 주께로부터 요한에게 주어진 계시에서 '반드시 속히 있을 일'(계 1:1)은 임박한 심판(유대인들이 납득하기 어려운)이었고, 그 후에 교회에 주어질 천년왕국(계 20장) 역시 현대 교회의 전유물이 아닌 환난 중에도 가져야 할 당시대 교회의 소망이었음은 두 말할 것도 없다.

사도시대 교회에서 천년왕국은 미래의 소망으로 해석되었으나(가장 큰 오해는 왕국이 주의 오심과 더불어 시작되지만, 그것을 역사적 종말의 때로 받아들인 까닭에), 현 시대 교회에서 천년왕국과 관련된 신학 충돌은 엄밀히 계시록의 저작시기의 이해와 맞물려 있으며, 이러한 오해들은 교회로 하여금 그리스도의 승리를 여전히 미완성의 것으로 만들고 또한, 교회의 영적전투를 심각하게 왜곡하는 결과를 빚었다. 그 대표적인 사례가 복음전파와 영적전투를 같은 것으로 오해하는 것이다. '복음전파와 영적전투'는 그리스도의 승리를 바탕으로 한다는 점에서는 동일하나 전자는 예정된 미래에 대한 공동체적인 사명이고 후자는 개인의 성화를 지칭할 뿐이다.

마 24:14에서 예수의 **"이 천국 복음"**은 그가 공생애에 전파한 '왕국복음'이며 제자들에게 "이스라엘의 잃어버린 자"에게 전파하라고 하신 그 복음을 의미한다. 그리고 이것은 누가의 행 1:8에서 **"되리라"**와 더불어 예정된 미래에 관한 것이지 결코 제자들의 복음전파 사역에 의해 왕국의 도래 시기가 결정된다는 책임을 지우는 것이 아니다. 이러한 오해는 **"그제야 끝이 오리라"**와 연결시켜 '천년왕국의 도래 시점'이 선교하는 단체나 교회의 손에 달려있거나, 그들의 믿음의 헌신에 대한 보상으로서 주어지는 것쯤으로 만들었다. 그러나 교회는 그리스도의 승리에 조력하는 자가 아니라 그리스도의 승리에 참여하는 자들일 뿐이다. 이 사명이 '모든 족속'으로 확장되는 마 28:19-20에서도 그것은 제자들에게 수고의 짐을 맡기는 것이 아니라 주의 부활과 승천으로 이미 시작된 새 창조. 곧 그리스도의 십자가와 부활로 말미암아 도래한 천년왕국에서 세상을 통치하도록 주어진 권세를 제자들에게 부여하시는 것으로, 제자들의 사명 완수가 천년왕국을 가져오는 것이 아니다.

이 천년왕국이 그리스도의 지상 재림(물론 이것을 성령의 강림으로 이해한다고 해도) 이후에나 시작된다는 전 천년설은, 요한계시록 19장의 혼인잔치와 21장의 새 하늘과 새 땅(및 새 예루살렘) 사이에 천년왕국(20장)이 위치하고 있다는 문자적 해석을 근거로 한다. 또한 후 천년설은 그 왕국이 재림 이후에나 주어질 것으로 읽는데, 그렇다면 두 학설은 모두 그 해석의 옳고 그름을 떠나 그리스도의 왕국은 아직 이루어지지 않은 것이고, 결국 그리스도의 승리도 '아직'으로 만든다. 이것은 엄밀히 주의 십자가와 부활은 인정하되 그 의미를 인식하지 못하는 것과 같다 할 것이다.

복음전파나 선교사역은 천년왕국에서 주의 왕국 백성들이 땅을 다스리는 권세이며, '그리스도의 남은 고난'은 능동적인 기쁨이지 결코 수동적인 의무가 아니다.[4] 그것은 신자가 아들의 형상을 닮기 위한 과제로써 천년왕국 동안 그리스도께 받은 권세를 가지고 성령 안에서 죄를 징치하는 영적전투와는 별개의 국면이다.

구약에서 이스라엘의 출애굽은 40년간의 광야생활 여정이 가나안에 입성하고 정착한 것으로 종결되는 것이 아니라, 법궤가 시온에 안착함으로서 비로소 구원의 언약에 대한 모형이 성취되듯이, 교회사적으로 메시아의 사역은 공생애 3년으로 성취되는 것이 아니라, 십자가의 죽으심과 부활의 영광으로 승천하셔서 하나님의 우편 보좌에 앉으심으로 성취되고 종결되는 것이다. 따라서 '이른 저작설'의 관점에서 유대인의 심판 즉 옛 언약의 종결은 예루살렘의 멸망과 더불어 성취된다고 보는 것이다. 즉 오순절 성령의 보내심은 메시아 사역의 성취를 입증함과 동시에 교회시대의 새로운 언약의 지평이 열리는 전환점을 시사한다.

부활하신 후 40일을 지내신 것은 우연한 기간이 아니라, 광야 40년의 성취라는 상징적 관점에서 누가가 기록하고 있는 것이다. 그렇다면 공생애로부터 40년이 경과한 시점 또는 애굽에서 부르심을 받은 지 70년이 되는 시점인 AD 70년은 사도시대 교회의 30년이 곧 여호수아가 요단을 건너 가나안에 들어간 역사의 반복이란 맥락에서, 이 심판은 새 왕국으로의 입성 곧 천년왕국의 시작을 의미하는 것이라 할 수 있다. 이것은 구속사의 그림자가 메시아에 의해 현실적으로 전개된 역사라는 사실을 함축하고 있는데, 이것은 예언의 성취라는 언약 신학적 관점

---

4) 롬 5:3, 8:18, 고후 1:5-7, 7:4, 살전 1:6

에서도 매우 주요한 요소다.[5]

조르단의 이러한 관점은 요한계시록을 이해하는데 매우 명료한 시각을 제공한다. 만약 계시록을 미래적으로만 읽는다면 메시아의 승리는 아직도 미완성이 되고, 천년왕국 또한 미래적이며, 교회는 승리를 누리기보다는 여전히 소망에 대한 기다림의 시간 안에 갇히게 될 것이다. 이것은 미래주의자들의 가장 큰 약점의 하나로 19장을 17-18장에 이어지는 전쟁으로 해석하게 된 배경이다.

요한을 비롯한 모든 사도들의 메시아 사역에 대한 공통적인 관점은 '이미 그러나 아직'이었다. 그렇다면 성도의 믿음과 인내는 이것을 근거로 요구되고 있다고 할 것이다. 그러나 '아직'은 메시아 사역의 불완전함이나 미완성을 뜻하는 것이 아니라, 새 언약 교회의 영적 전쟁과 재림 시에 성취될 영화가 아직 남았다는 의미이다. 그러므로 새 하늘과 새 땅은 장차 이루어질 미래로서의 '아직'이 아니라 하늘에선 이미 완료되었다. 즉 새 하늘은 그리스도의 승천으로 반역한 천사들이 땅으로 쫓겨남으로서, 그리고 새 땅은 성령의 오심을 인하여 이미 성취된 것이다(슥 14:5). 이것은 천년왕국의 시작이다(슥 14:9). 그러나 계시록에서 새 하늘과 새 땅은 백마를 탄 예수 곧 승리한 그리스도에 의한 통치와 다스림으로서 천년왕국이 끝날 때까지 새 예루살렘과 더불어 여전히 '아직'에 속한다(따라서 천년왕국설에 대한 필자의 성경적 이해는 무천년설 또는 시작된 천년설이다. 여기서 '무'는 천년이 문자적이지 않다는 뜻이다). 기록 당시의 관점에서 짐승들과 음녀의 심판은 미래적이었고, 현대 교회에는 용과 사망의 최후 심판이 아직 미래적이며, 주의 재림의 때까지 이 땅에서는 정하신 그 때까지 천년왕국은 진행 중이고 '아직' 안에 있는 것이다.

따라서 요한의 계시는 '새 하늘과 새 땅'에 대한 언약의 성취로서 곧 새 창조는 옛 창조의 완전한 심판이 필연적임을 시사하고, 천년왕국 시대는 다윗 언약의 관점에서 솔로몬 이후로 전개되는 열왕들의 기록이 모형으로 주어졌다면, 그리스도 예수 안에서 통치되는 교회 시대가 그 실체임을 볼 때 계시록의 맥락과 부합되는 것은 이른 저작설의 관점이 옳다고 할 수 있다(이른 저작설과 과거주의의 관점은 같은 것이 아니다).

---

5) James B. 조르단, "계시록의 구속사적인 연구"

(1) 내적 증거

① 이단교리

일곱 교회에 나타났던 이단들은 사도시대 초기와 중반(AD 70년 이전)에 있었던 일이었으므로 늦은 저작설(AD 90년 이후)의 관점에서는 이일은 현재가 아니라 이미 있었던 일이 되어야만 한다. 하지만 성경에서(행 15:20,29 계 2:15, 2-3장) 이것은 '지금 있는 일'로 제시된다.

● 발람의 교리 – 계 2:14, 벤후 2:15, 유다 11, 고전 8장, 마 24:11
❷ 니골라당의 교리 – 계 2:6(에베소교회, 버가모교회), 14-15, 20

② 거짓교사

내가 네 환난과 궁핍을 알거니와 실상은 네가 부요한 자니라
자칭 유대인이라 하는 자들의 비방도 알거니와
실상은 유대인이 아니요 사탄의 회당이라 [계 2:9]

보라 사탄의 회당 곧 자칭 유대인이라 하나 그렇지 아니하고
거짓말 하는 자들 중에서 몇을 네게 주어 [계 3:9]

예루살렘 공의회(AD 49년)는 거짓교사들 때문에 열렸으므로 이일 또한 '지금 있는 일'이지만 늦은 저작설의 관점에선 당연히 과거의 사건이 되어야만 한다.
바울 서신에 의하면 사도시대의 교회를 괴롭힌 초기 이단은 유대교로부터 파생되었음을 알 수 있는데, 이 서신서(갈라디아서: AD 56, 골로새서: AD 62, 디모데전서: AD 65)들의 기록에서 언급되는 거짓교사는 "지금 있는 일"이다. 여기서 "다른 교훈을 가르치는 것"과 "끊임없는 신화와 족보에 착념하는 것"과 '일곱 교회를 미혹하는 자들의 사건'은 서신서의 기록 년대와 견주어 볼 때, 네로 시대(AD 54-68)가 되고 늦은 저작설의 배경이 되는 도미티아누스(AD 81-96) 시대의 정황들이 아니다.

● 옛 창조– 에덴동산의 거짓선생 (신 13:2-6).
❷ 새 창조– 말세에 거짓 선생들 (마 24:11, 막 13:22, 벤후 2:1).

③ 주님의 예언

주님의 예언들은 성전 밖 마당을 밖으로 던지고 측량하지 말라는 단 8:11의 성취적 사건이다.

그들이 칼날에 죽임을 당하며 모든 이방에 사로잡혀 가겠고 예루살렘은 이방인의 때가 차기까지 이방인들에게 밟히리라 [눅 21:24]

성전 바깥마당은 측량하지 말고 그냥 두라 이것은 이방인에게 주었은즉 그들이 거룩한 성을 마흔두 달 동안 짓밟으리라 [계 11:2]

대답하여 이르시되 너희가 이 모든 것을 보지 못하느냐 내가 진실로 너희에게 이르노니 돌 하나도 돌 위에 남지 않고 다 무너뜨려지리라 [마 24:2]

사료에 의하면 실제 AD 70년에 큰 지진이 있었고 모두 무너졌으며 주님의 예언은 이 사건이 일어나기 직전의 상태를 말씀하신 것임이 분명해 보인다.

내가 진실로 너희에게 이르노니 이것이 다 이 세대에 돌아가리라 예루살렘아 예루살렘아 선지자들을 죽이고 네게 파송된 자들을 돌로 치는 자여 암탉이 그 새끼를 날개 아래에 모음 같이 내가 네 자녀를 모으려 한 일이 몇 번이더냐 그러나 너희가 원하지 아니하였도다 보라 너희 집이 황폐하여 버려진바 되리라 [마 23:36~38]

④ 순교자들

계 7장에서 11장까지의 순교자는 역사적으로 예루살렘 멸망 전에 특히 로마 화재 사건과 관련한 네로의 고의적인 박해를 배경으로 하고 있다(계 11:8).

⑤ 짐승의 일곱 머리와 열 뿔

또 일곱 왕이라 다섯은 망하였고 하나는 있고 다른 하나는 아직 이르지 아니하였으나 이르면 반드시 잠시 동안 머무르리라 [계 17:10]

요한의 짐승 묘사에서 다니엘서의 예언 방식을 취하고 있지만, 다니엘서의 짐승은 바벨론, 메대, 바사. 헬라(안티오쿠스 4세)까지이고, 바다짐승 로마에 의한 AD 70년 예루살렘의 멸망은 이것의 평행적인 인용일 뿐 로마는 후기 예언서인 스가랴서(1:18, 21)의 네 뿔에서 발견된다.

⑤-1. 일곱 짐승
❶ 다섯은 망하였고 - 앗수르, 바벨론, 메대, 바사, 헬라
❷ 하나는 있고 - 로마헬라
❸ 다른 하나는 아직 이르지 아니하였으나 – 사탄적 로마(미래주의자들의 주장과는 달리 이것은 도미티아누스 황제 개인을 지칭하는 것이 아니다).

⑤-2. 열 뿔
❶ 아우구스투스(BC27-AD14) 1대 황제
❷ 티베리우스(AD14-37)
❸ 칼리굴라(카이우스, AD37-41), 성전에 자기 신상을 세우려고 시도.
❹ 클라우디우스(AD41-54), 행 18장, 고린도의 총독 갈리오(델피 비문).
❺ 네로(AD54-68)
❻ 갈바, ⑧ 오토, ⑨ 비텔리우스 - 세 명의 군인들(가이사가 아님)
❼ 베스파시안(AD69-79) - 내적 증거(밧모섬 유배)
결국 바다짐승은 AD 70년에 티토 장군의 예루살렘 정복으로 끝이 난다.
* 따라서 열 뿔들 중 나머지 세 뿔은 헤롯 왕조로 읽어야 다니엘서와 평행적이다.
❽ 티투스(AD79-81)
❾ 도미티아누스(AD81-96) – 이레니우스 전승(밧모섬 유배)
❿ 네르바(AD96-98)
* 트리야누스(AD 96-117) - 사도요한 사망
(일부 신학자들은 '갈바' 대신에 트리야누스를 10번째에 둔다).[6]

필립 샤프는 그의 교회사에서 요한이 '네로 치하에서 밧모로 유배되었고, 그곳에서 네로가 죽은 직후인 주후68-69년에 계시록을 썼고, 그 뒤에 에베소로 돌아가 몇 년 뒤에 요한복

6) James. B. 조르단, 계시록의 구속사적 연구, 187p, 이동수 역.

음과 서신들을 썼으며(AD 80년경? D.A.Carson), **트리야누스** 재위 때인 주후 98년 이후에 평안
히 눈을 감았다'고 말한다.[7]

⑥ 예루살렘 도성

히브리서와 계시록이 동시에 언급하고 있다.

그러나 너희가 이른 곳은 시온 산과 살아 계신 하나님의 도성인 하늘의 예루살렘과 천만 천
사와 [히 12:22]

또 내가 보매 거룩한 성 새 예루살렘이 하나님께로부터 하늘에서 내려오니 그 준비한 것이
신부가 남편을 위하여 단장한 것 같더라 [계 21:2]

⑦ 생명책

하늘에 기록된 장자들의 모임과 교회와 [히 12:23]

또 다른 책이 펴졌으니 곧 생명책이라 [계 20:12b]

오직 어린 양의 생명책에 기록된 자들만 들어가리라 [계 21:27c]

⑧ 짐승의 이름 666

누구든지 이 표를 가진 자 외에는 매매를 못하게 하니 이 표는 곧 짐승의 이름이나 그 이름
의 수라 [계 13:17]

"그 이름의 수"를 「게마트리아」에 의한 이 상징의 의미를 네로라고 말해 왔지만, 「게마트리
아」에 의한 666은 '짐승'이고, 그 짐승이 지칭하는 이름은 문맥 구조상 일곱 머리인 로마의
일곱 번째 뿔로서, 네로 이후의 황제 베스파시안을 지목케 한다. 그리고 이 숫자가 상징하는
또 다른 의미는 베스파시안의 인을 받아 곧 짐승의 표를 받고 상행위를 지속한 유대인의 숫
자를 가리키고 있으며, 그 배교한 유대인의 수가 666명이라는 것이다(솔로몬 성전 건축 – AD

---

7) 사도적 기독교 1권, 크리스천 다이제스트, 이길상 역, 346 쪽.

70년까지가 천년. 곧 천년왕국의 예표. 솔로몬의 666달란트의 금의 배도는 666의 그림자이다).

지혜가 여기 있으니 총명한 자는 그 짐승의 수를 세어 보라 그것은 사람의 수니 그의 수는 육백육십육이니라 [계 13:18]

교부 이레니우스(AD 140-203)는 단 3:1의 내용과의 연결을 지지한다. 신상을 묘사하는 다중적인 수(數) 6을 불경건한 세상권력과 종교의 상징으로 이해하였으며, 신상의 높이 60 규빗, 너비가 6 규빗이었다는 것과, 느부갓네살의 신상이 용으로서 '말을 할 수 있었다'는 것에서(계 13:15) 666은 그것이 사람 곧 로마 황제를 암시한다고 본다. 나아가 솔로몬의 금 666달란트 또한 우상숭배와 그 대상으로서의 물질에 대하여 은유적으로 로마 황제 **베스파시안**으로 읽는 점에서 일치한다.

후기 저작설은 이레니우스가 "적그리스도"를 언급하면서, '묵시가 나타난 때'를 **도미티아누스**의 재위 말기라고 분명하게 지목했다고 주장한다. 그리고 '짐승의 수'를 단지 라틴어를 사용하는 사람을 뜻하는 '라테이노스'(Lateinos)로 읽고, 마지막에 발생하는 배교 또는 6천 년간에 걸쳐 발생한 배교 전체를 요약한 것으로 읽는다. 한편 이른 저작설은 **베스파시안**의 폭정에 타협한 유대인의 수를 상징하는 것으로 진전시킨다.

베드로는 네로의 핍박으로 순교자가 되었다. 그러므로 베드로서신은 네로의 죽음 이전에 기록된 것이다. 그의 기록에는 천년왕국 및 최후심판에 대한 이해가 사도들 간에 공유되고 있었음을 암시하고 있다(벧후 3장 및 발람의 길을 가는 거짓 선생들에 대해 말하는 벧후 2장 참조).

⑨ 심판의 수행자

계시록에는 하나님의 심판이 천사에 의해 수행되고 있음을 선명하게 알 수 있다.(참조: 히 2:2, 행 7:53, 갈 3:19, 갈 4:1-7 천사들이 전하여준 율법.)

그런데 바울은 기록하기를 마지막 날에는 성도가 천사를 심판한다고 했다.

우리가 천사를 판단할 것을 너희가 알지 못하느냐 그러하거든 하물며 세상일이랴 [고전 6:3]

(따라서, 이것은 이른 저작설을 지지하는 것이 된다. 성도들은 천사와 세상을 심판할 복음적 삶의 근거가 분명히 있어야 한다).

(2) 외적 증거

① 교회사

늦은 저작설은 속사도 교부들의 저술이 다 사라진 상태에서 교부 이레니우스의 주장이 전승되어 온 것에 불과하며, 이레니우스의 전승은 유세비우스의 오해에서 비롯되었다는 자료가 있다.[8]

> "외적 증거의 힘을 회피하는 한 가지 방법은 '유세비우스(Eusebius)에 의해 보고되고 해석된 파피아스[9]의 말'에 호소하여 두 명의 요한이 있었다는 가설을 지지하는 것이다. 요한 파피아스는 다음과 같이 쓴다(유세비우스에 따르면)."

> "실제로 장로들의 제자였던 사람이 올 기회가 있으면, 장로들의 설교에 대하여 물어볼 것인데, 안드레나 베드로가 한 말, 아니면 빌립과 도마나, 아니면 야고보나 요한, 그리고 마태나 주의 다른 제자들이 한 말을, 그리고 주의 제자인 아리스티온과 장로 요한의 말을."

> "파피아스의 이 말을 인용하면서 유세비우스는 다음과 같이 말한다."

> "여기에서 그가 요한의 이름을 두 번 언급하는 것을 주목해 볼 필요가 있다. 전자의 요한은 베드로와 야고보와 마태와 다른 사도들과 동등한 목록에 넣어서 복음 전도자를 분명히 나타내고 있다. 그러나 후자는 사도들의 수 바깥에 별도의 다른 사람들과 함께 배치하여, 아리스티온을 그 앞에 두고 있는데, 그는 분명히 그를 '장로'라고 부른다."

'만약 파피아스의 말에 대한 유세비우스의 해석을 받아들인다면, 우리는 네 번째 복음을 사도 요한에게, 묵시(요한계시록)를 장로 요한에게 배정할 것이다.'[10] 결국 이레니우스의 전승은 유세비우스의 실수에 의해 파생된 것이다. 클레멘트는 사도요한이 '폭군에 의해 밧모 섬으로 추방되었다'고 하는데, 그 폭군은 **도미티안**보다 네로에게 적용되었던 단어라고 한다. 바울의 최종 서신서의 기록 연대는 AD 64-65년으로 본다(네로 집권, AD 64). 유세비우스의

---

8) H.E. III. 36. 4-5.
9) 소아시아 히에리폴리스의 주교.
10) D. A Carson, 요한복음 서론, 제4 복음서의 저자권, 김경태 역, 14-15쪽, 참조.

기록에 의하면 바울은 네로의 박해로 죽었고, 요한은 밧모로 추방당했으며, 도미티아누스 통치기간 중에 환상을 보았다고 말한다. 이레니우스와 제롬은 **도미티안**(AD 81-96)에게서 밧모로 추방당했다고 한다(하지만 요한 사도가 **도미티안**의 시대에 그에게 위협이 되기에는 너무 늙은 나이였을 것이다).

반면 시리아 사본에는 계시록을 '네로 황제에 의해 추방된 밧모 섬의 전도자 요한에게 하나님이 만드신 계시'라고 기록되어 있다. 갑바도기아의 교부였던 안드레아스는(AD 500년) 네로니안 날짜를 선호했다. 그의 후계자 아레타스(AD 540)는 예루살렘이 멸망되기 전에 이 책이 기록된 것으로 간주한다. 왜냐하면 계 6-7장은 예루살렘 멸망 사건의 예언으로 설명하기 때문이다.

② 주님의 증언

이 천국 복음이 모든 민족에게 증언되기 위하여 온 세상에 전파되리니 그제야 끝이 오리라 [마 24:14]

이 구절에서 온 세상은 문자적으로 로마인에게는 로마를, 헬라인에게는 자기 언어를 사용하는 모든 나라들을, 유대인에게는 팔레스타인을 의미한다. 이 단어는 보편적인 '민족'을 뜻하기보다 국가적 개념으로 보아야 한다.

그 이유는 예수의 이 말씀이 유대 성전 파괴를 예언하는 AD 70년의 멸망 사건을 예언하시는 중에 나왔기 때문이다. 반면 마 24:30 말씀은 '땅의 모든 족속'을 최후 심판으로 연결하고 있다.

> 가까이 오사 성을 보시고 우시며 이르시되
> 너도 오늘 평화에 관한 일을 알았더라면 좋을 뻔하였거니와 지금 네 눈에 숨겨졌도다.
> 날이 이를지라 네 원수들이 토둔을 쌓고 너를 둘러 사면으로 가두고
> 또 너와 및 그 가운데 있는 네 자식들을 땅에 메어치며
> 돌 하나도 돌 위에 남기지 아니하리니
> 이는 네가 보살핌 받을 날을 알지 못함을 인함이니라 하시니라 [눅 19:41-44]

그 때에 인자의 징조가 하늘에서 보이겠고

그 때에 땅의 모든 족속들이 통곡하며 그들이 인자가 구름을 타고

능력과 큰 영광으로 오는 것을 보리라 [마 24:30]

이상에서 볼 때 이른 저작설의 관점이 확실해 보인다.

여기서 좀 더 나아가면 늦은 저작설의 관점에서 이해하였던 수많은 억측들에 대하여 제 모습을 들려 줄 수 있다.

2) 후기 저작설

반면, 후기 저작설의 경우는 전술한 외적증거에서 보았듯이 근거가 불분명한 사료에 의존하고 있다. AD 70년 예루살렘 멸망에 대한 역사적 사실을 간과함으로써, 장차 있을 일에 대하여 지나치게 미래의 사실로만 인식하는 까닭에, 주석보다는 해석적 관점에 치우쳐 너무 신비적이고 감춰진 비밀로 오해하여 많은 시간들을 허비해왔다. 그것은 수많은 현대의 이단과 혼란한 해석들을 낳는 단초가 되었다.

Beale은 초기 저작설과 후기 저작설 중 어느 것을 지지하는지 뚜렷이 말하는 대신 두 이론에 대해 소개하고, 총평으로서 "초기저작설이 옳을지 모른다. 그러나 이레니우스에서 기원한 확고한 전통(후기 저작설)보다 비중이 있다고 할 만큼 충분하지 않다"는 스위트[11]의 결론을 소개한다(그는 해석의 본문에서 후기 저작설을 취하고 있음을 보인다). 다음은 그가 제시하고 있는 후기 저작설 논증과 관련된 것들이다.

(1) 황제숭배

요한계시록에서 그리스도인들이 로마 제국의 종교의식에 참여하도록 요구 받았음을 전제한다(13:4-8, 15-16, 14:9-11, 15:2, 16:2, 19:20, 20:4). 그의 이 같은 사상은 '우상에게 경배'라는 구절에 대한 후기 저작설 지자들의 보편화된 이해와 맥락을 같이 한다. 그러나 이 같은

---

11) John Philip McMurdo Sweet.

오해는 '황제숭배' 요구에 대한 분명한 요구를 사료에 근거하여 굳이 **도미티안**의 집정기인 미래로 이동시킨 것에 불과하다. 황제숭배는 자신의 신상을 성전에 세우려고 시도했던 **칼리쿨라** 때부터 이미 확인되었기 때문이다.

그의 주장과 마찬가지로 그리스도인의 박해는 공식적인 박해기로 알려진 네로의 로마 대화재 사건과 무관하게 황제를 신으로 숭배하도록 강요하는 그들의 요구를 거절한 까닭이다. 물론 이러한 황제 숭배의 강요는 점차적으로 노골화 되어갔고 **도미티안**에 이르러 극대화 되었으며, **트라야누스**의 재임기간에 대한 명백한 사료가 전승된다고 해도 그것이 후기 저작설의 근거가 될 수는 없다.

안타깝게도 Beale은 계시록의 해석에서 다니엘서의 말씀을 빈번하게 인용하면서도 정작 그 예언이 야훼를 버리고 권력종교를 선택한 유대인의 죄를 겨냥하고 있음에 대하여 간과하고 있다. 그것이 바로 예루살렘 성을 권력과 종교를 혼합시킨 바벨탑의 성과 대를 상징하고 있음을 보지 못하기에 그는 바벨론을 로마로 해석하는 것은 어쩌면 당연한 귀결일 수 있다.

(2) 소아시아에 있는 교회 상황들

둘째 논증은 계 2-3장에 묘사된 교회들 특히 에베소, 사데, 라오디게아의 영적 상태가 그리스도의 교회의 정체성을 잃을 만큼 가사상태에 이르렀다고 보는 것에 있다. 이 정도의 상태가 되려면 적어도 상당한 기간이 걸렸을 것이라고 예측한다는 것이다. 하지만 이러한 주장이 각 사도들의 서신이 밝히는 내적 증거보다 옳을 수는 없다. 왜냐하면 바울을 위시한 각양의 서신들은 한 결 같이 배도에 대한 경계를 반복적으로 강조하기 때문이고 그 서신들은 대부분 주후 50-60년대에 기록되었기 때문이다.

(3) 바벨론

요한계시록의 저작시기로 기원후 70년 이전을 선호하는 사람들은 "바벨론"을 배역한 예루살렘을 가리키는 상징적인 명칭으로 여긴다. 하지만 Beale은 요한이 그 명칭을 사용한 것은 70년 이후를 가리키는 가장 강력한 내적증거일 수 있다고 주장한다.[12] "바벨론"은 AD

---

12) A. Y. Collins, Crisis and Catharsis, 57-58 (그레고리. 비일, 요한계시록, NIGTC).

70년 이후에 나온 유대문학과 요한계시록과 대체적으로 동시대인 저술에서 로마를 가리키기 때문이다.[13] 유대인들의 이러한 이해는 로마가 과거의 바벨론처럼 AD 70년에 예루살렘과 성전을 파괴했기 때문일 것이다.

후기 저작설 지지자들에 의한 이러한 논증은 여전히 성경 밖의 주장의 인용에 불과하다. 요한계시록의 은유적이고 상징적인 측면에서 유대인 모두의 상식적인 내용을 기록했다는 것은 모순적이고 특히 상징적 해석에 있어서 역사적인 사실과 무관하다는 자신의 주장과도 배치된다. 유대인의 그릇된 이해는 오히려 계시록의 은유적인 기록 목적에 부합한 결과물일 수도 있다. 여전히 눈과 귀가 막힌 채 접붙임의 때가 이르지 않았다는 반증이다. 그러나 계시록은 야훼께서 유대인의 조상 아브라함을 바벨탑으로부터 불러내어 언약을 맺었던 것에 반하여 그들이 바벨론으로 되돌아간 영적 간음, 즉 배교를 책망하는 것이다.

(4) 가장 초기의 전통들

현대나 현 시대 이후에 있을 미래의 교회는 초대 교회사의 교부들의 영적인 물줄기를 이어받아 온 것을 부인할 수 없다. 그러나 그들의 이해가 결코 전부일 수는 없다. 구약 이스라엘이 받았던 율법의 계시가 달빛에 지나지 않았던 반면 그 계시가 복음의 도래로 일곱 날의 햇빛 같은 계시가 되었듯이 하나님의 말씀은 시종 변화지 않으나 그것에 대한 이해는 점층적으로 가까이 나아가는 것이기 때문에 그 전통을 논증의 근거로 고수하는 것은 잘못이다. 당 시대의 여건은 내용과 전달과정에서 많은 실수를 허용할 수밖에 없었기 때문이다.

---

13) 무엇보다도 에스라 4서 3:1-2, 28-31, 바룩 2서 10:1-3, 11:1, 67:7, Sibylline 신탁 5.143, 159-60을 참조하라(그레고리. 비일, 요한계시록, NIGTC).

3. 인, 나팔, 대접의 요약[14)]

요한이 영적이고 무시간적인 차원으로 올라가 본 하나님의 천상 회의의 환상에 대한 기록은 그가 구약 시대의 선지자들과 같이 사명을 받고 부름을 받았다는 것을 시사한다.

인 나팔 대접은 동일한 사건의 반복이라기보다는 동일한 사건에 대한 인과적이고 순서적이고 점진적인 기록이다. 즉 복음의 전파(인)와, 이를 대적하는 세력에 의한 경고(나팔), 그리고 회개치 않음에 대한 심판(대접)을 묘사한다.

1) 일곱 인[계 6:1-8:5]

예수의 공생애 및 왕국의 도래(AD 30년-오순절 전까지)에 대하여.

복음의 전파(4-5장은 예수의 승천을 다루고 있는데, 4:3에서 보좌에 앉으신 이의 뒤편에 있는 무지개는 하나님의 심판이 자비로 인해 억제되고 있음을 나타낸다. 이것은 본서가 심판 자체에 목적을 두는 것이 아니라 회개를 촉구하는 데 있음을 알 수 있다. 겔 1:28 참조)에 따른 새 질서(참 성전)의 도래로 인한 옛 질서(옛 성전)의 쇠퇴를 상징적으로 기록하고 있다. 이사야 선지자는 이 날에 대하여 이렇게 기록했다.

그 날에 유다 땅에서 이 노래를 부르리라 우리에게 견고한 성읍이 있음이여
여호와께서 구원을 성벽과 외벽으로 삼으시리로다 [사 26:1]

(1) 첫째~넷째 인(6:1-8)

■ 사자 : 복음(흰 말), 평화로운 정복을 상징.
■ 송아지 : 인간의 다툼(붉은 말), 전쟁(마 10:34-39).

---

14) James. B. .조르단, 계시록의 구속사적 연구, 그리심, 이동수 역.

■ **사람** : 검은 말, 성례전의 기근-음식의 기근 아님. 곡식, 포도주, 감람유는 성례전을 상징 (옛 질서 쇠락과 새 질서의 보호를 상징).

　* 떡-시작 음식으로 옛 창조 상징, 제사장(음식)은 서서 봉사

　* 포도주-일이 끝난 후 마지막 음식(왕), 새 창조, 우편에 앉으심, 율법과 복음의 대조

■ **독수리** : 최후심판(청황색 말-레위지파, 성막과 성전을 지키는 직임에서 볼 때, 옛 질서와 새 질서 옹호자들 간의 다툼-AD 60년대 후반 유대사회의 실상) 곧 유대교의 몰락을 시사한다. 이상에서 네 마리의 말들은 교회이고, 그 말들을 탄 이는 각자 예수이시다(1-4째 인).

(2) 다섯째 인 - 향단(9-11절)

순교자들의 탄원- 흰 옷을 받고 더 기다림(순교자의 수가 차기까지, 14장-이는 교회가 당할 박해가 아직 남았음을 의미한다).

14장의 순교자의 수가 차는 때를 이른 저작설의 관점에서는 예루살렘 멸망이 임박한 가까운 미래의 사건이나, 늦은 저작설의 경우는 종말론적 교회가 겪을 먼 미래의 사건으로 읽는다.

(3) 여섯째 인(6:12-7장)

7장은 6:17에서 "누가 능히 서리요"에 대한 질문에 대하여 응답하는 삽입장의 역할을 한다. 여기서 옛 창조의 심판(하나님의 진노, 십자가)을 시작함과 동시에 잠시 멈추는데, 그 이유를 십사만 사천의 종들(언약에 신실한 유대인)의 이마에 인을 치기 위함이라고 말한다. 이들은 14장에서 짐승과 배도한 유대인들에 의해 순교를 당하는 자들인데, 메시아 언약 안에 있는 유대인들로서 '남은 자'를 상징한다.

그리고 이 일 후에 등장하는 셀 수 없는 무리(7:9)는 인침과 무관하고 오순절 성령의 강림으로 그리스도를 영접한 이방인 신자들로(디아스포라 유대인 그리스도인 포함), 십사만 사천과 더불어 그 질문에 답하는 두 증인의 역할을 하는데, AD 60년 후반에 로마 제국의 짐승들(네로)에 의해 환난을 당한 십사만 사천과는 구별된다.

과거 출애굽 시 하나님을 두려워하는 회심한 이방인과 회심하지 않은 이방인들이 '중다한 잡족'을 이루어 함께 나왔다. 회심하지 않은 무리는 광야에서 불신앙으로 항상 불평을 공

동체에 퍼트려 하나님의 진노를 불러왔다. 따라서 이것은 옛 창조에서 새 창조로의 전환 과정에서 재현되는 종말론적 사건에 대한 상징적인 묘사로 읽는다(늦은 저작설은 이 사건이 역사적으로 AD 60 년 후반의 사건 대신 도미티아누스 재위 기간에 일어난 사건을 근거로 하여, 계시록이 AD 70년 이후에 기록되었다고 말한다).

우주적인 격변으로 묘사되고 있는 6째 인의 내용은 사 13:10-13, 24:1-6, 19-23, 34:4, 겔 32:6-8, 욜 2:10, 3:15-16, 합 3:6-11의 패턴을 따르고 있는 것에서 메시아의 나라 곧 새 창조를 가리키고 있다. 미래주의는 여섯 째 인의 묘사를 우주 종말론적 심판의 정황으로 읽지만 이것은 성육신하신 성자에 의해 주어진 복음을 거부하는 옛 창조의 심판과 새 창조로의 전환을 묘사하는 것이다.

7장에서는 종말론적 교회의 상황과 섞여 있으며, 이것은 8장에서 잠시 멈춘 후 신약교회의 종말론적 순교가 15장에서 다시 이어진다.

(4) 일곱째 인(8장)

8장에서 전개되는 1-6 나팔들은 성령의 강림과 그 이후에 전개되는 사역과 관련되며, 내용적으로 사도행전과 각양의 서신에서 교호적으로 자증되고 있다. 따라서 나팔 재앙이란 성령에 의한 교회의 세움과 복음의 확산을 가로막는 유대교의 사탄적인 저항과 핍박에 대한 하나님의 심판을 말한다. 그리고 그것은 내용적으로 유대교의 쇠락과 거기로부터 빠져 나오는 백성들의 정황을 묘사하는 것이다.

마지막 인이 떼어지자 반 시진 동안 노래가 멈춘다. 이 노래는 15장에 가서 성도들의 순교가 역사적 시간으로 흘러갔을 때 다시 시작된다. 계 8:5에서 쏟아지는 불은 진노나 분노의 불길이 아니다. 이것은 행 2장에서 성령의 불의 혀를 가리킨다. 성령은 다른 천사에 의해 부어지는 모습으로 묘사되는데 이 천사는 24 천사 중의 하나가 아니라, 그들의 우두머리 곧 여호와의 천사 즉 하나님의 아들이다. 이제 두루마리가 열리고 복음이 선포되기 시작한다(속히 오리니, 2:16, 3:11).

2) 나팔

책의 내용은 오순절부터 AD 70년 직전까지의 사건들에 관한 것이다.

나팔(계 8:6-11:18)은 인과 마찬가지로 심판에 목적이 있는 것이 아니라 회개해야할 분명한 이유들을 계시하여 주심으로써 회개를 촉구하여 구원받게 하시려는 것이다.

24천사 중에서 7명의 천사가 나팔을 가지고 있는데, 이것이 경고인 이유는 전체의 1/3만 파괴하는 까닭이다. 그러므로 첫째와 둘째 나팔은 유대인(땅)과 이방인(바다)을 향해 분다. 셋째와 넷째 나팔은 이 사람들의 반역의 도구로 전락한 율법주의와 그 터전인 물 샘(율법) 및 성전(시온주의)에 대하여 불고 있다.

3) 대접[16장]

일곱 번째 나팔인 1-7 대접들은 인과 나팔과는 달리 경고가 아니라 심판의 시행이다. 이 섹션의 공통된 단어는 **"땅에 쏟으매"**이다. 즉 구약에서 하나님과의 교제의 장으로 들어가기 위한 조건인 정결의식과 속죄제사로서 피의 뿌림과 성전의 제단 밑에 피를 붓도록 한 것과 달리 모든 대접들은 땅에 쏟아지고 있다. 이것은 반 성례전에 대한 것으로 정결 의식이 열납되었던 것과 달리 음녀가 드리는 각양의 의식은 받아들여지지 않고 진노에 대한 상징으로써 땅에 부어지고 있다. 결국 그리스도를 거부하고 대적한 자들이 받을 준엄한 심판을 상징한다.

4. 본서의 주제
(메시아 언약 안에서)

1) 고난과 승리

역사의 모든 사건은 하나님의 손 안에 있으며, 예수 그리스도의 주권적 통치 아래 있다. 그럼에도 불구하고 교회가 이 땅에서 환난을 당하는 것은 그 고난이 그리스도의 실패를 말하는 것이 아니라, 십자가의 죽음과 부활로 이미 승리하신 그리스도를 증언하는 방식이며, 하나님의 의를 거부하는 세상에서 하나님과 인간 사이의 올바른 질서에 대한 세상의 역 질서가 제공하는 산물에 불과한 것이라고 말 할 수 있다. 따라서 용(사탄)에 의한 교회의 환난을 허용하심은 하나님의 구원의 실패를 의미하는 것이 아니라, 그리스도의 십자가와 부활은 그를 믿는 신자들의 끊어질 수 없는 영혼의 닻과 같아서 오히려 하나님의 정하신 때까지 풍랑을 만난 인생이 바다에서 졸거나 체념하지 못하도록 깨우는 성령의 은혜를 체험하는 과정인 것이다. 그러므로 고난은 빛을 발하며 묵묵히 서 있는 주 예수 그리스도의 소망의 등대를 향하여 확신 안에서 나아가게 하는 믿음의 인내와 같은 것이다(역설적으로 교회는 고난의 의미를 알고 즐기는 자들이다. 참조, 자기 두루마기를 빠는 자-계 22:14, 어린 양의 피로 씻어 깨끗하게 된 자-계 7:14, 환난을 통과하는 성도의 인내).

2) 그리스도의 영광의 보좌

죄와 타락으로 시작된 인간의 고통은 삼위 하나님의 영원하신 작정 안에서 상실된 인간의 지위가 어떻게 회복될 것인지 그 시작에서부터 이미 예언되었다(창 3:15). 요한은 그의 복음서에서 이 예언의 성취로서 '우리가 그 영광을 보매' 하고 탄성을 질렀다(요 3:16). 그는 하나님과 함께 하셨던 그 말씀의 성육신하심과 십자가로의 '비하'와 이후에 부활과 승천의

'승귀'를 통하여 창세전에 아버지와 함께 누렸던 영광의 보좌로 돌아가는 것을 메시아 사역의 성취로써 강조한다(하지만 그 승리는 이 땅의 교회가 온전히 누리기 위해서는 재림에 의한 최후 심판의 때까지 '아직'의 상태에 놓여있다).

그는 본 계시록에 있는 그 동일한 주제를 그 곳으로 가져간 것인 만큼, 그 원천 자료인 본서에서 요한복음보다 더욱 생생하고 사실적인 계시를 기록하고 있다(계 4-5장 참조). 사도 요한에게 그리스도의 영광의 보좌는 아버지께 순종한 성자의 사역에 대한 아버지의 승인을 의미한다. 그리스도의 부활의 영광이 곧 모든 피조물에 대한 심판과 구원의 주권으로서 그에게 주어진 증거로 제시되고 있으며, 따라서 그것은 성부와 성자의 영광을 함께 나타내는 것이라고 말한다.

3) 새 하늘과 새 땅

창세기는 경륜적 삼위일체 하나님의 영원한 회의(창 1:26)의 작정에 근거한 일곱째 날의 새 창조를 은유적으로 암시하고 있다. 이것은 에덴동산 중앙(강조)에 있던 두 나무에서 암시되는 언약적인 배경에서도 드러난다. 하지만 인간의 타락을 하나님의 전지적 속성으로 먼저 알고 있으면서도 미리 막지 않았기에 그 책임이 하나님께 있다거나, 사람이 타락한 후에 선택과 유기를 결정하셨으므로 '하나님을 죄의 조성자로 만들 수 없다는 일부 개혁주의자들의 '타락 후 선택' 교리를 거부한다. 이것은 새 하늘과 새 땅이 그 예정 안에서 불가피한 재구성이 아닌 이미 그 계획안에서 하나님의 영광을 위한 최종 목표로서 선재하고 있었다는 강력한 증거다(포도원에 심겨진 무화과나무).

다시 말하자면 하나님의 첫 창조가 죄와 인간의 타락으로 인하여 새 창조가 필요해 진 것인가? 아니면 새 창조는 창조주의 계획안에 이미 선재한 것인가? 하는 질문을 제시하는 것이다.

단순히 언어적인 개념만 비교하면 첫 창조와 새 창조는 분리되는 듯하지만, 새 창조는 성경에서 사용되는 단어가 아니라 맥락에서 추출된 개념적 언어이며 연속성을 지니나 구별되는 용어다. 즉 어휘적으로 새로운(new) 것은 그리스어에서 '네오스'와 '카이노스'로 구분되고 있는데, 전자는 이전에 없던 새로운 것을 의미하는 반면, 카이노스는 이미 존재하는 것을 새롭게 하는 것을 의미한다. 즉 새 언약이 시사하는 바는 새 창조를 통한 창 3:15의 성취가 주권적이며 예정적이라는 사실이다. 성경은 창 2:3을 기준으로 그 이후에 지속되는 모든 역사적 과정은 바로 일곱째 날의 창조인 새 창조의 당위성과 과정을 내러티브한다고 볼 수 있다. 그러므로 창 2:3은 마지막 표적으로서의 요한에 의한 '안식 후 첫 날'로 연결되어도 전혀 어색하지 않다. 따라서 이 질문은 인과적인 관점에서 볼 때, 새 창조가 하나님에 대한 죄와 인간의 반역으로 인한 후속적인 조처로 보이나(후택설), 하나님의 품속에 이미 선재하고 있었던 작정으로써 첫 창조와 무관한 새로운 창조가 아니라 첫 창조의 선상에 위치한 종착지를 가리키는 창조주의 예정이라는 답변을 제시한다.

죄나 인간의 어떠한 선택과 결정이 창조주의 계획과 생각을 앞 설 수 없으며, 오히려 창조주의 영원한 작정에 대하여 죄나 인간의 어떠한 자유의지도 결코 충돌되지 않고 통제 안에 있음을 나타내는 양립론이 성경 전체의 맥락 안에서 설득력 있게 전개되기 때문이다. 새 창조는 하나님의 구속사에서 예정된 역사지말에 있는 종착지로서 첫 창조는 그 위대한 계획에 대한 대헌장의 선언임과 동시에 하나님의 새 창조 계획에 대한 모형으로써 제시된다. 그것은 창조-타락-심판-구원이라는 전형적인 패러다임을 지니며, 새 창조에 대한 서정은 첫 창조에서 아담과 노아 홍수 심판의 모형으로부터(언약을 떠난 사람에게 정해진 심판), 아브람을 부르심에서 시작되어 요한 계시록에서 새 이스라엘로 완성(하나님의 사랑 안에 있는 예정)되고 있는 것이다.

첫 창조에서 하나님의 절대적인 주권은 달빛과 같은 구약의 계시 안에서 폭력적인 것으로 오해된 적이 있었지만, 새 언약 안에서 그 계시는 일곱 날의 빛(사 30:26)으로 오신 성자의 십자가와 부활로 말미암아 도저히 갚을 수 없는 은혜로 드러났고, 새 창조는 출애굽이라는 서막에서부터 시작된 새 노래와 새 언약, 새 성전, 새 마음, 새 영, 새 포도주, 새 계명, 새 이름, 새 이스라엘 등의 주제들로 가득 찬 다양한 국면 안에서 새 하늘과 새 땅(새 예루살렘)이라는 종착지를 품고 전개되는 하나님의 형상을 입히시는 사랑의 역사이다.

새 창조를 향한 하나님의 역사는 인간의 지속적인 불순종과 반역을 인하여 수많은 언약의 갱신을 거듭하며, 타락한 인간의 구원은 하나님의 불가항력적인 은혜가 없이는 불가하다는 결론에 이르고, 새 하늘과 새 땅은 이사야의 메시아 예언(사 65:17, 참조 사 66:22)에 의해, 그리고 새 언약은 예레미야(31:31-33)와 에스겔(36:24-28)에 의해 선언되었다. 그것은 롬 8:18과 벧후 3:13에서도 언급되고 있는 바와 같이 새 창조 자체는 죄의 속박으로부터 해방을 뜻하며 이는 노아의 홍수에서 제시되는 바와 같이 죄에 종속된 옛 창조물에 대한 종말론적인 심판을 수반한다. 하지만 새 언약은 고난의 징벌 효과(히 12:3-11)보다는 성경을 통한 마음과 양심의 훈련(딤후 3:14-4:5)을 가리킨다.

그리스도의 초림(십자가와 부활 및 승천과 성령의 강림)으로 시작된 새 하늘과 새 땅은 그리스도의 재림으로 완성케 되는데, 이것은 계 21:1-22:5에서 절정에 이르고 있다.

"또 내가 새 하늘과 새 땅을 보니 처음 하늘과 처음 땅이 없어졌고 바다도 다시 있지 않더라"

새 예루살렘 성으로 묘사되는 새 하늘과 새 땅은, 타락 이전의 에덴의 상태로 되돌아가는 것이 아니라 하나님의 작정 안에 있었던 계획의 온전한 성취로서, 첫 창조에서 드러난 죄와 불신의 모든 반역적 요소가 진멸되고, 오직 하나님의 은혜를 신뢰하는 순종과 하나님의 영광으로 가득한 그리스도의 몸으로서 비가시적이었던 천상교회 안으로 가시적인 지상교회가 통합을 이루게 되는 상태를 말하는 것이다.

4) 세상 안에서 교회의 위치

계시록에서 세상은 즉 불신자들은 땅에 속한 자들로 묘사된다. 반면 지상교회는 땅에 있지만 땅에 속한 자들이 아니다. 교회는 그리스도의 피 값으로 구속하여 낸 하늘에 속한 자들이다. 교회가 세상에서 환난을 당하는 것은 바로 그들에게 속하지 않은 까닭이다(요 15:19).

> 세상에서는 너희가 환난을 당하나 담대하라
> 내가 세상을 이기었노라 [요 16:33b]

따라서 세상 안에서 교회는 자신들의 위치에 대한 세상의 분노나 적대적인 태도들과 교회 안에 잠입해 들어온 죄의 영향력(이단들과 어둠의 행위들)에 대하여 낙심할 필요가 없다. 그것이 교회에게는 구원의 증거요 동시에 저들에게는 멸망의 빙거라는 사실(빌 1:28)에서 오히려 고난을 기뻐하며 천상교회와 축을 이루어 하나님의 영광으로 땅을 가득 채우도록 부름을 받은 것이다.

5. 계시록의 주요 해석법[15]

요한계시록을 읽는 관점에서 과거주의 해석 방식은 기록의 주요 의도를 배도한 유대인들에 대한 임박한 심판, 곧 주후 70년의 예루살렘 멸망을 경고하는 것으로 읽는다. 반면 미래주의의 관점은 장차 임하게 될 우주적 심판과 종말에 대한 메시지로 받아들인다. 각 진영의 해석적 배경은 나름의 근거를 가지고 있지만 동시에 충분히 설명하지 못하는 약점도 지니는데, 이것은 현재 일부 신학자들에 의하여 다시 절충주의라는 새로운 신학 사조를 형성하도록 이끌었다(Beale).

두 진영의 관점은 해석에 상호보완적인 위치에서 잘 조명하고 있다고 할 수 있다. 즉 요한은 심판(장차 있을 일)에 대한 두 가지의 관점을 전개 시키고 있는데, 임박한 옛 창조의 심판과 새 창조의 결산으로서의 우주적인 최후심판이다. 따라서 어느 한 쪽의 주장만을 고집하는 것은 편협된 주장으로 오히려 충돌을 야기 시킨다. 그렇지만 계시록의 이해에 대한 과거주의의 해석적 맥락은 전체 흐름을 파악하는데 있어서 공동 서신서들과 더 많은 일치를 보이기 때문에 매우 유익한 관점이라 할 수 있다.

1) 역사주의 해석

12세기 **조아키노**에게서 시작된 후 종교개혁자들(루터, 칼빈 등)도 이 견해를 따른다. 계시록의 재앙들을 연대기적 순서로 보며 역사의 중요한(서구의) 사건들을 예언들의 성취로 본다. 예를 들어, 적그리스도를 교황, 나폴레옹, 무솔리니, 히틀러 등으로 보며, 일곱 교회를 역사의 일곱 시기로 보고 예언을 적용한다(많은 세대주의자들).

학자마다 예언과 역사적 사건을 매치하는 데에 있어서 의견을 달리한다. 오늘 날 이 이론을 지지하는 학자는 거의 없다.

---

15) 그레고리 K 비일의 요한계시록, 오광민 역, 109쪽.

2) 과거주의 해석

사도 요한이 살던 당시의 상황과 연관된다고 주장한다.

로마 제국의 멸망(5세기)을 통해 성취되었다고 본다.

당시의 문제를 내적, 영적 위기 즉 세상과의 타협으로 본다.

어떤 이들은 이스라엘의 멸망(AD 70년)을 통해 '바벨론'(타락한 이스라엘)의 심판이 성취되었다고 본다. 결국, 실현된 종말론의 관점만 있고, 미래 종말론으로서의 최후의 심판과 세상의 종말에 대한 것은 부정한다.

3) 미래주의 해석

일부 초기 교부들(이레니우스 등)이 지지했으나 천년왕국설과 함께 천 년 이상 그 자취를 감추었다가 16세기 후반 리베이라에 의해 주목을 받았다.

① 세대주의적 미래주의

문자적 해석을 시도하며, 역사적 순서를 보여준다고 여긴다. 휴거 - 7년 대환난 - 천년왕국을 믿는다. 요한계시록 4:1-22:5은 역사의 마지막 직전의 미래만을 가리킨다고 본다.

② 수정된 미래주의(고전적 전 천년왕국설)

세대를 구분하지 않으며, 교회가 참된 이스라엘이며 '환난 전 휴거'가 없다고 주장한다. 많은 이미지들을 상징으로 본다. 그러나 여전히 1세기의 독자들과는 무관한 본문으로 이해한다.

4) 상징주의 해석

그리스도의 초림과 재림 사이의 교회에 관심을 둔다.

심판들은 역사 속에 항상 있는 심판들이며 짐승은 역사 속의 반기독교 제국/통치자들을 가리키고, 천년왕국은 교회시대를 가리킨다. 즉 상징들이 역사적 사건들과 관련 있는 것이 아니라 초시간적인 영적 진리와 관련된 것으로 본다(Hendriksen, 후크마 등).

선과 악, 하나님의 군대와 사탄의 군대의 갈등을 상징적으로 묘사한 것으로 본다. 하지만 이 해석의 약점은 계시의 내용 중 어느 하나도 역사적 사건과 일치되지 않는다는 문제를 낳는다.

5) 절충주의 해석

하나 이상의 접근법들을 결합시키려 한다. 예를 들어 Beale은 자신의 방법을 '수정된 이상주의의 구원사적 형태'로 부르며, Osborne은 미래주의를 우선한 상징주의, 과거주의와의 결합을 말한다(Ladd, Beasley-Murray, Robert H. Mounce도 비슷한 입장이다).

이 해석법에서 그리스도의 재림 사건 이외에 예언된 역사적 사건들은 감지되지 않는다. 계시록의 대다수 상징들은 '교회 시대' 전체에서 얼마든지 적용 가능한 사건들이다.

6. 요한 계시록의 구조

I.	프롤로그 【1:1-20】
II.	일곱 교회에 보내는 편지 【2:1-3:22】

III.	하늘성전 【4:1-5:14】
	
	  A. 증언과 증인 【4:1-11】
	
	  B. 책과 어린 양 【5:1-14】

IV.	일곱 인 심판 【6:1-8:5】
	
	  A. 첫째~넷째 인, 복음 【6:1-7】
	
	  B. 다섯째 인, 제단 아래의 구약교회 순교자들 【6:9-11】
	
	  C. 여섯째 인, 십자가 【6:12-17】
	
	  D. 삽입장 – 부활, 십사만 사천의 인침 【7:1-17】
	
	  E. 일곱째 인, 성령 강림 【8:1-5】

V.	일곱 나팔 심판, 오순절 【8:6-11:19】
	
	  A. 첫째~넷째 나팔 【8:6-8:13】
	
	  B. 다섯째 나팔 【9:1-12】
	
	  C. 여섯째 나팔 【9:13-21】
	
	  D. 삽입장 – 천사와 작은 책 【10:1-11】
	
	  E. 두 증인 【11:1-14】
	
	  F. 일곱째 나팔 【11:15-19】

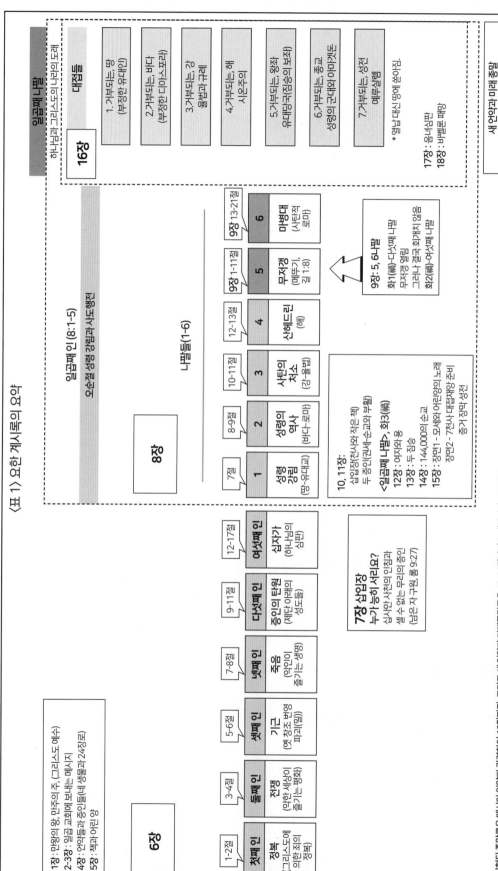

〈표 1〉 요한 계시록의 요약

일곱째 나팔
하나님과 그리스도의 나라의 도래

대접들

16장

1. 거부되는 땅 (부정한 유대인)
2. 거부되는 바다 (부정한 디아스포라)
3. 거부되는 강 (율법과 규례)
4. 거부되는 해 시온주의
5. 거부되는 왕좌, 왕좌 유대왕국(짐승의 보좌)
6. 거부되는 종교 성령의 군대와 아마겟돈
7. 거부되는 성전 예루살렘

* 열두 대신 땅에 쓰여짐.

17장 : 음녀심판
18장 : 바벨론 패망

새 언약과 미래 종합
19장 : 증인예복과 만왕의 왕
20장 : 천년왕국
21장 : 새 하늘과 새 땅, 벧후3:10-13
22장 : 속히 가리라

일곱째 인 (8:1-5)
오순절 성령 강림과 사도행전

8장

나팔들(1-6)

1	2	3	4	5	6
7절	8-9절	10-11절	12-13절	9장 1-11절	9장 13-21절
성령 강림 (땅-유대교)	성령의 역사 (바다-로마)	사탄의 처소 (강-율법)	산헤드린 (해)	무저갱 (메뚜기, 킬 1:8)	마병대 (사탄적 로마)

9장 : 5, 6나팔
화1(禍)-다섯째나팔 열림 무저갱 열림 그러나 결국 회개까지 않음
화2(禍)-여섯째나팔

10, 11장 :
성령강림(천사와 작은 책) 두 증인(전세-순교와 부활)

〈일곱째 나팔〉, 화13(禍)
12장 : 여자와 용
13장 : 두 짐승
14장 : 144,000의 순교
15장 : 장면1 - 모세와 어린양의 노래 장면2 - 진노 대접재앙 준비 증거장막 성전

6장

첫째 인	둘째 인	셋째 인	넷째 인	다섯째 인	여섯째 인
1-2절	3-4절	5-6절	7-8절	9-11절	12-17절
정복 (그리스도에 의한 죄의 정복)	전쟁 (악한 세상이 즐기는 평화)	기근 (옛 창조 본연 파괴(멸))	죽음 (악인만 즐기는 생명)	증인의 탄원 (제단 아래의 성도들)	심자가 (하나님의 심판)

7장 심어갈 누가 능히 서리요?
심자만 사탄의 인침과 셀 수 없는 무리의 증인 (남은 자 구원, 롬 9:27)

1장 : 만왕의 왕, 만주의 주, (그리스도 예수)
2-3장 : 일곱 교회에 보내는 메시지
4장 : 언약들과 증인들(네 생물과 24장로)
5장 : 책과 어린 양

---

* 실현된 종말론은 메시아 언약과 관련하여 18장까지, 그리고 새 언약과 미래종말론은 19-22장까지로 대분도되어 구성된다.
* 화, 화, 화[8:13]-마지막 세 나팔은 메시아 언약을 어긴 자들에 대한 심판에 영향을 강조한다.
* 땅의 각장 1/3의 징벌도 복음에 의한 유대교에 점진적인 쇠퇴을 상징하고 이것은 성령의 역사에 의한 복음화의 역설이다.
* 따라서 인, 나팔, 대접 시리즈 종말의 7의 시사되는 것은 새 창조(제 8일, 안식 후 첫 날)에 대한 역설로서 타락한 옛 질서 심판의 완전함이다.

1장

프롤로그

1. 서론 【1:1-3】

1 예수 그리스도의 계시라 이는 하나님이 그에게 주사 반드시 속히 일어날 일들을 그 종들에게 보이시려고 그의 천사를 그 종 요한에게 보내어 알게 하신 것이라

이를 직역하면 "예수 그리스도(의) 계시, 하나님께서 그의 종들에게 곧 일어날 일들을 보여주려고 그에게 주신 것, 하나님께서 그의 천사를 그의 종 요한에게 보내어 그것을 알리신 것"이다.

"그리스도의 계시"는 영어성경에서 비롯된 것이나 헬라어 원문에는 소유격이 없다. 이것은 계시록에서 반복되어 나타나는 성부와 성자의 두 위격이 갖는 본질상의 일체를 나타내는 것이 아니다. 이것은 이 계시의 출발점을 분명히 밝히는 것에 있다. 따라서 이것은 하나님에 의해 주어진 그리스도에 관한 계시로 읽는 것이 더 자연스럽다.

계시(참조, 단 2:28-30, 45)-아포칼립시스는 감추어져있던 것을 드러내는 것, 묵시, 그리스도에 대한 계시, 그리스도에게서 나온 계시, 하나님께서 그리스도에게 주신 계시, '반드시 속히 일어나야만 하는 일들'(22:6)을 종들에게 보이시려고 요한에게 '알게 하신' 신호(세마이노), 표적(세메이온)이다.

"반드시 속히 일어날 일들은" 그 '때'가 감추어졌던 다니엘의 묵시와는 달리 요한계시록은 '속히 될 일'임과 동시에 반드시 '일어나야만' 하는 당위성의 계시이며, 이미 시작된 계시 곧 구체적 정황으로 드러날 일들에 대한 계시라는 것이다.

1절에서 이 계시의 전달 경로가 제시되는데, 하나님-예수 그리스도-천사-요한-그리스도의 종(어린 양이 인도하는 곳이면 어디든 따르는)이다.

요한계시록은 하나님의 구속사, 왕국의 관점에서 그 시작된 말세(참조, 행 2:16-17)에 초점을 맞춘다. 그런 의미에서 그 '비밀'은 이미 드러나기 시작한 것이다(참조- 20절, 마 11:25-27, 롬 16:25-26, 엡 3:3, 9).

> 창 1:26-27에서 하나님의 계획은 요한계시록에서 성취를 이루고 있다. 이사야 선지자로 부터 확인된 메시아 안에서의 새 창조(사 65:17, 66:22)는 계 21:1에서 그 성취가 선언된다. 창조주의 뜻대로 모든 피조물을 다스리기 위한 대위임명은 하나님의 형상을 닮은 사람의 창조가 필수적이며, 흙으로 빚어진 아담이 하늘에 속한 둘째 아담의 형상을 입는 이 구속사는 옛 창조 안에서 천사와 사람의 불순종과 반역에 대한 심판을 반드시 수반하며 그 결과는 유기와 파멸이다. 많은 사람이 하나님의 언약 아래에 있을 수 있으나 모두가 언약 안에 있는 것은 아니다.

2 요한은 하나님의 말씀과 예수 그리스도의 증거 곧 자기가 본 것을 다 증언하였느니라

요한계시록을 통한 그의 증언은 두 가지이다. **"하나님의 말씀"**과 **"예수 그리스도의 증거"**로 이것은 요한이 **"본 것"**이라고 말한다. 즉 이 구절은 책을 기록한 저자를 밝히는 것보다 증언에 관한 증인의 역할을 강조하는 것이다. 여기서 **"하나님의 말씀"**은 성경을 상징하고, **"예수 그리스도의 증거"**는 하나님의 말씀(성경)이 가리키는 바가 곧 예수 그리스도라는 것에 대한 목격자로서 선언이며(요 5:39), 이것이 요한이 본 바 곧 예언의 말씀과 동격을 이루고 있다. 이 계시는 곧 하나님의 말씀의 성취에 대하여 받아서 기록한 증인 요한의 편지라는 것이다.

3 이 예언의 말씀을 읽는 자와 듣는 자와 그 가운데에 기록한 것을 지키는 자는 복이 있나니 때가 가까움이라

예언은 하나님께 받은 말씀을 전하는 것이지만 그것이 반드시 미래여야 할 이유가 없는 것은 창세 이전부터 영원히 계시는 하나님의 말씀 그 자체이기 때문이다. 여기서 **"복이 있**

나니"는 수신자들(예수 그리스도의 종)에게 제시되는 요한계시록의 핵심 주제로 총 '7회'의 선언 중 첫 번째이다. 왜냐하면 그 심판의 때가 가까이 왔고, 이 계시는 그들에게 소망과 위로가 되며 그 심판에서 피할 수 있는 지혜가 될 것이기 때문이다(참조, 22:10. 막 1:15-현재, 단 7:22- 완료).

2. 인사말 【1:4-8】

4 요한은 아시아에 있는 일곱 교회에 편지하노니 이제도 계시고 전에도 계셨고 장차 오실 이와 그의 보좌 앞에 있는 일곱 영과

5 또 충성된 증인으로 죽은 자들 가운데에서 먼저 나시고 땅의 임금들의 머리가 되신 예수 그리스도로 말미암아

6 그의 아버지 하나님을 위하여 우리를 나라와 제사장으로 삼으신 그에게 영광과 능력이 세세토록 있기를 원하노라 아멘

이 서신의 수신자는 소아시아 일곱 교회(11절)로, 발신자-사도 요한, 내용-교회들에게 영원하고 초월적인 관점으로, 목적-하나님의 때를 볼 수 있도록 그 필요와 상황에 알맞게 기록되었다. 여기서 일곱 교회의 '7'이라는 숫자는 '충분, 완전'을 함의하고 역사성과 상징성(우주적 교회)을 모두 내포한다. 마찬가지로 여기서 **"일곱 영"**은 '충만하심' '편재성' 곧 하나님의 무소부재하심에 대한 신적속성을 암시하며, 이어지는 그리스도로부터의 "은혜와 평강"이 그것을 뒷받침하고 있다.

"충성된 증인"은 교회의 표상으로서 자신의 말과 삶과 심지어 생명조차도 자기를 나타내지 않고 자기를 보내신 이를 증언하기 위하여 사셨던 '증인', 곧 사망권세를 깨트리고 부활의 첫 열매가 되신 '증인', 그리하여 만왕의 왕(로마 황제들의 머리)이 되신 '증인'을 가리키는바, 예수 그리스도에 대한 이러한 송영은 그리스도께서 우리를 사랑하사 '그의 피(죽음)로 우리 죄에서 우리를 해방하시고', 그리고 (하나님을 위해) 우리를 **"나라와 제사장"**이 되게 하심(6절, 5:10, cf. 출 19:6, 벧전 2:9)이 그의 십자가와 부활로 이루신 결과라는 찬미로써 성부 하나님께 드릴 찬양을 그분께 함께 드리는 것이다.

여기서 성령(일곱 영)은 적어도 유일신 사상을 고수하는 유대인들에게 성자 예수를 연결시키는 역할을 하고 있으며, 일찍이 시내산에서 이스라엘에게 주어졌던 '하나님의 나라와 제사장'이라는 영광이 이제는 그리스도 예수로 말미암아 **"우리"** 곧 그의 몸 된 교회에게 주어졌다고 선언하며, 이러한 계시의 권위적인 출처로서 삼위일체 하나님의 세 위격을 말하고 있다.

성부 하나님(4, 8절)

지금도 계시고, 전에도 계셨으며, **"장차 오실"** 하나님, (참조, 4:8, 11:17, 16:5. "나는 지금도 있고 과거에도 있었고, 앞으로도 있을 자라." "나는 처음이요 또 마지막이라" 사 44:6, 48:12).

성령 하나님(4절)

일곱 영들, 하나님의 영(참조-4:5, 5:6. 어린 양의 영-슥 4:2, 6, 10, 대하 16:9, 사 11:2).

성자 하나님(5절)

충성된 증인(선지자, 신자의 원형과 모범), 죽으셨던 분(제사장, 대속), 먼저 나시고(골 1:18, 최고의 또는 주권적인 주라는 의미) 왕들의 머리가 되신 분(참조-시 89:27, 땅의 왕들의 통치자).

우리를 나라와 제사장으로 삼으신(6절)

이것은 열방을 대표하여 이스라엘에게 주어졌던 '제사장의 나라'라는 언약적인 영광이 탐심에 의하여 이르지 못하고 도리어 심판에 이르게 된 본서의 역설로서, 그리스도의 영광 안에서 그와 연합된 교회들에게 주어졌다는 놀라운 선포이다.

7 볼지어다 그가 구름을 타고 오시리라 각 사람의 눈이 그를 보겠고 그를 찌른 자들도 볼 것이요 땅에 있는 모든 족속이 그로 말미암아 애곡하리니 그러하리라 아멘

8 주 하나님이 이르시되 나는 알파와 오메가라 이제도 있고 전에도 있었고 장차 올 자요 전능한 자라 하시더라

이 구절에 대한 배경은 단 7:13과 슥 12:10이다. 또한 마 24:30에서 예수는 인자이신 자신의 재림을 예언하며 이 구절을 인용하셨다. 스가랴서에서 그는 주의 '싹'인 메시아로 하나님과 연합된 한 몸이다. 따라서 그(독자, 장자)가 찔릴 때에 하나님도 함께 고통을 겪으심을 가리키는 것이다. 그러나 거기에서 **"애곡하리니"**는 하나님의 은총으로 회개가 **"땅에 있는**

모든 족속"에게서 일어나는 것을 의미한다. 이것은 미래종말론적인 관점에서 지구촌의 모든 민족을 일컫는 것으로 볼 수 있지만, 여기서는 보다 좁은 의미로 로마가 점령한 전역에 흩어져 사는 유대인들을 지칭한다.

κύριος θεός-퀴리오스 데오스, **"주 하나님"**은 '여호와 하나님'에 대한 번역으로 성부 하나님을 지칭한다. 하지만 신약성경에서 이 호칭은 모두 성자에게 주어지고 있다(마 16:16). 한편 일차적으로 수신자를 유대인으로 삼는 이 서신에서 히브리어 '야훼'의 역어인 퀴리오스를 '엘로힘'의 역어인 데오스와 함께 사용한 요한의 의도는 명백하다. 그것은 요한계시록의 가장 중요한 특징 중의 하나인(요한복음의 특징이기도 한) 삼위일체 사상에 대하여 유대인들에게 가장 비 충돌적인 방식의 의도적인 전달이라 할 수 있다.

그러므로 **"구름을 타고 오시리라"**는 그분이 '알파와 오메가'이신 성부 하나님(시작과 끝-22:13, 사 44:6, 48:12)을 지칭하되, **"그를 찌른 자"**에서 성부와 성자를 자연스럽게 일체화 시킴으로서, 유대인들이 신성모독으로 정죄하여 십자가에 처형한 그 예수가 "장차 올 자"로서 주시요 하나님이라는 요한의 삼위일체 사상이 강조되고 있다. 그리고 παντοκράτωρ-판토크라토르, **"전능한 자"**는 대부분 히브리어 체바오트-만군의 하나님에 대한 역어로 사용되나, 샤다이-전능하신 하나님의 역어로도 사용된다.

3. 첫째 환상 【1:9-20】

1) 편지를 쓰라는 명령

9 나 요한은 너희의 형제요 예수의 환난과 나라와 참음에 동참하는 자이며 하나님의 말씀과 예수를 증언하였음으로 말미암아 밧모라 하는 섬에 있었더니

이 서신에서 **"참음"** ὑπομονῇ-휘포모네는 인내의 '온전함'을 상징하듯 7회가 사용된다. 여기서 **"예수의 환난, 나라, 참음"**은 '예수 안(엔 지저스)'에 있음을 의미한다. 즉 환난과 참음 사이에 위치한 **"나라"**는 다소 의도적인 배치로 '환난과 참음'으로 들어가게 되는 나라를 뜻하는 것으로 보인다. 그는 지금 사도의 권위를 가지고 말하는 것이 아니라 믿음을 인하여 함

께 고난에 참여하는 동역자의 위치에서 말하고 있는 것에서 확인된다. 이것은 좌우편에 앉기를 갈망했던 이전의 요한의 모습과 대조적이다.

> **교회의 환난은 그리스도의 영광인가?**
>
> 주께 힘을 얻고 그 마음에 시온의 대로가 있는 자는 복이 있나이다. [시 84:5]
>
> 시온으로 가는 길은 눈물의 골짜기였다. 그러나 그들이 눈물 골짜기로 지나갈 때에 그곳에 많은 샘이 있을 것이라는 하나님의 위로가 주어진다(6).
>
> 메시아 언약 안에 있던 구약 백성들이 걸었던 발자취와 같이, 새 언약 안에 있는 백성들 또한 그 나라에 들어가기 위해 환난과 참음이라는 눈물의 골짜기를 만난다. 다만 전자는 자신의 죄를 한탄하며 울었던 반면 후자는 사랑과 은혜에 대한 감격으로서의 눈물이다. 예수 그리스도는 이 모든 눈물의 참 위로자이시다

10 주의 날에 성령에 감동되어 내 뒤에서 나는 큰 음성을 들으니

이 구절의 번역은 두 문장을 하나로 묶어 놓았기 때문에 다소 난해하다. 요한이 큰 음성을 듣게 된 것이 마치 성령에 감화된 결과처럼 읽힌다. 그러나 이 구절에서 **"감동되다"**는 '성령 안에'(ἐν πνεύματι-성령 안에, 4:2, 17:3, 21:10)를 의역한 것이다. 이것은 "주의 날에 내가 성령 안에 있었다. 그래서 나는 내 뒤에서 나팔 소리 같은 큰 음성을 들었다"이다. 이 표현은 요한계시록에서만 사용되며 4:2, 17:3, 21:10에 다시 등장하는데, 황홀경과 같은 것을 나타낼 수도 있다. 요한이 특별히 성령에 열려 있고 환상을 볼 준비가 된 상태를 가리키는 것이 분명해 보인다.

11 "네가 보는 것을 두루마리에 써서~ 일곱 교회에 보내라"

왜 일곱 교회인가? 그것은 4절의 **"일곱 영"**에서 언급한 바와 같이 충분, 완전함, 대표성을 상징하는 것 이외에도 교통의 중심지, 황제숭배 의식과 관련(두아디라 외에 6개 도시는 황제숭배 신전이 있었음)이 있다. 여기서 교회의 나열 순서는 메신저가 편지를 들고 방문한 순서로 보인다.

2) 영광스런 주의 환상

그리스도의 환상을 서두에 배치한 것은 중요한 의미가 있다. 그리스도인들은 당시의 로마와 유대교라는 대적들에게 박해를 받는 매우 미력한 존재였고 표면적으로 그들의 상황은 매우 절망적이었다. 따라서 이 계시는 매우 시의적절한 것으로서 박해를 당하는 이들에게 부활하신 주의 영광과 위엄을 드러내고 그것을 직시하게 하는 일은 무엇보다 중요했기 때문이다.

12 몸을 돌이켜 나에게 말한 음성을 알아 보려고 돌이킬 때에 일곱 금 촛대를 보았는데

자신의 뒤에서 들려오는 음성의 주인을 확인하려고 고개를 돌렸을 때 그는 일곱 개의 황금 촛대를 보았다. 성막기구로서 등잔대(מְנֹרָה-메노라, 참조, 출 25:31, 민 8:2, 슥 4:2, 왕하 4:10, 대하 4:7, 렘 52:19)는 금으로 만드는 것이 규례임이 밝혀지나 이 참조 구절들 어디에서도 일곱에 대한 근거는 없다.

13 촛대 사이에 인자 같은 이가 발에 끌리는 옷을 입고 가슴에 금띠를 띠고

일곱 금 촛대는 일곱 교회(참조, 20)로, **"촛대 사이"**는 교회(자기 백성) 가운데를 뜻하며, **"인자 같은 이"**에서 υἱός ἄνθρωπος-휘오스 안드로포스, **"인자"**의 출처는 복음서에서 주께서 사용하신 '그 인자(유관사)'와 달리 하늘 구름을 타고 와서 옛적부터 항상 계신 이에게 인도되는 단 7:13의 인자(무관사)이다. 그리고 **"발에 끌리는 옷"**과 **"가슴에 금띠"**는 고귀한 신분을 상징한다. 따라서 그는 자기 백성 가운데 계시는 그리스도를 가리는 것임을 알 수 있다(관사의 유무는 그리스도의 임재 위치를 구별한다).

14 머리와 털-흰 양털 같고 눈 같으며, 눈-불꽃
15 발-풀무불에 단련한 빛난 주석, 음성-많은 물 소리 같으며

이 구절들의 출처는 각기 단 7:9과 10:6이다. 고대에서 흰 머리는 지혜와 나이를 상징했는데(레 19:32) 여기서는 존엄성을 나타내고, 불꽃같은 눈은 모든 것을 꿰뚫어 보는 통찰력을 상징한다.

χαλκολίβανον-찰콜리바논, "발"은 '품질이 좋은 주석'이란 의미로 이것은 **"풀무불에 단련한"**으로 수식되는 것에 근거한다. **"많은 물 소리"**의 출처는 겔 43:2이며 거기서는 하나님의 음성이다.

16 그의 오른손에 일곱 별이 있고 그의 입에서 좌우에 날선 검이 나오고 그 얼굴은 해가 힘있게 비치는 것 같더라

여기서 **"그의 오른손에 일곱 별"**은 능력의 장중에 붙들린 '일곱 교회의 천사들'(20)을 가리킨다. **"좌우에 날선 검"**은 그분의 입에서 나오는 말씀을 지칭하는데(사 49:2, 히 4:12) 이는 고대 로마의 단검의 형상에서 유래되었다. 하나님의 **"얼굴"**은 하나님의 권능을 상징하는 것으로 이스라엘에겐 승리와 환희를 가리키는 반면(민 6:25, 시 4:4-5, 시 27:8), 얼굴을 외면하심은 어두움 곧 대적들에겐 패배와 공포를 상징했다(시 76:7, 참조, 여호와의 크고 두려운 날, 습 1:15, 욜 2:31). 따라서 **"해가 힘 있게 비치는"** 얼굴은 박해에 시달리고 있는 교회에게 벅찬 소망의 도래를 강력하게 암시한다. 그러나 구약에서 하나님의 현현은 사람들에게 언제나 두려움을 수반했다(삿 13:6, 욥 37:22).

17a 내가 볼 때에 그의 발 앞에 엎드러져 죽은 자 같이 되매 그가 오른손을 내게 얹고 이르시되
17b 두려워하지 말라 나는 처음이요 마지막이니

요한이 볼 때에 엎드러져 죽은 자같이 된 것은 그분의 영광의 광채에 압도된 것을 나타낸다(17a). 이 구절의 출처는 단 10:9-10이다. 그런 그에게 권능의 오른손을 얹으시며 **"두려워하지 말라"**(참조, 2:10, 단 10:8-10, 18-19)는 말씀은 다니엘의 회복을 암시하듯 요한에게 부여된 사명에 능력을 더하시는 것으로 해석될 수 있다. **"나는 처음이요 나중이라"**(참조. 22:13, 사 41:4, 알파와 오메가-8절). **"처음"**, ὁ πρῶτος-호 프로토스는 다른 곳에서 '시작'(마 20:8), '먼저'(마 17:9, 고전 15:3, 롬 2:9) 등으로 사용된다. 그래서 이것은 '시작과 끝' '먼저와 나중', '처음과 마지막'으로 해석될 수 있다.

8절에서 성부 하나님께 주어진 이 표현이 이제는 성자 하나님께 주어진다(삼위일체 위격의 동등성에 대한 요한의 의도적인 진술).

18 곧 살아 있는 자라 내가 전에 죽었었노라 볼지어다 이제 세세토록 살아 있어 사망과 음부의 열쇠를 가졌노니

이 구절에서는 그리스도의 '부활'이 강조되는데, "사망과 음부의 열쇠"를 가졌다는 것은 대적의 박해로 인하여 생사의 기로에 직면한 교회에게 끝까지 인내로 믿음의 경주를 행할 수 있는 가장 큰 힘이자 위로가 되기 때문이다. 그것은 주께서 이미 제자들에게 약속하셨던 말씀에 대한 보증의 성격을 지니고 있었다(참조, 다윗의 열쇠, 사 22:22).

> 주는 그리스도시요 살아 계신 하나님의 아들이시니이다 [마 16:16]

> 내가 이 반석 위에 내 교회를 세우리니 음부의 권세가 이기지 못하리라 [마 16:18]

19 "그러므로 네가 본 것과 지금 있는 일과 장차 될 일을 기록하라"

이는 단순히 과거, 현재, 미래의 시간적 순서를 나타내는 것이 아니라 '반드시 속히 일어나야만 하는 일들'(시작된 종말)에 대한 삼중적인 표현 방식이다(Beale).
여기서 **"네가 본 것"**은 부활하신 그리스도의 모습 및 일곱 별과 일곱 금 촛대를, **"지금 있는 일"**은 일곱 교회가 처해있는 천상과 지상에서의 일들을, 그리고 **"장차 될 일"**은 고통 가운데 있는 성도들에게 임박한 미래의 일들(15장의 대접심판 이후)을 미리 알려줌으로서 능히 싸움에서 이길 수 있도록 한 계시록의 내용들을 일컫고 있다.

20 네가 본 것은 내 오른손의 일곱 별의 비밀과 또 일곱 금 촛대라 일곱 별은 일곱 교회의 사자요 일곱 촛대는 일곱 교회니라

여기서 μυστήριον-미스테리온, **"비밀"**의 의미는, 사람들이 스스로 알아낼 수는 없었던 그러나 이제 하나님께서 알려 주셔서 밝혀 질 다양한 상징적인 의미들에 대한 것이라 할 수 있다(참조, 고전 2:7, 살후 2:7).
"사자", 'ἄγγελος-앙겔로스'는 인간 사자(메신저, 눅 7:24, 9:52)를 가리키기도 하지만, 계시록 1-3장에서의 교회의 사자들을 제외하고 요한계시록에서 무려 67회나 사용되는 모든 용례는 천상의 존재를 언급하고 있다. 'ἄγγελος-앙겔로스'에 대한 다양한 해석들이 존재하는데, 교회를 대표하는 수호천사로서의 천상적 존재(Beale), 또는 목사나 감독(Hendriksen) 등이 제안된다. 그러나 별은 메시아(마 2:2, 10, 계 22:16), 메신저(계 1:16, 20, 3:1), 성도의 영광(단 12:3, 고전 15:41, 계 2:28), 천사(계 9:1, 12:4), 권세와 권세 잡은 자(계 8:11, 12), 타락한 이스라엘(계 12:1) 등을 상징하는 것으로 다양하게 사용되었다.

그러나 본 구절의 메시지가 주는 교훈은 일곱별과 금 촛대 및 빛의 상호 관계에서 그리스도를 증언해야 할 증인의 사명을 위해 감독자와 교회를 세웠다는 것이다.

2-3장

일곱 교회에게 보낸 편지

예수 그리스도의 **"써서~보내라"**는 명령(1:11, 19)을 따라 일곱 교회에 주시는 그의 말씀을 기록한다. 따라서 2-3장은 부활의 주로부터 보장된 승리의 약속과 더불어 합당한 회개를 촉구하며 끝까지 믿음의 인내를 갖도록 격려하는 '선지적인 메시지'이다("성령이 교회들에게 하시는 말씀"). 즉, 예수 그리스도에 의해 사도 요한에게 전해지는 메시지의 형식은 구약에서 하나님이 그의 선지자들에게 메시지를 전하는 방식과 동일하다. 그러므로 요한계시록은 신약에서 선지서인 셈이다.

여기서 각 교회들에게 소개되는 발신자(예수 그리스도)에 대한 각각의 묘사는 1장의 그리스도에 대한 환상(1:12-18)을 직접적으로 반영하고 있음을 알 수 있다.[16]

---

16) 이필찬, 내가 속히 오리라, 114쪽.

1. 에베소 교회에게 【2:1-7】

에베소는 소아시아 지역에서 가장 큰 항구 도시이자 부유한 지역으로 아데미(아르테미스) 신전이 있어 황제숭배의 장소가 되었다. 요한계시록의 기록 후대에 도미티아누스(AD 81-96)가 자신을 숭배하기 위한 신전을 건축한 곳이기도 하다.

사도 바울이 이 교회를 세웠으며(행 18:19-21, 19장), 전승에 의하면 사도 요한이 오랫동안 감독으로 있었다.

1 에베소 교회의 사자에게 편지하라 오른손에 있는 일곱 별을 붙잡고 일곱 금 촛대 사이를 거니시는 이가 이르시되

예수에 대한 묘사로서 **"오른손에 있는 일곱 별을 붙잡고 일곱 금 촛대 사이를 거니시는 이"**는 1장 '그리스도에 대한 환상' 16절 및 12-13절의 내용을 반영한다(거기 주석 참조).

1) 칭찬

2 내가 네 행위와 수고와 네 인내를 알고 또 악한 자들을 용납하지 아니한 것과 자칭 사도라 하되 아닌 자들을 시험하여 그의 거짓된 것을 네가 드러낸 것과

3 또 네가 참고 내 이름을 위하여 견디고 게으르지 아니한 것을 아노라

여기서 악한 자들은 니골라당을 가리킨다(6절). 니골라 당은 복음에 의한 율법의 폐지를 폐기로 오용한 도덕폐기론자(영지주의)들로 그러한 주장을 **"용납하지 아니한 것"**은 "그들의 행위들을 미워함"(6절)에서 드러났듯이 교회가 '그리스도를 아는 것과 믿는 것에 대한 일치'를 이루고 있었기에 **"그의 거짓된 것"**[17]을 밝혀낸 것이라는 칭찬이다. 참조로, 바울에게

---

17) 롬 16:7, 사도들에게 칭찬 받는 무리들처럼 자처하고 다닌 자들(참조, 고전 15:7, 갈 1:19).

서 '거짓 사도'는 다른 복음을 전하는 '유대인 그리스도인'을 지칭한 반면, 사도 요한에게
는 영지주의자들 곧 '니골라당'이다.

"네가 참고 내 이름을 위하여 견디고 게으르지 아니한 것"은 에베소 교회가 교의적으로 바
로 서 있었다는 칭찬에 이어 '믿음의 역사, 사랑의 수고, 소망의 인내'라는 믿음의 본질도
함께 드러내고 있었고, 그것에 대한 칭찬이 더하여진다.

2) 책망과 경고

4 그러나 너를 책망할 것이 있나니 너의 처음 사랑을 버렸느니라

5 그러므로 어디서 떨어졌는지를 생각하고 회개하여 처음 행위를 가지라 만일 그리하지
   아니하고 회개하지 아니하면 내가 네게 가서 네 촛대를 그 자리에서 옮기리라

그러나 그들은 교회의 성숙과 성장을 지속시키는 원동력인 '사랑'을 상실하고 있었다. **"처
음 사랑을 버렸느니라"**(참조, 엡 1:15). Beale은 이것을 에베소 교회의 그리스도에 대한 처음
사랑을 가리키는 것이 아니고, 서로에 대한 사랑도 아니라, 외부에 복음을 전하는 일을 게
을리 한 것으로 본다. 이 관점은 부활하신 주님의 계시를 박해를 당하고 있는 교회에 알리
는 계시록의 기록 목적과 일치한다는 점에서 합리적이다.

"기억하라! 회개하라! 그리고 처음 행위들을 가져라!"는 모두 사도행전적인 사도시대 교회
의 가장 핵심적인 사역 자체가 "땅 끝까지 이르러 복음을 전하는 것"임을 환기 시키고 있
다. **"그렇지 않으면 네게 가서 네 촛대를 그 자리에서 옮기리라"**는 복음을 전하지 않는 교회
의 무용론을 경고하는 것으로, 촛대는 불을 밝히기 위해 존재하는 것처럼, 그것은 복음 증
인의 위치(Beale), 교회의 정체성(Mounce)을 나타내며, **"옮기리라"**는 교회로서 지위를 박탈
할 것이라는 의미이다.

이그나티우스(AD 35-108)에 의하면 에베소 교회는 회개했고 부흥과 성장을 이루었다고
한다.

3) 약속

7 귀 있는 자는 성령이 교회들에게 하시는 말씀을 들을지어다 이기는 그에게는 내가 하나님의 낙원에 있는 생명나무의 열매를 주어 먹게 하리라

"귀 있는 자는 ~들을지어다"는 들음(순종)의 중요성을 강조하는 것으로 "이기는 자", 'αὐτός νικάω-아우토스 니카오' 그리고 **"아노니"**, 'οἶδα-오이다'와 더불어 각 교회들에게 공히 총 7회가 선언된다(참조, 사 6:9-10). 그 보상은 하나님의 낙원에 있는 생명나무의 열매(22:2)이다. 불순종은 사람으로 낙원에서 추방당하게 한 동인이었다.

2. 서머나 교회에게 【2:8-11】

서머나는 한 번 파괴된 지 300년 만에 다시 재건된 도시이며 지금까지 현존하는 유일한 도시이다(이즈미르, Izmir). 로마 여신을 위한 신전이 최초로 건축되었던 곳이며, 황제숭배의 중심지로 주변 지역의 신전을 총괄하는 기능을 수행한 도시로, 황제숭배와 관련하여 경제적 풍요를 누렸던 지역이다.

전승된 사료에 의하면 **도미티안**(AD 81-96) 때 황제숭배에 대한 강요가 급격히 심화되고 기독교도에 대한 핍박도 덩달아 증가했다고 한다. 그러나 이러한 견해는 후기저작설의 관점이며, 로마에 의한 유대교의 핍박이 AD 70년 이전부터 이미 일어났고 전쟁으로 멸망에 이르렀던 것에 근거하면 이 핍박은 오히려 베스파시안 때에 자행된 박해로 보아야 한다. 이것은 서머나 지역에서 복음화로 유대교도의 이탈에 대한 보복적인 조처로서 유대인들이 기독교를 로마에 고소한 것에서 비롯되었다. 고소의 핵심은 기독교가 황제숭배를 거부하고 오직 예수 그리스도만이 만왕의 왕이요 만 주의 주로 예배한다는 것이다. 따라서 로마는 유대인들에게 허용되었던 종교적 자유를 기독교인들로부터 박탈했고 이것이 급격한 박해로 이어진 배경이 되었다.

8 서머나 교회의 사자에게 편지하라 처음이며 마지막이요 죽었다가 살아나신 이가 이르시되

예수 그리스도에 대한 묘사는 1장 '그리스도에 대한 환상' 17b-18와 연결된다. **"처음이며 마지막이요"**는 그리스도의 역사의 주관자이심을 강조하는 것이고, **"죽었다가 살아나신 이"**는 생명의 주관자가 되심을 강조하는 것이다. 이러한 강조는 황제숭배와 관련하여 서머나 교회가 처한 박해의 상황이 매우 심각했음을 역설적으로 강조하는 것이다. 따라서 이 말씀은 그들이 직면한 신앙적인 도전에 대하여 믿음의 지속적인 경주를 위한 동기가 되었을 것이다.

1) 칭찬

9 내가 네 환난과 궁핍을 알거니와 실상은 네가 부요한 자니라 자칭 유대인이라 하는 자들의 비방도 알거니와 실상은 유대인이 아니요 사탄의 회당이라

"네 환난과 궁핍을 알거니와"는 황제숭배를 거부하는 신자들의 상황에 대한 것이다. '환난과 궁핍'은 경제적으로 상당히 풍요한 도시의 상황과는 대조적인 것으로, 우상숭배를 거부하는 신자들이 경건한 삶을 인하여 지역경제 공동체로부터 멸시와 배척을 당한 결과이다. **"실상은 네가 부요한 자다"**는 영적인 측면을 강조한 것이다. 옛 언약 안에서 **"유대인들"**은 야훼의 백성이자 언약 공동체의 대명사였다. 하지만 교회를 공격한 자들 **"자칭 유대인"**의 실상은 신성모독을 일삼는 적대자들은 곧 사탄에 소속된 무리임을 스스로 드러낸 것이다.

2) 책망과 경고

10 너는 장차 받을 고난을 두려워하지 말라 볼지어다 마귀가 장차 너희 가운데에서 몇 사람을 옥에 던져 시험을 받게 하리니 너희가 십 일 동안 환난을 받으리라 네가 죽도록 충성하라 그리하면 내가 생명의 관을 네게 주리라

서머나 교회는 빌라델비아 교회와 더불어 책망이 없는 것이 특징이다. **"장차 받을 고난을 두려워하지 말라"**는 장차 마귀가 신자들 중 몇 명을 감옥에 던져 시험을 받게 할 것을 가리킨다. 여기서 동사 **"장차 받을"**, μέλλω-멜로, '~할 것이다'는 필연적으로 일어날 일들에 대해 사용되었다(참조, 3:2-죽게 된 것, 마 2:13-아기를 죽이려 하니, 마 3:7-임박한 진노, 눅 7:2-병들어 죽게 되었더니, 눅 9:31-별세하실 것).

"너희가 십 일(참조, 다니엘과 세 친구의 열흘간의 시험, 단 1:12-15) **동안 환난을 받을 것이다"**에서 δέκα. ἡμερῶν-데카 헤메라, **"십 일"**은 문자적인 날의 수가 아닌 완전한 시험의 상징 수이다(10절).

"네가 죽도록 충성하라"는 결코 사람이 할 수 있는 말이 아니다. 그것은 오직 생명의 주관

자만이 할 수 있는 말이다. 이것은 이어지는 **"그리하면 내가 '생명의 면류관'을 주리라"**에서 보장되고 있는 바로 그 주관자만이 하실 수 있는 약속인 까닭이다.

3) 약속

11 귀 있는 자는 성령이 교회들에게 하시는 말씀을 들을지어다 이기는 자는 둘째 사망의 해를 받지 아니하리라

"둘째 사망"은 악한 영들과 불신자가 백 보좌의 최후 심판에서 받는 영적인 형벌의 죽음으로, 첫째 사망인 물리적 죽음 이후에 백 보좌 심판을 받기 위해 잠시 살아났다가 두 번째 당하는 죽음으로 곧 영원한 형벌을 뜻한다. 이것은 잠시동안 '사망의 권세'를 가졌던 사탄이 그리스도의 십자가와 부활로 그 권세를 빼앗겨(1:18b) 더 이상 사용할 수 없고, 오히려 생명의 주관자이신 주님에 의해 심판으로 받는 형벌로서 사망이다. 따라서 **"둘째 사망의 해를 받지 아니하리라"**는 신자가 받는 영원한 생명에 대조되는 역설이다.

3. 버가모 교회에게 【2:12-17】

버가모는 평지보다 400m 높은 곳에 성채가 있었고 그곳에 대도시가 형성되었다. 제우스를 비롯한 다양한 신들을 숭배했으며, 로마 황제 아우구스투스를 위한 신전을 지은 최초의 도시이자 소아시아 중 황제숭배가 가장 성행한 도시로 정치와 종교의 중심지였다. 이 지역은 유대인 공동체를 찾기 힘든 이교적인 도시였다. 이 같은 환경에서 이교도의 신과 황제숭배 요구를 거부하고 그리스도를 신앙하는 것이란 서머나 교회보다 훨씬 더 위협적인 상황에 노출되는 것이었다.[18]

12 버가모 교회의 사자에게 편지하라 좌우에 날선 검을 가지신 이가 이르시되

예수 그리스도에 대한 묘사로서 **"좌우에 날 선 검을 가지신 이"**는 1장의 그리스도에 대한 환상 16절과 연결된다. 이것은 그가 아버지께 받아 보내신 약속의 보혜사 곧 성령을 뜻한다(17절. 참조, 요 14:15-17). 이것은 버가모 교회가 처한 영적 위기를 세밀히 감찰하고 계신다는 것으로 주의 우주적 통치권에 대한 각인과 격려를 전하는 것이라 할 수 있다.

1) 칭찬

13 네가 어디에 사는지를 내가 아노니 거기는 사탄의 권좌가 있는 데라 네가 내 이름을 굳게 잡아서 내 충성된 증인 안디바가 너희 가운데 곧 사탄이 사는 곳에서 죽임을 당할 때에도 나를 믿는 믿음을 저버리지 아니하였도다

"내가 안다"는 버가모 교회가 **"사탄의 권좌**(도시의 뒷산에 세워진 다양한 이교도 신전들)**"**가 있는 곳임과 그 속에서 처한 영적 도전에 대한 상황을 하나도 빠지지 않고 주시하고 계신다는

---

18) Price, Rituals and Power, 155-65, 221-22. Gregory K. Beale 'The Revelation'

뜻이다. **"내 이름을 굳게 잡아서"**는 죽음의 박해조차도 그의 신앙을 포기하도록 하지 못했다는 칭찬이다. 이것은 이어지는 **'충성된 증인 안디바'**의 죽음에서 잘 드러나는데, 주님은 성도의 삶을 세밀히 살피신다는 것과 신부들의 옳은 행실을 빠짐없이 기억하신다는 것이다.

2) 책망과 경고

14 그러나 네게 두어 가지 책망할 것이 있나니 거기 네게 발람의 교훈을 지키는 자들이 있도다 발람이 발락을 가르쳐 이스라엘 자손 앞에 걸림돌을 놓아 우상의 제물을 먹게 하였고 또 행음하게 하였느니라

ἀλλά-알라, **"그러나"**로 시작되는 버가모 교회에 대한 책망의 반전은 세속과의 타협을 가리킨다. 즉 교회 공동체 내에 "발람의 교훈을 지키는 자들"이라 함은, 이스라엘을 저주하도록 발락에게 고용되었던 발람이 하나님의 중재로 저주가 불가하게 되자 그의 고용주 발락에게 한 가지 꾀를 제안한 것은 곧 이스라엘로 범죄케 하여 하나님으로부터 징벌을 받도록 하는 것이었다. 그것은 민 25:1, 31:16에서 알 수 있듯이 미디안의 여 사제를 통해 이스라엘을 미혹하여 음행을 행하게 한 것이다. 이것은 종교적으로 다산을 상징하는 바알의 제의에 동참한 탓에 죄목이 '우상숭배와 음행'으로 제시된다. 이것은 에베소 교회가 칭찬받았던 덕목과 달리 당시 버가모 교회 안에 영지주의 곧 육체의 무용론인 니골라당의 교훈(15)을 따라 도덕적인 죄의식도 없이 교회가 세속과 타협하여 그 음행(너희, 복수)에 가담했다는 것이다.

교훈을 **"지키는 자들"**은 자칫 버가모 교회를 단수로 계속 말해 온 σύ-쉬, **'네게'**에서 벗어나 교회 공동체 가운데 일부 또는 다수를 가리키는 것일까? 복수의 **'너희'**는 히브리어 원문에는 없기 때문이다. 다만 이 번역을 지지할 수 있는 유일한 것은 16절의 αὐτός-아우토스, 삼인칭의 복수 "그들"이다. 그렇다면 이것은 모두 교회를 가리키는 것일까? 아니다. 이것은 맥락을 놓친 오역이다. 요한이 굳이 단수와 복수로 구분하여 말하는 것은 그 대상이 다르기 때문이다. 16절의 "그들"은 발람의 교훈을 따르는 단수 σύ-쉬, "너"로서의 교회가 아니라 거짓된 교훈을 가르치는 거짓 교사들을 지칭하는 αὐτός-아우토스, '그들'이 분명하다.

아마도 그 거짓된 교훈은 생존을 위해 부득이하게 그 축제에 참여하더라도 진심으로 이방 신이나 황제를 믿지 않으면 무방하다는 생각일 수 있다. 이것은 과거 일제 치하에서 신사 참배 강요 시에 나타났던 현상과 다르지 않다(이것은 정죄에서 벗어남을 의미하지 않는다). 이것은 버가모 교회가 세속의 외적인 박해에 대해서는 죽기까지 믿음으로 잘 항거했지만 내면적 인 미혹에는 실패한 사례로 볼 수 있다. 세속적인 축제에 참여를 거부할 경우 그 사회적 공 동체로부터 경제적인 활동에 제약을 받는 것을 꺼려한 까닭이다. 이것은 현대 교회에서도 여전히 답습되어 나타나는 영적 갈등 중 하나이다. 오늘 날 우상의 제물은 하나님처럼 안 전과 평화 곧 낙원을 줄 수 있을 것으로 여기게 하는 '돈'이며, 행음은 이를 목적으로 살아 가는 행태를 일컫는다(딤후 3:1-7).

16 그러므로 회개하라 그리하지 아니하면 내가 네게 속히 가서 내 입의 검으로 그들과 싸우리라

여기서 **"회개하라"**는 그 교훈을 따른 교회 전체(거짓교사 포함)를 향한 것이고, 만약 그렇지 않으면 **"그들과 싸우리라"**는 거짓 교사들을 심판하시겠다는 것이다. 이는 마치 끝내 회개 를 거부하여 비느하스가 높이든 단창 아래에 놓였던 발람의 운명처럼(민 31:8) 그리고 아니 니아와 삽비라(행 5:1-11)가 새 창조 질서 아래에 순복하기를 거부하다가 심판을 당했던 사 건들을 상기시킨다.

이것은 세상이 주는 환난과 또 다른 차원의 심판으로서 그들에게는 하나님의 보호에서 벗 어나 성령의 불시험이 주어질 것이라는 무서운 심판의 경고가 주어지고 있다.

3) 약속

17 귀 있는 자는 성령이 교회들에게 하시는 말씀을 들을지어다 이기는 그에게는 내가 감 추었던 만나를 주고 또 흰 돌을 줄 터인데 그 돌 위에 새 이름을 기록한 것이 있나니 받는 자 밖에는 그 이름을 알 사람이 없느니라

"성령"은 12절에서 '양 날 선 검을 가지신 이'로서 그리스도를 묘사한 것뿐만 아니라 은밀 한 것까지도 감찰하시는 그 하나님을 가리킨다. **"이기는 그에게"**는 곧 각 일곱 교회마다 주

시는 말씀으로써 '이기는 자'에게 주어질 상급을 일컫는데, 여기서 **'감추었던 만나'**를 주고, 새 이름이 기록된 '흰 돌'이 그 보상으로 제시되고 있다.

그렇다면 '감추었던 만나'는 무슨 뜻인가? 동사 κρύπτω-크리프토, '감추다, 숨기다, 가리다'는 과거 완료형 분사로 곧 '감추어진 만나'이다. 만나가 감추어진 이유는 이스라엘로 일용할 양식을 통해 하나님께 전적인 의탁을 교훈하려 했으나 그들의 반복적인 반역으로 인해 이제는 기념 책에나 남아 있을 뿐 지금은 감추어진 것이란 의미이다(유대 전승에 의하면 솔로몬 성전 파괴 시 예레미야가 만나 항아리가 담긴 언약궤를 취하여 느보산 밑에 숨겨 놓았다고 한다. 마카비 2서, 바룩 2서). 이것은 **"우상의 제물을 먹는 것"**과 대조적으로 하나님을 전적으로 의탁한 자들만이 누릴 수 있는 그 영광 곧 혼인잔치에 참여할 수 있도록 하신다는 약속이다.

'흰 돌', λευκός ψῆφος-레우코스 프세포스는 정육면체의 상아석이나 천연석에 글을 새긴 것으로 이것에 대한 다양한 용도가 학자들에 의해 소개된다. 하지만 여기서의 의미는 크게 두 가지로 압축되는데, 첫째 유무죄를 판결할 때 무죄를 상징하는 돌을 의미하거나 또는 축제에 입장 가능한 표시로서 티켓과 같은 역할로서의 돌이다. 이것은 성도의 옳은 행실과 혼인잔치에 들어갈 수 있는 자격이 주어지는 것을 상징한다.

그 위에 기록된 '새 이름'(2:17, 3:12, 14:1, 22:4)은 누구의 이름인가? 그것은 19:13, 16에서 잔치의 혼주로서 하나님 또는 신랑으로서 만왕의 왕이요 만 주의 주이신 그리스도 예수의 이름일 것으로 유추할 수 있다.

> 내 아버지께서 모든 것을 내게 주셨으니
> 아버지 외에는 아들이 누구인지 아는 자가 없고
> 아들과 또 아들의 소원대로 계시를 받는 자 외에는
> 아버지가 누구인지 아는 자가 없나이다 하시고
> 제자들을 돌아보시며 조용히 이르시되
> 너희가 보는 것을 보는 눈은 복이 있도다. [눅 10:22-23]

4. 두아디라 교회에게 【2:18-29】

두아디라는 군사적 요충지였던 탓에 BC 1세기까지 많은 침략이 있었던 곳이다. 하지만 로마의 정복지가 된 이후 로마의 평화정책의 일환으로 상업과 제조업을 중개하는 무역의 통로가 되고, 경제조직(카르텔, 조합)이 가장 발달한 도시가 되어 번영을 누렸다. 이 지역은 주로 태양신인 아폴로(제우스의 아들, 황제의 수호신)를 숭배했으며, 청동 세공업자들의 번창한 곳으로 자주색 염색 세공업자였던 루디아(행 16:14)가 이 지역 출신이다.

18 ==두아디라 교회의 사자에게 편지하라 그 눈이 불꽃 같고 그 발이 빛난 주석과 같은 하나님의 아들이 이르시되==

그리스도에 대한 환상 1:14-15절을 참조하라. **"눈이 불 꽃 같고"**는 심판을 상징하고, **"빛난 주석 같은"** 발은 청동 세공업이 발달한 이 지역의 통치적 영광을 강조하는 것으로 그는 단 3:24에서 풀무불 안에 떨어진 다니엘의 세 친구를 보호하는 בַר־אֱלָהִין-라 바르 엘라힌, '신의 아들'로서 곧 빛난 주석 같은 발을 가지신 '하나님의 아들'로 묘사된다. 즉 이 지역을 다스리는 진정한 하나님의 아들은 제우스(로마인의 하나님)의 아들 '아폴로'가 아니라 예수 그리스도임을 강조하는 것이라 할 수 있다.

1) 칭찬

19 ==내가 네 사업과 사랑과 믿음과 섬김과 인내를 아노니 네 나중 행위가 처음 것보다 많도다==

주께서는 두아디라 교회가 그리스도인으로서 마땅히 해야 할 증언사역을 잘 감당했다고 칭찬하신다. 한글 개역성경은 **"네 사업과 사랑과 믿음과 섬김과 인내를 아노니"**라고 번역함으로써 사업 즉, 교회의 사역으로서 '사랑과 믿음과 인내'를 사역에 종속 시키는 대신 함께 나열시킨 까닭에 이해에 혼란을 준다. 여기서 **"내가~ 아노니"**는 두아디라 교회의 행위들 곧 증언 사역인 사랑, 믿음, 섬김, 인내를 일컫는데, **"네 나중 행위들이 처음 것보다 많도다"** 는 에베소 교회의 책망과 대조적으로 전파 사역이 점점 더 활기를 띄어갔다는 칭찬이다.

2) 책망과 경고

20 그러나 네게 책망할 일이 있노라 자칭 선지자라 하는 여자 이세벨을 네가 용납함이니 그가 내 종들을 가르쳐 꾀어 행음하게 하고 우상의 제물을 먹게 하는도다

발람의 교훈이나 이세벨의 교훈은 우상을 섬기게 했다는 사실에서 일치한다. 하지만 내용적으로는 서로 다르다. 즉 전자는 영지주의적인 교훈인 반면, **"자칭 선지자"**의 이세벨의 교훈은 이방신을 겸하여 믿는 것을 허용(ἀφίημι-아프헤이미, 용서하다, 허락하다)하고 그것이 제공하는 거짓 약속을 가치로 여겨서 따르도록 한 것이다(참조, 왕상 16:31-34, 21:25-26).

하나님은 '진리에 반하는 불의'를 허용(눈감아 주는 것)하는 것을 기뻐하지 않으신다(참조, 고전 13:6). 참된 용서는 회개가 따를 때에만 주어져야 한다(눅 17:3-4, 마 18:15-17). 여기서 "여자", 'γυνή-귀네'는 그녀의 신분이 이스라엘 또는 유대인임을 가리킨다.[19] 이것은 버가모 교회가 직면한 문제와 공통적인 것이었다. 이 미혹과 음행은 장차 바벨론의 음녀의 행위에서 절정을 이루게 되는데 이 모든 시발점은 에덴의 뱀이다.

21 또 내가 그에게 회개할 기회를 주었으되 자기의 음행을 회개하고자 하지 아니하는도다

여기서 **"그에게"**(αὐτός, 3인칭 여성 단수)는 '그녀'가 맞다(그는 제사장을 지칭하는 것이 분명하지만 하나님의 신부로서 그녀다). Beale은 **"회개할 기회를 주었으되"**가 가리키는 바는 거짓 교사의 행위가 상대적으로 오랫동안 지속되었음을 암시한다고 말한다.

22 그를 침상에 던질 터이요… 그와 더불어 간음하는 자들도 만일 그의 행위를 회개하지

---

19) 이에 대한 자세한 설명은 19:7의 주석을 참조하라.

아니하면 큰 환난 가운데에 던지고…

23 사망으로 그의 자녀를 죽이리니 모든 교회가 나는 사람의 뜻과 마음을 살피는 자인 줄 알지라 내가 너희 각 사람의 행위대로 갚아 주리라

여기서 심판의 대상은 세 부류의 사람이다. 첫째는 음녀로, **"침상에 던질 터이요"**는 '그녀를 질병에 던지는 것'을 의미한다. 둘째는 미혹에 빠져 그녀와 함께 음행한 자들(회개하지 않으면)로, 큰 환난 가운데 던져지며(22절), 셋째는 그녀의 자녀들로 죽임을 당하는 심판을 받게 된다. **"그의 자녀를 죽이리니"**는 생육하고 번성하라고 명령하신 바로 그 하나님이 그 신성한 명령을 이행할 수 없게 하신다는 것에서 이는 언약에서 끊어짐에 대한 심판을 암시한다.

24 두아디라에 남아 있어 이 교훈을 받지 아니하고 소위 사탄의 깊은 것을 알지 못하는 너희에게 말하노니 다른 짐으로 너희에게 지울 것은 없노라
25 다만 너희에게 있는 것을 내가 올 때까지 굳게 잡으라

"남아 있어"는 두아디라 교인들 중 이세벨의 교훈을 따르지 않는 신자가 있다는 것이다. 이는 여호와께서 엘리야에게 "바알에게 무릎 꿇지 않은 선지자 칠천을 남겨 놓았다"(שאר-샤아르, 와우 완료태)는 말씀을 떠올리게 한다(왕상 19:18).
그들의 "깊은" 가르침은 하늘의 가르침이 아니라 사탄의 가르침으로, 그들이 알고 있는 그 깊은 것은 사탄의 것이다. **"너희에게 있는 것"**은 그 '올바른 믿음'을 주의 재림 때까지 굳게 잡으라는 칭찬이다. **"다른 짐"**은 두아디라 교회에게 주신 말씀 외에 다른 법적 의무를 가리킨다.

3) 약속

26 이기는 자와 끝까지 내 일을 지키는 그에게 만국을 다스리는 권세를 주리니
27 그가 철장을 가지고 그들을 다스려 질그릇 깨뜨리는 것과 같이 하리라 나도 내 아버지께 받은 것이 그러하니라

여기서 **"이기는 자"**와 **"내 일을 지키는 자"**는 동격이다. 보상으로 그들에게는 만국을 다스리는 권세가 주어진다. 그리고 '철장으로 질그릇 깨뜨림 같이 그들을 다스리는 것'(참조, 시

2:9)은 계시록에서 세 번씩이나 반복적으로 인용되고 있는데 한 번은 그리스도인의 승리를 [20] 나머지 두 번은[21] 주님의 승리를 위해 언급하고 있다. 이것은 파괴적인 의미보다 건설적인 의미로 사용되었다. 즉 하나님을 대하여 높아진 것을 깨트림은 복음으로 하나님의 나라를 세우는 것이기 때문이다.

"나도 내 아버지께 받은 것이 그러하니라"(참조, 요 5:27)는 주님의 십자가와 부활로 복음 곧 죄에서 자유를 주신 것을 의미하기 때문이다.

28 내가 또 그에게 새벽 별을 주리라
29 귀 있는 자는 성령이 교회들에게 하시는 말씀을 들을지어다

또 "새벽 별"을 주리라(참조, 22:16, 새벽 별=예수님, 민 24:17, 벧후 1:19). 이것은 예수께서 아버지께 받은 통치의 권세에 성도들의 참여를 보장하시는 절정의 약속이다(3:21, 5:10, 단 7:18, 22, 시 149:5-9, 딤후 2:12). 왜냐하면 구약에서 새벽 별은 메시아의 출현과 그에 의한 통치를 가리키기 때문이다(시 2:7-9, 참조, 벧후 1:17).

추가주석

여자(γυνή-귀네와 νύμφη-님페)

신약성경에서 γυνή-귀네, '여자'는 히브리어 אִשָּׁה-잇사(또는 이싸)의 역어로 일천 회 정도로 빈번하게 사용된다. 그렇지만 이 용어는 사도 요한에 의해 특별한데, 그는 계시록에서 옛 창조 아래에 있는 언약의 백성을 지칭할 때 귀네를 그리고 부활의 주에 의한 새 언약 백성을 지칭할 때 님페를 사용한다. 두 용어의 분명한 대조는 계 21:9이다. 그러나 다양한 영어 성경 버전들과 한글 개역개정의 번역은 이것을 구분하지 못한다. 이 같은 언약적인 시대의 구분은 바울에게서도 나타난다. 다만 그는 '여자' 대신에 '예수 그리스도'와 '그리스도 예수'라는 칭호를 그러한 구분에 적용하고 있다(롬 1-2장 참조).

---

20) 계 2:27
21) 계 12:5, 19:15

5. 사데 교회에게 【3:1-6】

사데는 BC 2000년경에 세워졌고 염색(양모)공업과 사금의 생산지로서 상업을 기반으로 부를 형성한 도시이자 소아시아에서 가장 화려한 도시이며, 지리적으로 남쪽을 제외한 사방이 암벽으로 쌓인 난공불락의 요새와 같은 성이나, 고레스와 안티오쿠스에 의해 두 번의 정복을 당한 역사를 가지고 있는데, 이는 물질적 풍요가 가져온 안일함과 쾌락을 추구한 부패한 정신력에 근거했을 것으로 추정된다. 이후 AD 17년에 큰 지진으로 폐허가 되었다가 아우구스투스 황제의 지원으로 재건되었다. 이러한 역사적 배경은 사데 지역의 사람들로 하여금 생사에 대한 지대한 관심을 갖게 하였다.

1) 책망과 경고

1 사데 교회의 사자에게 편지하라 하나님의 일곱 영과 일곱 별을 가지신 이가 이르시되 내가 네 행위를 아노니 네가 살았다 하는 이름은 가졌으나 죽은 자로다

그리스도에 대한 묘사로서 **"하나님의 일곱 영과 일곱별을 가지신 이"**는 1장의 환상 16절과 연결된다. 여기서 하나님의 **'일곱 영'**과 **'일곱별'**은 성령과 교회의 유기적인 관계를 나타내며 일곱 금 촛대 사이에 계신 그리스도(1:12-13)와 평행적인 묘사이다.

그런데 여기서 **"내가 네 행위를 아노니"**라는 책망의 서두는 전술되어 온 내러티브의 구조와 달리 칭찬의 자리를 대신 차지하고 있다. 책망이 칭찬보다 앞서는 것은 1-3절의 문맥에서 짐작컨대 사데 교회의 영적 상황이 상대적으로 매우 화급했던 까닭이지 싶다. **"네가 살았다"**는 이름만 있을 뿐 실상은 **"죽은 자"**라는 말씀은 사데 교회가 명목적인 그리스도인들에 불과하며 옳은 믿음을 가진 자가 몇몇에 불과하다는 의미이다(4). 이것은 사데 교회의 넘어지기 직전의 영적인 상태를 지적하는 것으로 그들의 신앙의 퇴보를 책망하시는 것이다.

2 너는 일깨어 그 남은 바 죽게 된 것을 굳건하게 하라 내 하나님 앞에 네 행위의 온전한 것을 찾지 못하였노니

이것은 이교 문화의 영적 도전 앞에 타협적인 자세에서 돌이키라는 말씀이다. "그 남은 바 죽게 된 것"에서 '남은 바'로 번역된 λοιπός-로이포스는 '부족한' 또는 '불충분한' 의미의 형용사이다. 따라서 아주 넘어져 절망적인 상태는 아니지만 그대로 방치하면 영적인 죽음에 이르게 될 믿음이라는 것이다. 하나님과 세상을 겸하여 섬기는 타협적인 믿음은 과연 그가 참 그리스도인인가를 의심케 할 것이다.

3 그러므로 네가 어떻게 받았으며 어떻게 들었는지 생각하고 지켜 회개하라 만일 일깨지 아니하면 내가 도둑 같이 이르리니 어느 때에 네게 이를는지 네가 알지 못하리라

여기에서 세 가지의 명령어가 주어진다. ① 기억하라(2:5)-어떻게 받고, 들었는지(성령의 감화로 구원의 은혜를 받던 날) ② 지켜라-항상 간직(성령으로 말미암은 그 때의 감격과 증언의 활력)하여 ③회개하라-즉시 돌이켜라.

여기서 μνημονεύω-메네모네우, '기억하라'("생각하고")는 '명심하라'는 현재형의 명령어이다.

"만일 일깨지 않으면"은 γρηγορέω-그레고레오, '깨어있다'는 가정법 아오리스트 동사에 부정사 μή-메가 더해져 '깨어있지 않으면'을 의미한다. 이것은 "우리를 위해" 십자가에 달리신 그리스도 안에서 우리의 몫을 인식하는 것, 즉 기독교 신자로서의 우리의 지위와 의무를 인식하는 것, 기독교 신자로서 우리를 특징짓는 것이 무엇인지 인식하는 것, 개인으로서가 아니라 죽으시고 부활하신 그리스도의 한 몸으로서 우리의 독특성을 분별하는 것을 뜻한다.

"내가 도둑같이 이르리니"는 예상치 못한 상황에 대한 표현(마 24:43, 살전 5:2, 벧후 3:10)으로 "내가 어느 때에 너희에게 임할지 너희가 알지 못하리라"로 더욱 강조된다. 이에 대하여 두 가지의 해석이 있다. 첫째는 재림의 때를 말한다는 것과 둘째, 재림과 무관하게 임시성의 측면에서 이해하는 것이다(Beale, 이필찬). 전자의 주장은 주의 재림이 사대 교회가 깨어 있는 것과 무관하게 정하신 때에 오시는 것인바 '도적같이 임하심'은 두 번째 주장인 임시성의 측면에서 이해하는 것이 옳아 보알 수 있다. 하지만 여기서는 속히 될 일로서 AD 70년의 임박한 심판을 암시한다는 측면에서(마 24:42-44, 살전 5:2, 벧후 3:10). 17, 18장

을 옛 창조의 역사적 최후심판으로 읽을 때에 즉, 이른 저작설 또는 과거주의(비록 19장 이후의 읽기를 놓치지만, 그래서 부분 과거주의의 등장)의 관점에서만 전혀 어색하지 않는 해석이다. 다만 그러한 해석을 하는 이들이 16:15과 연결하여 이것을 재림의 때로 해석하는 것은 오류다. 왜냐하면 거기서의 대접심판의 맥락은 성령의 군대에 의한 유대교의 심판 곧 영적 전쟁(아마겟돈)을 가리키는 것이므로 오히려 이것은 천년왕국 교회에 적용 시 상시적인 방문을 의미하는 것이 되는 까닭이다. 반면, 두 번째의 주장은 미래주의의 관점에서 비롯된 해석이다. 만약 '도적같이 오심'이 상시적인 것이라면 그것은 긴급성과 임박성에 대한 맥락에서 벗어난다. 오히려 미래주의의 관점은 19장에서 전환점을 갖는 새 창조 안에서의 읽기로 적용해야 하지만 Beale과 이필찬 모두 이 읽기에서 벗어나 있다. 즉 주의 임시성의 오심에 대한 읽기는 신자가 자신의 옛 사람 안에 있는 죄와 싸우지 않을 때 성화적인 차원에서의 심판으로 읽는 것이 자연스럽다. 자발적인 회개가 멈출 때 심판의 손길은 고통을 수반하며 현세에서 생명을 끊어내어서라도 그 택한 자의 영혼을 구하시는 섭리 안에서 이해하여야 하는 까닭이다.

> 우리가 우리를 살폈으면 판단을 받지 아니하려니와
> 우리가 판단을 받는 것은 주께 징계를 받는 것이니
> 이는 우리로 세상과 함께 정죄함을 받지 않게 하려 하심이라 [고전 11:31-32]

무엇보다 우주적인 종말의 때에 있을 주의 재림은 새 언약 안에서 성령으로 말미암아 일치를 이룬 빛의 자녀들에게는 결코 도적 같이 오시지 않고 그렇게 하실 이유도 없기 때문이다. 예수께서 언제 오실지 알지 못하는 것은 그와 연합되지 않은 채 그의 몸 밖 어둠에 거할 자들에게 임할 재앙을 강조하는 것이다(살전 5:1-6. 참조, 고전 15:51, 살전 4:16-17).

2) 칭찬

4 그러나 사데에 그 옷을 더럽히지 아니한 자 몇 명이 네게 있어 흰 옷을 입고 나와 함께 다니리니 그들은 합당한 자인 연고라

증인의 사명을 감당하지 못한 대부분의 사람들과 달리 몇 사람은 칭찬을 받고 있다. 그들이 칭찬 받는 이유는 믿음의 삶을 상징하는 옷을 더럽히지 않았다는 것 즉 우상숭배에 찌든 세상과 타협하지 않은 것 즉 배도에 참여하지 않은 것에 있다(참조 7:14).

μολύνω-몰뤼노, '더럽히다'는 종교적 또는 제의적 음행에 사용되었다. 특히 14:4에서는 마치 성적인 더럽힘으로부터 순결을 표현하는 것 같다. 하지만 그것은 미혼 또는 금욕을 의미하는 것이 아니다. 거기서도 γυνή-귀네, '여자'는 바벨론 '음녀'와 동일한 단어를 사용한다. 따라서 이것은 그리스도의 신부로서 어린 양이 인도하는 곳으로만 다니는 곧 어린 양의 피에 씻어 희게 된 영혼의 정결함이다.

"나와 함께 다니리니"는 들어갈 약속이 남아 있다하더라도 모두가 들어가는 것이 아니라 오직 합당한 자만 들어가게 된다는 뜻이다(히 4:1).

5 이기는 자는 이와 같이 흰 옷을 입을 것이요 내가 그 이름을 생명책에서 결코 지우지 아니하고 그 이름을 내 아버지 앞과 그의 천사들 앞에서 시인하리라

이기는 자에게는 세 가지의 보상이 제시된다. ① 흰 옷을 입을 것이다(순결/칭의/영광, 승리의 행렬. 참조, 6:11, 7:14, 19:8). ② 그의 이름을 '생명의 책'(cf. 시 69:28, 단 12:1, 눅 10:20)에서 지우지 않을 것이다. ③ 그의 이름을 내 아버지와 천사들 앞에서 시인할 것이다(참조, 마 10:32-33, 눅 12:8, 딤후 2:12).

6 귀 있는 자는 성령이 교회들에게 하시는 말씀을 들을지어다

주어진 사명에 뜨겁게 반응하기보다 영적으로 안주하는 교회를 깨우는 음성이다.

6. 빌라델비아 교회에게 【3:7-13】

빌라델비아 지역은 사데의 동남쪽에 위치한 고원 도시로 역사적으로 지진의 피해가 잦았고 상업과 농업(특히, 포도)에 유리한 조건을 갖추었으며 포도의 주산지답게 술의 신인 디오니소스를 숭배한 지역이다. AD 17년에 발생한 지진의 여파로 도시 전체가 폐허가 된 적도 있었다. 로마 도미티안 황제 때 이탈리아의 포도 산업을 보호하기 위해 모든 포도나무를 베어내도록 하여 경제적으로 큰 어려움을 겪기도 했다.

7 빌라델비아 교회의 사자에게 편지하라 거룩하고 진실하사 다윗의 열쇠를 가지신 이 곧 열면 닫을 사람이 없고 닫으면 열 사람이 없는 그가 이르시되

그리스도에 대한 묘사로서 "거룩, 진실, 다윗의 열쇠를 가지신 이, 열면 닫을 사람이 없고 닫으면 열 사람이 없는 그"는 1장의 환상 18절과 연결된다(참조, 사 22:22). 따라서 **"거룩하고 진실하사"**의 의미는 '충성된 증인'을 나타낸다. 이 구절의 본문 배경은 사 22:22이다. 거기서 메시아를 예표하는 인물(엘리야김)에게 진정한 통치자가 백성에게 취해야 할 태도로서 진정한 보살핌과 자기희생적인 사랑이 요구되며, 그것에 대한 상징으로서 '다윗의 집 열쇠'가 언급되었다.

예수는 자신의 양 떼를 보살피기 위한 통치자로서 모든 제자를 대표하는 베드로에게 이 열쇠를 주시면서 열쇠가 갖는 그 엄청난 권세를 감당할 수 있도록 동일한 자질을 요구하셨다(마 16:19). 그 요구를 감당하기 위한 품성적인 자질이 바로 주 예수께서 보이신 '진정한 보살핌과 자기희생적인 사랑'이며, 이것이 하나님의 그 영광에 대하여 '거룩하고 진실함'이자 '충성된 증인'의 자질인 까닭이다.

"열면 닫을 사람이 없고 닫으면 열 사람이 없는" 것은 1:18c에서 '사망과 음부'와 평행적인데, 이것은 사망 안에 갇혀 있는 영혼들의 해방에 대한 메시아의 권세를 일컫는다.

1) 칭찬

8 **볼지어다 내가 네 앞에 열린 문을 두었으되 능히 닫을 사람이 없으리라 내가 네 행위를 아노니 네가 작은 능력을 가지고서도 내 말을 지키며 내 이름을 배반하지 아니하였도다**

이 구절은 구원의 은혜에 합당하게 반응한 교회에 대한 칭찬으로 원인보다 보상의 결과를 앞세운다. 이것은 어떠한 것도 메시아의 영광 안으로 들어가게 하는 "우리 주 예수 안에 있는 하나님의 사랑에서 끊을 수 없다"(롬 8:39)고 구원의 은혜를 확신시키는 바울의 방식과 대조적이다. 그것은 **"작은 능력"**에서 암시하듯이 겨자씨 믿음이면 충분한, 그러나 진정한 믿음은 광신에서 비롯된 확신이 아니라 주어진 십자가를 묵묵히 지는 것에서 드러난다. 즉, "너희가 능력이 적으나 내 말을 지킨 것을 안다"는 것이 이 구절의 주된 생각이다. μικρός-미크로스, **"작은"**은 대격 형용사로 수나 상태 모두에 사용된다. Beale과 이필찬은 모두 '수'로 해석하여 빌라델비아 교회가 적은 수의 공동체라 읽는다. 따라서 그것을 복음의 전파에 대한 증언의 효과와 연결시킨다. **"열린 문"**은 다양한 해석들이 존재한다. Beale은 구원의 문(선교의 문)으로, 이필찬은 유대인 회당의 닫힌 문(당시 유대교 유대인들이 로마로부터 특혜를 누렸던 그 종교적이고 사회적인 지위)과 대조적인 개념으로, 또 다른 사람은 그리스도 자신(요 10:7, 9) 또는 기도의 문이다. 그러나 7절의 맥락에서 그것은 메시아의 영광 안으로 들어가는 문이다.

9 **보라 사탄의 회당 곧 자칭 유대인이라 하나 그렇지 아니하고 거짓말 하는 자들 중에서 몇을 네게 주어 그들로 와서 네 발 앞에 절하게 하고 내가 너를 사랑하는 줄을 알게 하리라**

"사탄의 회당"과 **"자칭 유대인"**은 비 그리스도인 유대인들을 일컫는 말로 이미 2:9에서 사용되었다. 참된 유대인은 메시아 언약 안에 있는 그리스도인 유대인(롬 2:28-29)이기에 교회를 핍박하는 유대인들은 결국 그 언약 밖에 있는 자들임을 스스로 입증한 것이고 따라서 그들은 결코 진정한 유대인이 아니기에 거짓말을 하는 자가 되는 셈이다. ποιέω-포에이오, **"(몇을 네게)주어"**는 '만들다', '~하게 하다'의 필사본으로 이것은 "내가 그들로 네 발 앞에 절하게 만들 것이라"는 뜻이다.

"네 발 앞에 절하게 하고"는 구약에서(참조, 사 60:14) 이방인들이 유대인들의 발 앞에 엎드리게 될 것이라는 약속과는 대조적으로 그 유대인들이 도리어 빌라델비아 교회의 발 앞에 엎드리게 될 것의 역설이며, 이것은 참 유대인에게 모든 이방인들로 절하게 되는 그 언약의 성취이자 그 본문의 진정한 의미이다. 이것은 이방인 그리스도인의 관점에서 참으로 놀라운 은혜로 그리스도께서 그의 교회를 얼마나 사랑하시는 지를 보이시는 것이다.

10 네가 나의 인내의 말씀을 지켰은즉 내가 또한 너를 지켜 시험의 때를 면하게 하리니 이는 장차 온 세상에 임하여 땅에 거하는 자들을 시험할 때라

빌라델비아 교회가 주님의 "인내하라"는 말씀을 지킨 결과 그 보상으로 주께서도 교회를 지켜 **"시험의 때"**를 면하게 해 주시겠다고 약속하신다. 주님의 최고의 사랑은 십자가에서 절정을 이룬 그 인내에서 나타났다. 따라서 칭찬과 보상은 그들에게도 이러한 인내가 있었다는 것이다. '그리스도의 열린 문'으로 들어가기 위해 "내가 너희를 사랑한 것 같이 너희도 서로 사랑하라"는 계명은 결코 인내 없이는 이룰 수 없다.

"너를 지켜 시험의 때를 면하게 하리니"는 "나의 계명을 지키는 자라야 나를 사랑하는 자니 나도 그를 사랑하여"의 약속에서 이미 보장된 것이었다(참조, 요 14:21). 여기서 $\pi\epsilon\iota\rho\alpha\sigma\mu\acute{o}\varsigma$-페이라조, '시험하다'는 고난이나 무거운 짐을 의미하며 그것은 믿음의 진위를 하나님께서 알기 원하심이 아니라 백성이 스스로 그 저울에서 자신을 확인받는 것이다(참조, 신 13:3, 삿 2:22, 3:1, 히 2:18, 4:15, 11:17, 약 1:12, 벧전 1:6, 4:12, 벧후 2:9).

> 네 하나님 여호와께서 이 사십 년 동안에
> 네게 광야 길을 걷게 하신 것을 기억하라
> 이는 너를 낮추시며 너를 시험하사 네 마음이 어떠한지
> 그 명령을 지키는지 지키지 않는지 알려 하심이라 [신 8:2]

Beale과 이필찬은 **"땅에 거하는 자들을 시험할 때"**를 우주적으로 온 세상에 임할 심판으로서의 시험으로 읽는다. 이것은 이 시험이 **"온 세상에 임하여"**를 일곱 교회를 중심으로 하는 로마의 본토를 포함한 모든 점령지로서 읽는 대신 미래주의 관점에서 해석학적으로

지구의 전 지역으로 읽은 것이 분명하다. 그것은 계시록에서 **"땅"**이 지칭하는 것이 유대인(귀네-여자, 메시아 언약)임을 간과한 것에서 비롯된다. 그러므로 이 구절은 속히 임할 AD 70년의 예루살렘 심판에 앞서 겪게 되는 시험의 때로 계시록에서는 아직 회개가 가능한 부분적인 심판으로써의 삼분의 일로 묘사된다. 이 때 주의 백성(님페-여자, 어린 양의 아내, 새 언약)은 '거기서 나와' 그들이 받을 심판에 참여하지 않는다. 왜냐하면 주의 말씀을 지키는 모든 인내의 여정에서 그 시험을 이미 통과한 까닭이다(약 1:12, 벧전 1:6, 4:12, 벧후 2:9). 무엇보다 미래주의는 불신 세계에 임할 우주적 심판에 대하여 관심을 기울이지만, 믿지 않는 자는 이미 심판을 받은 것이기에 계시록이 말하는 '이미 그러나 아직'의 그 심판의 중심에서 그들은 벗어나 있다. 다만 성경이 말하는 대상은 은혜 바깥에 있는 불신자들이 아니라 비록 아브라함의 허리 아래에 있었고 메시아 언약 아래에 있었지만(여자, 귀네-어린 양의 신부, 열 처녀) 그 밖으로 나간 유대인들(여자-귀네)이 시험을 받고 최후심판을 받았듯이, 새 언약 아래에 있으나 그리스도와 진정한 연합을 이루지 못한 그리스도인들(여자-귀네, 어린 양의 신부), 그리하여 마지막 때에 시험을 자초하여 배교자로 전락할 위험에 놓일 명목적인 그리스도인들(옳은 행실로서 세마포를 받기 전) 또한 동일한 불 시험을 받을 것에 대하여 묵시적인 경고로 취해야 한다(히 4:1).

마찬가지로 신실한 그리스도인(여자, 님페)은 같은 영적 원리에 입각하여 그 시험의 때를 면제(이미 검증되었기에 환란 가운데서 보호) 받게 된다. 하지만 이것은 혹자가 그 환난의 때를 특정하여(소위 7년 대환난설) 신실한 자는 땅에서 공중으로 들림을 받아(살전 4:17, 재림) 그 때를 피하게 된다는 주장과는 전혀 다른 것이다. AD 70년 예루살렘의 그 멸망의 날에 교회는 광야에 있었다(보호).

> 내가 비옵는 것은 그들을 세상에서 데려가시기를 위함이 아니요
> 다만 악에 빠지지 않게 보전하시기를 위함이니이다 [요 17:15]

이 구절의 말씀에 앞서 강조되는 것은 단연코 주의 '인내의 말씀'으로써 **"내가 아버지의 말씀을 그들에게 주었사오매"**(14a)이다.

2) 책망과 경고

빌라델비아 교회는 모든 교회의 표상과 모범으로서 위치하며 책망이나 경고가 없이 칭찬과 격려와 약속만이 주어지고 있다.

11 내가 속히 오리니 네가 가진 것을 굳게 잡아 아무도 네 면류관을 빼앗지 못하게 하라

주의 인내의 말씀을 붙들고 경건한 신앙을 나타낸 빌라델비아 교회에 주님의 위로와 약속이 주어진다. **"속히 오리니"**는 그들의 인내가 박해의 절정을 지나가고 있음을 암시하며, **"네 면류관을 빼앗지 못하게 하라"**는 '이기는 자'들에게 허락된 최고의 격려이다. 왜냐하면 10절에서 "내가 또한 너를 지켜"에서 알 수 있듯이 이것은 이길 힘의 공급에 대한 보장된 약속 안에서의 격려이기 때문이다.

따라서 경건한 자들로 시험의 때를 면하는 하시겠다는 주의 약속은 불경건한 자들에게 닥칠 재앙으로서 시험의 때를 일컫는 것이지 주의 증인으로서 사명을 감당할 때 직면하는 박해와 고난 심지어 목숨을 잃는 상황을 면하게 하시겠다는 의미가 아니다. 오히려 그러한 상황에서는 **"네가 가진 것"** 곧 '인내의 말씀'을 굳게 잡으라고 격려 하신다.

> 아무 것도 염려하지 말고 다만 모든 일에 기도와 간구로,
> 너희 구할 것을 감사함으로 하나님께 아뢰라
> 그리하면 모든 지각에 뛰어난 하나님의 평강이
> 그리스도 예수 안에서 너희 마음과 생각을 지키시리라
> …… 내가 궁핍하므로 말하는 것이 아니니라
> 어떠한 형편에든지 나는 자족하기를 배웠노니
> 나는 비천에 처할 줄도 알고 풍부에 처할 줄도 알아
> 모든 일 곧 배부름과 배고픔과 풍부와 궁핍에도 처할 줄 아는
> 일체의 비결을 배웠노라
> 내게 능력 주시는 자 안에서 내가 모든 것을 할 수 있느니라 [빌 4:6-13]

3) 약속

12 이기는 자는 내 하나님 성전에 기둥이 되게 하리니 그가 결코 다시 나가지 아니하리라 내가 하나님의 이름과 하나님의 성 곧 하늘에서 내 하나님께로부터 내려오는 새 예루살렘의 이름과 나의 새 이름을 그이 위에 기록하리라

이기는 자에 대한 세 가지 약속이 주어진다.

① 하나님의 성전에 기둥이 되게 하겠다(참조, 렘 1:18, 갈 2:9, 딤전 3:15).
물리적 성전이 아니라 새 예루살렘 성에 대한 상징적인 묘사이다(참조 21:22).
② 쫓겨나가지 않을 것이다.
③ 내가 "이름"을 그 위에 기록하겠다(참조 사 56:5). 신자의 이마에 기록된 이름(14:1, 22:4)과 연결하면 성전의 기둥은 가장 충성된 자가 곧 새 예루살렘 성의 주축을 감당하게 된다는 의미이다.

이것은 각 교회의 '이기는 자'에게 보상으로 약속하신 것들과 별개의 약속이 아니다. 새 창조의 영광에 대한 다양한 국면을 진술하는 것일 뿐이다. 하지만 그럼에도 불구하고 여기서 '이기는 자'에 대한 영광은 '새 예루살렘 성의 기둥'이라는 핵심적 위치가 강조된다. 즉 그것은 빌라델비아 교회로 지칭되는 경건한 신자에게 임하는 하나님의 임재를 상징한다. 하나님의 임재가 중심이 되는, 그리고 그 임재로 하나님의 영광이 충만한 성도가 새 창조의 새 예루살렘 성의 중추적인 모습으로 제시되고 있는 것이다.

그래서 그 교회 위에 기록되는 세 가지 형태의 이름이 계시된다.

① 하나님의 이름
② 새 예루살렘의 이름
③ 나(부활하신 예수)의 새 이름

이것은 하나님의 영광에 대한 세 가지의 이름으로 새 예루살렘은 성부와 성자의 이름으로 일컫는 하늘 시민권자임을 암시한다(갈 :26, 히 11:19. 12:22).

13 귀 있는 자는 성령이 교회들에게 하시는 말씀을 들을지어다

"들으라"는 결론적인 권면은 여기서도 반복된다. 성도들의 귀와 마음이 하늘과 약속된 보상에 고정되지 않으면, 세상의 박해와 환난으로부터 도망치기 위한 세속과의 타협의 여지는 모범적인 신앙에도 가차 없이 닥치기 때문이다.

7. 라오디게아 교회에게 【3:14-22】

라오디게아는 에베소로부터 동쪽 150km 지점의 살보고스 산 북쪽 기슭에 위치해 있다. 에게해와 유브라데 강을 잇는 통상로를 끼고 있는 지리적 조건으로 인해 상업도시로서 금융의 중심지였다. 양모 산업에 의한 직물 제직과 금융 등 여러 산업이 발달했으며 부르기아 신전과 약학교가 있었고 거기서 갓브기아의 가루라는 안약을 제조하여 팔았다(3:18). AD 60년 대지진으로 도시가 황폐했으나 국고 보조 대신 자력으로 건설할 만큼 부요했다 (3:17). 그러나 고지대의 특성상 물 공급의 문제가 있었다(3:15). 라오디게아 교회는 골로새 교회와 인접했으며 바울이 아닌 동역 자들, 특히 에바브라에 의해 세워졌다(참조, 골 1:7, 4:12-13, 16).

14 라오디게아 교회의 사자에게 편지하라 아멘이시요 충성되고 참된 증인이시요 하나님의 창조의 근본이신 이가 이르시되

그리스도에 대한 묘사로서 세 호칭은 상호보완적이다. **"충성되고 참된 증인"**은 그리스도의 환상 1:5과 연결되며, 여기에 **"아멘"**은 새 창조를 언급한 사 43:10-12의 성취로 연결시키고 있는데, 이스라엘은 열방에 대하여 하나님의 증인으로서 택함을 받아 율법으로 세워졌다. 하지만 그들은 이 사명에 실패했다. 따라서 **"충성되고 참된 증인"**은 그리스도가 이 사명을 온전히 감당하신 새 이스라엘이라는 의미이다. **"창조의 근본이신 이"**는 그리스도의 부활(죽은 자 가운데 먼저 나신 이. 1:5)이 바로 이 새 창조의 바탕이자 출발점이 되신다는 것이나, 요한은 그 정의 앞에 성부의 소유격 'ὁ θεός-오 데오스'(하나님의)를 의도적으로 더하여 유대인 친화적으로 표현함으로서 그 주권을 성자가 아닌 성부에 귀속시키고 있다. 이것은 '만물보다 먼저 나신 이'(골 1:15b) 및 '처음이요 죽은 자 가운데서 먼저 나신 이'(골 1:18b)로 각각 원 창조와 새 창조의 주인으로서 주를 언급했던 바울과 대조된다(이것은 요한계시록의 1차 수신자가 유대인임을 입증하는 수많은 사례 중 하나이다).

1) 칭찬

칭찬이 없는 유일한 교회이다.

2) 책망과 경고

15 내가 네 행위를 아노니 네가 차지도 아니하고 뜨겁지도 아니하도다 네가 차든지 뜨겁든지 하기를 원하노라

16 네가 이같이 미지근하여 뜨겁지도 아니하고 차지도 아니하니 내 입에서 너를 토하여 버리리라

서두에서 그리스도에 대하여 **"충성되고 참된 증인"**으로 시작한 이유가 여기에 있다. 라오디게아 교인들은 증인의 사명에 대하여 미지근한 태도를 취하고 있다. 이것은 옛 이스라엘의 실패를 반복하는 행위나 다름없다. **"네가 차든지 뜨겁든지 하기를 원하노라"**는 그들에게 간절함이 사라진 신앙이 아닌 생명력 없는 무용한 신앙에 대한 직설적인 표현이다. 소아시아 지역의 교회들(특히 버가모, 두아디라)이 삶에서 얻는 경제적 유익을 구하기 위한 우상숭배의 어리석음에 책망과 경고를 받아온 것과 달리 라오디게아 교회는 이미 그 충만한 경제적 부를 인하여 자신의 사명을 잊은 상태에 놓여 있다. 이것은 물질적으로는 가난했지만 영적으로는 부유했던 서머나 교회와 대조적이며, 골로새 지역(16km, 차가운 물)과 히에라폴리스 도시(10km, 뜨거운 물)에서 파이프를 통해 물을 공급 받던 라오디게아의 삶의 정황을 신앙의 현실을 비유한 표현으로 지금 그들에게 긴급하게 필요한 것은 새 창조를 위한 부활의 신앙이다.

17 네가 말하기를 나는 부자라 부요하여 부족한 것이 없다 하나 네 곤고한 것과 가련한 것과 가난한 것과 눈 먼 것과 벌거벗은 것을 알지 못하는도다

왜곡된 신앙의 공통적인 점은 자신의 신앙을 높게 평가하는 것이라 할 수 있다. 특히 그것은 현대인의 번영신학적인 신앙에서 흔히 발견되는 현상이다. 그것은 십자가 없는 기독교

라는 값싼 은혜를 추구한다.

"나는 부자라 부요하여 부족한 것이 없다"는 번영신학이 추구하는 목표로서 육적인 삶의 욕구가 충족된 상태를 상징한다. 하지만 그것에 대한 주님의 평가는 냉정하다. 그것은 주께 **"곤고한 것, 가련한 것, 가난한 것, 눈 먼 것, 벌거벗은 것"**이다.

ταλαίπωρος-탈라이포로스, '곤고한 것'은 비참하거나 멸망상태에 이른 자를 나타내고, ἐλεεινός-엘레이노스, "가련한 것"은 불쌍한 상태로서 **"가난한 것, 눈 먼 것, 벌거벗은 것"**을 나타내는데, 그들의 육적인 풍요는 은행업과 안약과 직물 산업을 통해 획득한 것이지만 오히려 그것은 그들에게 영적인 결핍의 역설로 제시된다. 이 세 가지 결핍에 대한 해결책은 그리스도 안에 있다.

18 내가 너를 권하노니 내게서 불로 연단한 금을 사서 부요하게 하고 흰 옷을 사서 입어 벌거벗은 수치를 보이지 않게 하고 안약을 사서 눈에 발라 보게 하라

첫째, 불로 연단된 금(벧전 1:7)을 사서 진정한 부자가 되라. 둘째, 흰 옷(참조, 3:4-5)을 사서 입어 너의 벗은 수치를 보이지 않게 하라. "흰 옷"이 상징한 정결은 도시의 명성과 반하는 것이며, 고대 세계에서 벌거벗는 것은 최고의 굴욕이었으며(참조: 삼하 10:4; 사 20:4; 겔 16:37-39; 나 3:5 등), 반대로 고운 옷을 입는 것은 명예를 얻는 것이었다(창 41:42; 겔 6:6-11; 단 5:29). 이 구절은 유대교와 성령의 군대간의 영적전쟁을 암시하는 16:15에서 유대인들의 영적 상태로 제시된다. 셋째, 안약을 사서 너의 눈에 발라 보게 하라(18절, 그 당시의 상황). 영적 분별력의 부재에 대한 강조는 영적 소경을 가리킨다. 오직 그리스도만이 진정한 시력을 주신다(참조: 요 9:39).

> 나는 비천한 것을 내 눈 앞에 두지 아니할 것이요
> 배교자들의 행위를 내가 미워하오리니 나는 그 어느 것도 붙들지 아니하리이다.
> ~내 눈이 이 땅의 충성된 자를 살펴 나와 함께 살게 하리니
> 완전한 길에 행하는 자가 나를 따르리로다 [시 101:3, 6]

19 무릇 내가 사랑하는 자를 책망하여 징계하노니 그러므로 네가 열심을 내라 회개하라

거기에는 예외가 있을 수 없다. **"무릇 내가 사랑하는 자"**의 징계는 하나님께서 사랑하는

모든 사람의 운명이다(잠 3:12 참조). 여기서 **"사랑하는 자"**는 베드로의 고백적 눈높이에 끝내 맞추어 주셨던 'φιλέω-필레오'이다. 일곱 교회 중에서 가장 사랑받을 자격이 없는 대상이었음에도 불구하고 이 용어는 예상치 못한 감동적인 표현이 아닐 수 없다. 따라서 이것은 지속적인 열심 상태(ζηλεύω-젤레우에, 열심을 내라)와 즉각적인 회개(돌이키고 다시는 예전으로 돌아가지 않는)에 대한 권면의 기초가 된다. 이것은 교회를 사랑하시는 주님과 주님에 대하여 별반 관심을 기울이지 않는 교회의 관계를 보여준다. 하지만 명목적인 그리스도인들조차 주님의 사랑을 받고 있으며 여전히 회개의 기회가 부여되고 있다는 것은 놀랍다. 이것은 교회에서 계속 복음이 선포되어야할 당위성을 갖게 하지만 동시에 회개하지 않으면 그들이 불신자라는 사실이 입증되고 정해진 때가 지나면 도무지 돌이킬 수 없는 심판에 이르게 될 것이다.

20 볼지어다 내가 문 밖에 서서 두드리노니 누구든지 내 음성을 듣고 문을 열면 내가 그에게로 들어가 그와 더불어 먹고 그는 나와 더불어 먹으리라

이 구절은 복음으로 초대에 자주 인용되는 것과 달리 이필찬과 Beale은 19절을 근거로 독자들에게 첫 회심으로의 초대가 아니라 이미 시작된 그리스도와의 관계 안에서 자신을 새롭게 하라는 초대로 교제의 회복을 촉구하는 것으로 해석한다. 그것은 옳은 관점이 분명하다. 하지만 이것은 19절과 연계 시 **"두드리노니"** 시제는 단순히 두드리는 것이 아니라 응답을 바라며 계속 두드리는 현재, 능동, 1인칭 동사이다.

무엇보다 지금까지 이 편지는 교회 전체에 전달되었지만 이제 여기서 변화가 일어난다. 즉 그것은 개인에게로 바뀌고 있는 것이다. 교회 전체가 경고에 귀를 기울이지 않더라도 일부 개인은 돌이킬 수 있다는 맥락의 전개도 놓쳐서는 안 될 것이다.

이 구절의 배경은 아 5:2이다. 여기에는 부드러운 간청, 아마도 사랑의 간청이 자리한다. 그리스도께서는 문을 여는 누구에게나 들어오시겠다고 약속하고 계신다.

> 나의 누이, 나의 사랑, 나의 비둘기,
> 나의 완전한 자야 문을 열어다오 [아 5:2b]

하지만 **"더불어 먹고"**는 단순한 교제의 회복을 의미하는 것이 아니다. 아가에서 "문을 열어

다오"는 가장 친밀함을 상징하는 성적 관계를 상징하며, 그것은 εἰσέρχομαι-에이셀코마이, **'들어가다'**가 신자가 성령으로 그리스도와 연합되는 것을 상징하는 것과 평행적이다. 이것은 성만찬에서 '함께 떡과 포도주를 떼는 것'이 갖는 진정한 의미이다.

따라서 결론적으로 이 구절이 갖는 의미는 영접에서 머물고 있거나 멈추어 버린 신자에게 주님과 더 깊은 관계로 나아오도록 초대하는 것이며 그리하여 부르심과 택하심에 합당한 자로 세우고자 하시는 것에 있다 할 것이다.

> 허리에 띠를 띠고 등불을 켜고 서 있으라
> 너희는 마치 그 주인이 혼인집에서 돌아와 문을 두드리면
> 곧 열어 주려고 기다리는 사람과 같이 되라 [눅 12:35-36]

3) 약속

21 이기는 그에게는 내가 내 보좌에 함께 앉게 하여 주기를 내가 이기고 아버지 보좌에 함께 앉은 것과 같이 하리라

ὁ νικάω-호 니콘, '이기는 자'에 대한 일곱 번 째 언급에서 그것은 주께서 **"이기고"** '아버지의 보좌에 앉은 것'으로 비유되어 강조된다. 그리스도인에게 내 보좌에 함께 앉게 해주겠다(cf. 마 19:28)는 주의 약속보다 더 큰 영광은 없다. 이것은 주와 함께 천년 동안 왕 노릇 하게 하시겠다는 그 다스림의 영광이자 모든 피조물을 하나님의 뜻대로 다스릴 수 있는 그 대위임명의 성취를 상징한다. 그러나 그리스도의 **"이기고"**는 십자가를 가리키며, 이는 그를 따르는 제자들과 모든 교회의 본임을 상기시킨다(계 12:11).

이 약속은 서머나교회와 빌라델비아와 같은 교회에게나 합당한 것 같다. 하지만 이 놀라운 최고의 영광이 라오디게아 교회에게 주어지는 것은 주님의 그 위대한 사랑의 깊이를 모든 교회에게 소망으로 삼기에 충분하다 할 것이다.

22 귀 있는 자는 성령이 교회들에게 하시는 말씀을 들을지어다

2:7의 주석을 참조하라.

8. 일곱 교회 메시지 정리

교회	주님의 모습	칭찬	책망과 경고	약속
에베소	일곱 별을 붙잡고 일곱 금 촛대 사이를 걸으시는 이	악한 자들을 용납하지 아니한 것, 거짓 사도를 밝혀낸 것, 내 이름을 위하여 참고 견디고 게으르지 않은 것.	처음 사랑을 버렸느니라. 기억하고 회개하라, 처음 행위를 가져라!	이기는 그에게는 내가 하나님의 낙원에 있는 생명나무의 열매를 주어 먹게 하리라(7절).
서머나	처음이요 마지막이요 죽었다가 살아나신 이	황제 숭배를 거부하여 당하는 환난과 궁핍, 유대인의 비방. 그러나 실상은 내가 부요한 자다.	'장차 받을 고난을 두려워 말라', 십 일 동안 환난을 받으리라	네가 죽도록 충성하라 내가 생명의 면류관을 네게 주리라(10절). 둘째 사망의 해를 받지 아니하리라(11절).
버가모	좌우에 날선 검을 가지신 이	사탄의 보좌—로마 정부와 이교도 중심의 도시에서 사는 것, 죽을 때에도 나에 대한 믿음을 저버리지 않았도다.	발람의 교훈(우상숭배와 행음)을 지키는 자, 니골라당의 교훈을 지키는 자, 내 입의 검으로 그들과 싸우리라	내가 감추었던 만나를 주고 또 흰 돌을 줄 터인데 그 돌 위에 새긴 아름(그리스도의 형상)은 받는 자만 알리라.
두아디라	그 눈이 불꽃 같고 그 발이 빛난 주석과 같은 하나님의 아들	네 사업과 사랑과 믿음과 섬김과 인내, 네 나중 행위가 처음 것보다 많도다.	자칭 선지자 이세벨을 용납, 종들을 꾀어 행음과 우상의 제물을 먹게 하였고, 회개를 거부하였다. 그녀를 침상에 던지고, 그와 더불어 간음하는 자도 회개치 않으면 큰 환난에 던지고 각 사람의 행위대로 갚으리라	이기는 자와 끝까지 내 일을 지키는 그에게 만국을 다스리는 권세를 주리니, 철장으로 질그릇을 깨트림 같이 하리라 내가 또 그에게 새벽 별(예수의 권세)을 주리라.

교회	주님의 모습	칭찬	책망과 경고	약속
사데	하나님의 일곱 영과 일곱 별을 가지신 이	그러나 자신의 옷을 더럽히지 않은 자 몇몇은 나와 함께 다닐 것이다.	네가 살았다 하는 이름은 가졌으나 죽은 자로다. 깨어라. 죽게 된 남은 것을 견고히 하라. 기억하라. 지켜라. 회개하라. 내가 도적같이 오리라	흰 옷을 입을 것이요 그 이름을 생명책에서 결코 지우지 아니하고 그 이름을 내 아버지 앞과 그의 천사들 앞에서 시인하리라.
빌라델비아	거룩하고 진실하사 다윗의 열쇠를 가지신 이 곧 열면 닫을 사람이 없고 닫으면 열 사람이 없는 이	보라 내가 네 앞에 열린 문을 두었으니 능히 닫을 자가 없도다. 네가 적은 능력을 가지고도 내 말을 지키며 내 이름을 부인하지 않았도다.		내가 너를 사랑하는 줄 알게 하며, 인내의 말씀을 지켰으니 승리를 맛보게 하고, 장차 온 세상에 임하는 시험의 때를 면하게 하리라. 하나님 성전에 기둥이 되게 하리니 결코 쫓겨나지 않으리라. 하나님의 이름과 새 예루살렘의 이름과 나의 새 이름을 그이 위에 기록하리라. 여호와 삼마,
라오디게아	아멘이시오 충성되고 진실하신 증인이시오 창조의 근원이신 이		뜨겁지도 않고 차지도 않다. 내 입에서 토하리라. 네가 차든지 뜨겁든지 하라. 네가 부자고 부족한 것이 없다고 하나 너는 가련하고, 불쌍하며, 가난하고 눈 멀고, 벌거벗은 자로다. 열심을 내고 회개하라. 보라. 내가 문밖에 서서 두드리노니… 내 음성을 듣고 문을 열면 내가 그에게로 들어가서 더불어 먹으리라	이기는 그에게는 내가 이기고 아버지의 보좌에 앉은 것처럼, 내 보좌에 앉게 하여 주리라

추가주석

이기는 자(νικάω-니카오)

교회가 '세상을 이김'에는 한 가지 역설이 따른다. 대부분의 오해는 교회가 그리스도의 승리에 연합하여 안전과 복락을 누려야 한다는 것이다. 이 생각은 재림의 이후에나 가능한 일이다. 하지만 지상교회는 전투하는 교회인 까닭에 세상을 이기는 것은 세상에서 많은 고초를 겪는 것이라서 마치 그것은 외면적으로 실패한 인생처럼 보일 수 있다. 계시록에는 짐승이 성도들을 박해하고 고난을 더하며 심지어 순교자를 내기까지 이기는 것과 그리스도와 성도기 그 고난을 인내함으로써 짐승을 이기는 역설이 각각 제시된다. 따라서 이기는 자로서 그리스도인의 증인의 삶은 "네 원수를 사랑하라"는 것이며 이 세상에서 아무 것도 가진 것이 없으나 모든 것을 가진 자로서 그 영향력을 나타내는 것이다(갈 6:14).

4-5장

하늘 성전 환상

이제 지상의 당면한 관심사로부터 하늘로 시선이 옮겨지고 있다. 부활 승천하신 그리스도께서 지금 그의 아버지의 보좌에 앉아 계시는 묘사(계 3:21)는 4-5장의 환상으로 이어지는데, 여기서 요한은 그리스도께서 교회와 우주를 다스리는 왕의 권세를 받으신 것은 그의 십자가와 부활에 의한 것이라 말하고 있다. '그리스도의 고난 중의 이김'의 주제는 5장에서 신자들에게 '인내'를 요구하는 근거가 된다.

1. 보좌에 앉으신 이와 일곱 영들 【4:1-5】

1) 환상의 도입부

하늘 성전 환상은 창조주 하나님(4장)과 구속자이신 주 예수께(5장) 초점이 맞추어 전개된다. 4, 5장의 배경은 단연코 단 7장이다. 요한은 하나님의 감춰진 작정과 목적을 교회와 유대인들에게 전하는 선지자의 역할을 수행하도록 부름을 받은 것이다.

1 이 일 후에 내가 보니 하늘에 열린 문이 있는데 내가 들은 바 처음에 내게 말하던 나팔 소리 같은 그 음성이 이르되 이리로 올라오라 이 후에 마땅히 일어날 일들을 내가 네게 보이리라 하시더라

여기서 **"이 일 후에 내가 보니"**는 새로 비전을 소개하는 공식으로 시간적 순서가 아닌 논리적 순서로 2, 3장의 일곱 교회로부터 국면의 전환을 알리는 것이다. 이 관용구는 시작된 종말론을 지칭하는 어구로 빈번하게 사용되었다(막 1:15, 행 2:17, 갈 4:4, 딤전 4:1 딤후 3:1, 벧전 1:20, 벧후 3:3, 히 1:2, 요일 2:18 etc).

"하늘에 열린 문이 있는데"는 한글 성경에서는 생략된 번역이나 영어권에서는 **"하늘에 있는 열린 문을 보라!"**이다. 이것은 적어도 요한에게 하늘로 들어가는 길이 활짝 열려 있는 것을 생생하게 본 것에 대한 감탄사이다. 이것은 옛 창조에서 반역(에덴) 이후 하나님과 교제의 회복을 상징한다. **"나팔 소리 같은 음성"**은 1:10에서 들었던 그리스도의 음성이다. **"이리로 올라오라"**는 이전의 환상의 위치가 지상이며 이제 천상으로의 전환을 암시한다. **"이 후에 마땅히 일어날 일"**은 하나님의 통제 안에서 반드시 일어나야만 하는 일로서 즉, 신성한 작정(뜻)의 성취라는 것이다.

2 내가 곧 성령에 감동되었더니 보라 하늘에 보좌를 베풀었고 그 보좌 위에 앉으신 이가 있는데

'나팔 소리 같은 그 음성'(1) 및 "내가 곧 성령에 감동되었더니"(2)는 내가 즉시 '성령 안에' 있게 되었다(참조 1:10)는 의미다. 이러한 상태는 1:10에서 경험된 것으로 환상은 처음부터 성령 안에 있었던 것이 아니라 반복되는 체험으로 보인다. 이는 에스겔이 성령에 이끌려 하늘에 올라가 목격했던 장면을 회상케 하는데 이것은 6:1~22:5의 모든 환상의 발원지가 된다. "보좌를 베풀었고… 앉으신 이"는 심판과 통치를 상징하는데, 이것은 6장~16장의 모든 심판이 그 보좌(47회 언급)로부터 흘러나오는 것에서 증명된다. 이것은 이 계시록의 수신자로 하여금 지상의 왕좌 곧 로마 가이사의 왕좌 위에 존재하는 보좌가 있고 그 보좌로부터 만유가 통치되고 있음을 기억하게 만든다.

2) 보좌에 앉으신 하나님

3 앉으신 이의 모양이 벽옥과 홍보석 같고, 무지개가 있어 보좌에 둘렸는데 그 모양이 녹보석 같더라

요한계시록에서 암시는 하나님의 위엄과 헤아릴 수 없는 영광을 전달하기 위한 요한의 계시 방식이다. 구약의 신현을 배경으로 하는 본 절에서 **"보석"**은 신의 현현을 나타내는데 왕과 제사장의 가슴에 장식을 떠올리게 한다. 이 장면은 겔 1:26-28, 9:2 하늘 보좌 환상 그리고 겔 28:13의 번영과 기쁨의 영역을 상징하는 야훼의 동산이 혼합되어 있는 듯하다(참조, 출 24:10-시내산의 하나님, 출 28:17-20 제사장의 흉패, 사 54:11-12 새 예루살렘 참조). 보석들은 하나님의 영광을 나타내고, 그것은 아담과 두로 왕과 이스라엘 제사장들에게 주어졌으나 영광을 불의로 바꾸어 놓은 잘못을 지적하기 위해 사용되었다. 따라서 각 보석들은 집합적으로 하나님의 주권적 위엄과 영광을 나타내며 새 예루살렘(교회의 회복된 영광, 그리스도의 성품)과 연관되어 있다(21:11, 18-20, 22:1). **"보좌"**는 보편적인 주권을 상징한다. 보좌를 두르고 있는 **"무지개"**는 노아 언약의 표징으로써 하나님의 영원한 언약과 그 언약을 인해 심판이 자비(녹보석-에메랄드)로 억제되고 있음을 나타내며 하나님의 영광의 절정인 새 창조를 바라보게 한다. 이것은 본서의 기록 목적이 심판 자체가 아니라 회개를 촉구하는 것에 있음을 알 수 있게 한다.

3) 보좌와 주변

4 또 보좌에 둘려 이십사 보좌들이 있고 그 보좌들 위에 이십사 장로들이 흰 옷을 입고 머리에 금관을 쓰고 앉았더라

이 구절의 배경은 대상 24:4의 아론 가문의 **이십사 제사장**들일 수 있다. 다윗이 세운 24 제사장들은 관례를 따라 하나님과 사람 사이의 중보자 역할을 감당했으며 대제사장은 그리스도의 모형이 되었다. 그러나 유다와 예루살렘의 장로들(그들은 제사장이 아니다)은 우상숭배로 하나님의 진노의 대상으로 전락했다(사 3:14, 9:15). 이사야 선지자는 사 53장에서 24장로들의 수치를 가릴 대제사장으로서 겸손한 왕을 소개한다.

> 그 때에 달이 수치를 당하고 해가 부끄러워하리니
> 이는 만군의 여호와께서 시온 산과 예루살렘에서 왕이 되시고
> 그 장로들 앞에서 영광을 나타내실 것임이라 [사 24:23]

이 장로들은 누구인가?[22] Beale은 24장로를 신구약의 구원 받은 백성들을 대표하는 존재(천사이거나 대표하는 사람)들로 해석한다.[23] 그리고 이필찬은 계 3:21을 근거로 그들이 '이긴 자들'로 교회 공동체를 가리킨다고 본다. 이필찬, '내가 속히오리라',[24] 그리고 숫자 24를 하늘 보좌의 상징성으로서 12+12('열두 지파+열두 사도')로 읽는다. 하지만 일곱 교회에 이어지는 서술에서 네 생물과 24 장로들은 하나님이 이스라엘의 왕이 되시는 것에 대한 공증 곧 그 메시아 언약과 관련하여 메시아 언약에 대한 각각의 **증언**과 **증인**들에 대한 상징으로 보는 것이 자연스럽다. 필자는 개인적으로 24장로를 언약의 증인들을 상징하는 것으로 본다. 즉, 여기서 장로들의 **"흰 옷"**은 순결과 승리를 상징하고(계 3:21), **"금관"**의 στέφανος-스테파노스, 관은 히브리어 'הָרֶטַע-아타라'의 역어로 그 재료는 금이나 은 또는 꽃으로 명예와 권위를 나타낸다. 이것은 주의 가시면류관에서 죽음을 '이기는' 의미로(요 16:33, 19:30,

---

22) 아래 〈표 2〉 참조.

23) Beale, G. K. The book of revelation, NIGTC, 새물결플러스, 542쪽.

24) 이래서원, 247쪽.

20:28), 그리고 바울에게 그것은 믿음의 경주에서 '이기는 자'에게 수여되는 승리의 관(고전 9:25, 갈 2:2, 5:7, 빌 2:16, 3:12-14)이다.

하지만 24 장로가 증인의 대표가 아니라 증인을 '상징'하는 이유가 있다. 첫째, 어떤 경우에도 구속받은 자들이 마지막 성취의 때까지 즉, 재림에 의한 혼인잔치 이전에 즉 공식적인 연합이 성사되기 전에는 그 누구도 보좌에 앉을 수 없는데, 이것은 1-3장에서와 같이 그리스도 안에 있는 교회는 그들의 존재적 차원이 '이미' 하늘에 있음을 상기시킨다 할지라도(7:9, 14:1) 그 보좌에 앉는 것은 여전히 '아직'인 까닭이다. 둘째, 24 장로가 언약의 증인을 대표하는 존재라면 70장로(출 24:1)를 인용하지 않은 것은 이상하다. 셋째, 6:9에서 메시아의 증인으로서 순교한 성도들이 보좌에 앉은 24 장로와 달리 여전히 제단 아래에 있다. 요한에게 모든 것의 시작은 창조주 하나님이고 완성은 메시아 하나님이다. 따라서 이미 그 보좌에 앉은 것으로 묘사되는 네 생물과 24 장로는 '증언과 증인'으로서의 '언약과 그 언약에 충실한 의인'을 상징하는 것이고, 하나님의 보좌에 앉은 메시아에 대한 '증언과 증인'의 역할을 상징하는 것이 분명해 보인다. 따라서 이를 확장시키면 메시아 자신이다. 이것은 11:16에서도 같은 의미를 가진다. '하나님의 보좌에 메시아가 앉는' 이 환상은 요한복음에서 선명하게 그려지는 아버지를 증언하는 아들로서 증인의 연합 및 일체를 이루는 요한공동체 신학의 요소가 되었음은 의심할 여지가 없다(요 17장).

> 아버지여, 아버지께서 내 안에, 내가 아버지 안에 있는 것 같이
>
> 그들도 다 하나가 되어 우리 안에 있게 하사
>
> 세상으로 아버지께서 나를 보내신 것을 믿게 하옵소서
>
> 내게 주신 영광을 내가 그들에게 주었사오니
>
> 이는 우리가 하나가 된 것 같이 그들도 하나가 되게 하려 함이니이다 [요 17:21-22]

〈표 2〉 의인화된 성경으로써 언약의 증인인 24장로

본문	내용	비고
4:4	하나님 보좌 주변 24보좌, 흰 옷과 금 면류관	성경의 권위
4:10	면류관을 하나님께 바치며 경배	성경의 목적
5:5	다윗의 뿌리가 이겼다. 일곱 인을 떼시기에 합당하다	증인
5:6	보좌, 네 생물, 장로들 사이에 계신 어린 양	성경의 중심
5:11	천사들에게 둘러 싸여 어린 양께 드리는 찬미를 받음	하나님의 권위
5:14	성부와 어린 양께 드리는 천사의 찬미에 아멘, 화답	성경의 주제
7:11	모든 천사가 주변을 둘러싸고 있는 가운데 있음	성경의 권위
11:16	하나님 존전에 자신의 보좌가 있고 거기에 앉음	새 창조 증인
14:3	십사만 사천이 부르는 새 노래의 승인	증인
19:4	혼인잔치에 합당한 신부들의 자격 승인	증인

5 <mark>보좌로부터 번개와 음성과 우렛소리가 나고 보좌 앞에 켠 등불 일곱이 있으니 이는 하나님의 일곱 영이라</mark>

여기서 **"보좌"**는 그 위에 앉으신 분을 경건하게 지칭하는 암시적인 방법이라는 것은 의심의 여지가 없다. 반복적으로(8:5, 11:19, 16:18) 등장하는 번개와 음성과 천둥소리도 같은 의미이다. 이 어구는 인, 나팔, 대접 심판의 결론에서도 반복되고 있어 심판을 위한 임재(출 19:16-천둥, 번개, 나팔소리)의 위엄을 암시한다. 동시에 이것은 고난당하는 성도들을 잊지 않으시고 깊은 관심으로 살피신다는 사실을 확신시켜 주는 역할도 한다.

"보좌 앞에 켠 등불 일곱"은 하나님의 일곱 영들이다(5절, 1:4, cf. 슥 4:2, 10 일곱 등불=여호와의 눈). 물론 여기서 일곱은 완전수를 가리킨다. 스가랴서 4장의 본문은 성전을 회복하실 '하나님의 영'(슥 4:6)을 강조하고 있으며 요한계시록 4장은 그것을 완성하시는 성령의 임재를 보여준다(철장으로 질그릇 깨듯 하는 심판은 대적을 진멸하는 것을 상징하나 이것은 신자의 강퍅한 심령을 깨트리는 것으로 어린 양의 신부를 단장시키는 사역이다).

2. 네 생물과 장로들의 찬양 【4:6-11】

6 보좌 앞에 수정과 같은 유리 바다가 있고 보좌 가운데와 보좌 주위에 네 생물이 있는 데 앞뒤에 눈들이 가득하더라

또한, 보좌 앞에 수정 같은 '유리 바다'가 있었다(6절, cf. 15:2-3, 21:1, 겔 1:22-수정 같은 궁창, 왕상 7:23-26 솔로몬 성전, 바다를 놋으로 부어 만듦). 바다(홍해, 이방세계)는 짐승이 생겨나는 악의 거처로 묘사된다(사 51:9-11. 겔 32:2, 시 74:12-15, 계 13:1). 그것은 구속받은 자들이 새로운 출애굽에서 약속의 땅에 들어가기 위해 반드시 통과해야 하는 장벽이었다. 출 15:8에서 유리바다는 엉기는 큰물로 묘사되었는데, 바다의 갈라짐이 마치 밀려오는 바닷물이 쌓여 벽처럼 굳건히 선채로 응고되는 형상을 문학적으로 표현한 것으로 보인다. 따라서 보좌 뒤의 무지개와 생물과 장로들 그리고 일곱 영과 유리바다는 모두 보좌의 주인이 언약을 성취하시는 구원의 하나님이심을 수식하는 문학적 장치라 할 수 있다. 이것은 장차 보좌에서 흘러나오는 구원의 강에 의해 제거되고 대체되며 더 이상 **"바다도 다시는 있지 않게 될 것"**(계 22:1)임을 안다. 우리는 요한의 글이 그의 창작물이 아니라 부활하신 주께서 그에게 보여주신 것을 순서대로 기록한 것임에 주목해야 한다. 따라서 일곱 교회에 이어 하늘 성전에 대한 환상은 하나님의 구원의 은혜가 증언과 증인들에 의해 확증된 것인바 구약과 신약의 백성들로부터 영원토록 찬미와 영광을 받으시기에 합당하다는 진리를 바탕으로 내러티브 되는 것임을 인식해야 한다. 메시아 언약에 의해 하나님이 찬양을 받으시는 은유는 하나님의 자기 영광[25]에 대한 요한의 최선의 기록방식이었을 것이다.

---

25) 참조, 히 6:13, 하나님의 자기 맹세.

네 생물

7 그 첫째 생물은 사자 같고 그 둘째 생물은 송아지 같고 그 셋째 생물은 얼굴이 사람 같고 그 넷째 생물은 날아가는 독수리 같은데

보좌 가운데와 주위에는 보좌를 수호하는 네 생물이 있는데 앞뒤에 눈이 가득했다(6절, cf. 겔 1:18). 그 모양은 ① 사자 같고 ② 송아지 같고 ③ 얼굴이 사람 같고 ④ 독수리 같았다(7절, 겔 1:6, 10에서 네 생물은 각각 네 얼굴을 가지고 있다). Beale은 네 생물이 각 분야에서 가장 탁월한 피조물로 하나님을 찬양하기 위해 지음을 받았다고 해석한다.

하지만 **"눈들이 가득하더라"**가 함의하는 바는 모든 것을 보고 모든 것을 아는 신적 속성에서 성경의 통찰력과 자증의 능력을 고려할 때, 네(완전수) 생물은 증언(넓게는 구약성경, 좁게는 선지서) 곧 성경의 모든 언약을 망라하는 메시아 언약으로 이해하여야 한다(참조 롬 1:2). 이것은 구약성경 자체를 지칭하기보다는 구약성경이 지속적으로 말하여 온 메시아 언약과 관련하여 하늘의 네 방향을 곧 우주에 충만한 증언(왕, 종, 인자, 하나님으로 오신 메시아 예수)을 가리키는 복음서가 이 네 생물의 열매이다(필자는 사도가 요한복음을 기록하기로 한 것이 바로 이 계시가 결정적이라 생각한다).[26] 즉 히브리서 3장에서 요약한바 그것은 하나님의 안식에 들어갈 자와 들어오지 못할 자에 대한 살았고 운동력이 있는 생명의 말씀으로서 증언을 상징한다. 따라서 네 생물과 증인이 대부분 함께 묘사되는 까닭은 성경의 자증적인 권위로서 하나님의 창조 설계 안에서 새 창조라는 예정된 역사의 중심에 있는 어린 양에 종속된 약속들과(네 생물) 그 약속을 따라 성실하게 일하여 오신 하나님의 역사에 대한 증인(24장로)의 역할을 상징한다.

> 태초에 말씀이 계시니라
> 이 말씀이 하나님과 함께 계셨으니 이 말씀은 곧 하나님이시니라 [요 1:1]
>
> 그러므로 우리가 저 안식에 들어가기를 힘쓸지니
> 이는 누구든지 저 순종하지 아니하는 본에 빠지지 않게 하려 함이라
> 하나님의 말씀은 살아 있고 활력이 있어 좌우에 날선 어떤 검보다도 예리하여

---

26) 요한이 계시록을 기록할 시점인 AD 68-69년에 공관(마가, 마태, 누가)의 복음서는 이미 존재했었다.

혼과 영과 및 관절과 골수를 찔러 쪼개기까지 하며 또 마음의 생각과 뜻을 판단하나니

지으신 것이 하나도 그 앞에 나타나지 않음이 없고

우리의 결산을 받으실 이의 눈 앞에 만물이 벌거벗은 것 같이 드러나느니라 [히 4:12-14]

겔 1:5을 출처로 하는 7절은 거기서 신성한 보좌를 들고 있는 네 개의 머리를 가진 그룹의 모습과 유사하다. 그들은 사람의 모양을 하고 있으나 사자, 소, 사람, 독수리의 네 개의 얼굴과 날개와 손 및 발을 가지고 있으며 하나님의 영에 의해 어디든지 돌이키지 않고 나아갈 수 있는 것으로 묘사된다. 이것은 땅 끝까지 이를 복음의 능력을 상징한다.

Daniel I. Block[27]은 이 그룹의 해석에서 전지전능과 초월적인 신적 속성을 나타내는바 사자의 강한 힘과 위엄, 독수리의 신속함과 기동성, 황소의 번식력, 인류의 지혜와 이성의 복합적인 묘사로 설명함으로써 하나님의 완전하심에 대한 자기계시로 이해하고 있다. **"주변에 눈이 가득하더라"**는 8절의 묘사에서 네 생물의 역할은 메시아 언약에 대한 세밀한 증언과 하나님의 은혜를 끝내 거역하는 옛 창조의 심판에 대한 증언으로서 완벽한 증거를 암시한다(참조, 6:1, 15:7).

8 네 생물은 각각 여섯 날개를 가졌고 그 안과 주위에는 눈들이 가득하더라. 그들이 밤낮 쉬지 않고 이르기를 "거룩하다 거룩하다 거룩하다 주 하나님 곧 전능하신 이여, 전에도 계셨고 이제도 계시고 장차 오실이시라"

이 구절의 배경은 사 6:2-3이다. 네 생물의 찬양은 피조물로써 창조주께 드리는 합당한 경배로서 해석될 수도 있지만, 성경이 강조하는 '언약의 메시아-시작된 종말'에 대하여 밤낮으로 쉬지 않고 증언하는 공통된 주제가 복음의 도래로써 율법의 성취(내가 거룩하니 너희도 거룩하라, 레 11:45)인 것을 감안할 때, 그 증언(메시아 언약)은 흠이 없고 찬양 받으시기 합당하며 완전한(가득한 눈) 것임을 뜻한다. 이것은 율법 아래에서 악(라아)이 만연하고 악이 전능한 것처럼 보이는 세상에서 선(토브)은 약하고 좌절하며 비효율적인 것처럼 드러났지만, 메시아로 하여금 복음의 십자가로 그 모든 죄와 허물을 멸하고 거룩케 하실 것에 대하여 천사들이 **"거룩하다, 거룩하다, 거룩하다, 전능하신 여호와여"**(사 6:3)라고 찬미하는 반면, 여기서 네 생물은 그 언약의 성취에 대한 성호를 찬미하며 삼위일체 하나님의 영광을 선포

27) The Book of Ezekiel, NICOT,

하는 것으로 보인다. 하지만 계시록 4장에서 찬미되는 대상은 창조주[28]이지 결코 메시아나 그리스도가 아니다.

이 구절은 사 9:6의 **"주 하나님 곧 전능하신 이여 전에도 계셨고 이제도 계시고 장차 오실이시라"**는 찬미에 화답하는 형식으로 제시되었다. 즉, 오시기로 한 그 약속을 따라 그 하나님이 마침내 오셨다는 것이며, 암묵적으로 그 하나님이 곧 새 창조 역사로서 새 하늘과 새 땅, 새 예루살렘을 창조하시고 영광을 받으시는 주 예수 그리스도라는 것이다. 따라서 요한의 삼위일체 신학은 여기서도 강조된다.

> 이는 한 아기가 우리에게 났고 한 아들을 우리에게 주신 바 되었는데
> 그의 어깨에는 정사를 메었고 그의 이름은 기묘자라, 모사라,
> 전능하신 하나님이라, 영존하시는 아버지라, 평강의 왕이라 할 것임이라 [사 9:6]

9 그 생물들이 보좌에 앉으사 세세토록 살아 계시는 이에게 영광과 존귀와 감사를 돌릴 때에
10 이십사 장로들이 보좌에 앉으신 이 앞에 엎드려 세세토록 살아 계시는 이에게 경배하고 자기의 관을 보좌 앞에 드리며 이르되

네 생물이 영광, 존귀, 감사를 '돌리다'의 'δίδωμι-디도미'는 3인칭 복수 미 완료태 동사로 행위의 지속성을 나타내며, 여기에 이십사 장로들이 엎드려 경배하고 자기의 면류관을 드리며(정복자 왕들에 대한 충성의 표시) 네 생물의 찬양에 합류하고 있는 장면으로 이 또한 네 생물과 이십사 장로가 '증언과 증인'을 상징하는 것임을 가리키는 단적인 사례라 할 수 있다. **"경배하고"**와 **"보좌 앞에 드리며"**는 가장 낮은 자리에 자신들을 두며 통치의 주권과 영광을 '영존하시는 이'에게로 계속하여 돌리는 행위로 성경자체이자 내적증거에 대한 묘사라 할 수 있다.

11 "우리 주 하나님이여, 영광과 존귀와 능력을 받으시는 것이 합당하오니 주께서 만물을 창조하셨으며 모든 것이 주의 뜻대로 있었고 또 지으심을 받았나이다"

---

28) 메시아 언약의 주체로서 하나님.

이 구절은 '하나님을 영화롭게 하는 인간'의 창조 목적에 대한 선언이라 할 수 있다. 이와 유사한 선언들이 계시록 안에서 자주 발생된다(5:12-13, 7:12, 15:3-4, 16:9, 19:1, 7). 왜냐하면 요한계시록은 '옛 창조'의 심판을 필수로 여기며, 이는 하나님께서 그 지으신 사람으로 하여금 하나님을 영원토록 영화롭게 할 목적으로 하나님의 형상을 입히는 그 '새 창조'가 예정되었기 때문이다(사탄의 미혹과 인류의 자유의지에 의한 타락의 허용조차도).

"모든 것이 주의 뜻대로"는 하나님의 백성에게 일어나는 모든 역사적 사건들이 즉, 세상의 이김(세상이 우리를 대하여 십자가에 못 박고)과 박해를 비롯한 어떤 고난조차도 하나님의 창조 목적(우리가 세상을 대하여 십자가에 못 박는)에 속한다는 것이며 이것을 인정한다는 의미이다(계 14:4-5). 첫 사람 아담과 하와의 실패를 떠올리게 하는 이 구절은 전적인 신뢰 안에서 가능한 순종적 자유의지의 가치가 암시된다.

"지으심을 받았나이다"는 찬양은 동사 시제에서 과거와 현재, 미래 모두를 포함하고 있다. 여기서 하나님의 영원하신 통치와 인간 왕의 한시적인 통치가 대조되고 있다. 이것은 단 7장에서 이스라엘을 다스리기 위해 잠시 선택 받은 세상권력이 자신을 마치 하나님처럼 높이고 교만해져서 하나님의 백성을 박해하다가 그 주어진 권력마저 빼앗기는 악한 왕들에 적용되었다는 사실에서, 로마의 황제도 마땅히 하나님께 경배를 드려야 하는 미약한 존재에 지나지 않음이 또한 암시되고 있다.

3. 닫힌 두루마리 【5:1-4】

앞장에서 창조주의 환상이 창조주에 대한 경배로 끝나고 이제 다시 국면이 전환되어 죽음을 통해 영광의 보좌에 앉으신 어린 양이 구속자 하나님으로서 환상이 주어진다. 이것은 4장의 창조주의 주권으로부터 5장의 어린 양의 주권으로의 전환점을 가지며 그리스도를 하나님의 지위에 두고 있다.

1 내가 보매 보좌에 앉으신 이의 오른손에 두루마리가 있으니 안팎으로 썼고 일곱 인으로 봉하였더라

요한은 이제 보좌의 앉으신 분의 오른손(권능)에 두루마리(겔 2:10-재앙의 글, 일곱인-단 12:4, 9)가 놓여 있는 것을 본다(1). **"일곱 인으로 봉하였더라"**는 그 두루마리 표면에 나란히 배열된 일곱 인이 아니라 하나의 봉인이 떼 지면 다음 두루마리의 봉인을 만나는 방식으로서 총 7개의 인을 의미할 것이다. 그렇지 않으면 그 두루마리는 순차적으로 열릴 수 없기 때문이다(참조, 3,4절과 사 29:11-12에서 그 두루마리는 인봉되어 있다).

2 또 보매 힘 있는 천사가 큰 음성으로 외치기를 누가 그 두루마리를 펴며 그 인을 떼기에 합당하냐 하나

여기서 "합당하냐"는 질문의 기준은 책의 성격과 관련이 있다. 즉 하나님의 심판은 의롭고 선한 것이기에 도덕적인 자질을 묻는 것이다. 그것은 힘 있는 천사나 세상의 권세를 가진 자가 아니라 죄가 없는 자 곧 흠이 없는 자만이 가질 수 있는 자격이다.

　기록된바 의인은 없나니 하나도 없으며 [롬 3:10]

3 하늘 위에나 땅 위에나 땅 아래에 능히 그 두루마리를 펴거나 보거나 할 자가 없더라

마지막 때에 일어날 일과 관련하여 구약에서 책을 인봉(단 12장)하고 펼치는(단 7장) 사상은 오직 다니엘서에만 발견된다.

이것은 구속 계획을 성취하기 위해 심판을 주관할 자격이 있는 자가 누구인가? 라는 질문이다. 그분은 오직 예수뿐이시다(참조, 요 5:22, 27). 이것은 심판의 첫 페이지로서 당위성 자체를 설명하기 위한 도입부의 선언과도 같다. 따라서 일곱 인은 새 시대, 새 질서의 도래로써의 복음 곧 메시아의 사역으로 인한 옛 시대, 옛 질서의 쇠락을 예상케 한다.

심판의 인을 떼기에 합당한 자는 하늘과 땅 그 어디에도 없다(3-4절). **의인은 없나니 하나도 없으며**, 그러므로 죄인이 죄와 또 다른 죄인을 심판할 수가 없는 것이다.

4 그 두루마리를 펴거나 보거나 하기에 합당한 자가 보이지 아니하기로 내가 크게 울었더니

만일 **"두루마리"**가 구약성경을 가리키는 것이 분명하다면, 구약의 모든 예언은 그리스도 안에서 성취되기 때문에 그가 아니시면 메시아 언약을 성취할 수가 없게 되고 하나님의 구속사는 거기서 멈추게 될 것이며 환상도 끝날 것이다.

반면, Beale은 구약에서 '책'들이 심판과 관련되는 것에 근거하여 10장의 작은 책을 심판과 연결하고 그 심판 이후에 하나님의 백성의 구원이 일어난다고 말한다.[29] 그 주장은 성경의 전체 맥락에서 분명해 보인다. 하지만 그의 주장대로라면 요한이 인을 뗄 자가 없어 크게 운 이유는 심판이 시행되지 못한 것 때문이 되고 말 것이다. 이것은 결국 '심판 이후의 구원'이라는 과정을 마치 목적으로 설정하는 문제를 낳는다. 그러나 두루마리가 즉 성경이 메시아 언약 자체를 상징한다고 할 때 요한이 크게 운 것은 "합당한 자" 곧 책을 열 자가 없다는 사실에서 메시아 언약의 실행이 중단 되는 것, 즉 반대로 동족의 구원이 멈춰지는 것 때문이었을 것이다. 두루마리는 심판을 상징하는 것임과 동시에 결과적인 구원으로서 메시아 언약 자체인 까닭이다(여기서 그 심판은 놀랍게도 배교한 유대인을 징벌하는 것이 아니라 가장 우선적으로 죄를 진멸하시는 주의 십자가이다).

4. 유대 지파의 사자 [5:5-14]

5 장로 중의 한 사람이 내게 말하되 울지 말라 유대 지파의 사자 다윗의 뿌리가 이겼으니 그 두루마리와 그 일곱 인을 떼시리라 하더라

요한이 절망에 빠져있던 그때에 한 장로가 그에게 말한다. **"유대 지파의 사자 다윗의 뿌리가 이겼으니"**는 메시아 언약의 증인이 아니고서는 할 수 있는 말이 아니다. 왜냐하면 오직 증인들만 메시아가 유다 지파의 사자(창 49:9)인 것과 그분이 다윗의 집에서 오실 것이나 결코 이새의 줄기요 다윗의 싹이 아니라 태초부터 만유의 뿌리(근원)가 되시는 창조주라는 사실을 알게 된 자들이기 때문이다.

"이겼으니"는 '이긴 자'의 모범으로서 십자가로 메시아가 죄를 이긴 것 때문에 그 인을 뗄 자가 되셨다는 것이다. 일곱 인으로 봉해진 그 두루마리는 창조주 하나님이 어떠한 사랑으로 사람을 대하셨는지 그러나 사람은 어떻게 반응했는지, 하나님은 이스라엘을 어떻게 사

---

29) The book of revelation, NIGTC, 새물결플러스, 572쪽.

랑했는지 그러나 이스라엘은 어떻게 반응했는지, 그래서 새 창조를 위해 오신 메시아는 유대인을 어떻게 사랑했는지 그러나 유대인은 어떻게 반응했는지… 결국 그 종말은 어떻게 될 것인지… 이제 펼쳐지게 된다.

어린 양 예수

6 내가 또 보니 보좌와 네 생물과 장로들 사이에 한 어린 양이 서 있는데 일찍이 죽임을 당한 것 같더라 그에게 일곱 뿔과 일곱 눈이 있으니 이 눈들은 온 땅에 보내심을 받은 하나님의 일곱 영이더라

"네 생물들과 장로들 사이에 한 어린 양"은 역사적 '증언과 증인'이 가리키는 바가 '승리하신 어린 양'이라는 의미로, 이것은 '어린 양이 보좌와 네 생물 가운데 그리고 장로들 가운데'를 의미할 수 있다. 이것은 5장부터 창조주로부터 어린 양에게로 주권의 이양을 나타내기 때문이고 요한에게 모든 만물의 중심은 어린 양이기 때문이다.

어쩌면 유대인이었던 요한이 기대했던 짐승은 어린 양이 아니라 사자였을지도 모른다. 온 세상은 힘의 상징을 강한 짐승 특히, 다니엘서는 천사와 결합시킨 짐승의 모습으로 등장한다. 그런데 요한이 본 이미지는 그것들과 다르게 유약한 어린 양이고 그것도 죽임을 당한 어린 양이다. 그것은 유월절과 역사적 제의에서 희생된 어린 양을 소환시킬 뿐만 아니라 그 양이 살아있는 것에서 십자가와 부활을 소환시킨다. 그래서인지 그리스도에 대한 이 특징적인 용어는 요한 계시록에서 29회나 사용된다. 그 어린 양은 일곱 뿔을 가졌다. 구약에서 뿔은 힘을 상징하고, 일곱은 완전함의 수이므로 **"일곱 뿔"**은 완전한 힘을 나타낸다. 또한 일곱 눈(하나님의 일곱 영들, 슥 4:10-온 세상에 두루 행하는 여호와의 눈)을 가지고 있는데 그것은 그리스도의 성령의 충만함을 상징할 수도 있으나 여기서는 어린 양에게 하나님의 권세 곧 전지전능하심을 부여하는 것이라 할 수 있다. 단 7장에서 짐승의 뿔은 성도를 이기나, 계시록에서 어린 양의 뿔은 세상을 이기는 역설로 묘사된다.

7 그 어린 양이 나아와서 보좌에 앉으신 이의 오른손에서 두루마리를 취하시니라

어린 양이 통치할 권세를 받기 위해 보좌 앞으로 나아가 하나님의 손에 있는 두루마리를 취

하는 것은 단 7:13의 '인자'를 배경으로 한다. 요한은 책 전체에 걸쳐 자신의 방식으로 하나님의 뜻과 그리스도의 뜻 사이의 완벽한 조화를 삼위일체적인 관점에서 표현하고 있다.

8 그 두루마리를 취하시매 네 생물과 이십사 장로들이 그 어린 양 앞에 엎드려 각각 거문고와 향이 가득한 금 대접을 가졌으니 이 향은 성도의 기도들이라

어린 양의 **"그 두루마리를 취하시매"**의 행위는 요한이 크게 울었던 것과 대조적으로 봉인된 인이 열리기도 전에 이제 큰 찬양과 경배를 불러일으킨다. **"어린 양 앞에 엎드려"**와 **"거문고와 향이 가득한 금 대접**(시 141:2)**을 가졌으니"**는 하나님께만 드리는 '찬양과 경배, 기도'가 어린 양께로 옮겨지고 있으며 이 또한 전술한 바와 같이 요한이 계시를 통해 받은 삼위일체적인 이해에 대한 요소이다.

금 대접에 담긴 성도들의 그 기도(향)는 어떤 기도였을까? 그것은 순교당한 신자들의 신원의 기도로, 하나님이 그의 백성 곧 언약에 신실했던 경건한 백성들을 박해한 자들을 심판하심으로 하나님의 공의에 입각한 명예를 회복하실 때가 언제인지를 질문하는 기도이다 (6:9-10, 시 13:1-2).

9 그들이 새 노래를 불러 이르되 두루마리를 가지시고 그 인을 떼기에 합당하시도다. 일찍이 죽임을 당하사 각 족속과 방언과 백성과 나라 가운데에서 사람들을 피로 사서 하나님께 드리시고
10 그들로 우리 하나님 앞에서 나라와 제사장들을 삼으셨으니 그들이 땅에서 왕 노릇 하리로다 하더라

이 노래의 해석은 12절에 있다(아래 주석 참조).

"새 노래"(구약에서 7회, 시 33:3, 40:3, 96:1, 144:9, 149:1, 사 42:10)는 새 창조와 메시아 시대의 도래를 알리는 것과 관련되어 사용된다. 새 노래의 내용은 이미 앞에서 언급했었던 그리스도의 중요한 구원사역의 핵심들을 잘 드러내 준다. 이 용어의 사용은 천국에서 '새 노래'가 무엇을 의미하는지에 대한 흥미로운 질문을 제기한다.

여기서 '새로운'(καινός-카이노스) 것은 이전에 없었던 것이 아니라 이전에 있던 것을 갱신한 새로운 것이다. 그러므로 새 노래는 이전의 출애굽의 노래였던 '모세의 노래, 미리암의 노래 및 구약 이스라엘의 구원의 노래와 대비된다. 그렇다면 새 출애굽을 노래하는 '그들'

은 '수금과 대접을 가지고'의 남성 복수 선행사가 가리키는 **"네 생물과 24장로"**이며, 그들은 구약에서 하나님의 언약을 붙들고 '밤에 노래하던 자'들에게 응답하신 하나님의 유산으로서 그 메시아 언약의 성취를 노래하는 증언과 증인을 지칭하는 것임이 더욱 분명해진다. **"합당하시도다"**는 2절에서는 하나님의 구원의 계획과 왕권을 행하시기에 오직 어린 양에게만 가능한 권세나 그 인격의 탁월함을 가리켰다면, 여기서는 '우리를 위해 죽으심' 곧 갈보리 십자가의 희생과 부활하심을 일컫는 것이다.

"각 족속과 방언과 백성과 나라 가운데에서 사람들"은 출 19:5의 '세계가 다 내게 속하였나니'를 배경으로 하는데, 하나님의 구원이 유대인으로 제한된 것이 아니라 그들은 단지 온 인류에 대한 구속사의 보편성을 나타내는 대표에 불과하다는 것이다. 이 노래는 어린 양이 구속받은 자들을 우리 하나님 앞에서 나라와 제사장으로 삼으시는 것으로 이어진다(출 19:6). 여기서 **"우리 하나님 앞에서"**는 무엇보다 중요하다. 이것은 구속 받은 자들이 하나님께 속하게 된 것을 의미하며, 그것은 낮고 천한 자가 **"땅에서 왕 노릇"**(벧전 2:9) 하는 높은 존엄성을 부여 받는 결과를 가져다준다. 따라서 이 노래는 고난 받는 성도들을 지지하고 위로하며 또 승리에 대한 소망의 인내를 고무시키고 있다.

11 내가 또 보고 들으매 보좌와 생물들과 장로들을 둘러 선 많은 천사의 음성이 있으니 그 수가 만만이요 천천이라

본 구절의 배경은 단 7:10이다. **"만만이요 천천"**은 보좌를 둘러 선 천사들의 수가 무수히 많음을 나타내는 것이다. 이것은 메시아 언약의 증인의 대열에 천상의 존재들까지 합세하여 '네 생물과 24장로'가 올려 드리는 찬미에 동일하게 **"합당하시도다"**(12)로 화답하며 새 노래로 어린 양을 찬양하는 모습이다.

12 큰 음성으로 이르되 죽임을 당하신 어린 양은 능력과 부와 지혜와 힘과 존귀와 영광과 찬송을 받으시기에 합당하도다 하더라

여기서 **"능력과 부와 지혜와 힘"** 네 가지는 어린 양의 성품을 나타내고, 그것을 하나님께 순종으로 드릴 때 **"존귀와 영광과 찬송"**은 그에 대한 사람들의 태도를 나타낸다. δύναμις-뒤나미스, **"능력"**은 하나님께 사용되는 용어로 요한복음에서는 엑수시아나 세메이온을 사용한 까닭은, 거기서는 아버지께 의존적인 능력으로서 메시아의 표적을 의미했기 때문이다.

그리고 πλοῦτος-플루토스, **"부"**는 주 예수께 정죄되고 거부된 물질적인 부가 아니라 그의 인자하심, 용납하심, 길이 참으심의 풍성하심(롬 2:4), 및 자기 백성들에게 모든 필요를 채워주심(빌 4:19), 모든 보화보다도 더 큰 재물(히 11:26)등을 상징한다. ἰσχύς-이스퀴스, **"힘"** 은 '인간의 힘'이라는 의미에서 '능력'과 구별된다. 따라서 '능력과 부'가 조합되고 '지혜와 힘'이 조합된 것으로 읽으면 전자는 어린 양의 신성을, 후자는 어린 양의 인성을 강조하는 것으로 보인다(혹자는 단 2:20의 '지혜와 능력'을 출처로 삼지만 힘을 뜻하는 '게브라'는 신성과 인성 모두의 역어로 사용된다). 특히 הָכְמָה-호크마, **"지혜"**는 시가서(시편, 잠언, 전도서)에서 하나님을 경외하는 것에서 기독론으로 취했을 뿐만 아니라, 이것은 창 3:6에서 사용된 이 용어가 둘째 아담 안에서 회복이라는 맥락에서 주어진 찬양일 수도 있다. 이것은 형상 기독론, 아담 기독론과 더불어 창조 목적 안에 함의된 지혜 기독론에 대한 결론이다. 어쨌든 일곱 개의 특성들은 모두 신약성경에서 그리스도께 부여된 것(참조, 능력-고전 1:24, 부-고후 8:9, 엡 3:8, 지혜-고전 1:24, 힘-엡 6:10. 존귀-히 2:9, 영광-요 1:14, 히 2:9, 찬송-막 11:9)들로, 이 칠중의 찬양은, 성부와 성자의 통일성(영광, 존귀. 능력-4:11/찬송)을 강조하는 성격이 짙다.

천사들의 이 노래는 6장에서 어린 양에 의해서만 펼쳐지게 될 두루마리 안에 담긴 상속(율법의 축복과 저주, 복낙원과 실낙원)과 관련이 있다.

〈복낙원〉

이기는 그에게는 내가 하나님의 낙원에 있는
생명나무의 열매를 주어 먹게 하리라(2:7)

이기는 자는 내 하나님 성전에 기둥이 되게 하리니
그가 결코 다시 나가지 아니하리라
내가 하나님의 이름과 하나님의 성 곧 하늘에서
내 하나님께로부터 내려오는 새 예루살렘의 이름과
나의 새 이름을 그이 위에 기록하리라(3:12)

또 그가 수정 같이 맑은 생명수의 강을 내게 보이니
하나님과 및 어린 양의 보좌로부터 나와서길 가운데로 흐르더라
강 좌우에 생명나무가 있어 열두 가지 열매를 맺되 달마다 그 열매를 맺고

그 나무 잎사귀들은 만국을 치료하기 위하여 있더라

다시 저주가 없으며 하나님과 그 어린 양의 보좌가 그 가운데에 있으리니

그의 종들이 그를 섬기며 그의 얼굴을 볼 터이요 그의 이름도 그들의 이마에 있으리라

다시 밤이 없겠고 등불과 햇빛이 쓸 데 없으니 이는 주 하나님이 그들에게 비치심이라

그들이 세세토록 왕 노릇 하리로다(22:1-5)

〈실낙원〉

용이 여자에게 분노하여 돌아가서 그 여자의 남은 자손 곧 하나님의 계명을 지키며

예수의 증거를 가진 자들과 더불어 싸우려고 바다 모래 위에 서 있더라(12:17)

~온 땅이 놀랍게 여겨 짐승을 따르고 용이 짐승에게 권세를 주므로

용에게 경배하며 짐승에게 경배하여 이르되

누가 이 짐승과 같으냐 누가 능히 이와 더불어 싸우리요 하더라

또 짐승이 과장되고 신성 모독을 말하는 입을 받고

또 마흔두 달 동안 일할 권세를 받으니라

짐승이 입을 벌려 하나님을 향하여 비방하되

그의 이름과 그의 장막 곧 하늘에 사는 자들을 비방하더라

또 권세를 받아 성도들과 싸워 이기게 되고

각 족속과 백성과 방언과 나라를 다스리는 권세를 받으니

죽임을 당한 어린 양의 생명책에 창세 이후로 이름이 기록되지 못하고

이 땅에 사는 자들은 다 그 짐승에게 경배하리라

누구든지 귀가 있거든 들을지어다

사로잡힐 자는 사로잡혀 갈 것이요 칼에 죽을 자는 마땅히 칼에 죽을 것이니

성도들의 인내와 믿음이 여기 있느니라(13:3c-10)

~그의 이마에 이름이 기록되었으니 비밀이라,

큰 바벨론이라, 땅의 음녀들과 가증한 것들의 어미라 하였더라(17:1-5)

13 내가 또 들으니 하늘 위에와 땅 위에와 땅 아래와 바다 위에와 또 그 가운데 모든 피
조물이 이르되 보좌에 앉으신 이와 어린 양에게 찬송과 존귀와 영광과 권능을 세세
토록 돌릴지어다 하니

이제 '메시아 언약'의 주(主)가 되시는 하나님과 메시아 자신인 어린 양에 대한 찬양은 모
든 피조물로 확장된다. 모든 피조물의 찬양은 보좌에 앉으신 이와 어린 양을 구별하지 않
는다. 이것은 어린 양이 만유의 주되심을 선포하는 것과 같다. 이 노래는 12절과 달리 어
린 양에 의한 구원의 성취를 노래하는 것이 아니라 하나님과 어린 양의 영광 자체를 노래
한다. 따라서 **"찬송, 존귀, 영광, 권능"**은 각각 관사가 있고, 대신 '합당하다'는 수사가 없다.
"권능"도 뒤나미스 대신 크라토스가 사용되었다. 이것은 하나님께서 어린양을 통해 행하신
모든 일에 함께 경배를 받는 분으로 묘사한 것이고, 그리스도가 하나님과 동일한 신적 지
위에 있으며 그렇게 함으로써 영광을 받으신다는 사실을 강조하는 것이다. 이것이 4장과
5장에서 강조되는 점이다.

14 네 생물이 이르되 **"아멘"**하고, 장로들은 엎드려 경배하더라

모든 피조물의 경배에 대하여 네 생물의 **"아멘"**과 24 장로들의 **"경배"**는 그것이 하나님의
뜻 곧 성경에 합한 결론임을 확증시킨다.

> 이 성경이 곧 내게 대하여 증언하는 것이니라 [요 5:39b]

구세주의 증인으로서 만유 가운데 있는 우리의 '아멘'도 진실로 사랑의 아버지와 우리를
위해 십자가에서 대신 죽으신 구세주의 손 안에 있음에 대한 자증적인 삶의 경배이어야 하
는 것이다.

6장

일곱 인 심판

통치하시는 어린 양

사도들의 서신에 의하면 AD 70년 예루살렘의 멸망이 일어나기 전 교회는 내부적으로는 유대교의 거짓 교사로부터의 혼란과 외부적으로는 유대인들과 결탁한 로마의 핍박이라는 두 가지의 큰 도전과 마주하고 있었다. 특히 AD 64년 로마 화재 이후 네로 황제에 의해 잔인하게 행해진 기독교 대 박해와 같은(바울의 순교를 포함한) 재앙에서 교회는 그리스도의 주권적 통치에 대한 의문을 가질 수 있는 상황이었다. 하지만 바울이 자신에게 닥칠 환난을 그의 교회에게 예고한 것처럼 요한 계시록 또한 이런 고난은 일곱 편지에서 이미 암시되었고, 6-8장에서 그리스도인이 경험하는 고난의 상황까지 확장된다고 말하며 그리스도의 승리에 대한 확신과 믿음의 인내라는 동일한 신앙의 열매를 강조하고 있다.

요한 계시록이 과거주의적인 관점에서 선택 받은 구약 백성들의 하나님의 은혜에 대한 반응과 태도가 최종적으로 심판받는 것이라면, 이것은 동시에 미래주의적인 관점에서 그리스도 안에서 새 창조를 위하여 선택 받은 신약 백성들에 대한 동일한 교훈으로 서 있다고 볼 수 있다. 성경은 교회에 회개에 합당한 열매를 요구하고 있는 반면, 세상은 믿지 않음으로 이미 심판을 받은 존재들이기에 요한 계시록에서 굳이 그들을 성경의 주제 안에 두지 않는다. 그들은 교회를 핍박하고 고난을 가하는 존재로 그리스도의 통치 안에 쓰임 받는 수단으로 나타날 뿐이다. 그러므로 적그리스도는 세상의 어떤 특정 주체를 말하는 것이 아니라 지상의 교회 안에 있으나 그리스도와 연합되지 않은 배교의 주체를 일컫는 것이다.

1. 인, 나팔, 대접 심판의 개요

요한계시록의 기록 방식이 논리적 순서라는 이해에 앞서 여기서 각 심판 시리즈는 인과적 구조를 취하고 있어 단순히 역사적 시간 순서로 인식해서는 안 되는 몇 가지 이유가 된다. 첫째, 인 심판은 나팔 심판을, 나팔 심판은 대접 심판을 품고 있으며 둘째, 세 심판의 각 시리즈는 반복과 순환 형식을 보여준다. 셋째, 인 나팔 대접은 동일한 사건의 반복이라기보다는 동일한 사건에 대한 인과적이고 순서적이고 점진적인 기록이다. 즉 세 심판 시리즈는 복음의 도래와 정복(인), 성령의 역사와 복음의 확산(나팔), 옛 성과 대에 대한 심판(대접)을 영적 전쟁의 용어로 구원과 심판을 묘사한 까닭에 그리고 해설적인 삽입장의 배치와 시리즈의 반복적인 구조가 평면적인 읽기에 익숙한 독자들로 난해하게 만든다. 무엇보다 시작된 종말론과 실현된 종말론 그리고 미래종말론이 혼재된 계시록은 세 시리즈 심판이 갖는 신비에 자칫 함몰되기 쉽다. 이것은 그리스도의 승리에 대한 확신을 교회의 인내의 동력으로 삼아 합당한 증인의 삶의 요구 및 배교와 우상숭배에 대한 종말론적인 심판의 경고와 경계라는 목적을 넘어 잘못된 두려움을 조장할 우려가 있다.

2. 처음 네 개의 인 심판 【6:1-8】

네 마리의 말

1 내가 보매 어린 양이 일곱 인 중의 하나를 떼시는데 그 때에 내가 들으니 네 생물 중의 하나가 우렛소리 같이 말하되 오라 하기로

어린 양이 직접 인봉 중 하나를 열어 첫 번째 심판을 시작하신다.

장로 중의 한 사람이 내게 말하되 울지 말라

유대 지파의 사자 다윗의 뿌리가 이겼으니

그 두루마리와 그 일곱 인을 떼시리라 하더라 [계 5:5]

겔 2:10에 의하면 그 두루마리의 내용은 재앙이다. 이것은 인자의 부활로 말미암아 모든 심판의 자격이 그리스도께 주어졌음을 의미한다. 이 재앙은 메시아 언약에 충실한 경건한 유대인의 것이 아니라 메시아 언약을 멸시하는 자들의 몫이다. 하지만 이 재앙을 크게 오해한 Beale은 네 마리의 말을 그리스도에 의해 땅에 시련을 주기 위해 사용되는 하늘의 악한 세력들로 해석한다. 이러한 오류는 네 생물에 대한 그의 오해에서 이미 예견되었던 것이다. 그는 이 시련의 대상을 교회(신자)로 보며 그리스도를 따르는 사람들에게 내리기로 '작정된 고난'(?)이자 동시에 박해하는 자들에게 심판이 되도록 의도된 것이라고 본다.[30] 그가 이렇게 해석하는 근거는 2-3장의 일곱 교회가 수신자로, 거기서 지금 있는 일과 장차 있을 일로 연결한다는 것이다. 그는 구속의 대상인 교회가 마치 심판의 대상이 되는 모순적인 상황을 만들지만, 여기서 심판의 대상은 그리스도 안에 있는 교회가 아니며 또한 불신의 세계(미래, 우주적 종말론)도 아니다. 서론과 본장의 서언에서 밝힌 것과 같이 심판의 대상은 하나님의 뜻에 반하여 메시아 언약을 어기고 그리스도를 대적한 유대인과 율법주의를 상징하며, 세 심판의 시리즈에서 교회가 이 재앙에 직접적으로 직면하는 것은 없다. 따라서 네 마리의 말 탄 자(남성, 단수)가 그리스도의 심판을 수행하는 악한 네 천사(7:1)라는 그의 주장은 크게 오해한 것이다. 네 생물(메시아 언약의 증언, 4장 참조)에 의해 소환되는 네 마리의 말은 생명의 말씀인 복음의 다양한 능력적 측면을 상징하며 각각의 말 탄 자는 그리스도를 나타낸다. 즉 그리스도에 의한 복음 곧 새 창조 역사는 메시아 언약을 거부하고 여전히 율법 아래에 속한 옛 질서를 붙잡는 유대인들에게 회개를 촉구(자비의 경고)하는 한편 여전히 거역하고 돌이키지 않는 우상숭배적인 배교가 심판을 당하는 것이다.

그리스도의 승리와 영광에 참여하는 교회에 굳이 환난을 적용하자면 옛 창조와 옛 질서가 심판 받을 때 증인(24장로)의 역할을 인하여 겪게 되는 허용된 고난일 것이다.[31]

일곱 교회에 주신 공통적인 메시지로써 '이기라'와 '죽도록 충성하라'는 그 본질적인 요구가

30) Beale, G, K. The book of revelation, NIGTC, 새물결플러스, 621쪽.

31) 프롤로그 1:9 Q1 해설 참조, 34쪽

바로 이것이다. 즉, 음녀와 짐승들이 교회에 박해를 가하는 것을 허용하신 까닭은 그리스도를 대적한 율법주의와 세상(죄)으로 하여금 더 이상 심판에 대하여 핑계치 못할 증인을 세우기 위함인데, 언약을 믿고 모든 환난을 참고 견디며, 어린 양이 인도하는 곳이면 어디든지 따르고, 심지어 죽음 앞에서도 배교를 택하느니 도리어 순교를 택하여 그리스도의 영광을 나타내는 두 증인(십 사만사천과 흰옷 입은 셀 수 없는 큰 무리)으로 서 있기 때문이다.

교회가 그 환난을 통과하는 동안 그리스도의 승리에 대한 확신 안에서 연단을 받고, 배교(용서받지 못할 죄)로부터 자신을 지켜야 할 참 신앙을 직접적으로 요구 받는 것은 2-3장의 일곱 교회 안에서만 발견된다. 나머지는 19장 천년왕국 이후 미래종말론으로의 전환시점에서 성화적인 심판으로써 우주 종말론적인 심판에 대한 경계를 교훈 받을 뿐이다.

처음 1-4 인을 떼는 것은 네 생물의 등장과 함께 재앙을 강조하는데, 네 번 다 동일하게 **"오라"**는 네 생물의 순차적인 명령에 각각의 말과 그 말 탄 자들이 등장한다. 이는 스가랴서 1장과 6장을 배경으로 하는데, 요한은 여기서 그 심판의 대상을 유대인과 율법 아래에 있던 옛 질서로 대체시키고 있다(슥 1-6장은 하나님의 백성을 다스리는 막대기로 사용된 외세가 필요 이상의 과도한 악행을 수행한 것에 대한 징벌의 수행을 상징했다. 따라서 율법이라는 막대기도 유대주의에 의해 필요 이상의 과도한 행실이 요구되고 수행되었다는 사실과 연결할 수 있다).

그리스도의 복음 곧 새 창조는 율법 아래의 옛 창조와 옛 질서의 심판을 필수적으로 수반하며, 그것의 심판 받아야 마땅함에 대하여 네 생물이 증언(왕, 종, 인자, 하나님으로 오신 예수)으로 등장하는데 그것은 성경이 처음부터 구속자로서 그리스도에 대하여 계속하여 증언해 왔다는 역설이기도 하다.

> 그 날에 유다 땅에서 이 노래를 부르리라
> 우리에게 견고한 성읍이 있음이여
> 여호와께서 구원을 성벽과 외벽으로 삼으시리로다 [사 26:1]

파괴하는 말들과 말 탄 자들은 그리스도의 보좌로부터 나아온다. 그리고 1-4의 인이 떼어질 때 각각의 재앙은 차례대로 집행되는 것이 아니라 동시 다발적으로 진행되는데 이는 복음에 의한 제2 출애굽의 영향력이 모든 율법주의 체제를 허물기 시작했다는 것을 상징한다.

말 탄 자 곧 생물의 명령에 따라 나와서 심판을 수행하는 자는 누구인가? 이들은 의인화된 '복음으로서 메시아 언약'이자 심판을 받는 대상에게는 '환난'이며, 이미 작정된 것이다. 이 고난은 그리스도를 부인하고 교회를 박해한 유대주의(시온주의)에게만 적용되는 심판이다. 그러므로 각 시리즈의 심판들은 과거주의 관점에서 주후 70년을 그 경계로 삼는 것이 분명하지만, 미래 종말론적인 관점에서 이 교훈은 주의 재림 때까지 새 언약 교회에 유효한 것이다.

2 이에 내가 보니 흰 말이 있는데 그 탄 자가 활을 가졌고 면류관을 받고 나아가서 이기고 또 이기려고 하더라

① 흰 말(정복)과 그 탄 자

첫째 생물의 '오라'는 우렛소리와 같은 명령에 따라 흰 말을 탄 자가 나와 면류관(승리를 상징)을 받고($\delta i\delta \omega \mu \iota$-디도미, 신적 수동태-4, 8, 7:2, 8:2, 3, 9:1, 3, 5, 13:5, 7, 14, 15), 이기고 또 이기려 하고 있다.

여기서 Beale은 1-4인이 교회가 받는 고난으로 보는데, 네 생물에 의해 나아오는 말 탄 자가 심판을 상징하는 '고난'을 가져오는 까닭에 그들은 악한 자요 사탄적인 것이라고 말한다. 그리고 말의 흰색은 그리스도와 성도들의 인내를 의미하지만 그는 그리스도를 흉내 내는 악의 세력으로서 거짓 선생들로 해석한다. 즉 사탄이 성도들을 이기고 또 이겨 그들의 믿음을 잃게 하는 것으로 보는데, 이러한 읽기는 심판의 권세를 받으신 그리스도께서 오히려 교회를 심판하시는 것으로 만든다. 하지만 여기에 믿음의 시련이라는 사족을 덧붙인다 해도 그의 주장은 이김의 주체와 대상이 바뀌었다. 왜냐하면 흰색의 말은 복음의 성격상 평화로운 정복을 상징하고, 이기고 또 이기려 하는 것은 율법을 정복해가는 복음의 점진적인 양상을 말하는 것이므로 심판의 대상은 교회가 아니라 유대교요 유대주의인 까닭이다. 만일 심판의 대상이 유대인이라면 이 맥락은 간결하다. 복음의 전파에 따른 새 질서의 도래로 인한 옛 질서의 쇠퇴는, 첫째 생물인 사자 즉, '왕으로 오신 예수'께서 평화의 복음을 상징하는 흰 말로 율법 아래에 안주하려는 유대교를 정복하게 되는 그 심판을 의미하기 때문이다. 따라서 1-4인의 모든 말 탄 자들은 의인화 된 고난의 다양한 형태로 보는 것 정도는 허용할 수 있지만, 그것을 악의 세력으로 보는 것은 마치 빛이 어둠을 소멸시키는 심판의 도구라고 해서 빛을 악의 세력이라고 단정하는 것과 다름없다. 생물(증언)의 호출(오라)에 의해 등장하는 말 탄 자는 심판의 수단이라는 점에서 그것은 악의 세력이 아니라 오히려 구약에서 증언된 메시아 자신이다. Beale이 주장하는 '거짓 선생들' 또한 인의 재앙에서는 등장하지 않고, 나팔 재앙 곧 성령의 역사에서 교회를 허물기 위해 역사하는 '다른 복음'(갈 1:8)으로서 등장한다.

3 둘째 인을 떼실 때에 내가 들으니 둘째 생물이 말하되 오라 하니
4 이에 다른 붉은 말이 나오더라 그 탄 자가 허락을 받아 땅에서 화평을 제하여 버리며 서로 죽이게 하고 또 큰 칼을 받았더라

② 붉은 말과 그 탄 자

둘 째 생물인 소 곧 '종으로 오신 주님'에 의해 심판 당하는 모습은 서로 죽이기 위해 화평을 탈취하는 것이 허락된 모습으로 그려진다(δίδωμι-디도미, 신적 수동태). 넓은 옷자락과 높은 자리에 앉아 섬김을 받고자 하는 종교 지도자들의 태도와 달리 섬기는 자로 오신 주님의 모습에서 그들의 기득권은 타격을 입는다. 그리고 말 탄 자가 큰 칼을 받는데(신적 수동태), 복음이 유대주의에 던진 심판 중 하나가 바로 이러한 왜곡된 옛 질서의 파괴로 그 안에서 안주하던 거짓된 평화를 참 평화가 깨트리는 것이다. 세상은 섬김을 받고자 하는 까닭에 즉 내가 남보다 나은 지위에 서려는 것 때문에 다툼과 대립과 갈등이 끊이지 않고 화평이 없다. 주의 섬김은 역설적으로 이러한 세상에 검이 되신 것이다.

> 내가 세상에 화평을 주러 온 줄로 생각하지 말라 화평이 아니요 검을 주러 왔노라 [마 10:34]

5 셋째 인을 떼실 때에 내가 들으니 셋째 생물이 말하되 오라 하기로 내가 보니 검은 말이 나오는데 그 탄 자가 손에 저울을 가졌더라
6 내가 네 생물 사이로부터 나는 듯한 음성을 들으니 ~한 데나리온에 밀 한 되요 한 데나리온에 보리 석 되로다 또 감람유와 포도주는 해치지 말라 하더라

③ 검은 말(기근)과 그 탄 자

인자로 오신 예수에 의해 나타난 오병이어의 표적은 일시적이고 소멸적인 만나와 반석의 물이 아니라 배불리 먹고도 남는 풍성한 떡이자 영생하도록 쏟아나는 샘물로 누구나 와서 값없이 한없이 구할 수 있는 은혜이셨다. 그러나 여기서 공급하는 손에는 저울을 가졌고,

네 생물 사이(보좌)로부터 나오는 음성은 "한 데나리온(노동자 하루 품삯)에 밀 1되요, 보리는 3되라(삼인 기준 한 끼)"고 선언된다. 밀과 보리의 높은 가격(8~16배, 기근을 상징함)은 그 값없는 은혜를 배척한 자들에게 주어지는 심판이다.

기근은 옛 질서의 쇠락을 상징한다. 즉 밀과 보리는 떡으로서 성례전의 음식을 상징하는 것으로 옛 창조의 기근을 암시한다. 그리고 **"감람유와 포도주는 해치지 말라."** 감람유와 포도주는 마지막 음식으로써 새 창조를 상징함으로써 율법과 복음을 대조하고 있다.

7 넷째 인을 떼실 때에 내가 넷째 생물의 음성을 들으니 말하되 오라 하기로
8 내가 보매 청황색 말이 나오는데 그 탄 자의 이름은 사망이니 음부가 그 뒤를 따르더라 그들이 땅 사분의 일의 권세를 얻어 검과 흉년과 사망과 땅의 짐승들로써 죽이더라

④ 청황색 말(파멸)과 그 탄 자

넷째 생물로서 독수리는 '하나님으로 오신 주님'을 상징하고 하나님은 생사화복을 주관하시는 분이시다. 따라서 청황색 말 탄 자의 이름은 '사망'이며 음부가 그 뒤를 따르고 있었다(1:8, 20:13-14, 호 13:8, 14). 이는 땅의 통치자의 변화를 상징한다.

"그들이 땅 사분의 일의 권세를 얻어" 이 번역은 '검, 흉년, 사망과 땅의 짐승'이라는 네 가지 수단(에피 호 테트라투스, '그 1/4 로')을 통해 그리스도를 대적한 자들을 멸한다는 것인지(신적 수동태, 참조, 칼, 기근, 짐승, 전염병 겔 14:21) 1/4의 제한적인 심판을 뜻하는지 분명하지 않지만, 계시록이 심판 자체만 목적이 아니라 회개를 촉구가 포함되는 것을 생각하면 네 가지의 요소로 심판이 시행되나 그 세기(강도)를 1/4로 제한하신다는 것일 수 있다(참조, 막 13:20-택하신 자들을 위하여 환난을 단축시키심). 청황색 말은 레위지파를 상징하고, 레위지파가 성막과 성전을 지키는 직무를 감안하면 옛 질서와 새 질서 옹호자들 간의 다툼은 곧 유대교의 쇠락을 상징한다. 아마도 요한복음은 이 계시를 통해 기록 되었을 가능성이 크다. 즉 동족 구원을 위한 그의 필요에 앞서 계시에 의한 필요로 받아들였을 가능성이 훨씬 커 보인다.

내가 진노로 너희에게 대항하되 너희의 죄로 말미암아 칠 배나 더 징벌하리니 [레 26:18]

3. 다섯째 인 【6:9-11】

죽임을 당한 영혼들의 간구

9 다섯째 인을 떼실 때에 내가 보니 하나님의 말씀과 그들이 가진 증거로 말미암아 죽임을 당한 영혼들이 제단 아래에 있어

10 큰 소리로 불러 이르되 거룩하고 참되신 대주재여 땅에 거하는 자들을 심판하여 우리 피를 갚아 주지 아니하시기를 어느 때까지 하시려 하나이까 하니

다섯째 인부터는 증인이 등장한다. 그 첫 번째가 제단 아래에 있는 '하나님의 말씀과 그들이 가진 증거'(1:9, 20:4)를 인하여 죽임당한(6:4) 영혼들이다.

이것은 심판의 당위성이 네 생물의 증언 곧 메시아 언약에 이어 그 언약의 증인들로서 순교자들의 탄원과 14장의 144,000의 증인에 의해 점진적으로 확장되는 것을 의미하는데, 순교자들의 외치는 기도는 그 배경에 극심하고도 장기간에 걸친 핍박이 있었음을 암시해 준다. 하지만 이것은 복수를 구하는 탄원이라기보다는 새 창조 질서 회복에 대한 요청일 가능성이 크다.

그들에게 흰옷(7:13-14)이 주어진다(신적 수동태). 이 흰옷의 수여는 그들의 환난에서 나온 믿음의 행위와 기도가 하나님께 합당하게 인정되었다는 의미이다. 이제 그들에게 흰 두루마기가 주어지고 그들의 이 질문에 대한 답변이 주어진다.

11 잠시 동안 쉬되 그들의 동무 종들과 형제들도 자기처럼 죽임을 당하여 그 수가 차기까지 하라 하시더라

'수가 채워지다'는 것은 무엇을 의미하는가? 이것은 7:4, 9, 14장에서 십사만 사천과 흰 옷을 입은 셀 수 없는 무리들을 지칭하는데, 묵시 문헌의 통상적인 표현으로 하나님의 정하신 때(택한 자의 수가 다 찰 때까지)가 있음을 의미한다. 다섯 번째 인은 복음의 도래로 인한 죄의 심판과 더불어 율법의 폐지가 메시아 언약을 버리고 권력종교를 취한 배교자 유대인의

심판임을 암시하는 것이라면, 죽임당한 영혼들은 옛 언약 곧 메시아 언약에 신실했던 경건한 이스라엘을 상징한다. 바울은 전자를 진리를 따르지 아니하고 불의를 따르는 자로 그리고 후자를 참고 선을 행하여 영광과 존귀와 썩지 아니함을 구하는 자들(롬 2:7-8)로 묘사했다. 이것은 이른 저작설의 관점에서 임박한 심판으로서 가까운 미래의 예루살렘 멸망이 이르기 전에 채워질 증인의 수로서 십사만 사천과 흰 옷 입은 셀 수없이 많은 무리이고, 늦은 저작설 곧 미래 종말론적 관점에서 그 때는 아직 미래이다.

4. 여섯째 인 【6:12-17】

1) 하나님의 심판의 징조들

12 내가 보니 여섯째 인을 떼실 때에 큰 지진이 나며 해가 검은 털로 짠 상복 같이 검어지고 달은 온통 피 같이 되며
13 하늘의 별들이 무화과나무가 대풍에 흔들려 설익은 열매가 떨어지는 것 같이 땅에 떨어지며
14 하늘은 두루마리가 말리듯 떠나가고 각 산과 섬이 옮겨지매

본문의 배경은 욜 2:31(참조, 행 2:20)과 사 34:4이다. 거기에서 요엘은 여호와의 날에 대하여 경고하고 회개를 촉구하며 돌아온 자에게 이른 비와 늦은 비를 주실 것 곧 성령의 단비를 내려 주실 하나님의 약속을 전한다. 반면 이사야서에서는 이스라엘의 가나안 진군을 가로막은 에돔과 악한 천사를 심판하는 장면을 나타낸다. 형제가 형제의 길을 막은 것처럼 율법주의가 복음을 가로막은 것은 '큰 날'에 대한 경고에도 돌이키지 않아서 귀결되는 심판과 동일한 맥락을 형성한다. 여기서 하나님의 대적들은 진노로 인하여 초막절(빛의 축제)로부터 쫓겨나고 있는데, 즉 인침으로부터 배제 당하고 있다.

"하늘은 두루마리가 말리듯 떠나가고~"는 우주 체계가 완전히 해체되는 것을 묘사한다. 이것은 옛 창조의 종말을 은유적으로 묘사하는 것으로 언약 파기에 대한 죄와 죄책에 대한 하나님의 진노가 십자가를 통해 실행되는 것을 은유적으로 나타내는 것이자 동시에 새 하늘

과 새 땅의 도래를 떠올리게 한다. 하늘과 산들은 영원히 있을 것으로 생각되었지만 그것
을 펼치신 분이 하나님이셨듯이 그것은 또한 하나님의 의지대로 제거된다. 이것은 옛 창조
의 회수와 새 창조의 펼치심이 하나님의 주권적인 의지에 속해 있음을 나타낸다.

여호와의 크고 두려운 날이 이르기 전에
해가 어두워지고 달이 핏빛 같이 변하려니와 [욜 2:31]

하늘의 만상이 사라지고 하늘들이 두루마리 같이 말리되
그 만상의 쇠잔함이 포도나무 잎이 마름 같고
무화과나무 잎이 마름 같으리라 [사 34:4]

제 육시로부터 온 땅에 어둠이 임하여 제 구시까지 계속되더니 [마 27:45]

2) 진노에 대한 사람들의 반응

15 땅의 임금들과 왕족들과 장군들과 부자들과 강한 자들과 모든 종과 자유인이 굴과
산들의 바위틈에 숨어
16 산들과 바위에게 말하되 우리 위에 떨어져 보좌에 앉으신 이의 얼굴에서와 그 어린
양의 진노에서 우리를 가리라
17 그들의 진노의 큰 날이 이르렀으니 누가 능히 서리요 하더라

이 구절의 배경은 욜 2:11, 31 및 슥 1:14, 18, 22이다. 이것은 최후의 심판을 표현하는가?
미래주의와 Beale은 여섯째 인을 최후의 심판으로 이해하고 이필찬은 일곱 번째 인을 최후
의 심판으로 읽는다. 각 시리즈 심판의 마지막 곧 일곱 번째가 다음 심판을 포함하고 있다
는 Beale의 관점은 매우 탁월하다. 이것은 필자가 그의 주석으로부터 받은 가장 큰 영향력
이었다. 그러나 아쉽게도 여섯째 인이 주님의 십자가를 나타내는 것임을 놓치고 있다. 물
론 그의 '최후심판'은 미래 종말론적인 관점에서 비롯된 역사지 말의 때를 지칭하지만 율
법 아래서의 '최후심판'인 것만은 분명하다.
1~6 나팔들로 구성되어 있는 일곱째 인은 성령의 강림과 그 이후에 전개되는 사역과 관련

되며, 내용적으로 사도행전과 각양의 서신에서 교호적으로 자증되는 것으로부터 알 수 있듯이 여섯째 인은 십자가에 대한 은유로 구성되어 있다. 땅이 흔들리고 해와 달이 빛을 잃는 것은 태초에 땅의 기초를 놓으셨던 그리고 그 참 빛이신 하나님이 십자가에 스스로 달리신 모습을 상징한다. 여기서 하나님의 진노의 십자가는 복음이 아니며, 죄에 대한 철저한 심판으로 자기의 의로움을 나타내시는 것이다(롬 3:26).

"진노의 큰 날"은 두 가지 측면에서 이해되어야 한다. 첫째 적어도 이스라엘에게 "야훼의 날" 곧 큰 날 사상은 야훼가 자신의 백성을 대신하여 군사적으로 개입하여 적을 멸망시키는 심판의 날을 의미했다(사 13:6). 그러나 이것은 바울의 말을 빌리자면 표면적 유대인에 해당하는 것이 아니라 영적 이스라엘 곧 내면적 유대인에 대한 약속으로. 십자가에 의한 대속 곧 죄의 징벌을 상징했다(렘 23:20). 둘째, 아모스는 청중들이 야훼의 날이 그들의 기대와 정반대라는 것을 알게 될 것이라고 말함으로써, 그리고 그들이 상황을 잘못 인식하고 있다고 책망함으로써 하나님의 백성과 하나님의 원수가 하나라는 사실, 즉 표면적 유대인이 하나님으로부터 버림을 받는다는 사실을 드러내었다(암 5:18). 그것이 바로 AD 70년 옛 성(城)과 대(坮)인 예루살렘의 멸망을 가리킨다. 물론 이것은 Beale이나 이필찬의 주장처럼 미래종말론적인 관점에서 다가 올 인류의 최후심판의 예표로도 취할 수 있다.[32] 그러나 여섯째 인이 가리키는 것은 십자가이며 그 십자가는 '여호와의 큰 날' 심판의 개념에서 예루살렘 멸망까지 확장되는 것이다. 시 50:4-5에서 여호와의 심판은 도리어 하나님께 호소한 이스라엘에게 떨어지고 있으며, 이것은 심판이 하나님의 집에서부터 시작된다는 사실을 주지시키고 있는데, 이는 '많이 맡은 자'에 대한 의무를 각인시키는 것으로 보아야 한다(참조, 암 3:2, 눅 12:48).

"누가 능히 서리요"는 아마도 '큰 무리가 … 보좌 앞과 어린 양 앞에 서 있는'(7:9) 것과 대조적이며, 이것은 성도들을 위협하는 것이 아니라 오히려 안심시키고 그들의 하나님이 모든 것을 주관하신다는 확신을 주기 위해 친숙한 종말론적 이미지를 사용하고 있다고 볼 수 있다.

---

32) 그러나 요한계시록과 신약에서 최후심판의 대상으로 지목되는 '불신자'는 교회 밖의 세상을 가리키지 않고 믿음의 공동체 안에 머무는 지상교회 안의 무리를 가리킨다(요 3:18).

〈표 3〉 첫 창조와 일곱 인 심판전쟁과 출애굽과의 관계

첫째 날	둘째 날	셋째 날	넷째 날	다섯째 날	여섯째 날	일곱째 날	비고
빛이 있어라	물과 물로 나누다	씨 맺는 채소를 내라	광명체[가~땅을] 비추라	모든 생물을 그 종류대로 내라	짐승과 사람[벽: 하나님의 형상]을 창조하시니라	안식하시니라	옛 창조
첫째 인	둘째 인	셋째 인	넷째 인	다섯째 인	여섯째 인	일곱째 인	성육신(메시아 언약)과 새 창조
영적 빛(J)에 의한 어둠(죄)의 분리	거짓 평안과 참 평안의 분리	기근	땅을 다스리는 주체의 변화	죽인	십자가	성령의 강림(새 언약의 집행)과 사도행전	심판의 내용
유대인과 유대교	유대인(디아스포라)	흉벌	시온주의	언약을 버린 죽인	옛 하늘과 옛 땅	옛 질서	심판의 대상
왕(사자) J	종(소) J	인자(사람) J	하나님(독수리) J	제단 아래 죽인들의 기도를 들으시고 인을 치심	새 창조 역사의 J	참 인식	그리스도의 사역

7장

십사만 사천과
셀 수 없는 무리

7장은 6:17에서 **"누가 능히 서리요"**에 대한 질문에 대하여 응답하는 삽입장의 역할을 한다. 이것은 하나님의 은혜 없이는 구원이 불가능함을 뜻한다. 이것은 Beale을 포함한 일부 신학자들의 반대에도 불구하고 이스라엘의 '남은 자'(사 10:22-23, 호 1:10)를 가리키는 것이 분명하다. 인침이 여섯째 인 이후에 잠시 멈추는 것은 십사만 사천의 회심이 주의 십자가 이후에 일어난 것을 강조하려는 것이 아니라 옛 언약 안에서 이미 메시아를 영접한 자들도 주의 십자가 안에서만 그 언약의 성취라는 사실을 강조하는 것이다. 그들의 이마에 인을 치는 것은 은혜로 말미암는 구원을 일컫는 것이고 그것은 '남은 자' 사상과 일치한다. 무엇보다 언약 안에서 이스라엘의 '남은 자'는 그리스도 안에서 구원이라는 점에서 이방인의 구원과 전혀 다르지 않다(롬 11:5). 다만 이것은 이스라엘의 회심(롬 11:25-26)을 비유한 바울의 원 가지의 접붙임(롬 11:24)과 달리 이방인의 회심보다 앞선 옛 언약의 성취를 말하는 것이다. 십사만 사천을 '남은 자'와 연결을 꺼리는 이유는 십사만 사천의 그 숫자적 기원에 이스라엘의 열 두 지파 외에 열 두 제자를 더하기 때문이다. 이것은 셀 수 없이 많은 무리를 십사만 사천과 동일한 집단으로 인식하기까지 나가게 된 이유이기도 하다. 하지만 그들의 잘못된 읽기는 이 '남은 자'가 옛 언약 안에서 열 두 지파뿐만 아니라 열 두 제자로부터도 나왔다는 것을 간과한 것에 있다. 즉 흰 옷 입은 셀 수 없이 많은 무리(이방인 그리스도인) 또한 열 두 사도로부터 나왔지만 그것은 구원이 유대인으로부터 말미암는 것을 강조하는 것에 불과하다. 십사만 사천은 14장에서 친양하는 무리로 다시 등장하는데, 거기서 그들의 이마에는 어린 양의 인이 있고, 어린 양이 어디로 인도하든지 따라가는 자들로서, 배도한 유대인들에 의해 순교를 당한 유대인 그리스도인(그들의 동무 종들과 형제들, 6:11)들로 묘사함으로써 이 같은 사실을 확증시킨다.

1. 이마에 인을 맞은 십사만 사천 【7:1-8】

인을 치는 목적을 Beale은 '신앙을 잃지 않도록 영적으로 보호하는 것'이라고 말한다. 이 같은 오해는 1-4인의 잘못된 읽기에 기원하는데 그는 거기서 악한 자들이 교회에 가져 오 는 환란으로 읽었기 때문이다. 그렇지 않다. 그것은 하나님이 선지자들을 통하여 그의 아 들에 관하여 성경에 미리 약속하신(롬 1:2) 그 복음의 도래를 인하여 유대교가 당하는 쇠락 을 상징하는 환란이지 교회가 당하는 환난이 아니다. 네 생물의 **"오라"**는 명령은 그리스도 의 초림이 자의적인 것이 아니라 하나님의 언약의 성취를 가리키기 때문이다. 따라서 복음 에 의한 옛 질서의 심판은 율법의 폐지를 의미하는바, 여호와의 큰 날의 인침은 출애굽 직 전에 있을 사망의 재앙으로부터 보호를 위해 인방과 문설주에 어린 양의 피를 발랐던 예표 가 그리스도에 의한 제 2출애굽에서 예정된 자의 이마에 인을 치는 것 즉, 그리스도의 보 혈을 바르는 그 성취를 가리킨다. 따라서 이마에 인을 맞는 자들은 이후에 전개될 나팔 재 앙 곧 성령의 세례를 받아 거듭날 유대인 그리스도인들을 은유적으로 표현한 것으로 읽어 야 한다(심판과 재앙은 유기된 유대인들에 대한 역설이다). 결국 이 인침은 신앙을 잃지 않도록 보호 하는 것이 아니라 온 땅에 재앙을 수행하기로 예정된 네 바람으로부터 해침을 당하지 않도 록 보호하는 것을 나타낸다. 왜냐하면 그 파멸은 유대인들의 혼미한 심령과 보지 못할 눈 과 듣지 못할 귀인 까닭이다(롬 11:8).

> 이스라엘이여 네 백성이 바다의 모래 같을지라도 남은 자만 돌아오리니
> 넘치는 공의로 파멸이 작정되었음이라 이미 작정된 파멸을
> 주 만군의 여호와께서 온 세계 중에 끝까지 행하시리라 [사 10:22-23]

1 이 일 후에 내가 네 천사가 땅 네 모퉁이에 선 것을 보니 땅의 사방의 바람을 붙잡아 바람으로 하여금 땅에나 바다에나 각종 나무에 불지 못하게 하더라

네 천사에게는 '땅과 바다'(악의 영역)를 해치는 권세가 주어졌다(신적 수동태).
여기서도 Morris와 Beale은 6장의 네 기수와 9:14의 '결박되었던 네 천사'가 동일하다

고 해석하고 있다.[33] 하지만 그것은 그리스도와 및 주께 수종을 드는 천사로 각각 읽는 것이 옳다. 5장에서 새 창조의 주권이 창조주로부터 어린 양에게로 이양되었음을 기억하라. 여기서 **"땅 네 모퉁이"**가 의미하는 것은 지구에 대한 고대인의 관점으로 요한이 이해하고 있다기보다는 온 세상을 장악하고 있는 천사로 보는 그의 이해로 읽어야 한다. 이것은 성도가 천사를 다스리게 되는 새 하늘과 새 땅의 상황이 아직 시작되기 전임을 시사한다. 적어도 그것은 예루살렘의 멸망이 성취되기 전까지는 '아직'인 까닭이다. 늦은 저작설의 관점에서는 그리스도 예수에 의해 새 하늘과 새 땅이 여전히 펼쳐지지 않았다고 주장하지 않는 한 이것을 설명할 수가 없다.

본 구절의 배경은 슥 6:1-5이다. 스가랴의 환상은 메시아에 의한 새로운 시대의 도래를 전망하고 있는데, 거기서 네 마리의 말에 의한 네 병거가 두 산 사이에서 나오는 모습으로 시작된다. 시 68:18에서 병거를 지휘하시는 이는 하나님이시다. 따라서 이것은 여호와의 군대가 전쟁을 위해 출정하는 모습이다. 천사는 네 병거를 네 바람으로 설명하는데, 바람이 '하나님의 파괴력'을 상징하는 것은 렘 49:36이다. 그리고 병거들이 나아가는 방향은 남쪽과 북쪽을 **'두루 다니라'**는 명령에서 이것은 북 이스라엘과 남 유대 전역을 가리키는 것으로 보인다. 따라서 스가랴의 환상은 복음이 유대와 사마리아와 땅 끝을 향한 정복전쟁 곧 유대교 율법주의에 재앙이 임하기 직전의 모습이 여기서 채택되고 있다. 네 바람은 Beale의 주장처럼 '심판을 수행하는 악한 천사들'[34]이 아니라 그것은 '하나님의 파괴력'을 상징하는 복음의 능력에 대한 역설이다.

2 또 보매 다른 천사가 살아 계신 하나님의 인을 가지고 해 돋는 데로부터 올라와서 땅과 바다를 해롭게 할 권세를 받은 네 천사를 향하여 큰 소리로 외쳐
3 이르되 우리가 우리 하나님의 종들의 이마에 인치기까지 땅이나 바다나 나무들을 해하지 말라 하더라

여기서 **"다른 천사"**는 슥 1:8-11에서 화석류나무 사이에 선 자, 여호와의 사자 곧 그리스도시다. **"해 돋는 데로부터 올라와서"**는 스가랴의 첫째 환상이 저녁에 시작되고 마지막 환상이 일출시에 시작된 것이 상징하듯이 새로운 시대가 밝아오고 하나님의 목적이 성취되

---

33) Beale. op, cit, p. 676.
34) Ibid, p, 677.

는 것을 의미한다. '해 돋는 데'(동쪽)는 축복의 근원(빛이 발원하는 곳)을 의미할 수 있고, 동쪽의 에덴(창 2:8), 동쪽으로부터 영광이 성전에 임하는 것(겔 43:2), 그리스도의 탄생 소식을 동방에서 가져 온 것(마 2:1-2), 메시아가 동방에서 올 것이라는 유대인의 사상까지를 포괄할 수 있다.

여기서 인 맞은 십사만 사천은 **"하나님의 종들"**로 표현된다. 이것이 가리키는 바는 '자유의 아들'로 지칭되는 그리스도의 새 언약 백성들이 아닌 유대인들에게 주어진 예레미야와 에스겔의 '새 언약'으로서 '메시아 언약' 안에 있는 자들을 가리킨다. 이들은 제단 아래에 있는 아담 언약 아래로부터 새 언약 이전의 히 11장에 나열된 믿음의 증인들과도 구별된다.

> 모든 가증한 이로 탄식하며 우는 자의 이마에 표를 그리라 하시고~
> 이마의 표 있는 자에게는 가까이 하지 말라 [겔 9:4-6]

'인침'은 인치는 자의 소유권을 뜻한다(14:4). 당시 이교 숭배자들은 신에게 바쳐졌거나 또는 속한 자임을 표시하기 위해 인침을 받았다. 이러한 사상에 근거할 때 하나님의 인침을 받은 백성들의 이마에는 '하나님의 이름'이 있을 것이 분명하다(참조, 22:4).

Beale은 인침에 대하여 '땅에 거하는 자들'을 시험하는 시련의 때에 성도들을 어떻게 지키시는 지를 설명하는 것이라고 해석한다. 그는 그 의미를 소유권을 넘어 보호와 특권으로까지 확장시킨다. 즉 인침을 받음으로써 신자들은 시련을 받는 동안 믿음으로 반응할 수 있다고 말한다. 이 말은 '땅에 거하는 자들'에 대한 그의 이해에 문제를 드러낸다. 왜냐하면 세 개의 심판 시리즈에서 '땅에 거하는 자들'은 심판의 대상으로서 비 그리스도인 유대인들을 말하는 것이지 결코 시련의 대상으로서 지상에 함께 머무는 교회나 불신자로서 세상에 거하는 모든 사람들은 더 더욱 아니기 때문이다(믿지 아니하는 자들은 이미 심판을 받은 것이다. 요 3:18).

미래주의의 관점에서 세 시리즈의 심판을 이해하는 것이 어려운 이유는, 새 창조가 필수적으로 갖는 옛 질서의 심판을 배제하고 무작정 인류의 종말론적 심판 안에서 교회의 승리와 보호라는 측면만 강조하여 '불신자와 신자'의 대조적인 운명이라는 이원론적인 관점을 갖기 때문이다. 이것은 '여호와의 크고 두려운 날'이 '십자가를 시작으로 하여 예루살렘의 멸망으로 종결'되는 주석적 이해를 간과하고 오직 우주적인 최후심판으로서 미래종말론에만 몰입된 편향적인 시각에 불과하다.

'인침'은 심판이 시작되기 전 심판을 수행하는 천사들로부터 그 심판에서 자기 백성을 보호하기 위한 일종의 표식이다(출 12:7). 또한 믿음의 인내는 성령의 도움 안에서 신자가 감당할 몫이지 하나님의 주권적 행위가 아니다. 만약 성도의 인내가 하나님의 도우심이 아닌 주권적인 몫이라면 신자의 배교는 발생할 여지가 없고, 모든 서신에서 그처럼 경고를 지속할 이유는 더더욱 없다. 우리는 구원의 확신을 '그리스도 안에서'라는 전제 없이 이해하려 해서는 안 된다.

이 첫 번째 삽입장이 어린 양의 인을 맞는 '십사만 사천'과 그리고 9-17절에서 '셀 수 없이 많은 무리'가 누구인지를 설명하는 것이라면, 두 번째 삽입장인 10-11장은 이들에게 주어진 사명은 무엇인지를 말하는 것이다. 이것은 일곱 교회에 대한 해설과 연결된다.

그렇다면 현대 교회는 이 인침을 받은 자들인가? 아니다. 십사만 사천의 인침은 구약 교회에게 약속된 옛 언약 곧 에스겔의 새 언약 안에 있는 자들로 이사야 선지자의 '남은 자'에게만 해당된다. 신약교회는 그리스도의 새 언약 곧 약속의 성령으로 인침을 받은 자들이다(69쪽, 추가주석 '여자' 참조).

> 그 안에서 너희도 진리의 말씀 곧 너희의 구원의 복음을 듣고
> 그 안에서 또한 믿어 약속의 성령으로 인치심을 받았으니 [엡 1:13]

> 하나님의 성령을 근심하게 하지 말라
> 그 안에서 너희가 구원의 날까지 인치심을 받았느니라 [엡 4:30]

옛 언약과 새 언약은 즉, 율법과 복음은 단절을 의미하지 않는다. 복음을 강조하기 위해 율법을 부정적으로 말하기 쉽지만 율법이 없는 복음은 반쪽 복음에 지나지 않는다. 굳이 단절된 것을 찾으라면 그것은 죄일 것이다. 율법을 폐하러 온 것이 아니라 완전케 하려 오셨다는 주님의 선언이 바로 그것을 함축적으로 설명한다. 약속된 그가 오시기까지 갱신으로 점철된 옛 언약들이 하나님의 마음을 반복하여 찢으신[35] 눈물로 기록된 역사라면 때가 이르러 성육신하여 맺은 새 언약은 하나님의 자기 육신을 십자가에서 찢으신 피로 기록한 역사라는 사실에서 사랑의 절정을 이루는 그 한 줄로 연결되어 있다. 다만 율법은 그리스도

---

35) נָחַם-이나헴(나함의 와우 계속적용법), 계속하여-슬퍼하다, 한탄하다, 후회하다. 창 6:6, 삿 10:2, 삼상 15:11, 렘 18:10 참조.

외에 주어진 의의 길임이 분명하나 죄 아래 있는 사람이 거기에 이르기는 실현 불가능한 것이었고,[36] 그럼에도 불구하고 언약 안에서 참고 행하므로 회개에 이르게 하는 목적지를 지니고 있었으나 사람은 실패했다.

따라서 율법과 복음은 하나님의 영원한 작정 안에서 새 창조를 위한 그림자와 실체라는 구도에 불과하다. 오직 시온주의 유대교의 유대인들만이 불순종을 인하여 원 가지에 접붙임 당하도록 정해진 날까지 스스로 율법 안에 갇혀 있는 것이다.

한편 구약의 홍해로부터 가나안, 그리고 가나안에서 시온까지의 여정은 신약에서 믿음과 성화의 모형으로, 옛 언약에서 새 언약 곧 옛 창조에서 새 창조라는 하나님의 구속사적 작정으로써 그리스도 안에서 전개되는 일련의 과정임은 분명하지만 거기에는 전환점이 존재한다. 그것은 죄에게 속한 세상에서 맺은 언약과 그리스도께 속한 세상에서 맺은 언약의 차이로 이것은 요한계시록의 구조에서도 동일하게 발견된다. 그것은 옛 언약 안에서 약속된 '남은 자' 곧 메시아에 의해 구속되기로 작정된 자로서 옛 창조의 심판이 종결되는 18장이며, 이는 머리글(1:1)에서 밝힌 **"반드시 속히 일어날 일들"**의 경계로써 나타난다.

요한은 그들을 어린 양의 신부(귀네)로 지칭하며, 여호와의 진노가 실행되는 시련의 기간을 믿음의 인내(심지어 순교)로 통과한 그들을 다시 어린 양의 아내 또는 그리스도의 신부(님페)로 칭한다.[37] 물론 그 호칭은 요한에게서 나지 않고 주님으로부터 온 것이다(마 11:11).

우리가 반드시 기억해야 할 것은 λευκός στολή-흰 옷(신부)과 βύσσινος-세마포(혼인잔치에 초대, 아내)는 엄연히 다르다는 사실이다.

바울은 '남은 자'에 대하여 로마서 11장에서 명확히 설명하고 있다. 즉 '남은 자의 구원'과 '이방인의 구원' 및 '이스라엘의 구원'이 그것이다. 여기서 바울의 구분은 유대교인들의 이해를 돕기 위한 것이지만 '남은 자'의 구원이 성취된 이후 사실상 이방인과 유대인의 개념은 사라진 것이다. AD 70년 예루살렘의 멸망으로 옛 언약에서 완전히 끊어진 그들은 선민의 지위가 아닌 이방인으로서 오직 새 언약 안에서만 구원을 바라볼 수만 있기 때문이다.

4 내가 인침을 받은 자의 수를 들으니 이스라엘 자손의 각 지파 중에서 인침을 받은 자들이 십사만 사천이니

---

36) 하지만 율법은 수준적으로 행할 수 없을 만큼 어려운 법이라는 의미가 아니라 죄를 가리키며, 사람이 능히 지킬 수 있는 법이었다(신 30:11-14).

37) 영어 성경과 한글 개역 성경은 이것을 구분 없이 사용하고 있다.

8 ~베냐민 지파 중에 인침을 받은 자가 일만 이천이라

인 맞은 자들은 '이스라엘 각 지파' 별로 12,000명씩, 총 십사만 사천 명이었다. 유다 지파
가 먼저 등장하며(5:5), 단 지파와 에브라임 지파는 배제되고(우상숭배, 삿 18장, 호 4:17, 5:9),
레위, 요셉 지파가 포함된다(민 1:32). 이것은 요한계시록의 주제로서 배교에 대한 경고를
강조하고 있다.

참조, 십사만 사천(144,000)의 의미에 대한 일반적인 개념

　　① 문자적, 미래주의적 해석 : 이스라엘의 남은 자

　　② 미래주의적 해석 : 마지막 때의 이스라엘 전체

　　③ 과거주의적 해석 : 1세기 유대인 출신 그리스도인

　　④ 비유적 해석 : "영적 이스라엘"(교회) 전체, 완전 수. 12×12×1,000.

　　⑤ 영적 해석 : 거룩한 전쟁을 하는 '군대', 인구조사의 목적(속전, 생명과 질병으로부터 구원), '전투하는
　　　　교회'임을 강조, 1,000은 군대 조직의 기본 단위(민 31:4).

2. 셀 수 없이 큰 무리 【7:9-17】

9 이 일 후에 내가 보니 각 나라와 족속과 백성과 방언에서 아무도 능히 셀 수 없는 큰 무
리가 나와 흰 옷을 입고 손에 종려 가지를 들고 보좌 앞과 어린 양 앞에 서서

1절부터 8절까지의 환상이 '땅'의 모습을 보여주었다면 9절부터는 '하늘'의 모습을 보여
주고 있다. 각 나라, 족속, 백성, 방언으로부터의 사람들, 아무도 셀 수 없는 '큰 무리'는 아
브라함에게 하셨던 약속을 상기시킨다(창 13:16, 15:5, 32:12).

십사만 사천과 '셀 수 없이 큰 무리'는 어떤 관계인가? Beasley-Murray, Beale은 '허다한
수'라는 다른 관점의 동일한 집단으로 이해한다. 이들은 어린 양의 증인들이라는 점에서는
같다. 하지만 이들이 **"각 나라와 족속과 백성과 방언"**에서 나온 무리로 소개된다는 사실에
서 영적 이스라엘을 일컫는 것은 분명하지만, **"셀 수 없는 큰 무리"**는 메시아 언약 안의 십
사만 사천과 본질상 차이를 가진다. Beale은 그들에 대한 신분을 밝히는 증인이 24장로 중

한 사람인 까닭에 그들이 이방인 그리스도인들이 아니라고 주정하지만, 24장로가 언약의 증인을 상징하는 것이 분명하다면 오히려 '셀 수 없이 많은 무리'는 그리스도의 새 언약 안에 있는 구원의 예표로써 아브라함의 언약 안에 있던(모래, 별, 티끌로 비유된 언약의 성취를 강조), 즉 메시아 언약 안에 있던 이방인들이어야 한다. 그리고 λευκός στολή-레우코스 스톨레, '**흰 옷**'은 3:4, 4:4, 6:11을 참조하라. 이것은 전쟁의 "승리"를 환호하는 장면과 초막절 모티브를 보여준다(15절, 이들은 여섯째 인에서 초막절 밖으로 쫓겨나는 무리와 대조적이다). 따라서 흰 옷은 환난에서 승리한 그리스도인의 '믿음'을 일컫는다.

그렇다면 그들은 누구인가? 그에 대한 해설은 이어지는 10절에 있다. **"구원하심이 보좌에 앉으신 우리 하나님과 어린 양에게"**라는 그들의 기도가 가리키는 것은, 오순절에 각 나라(로마제국 각처)에서 몰려온 디아스포라 유대인 및 이방인 유대교인들 중에서 성령의 역사로 회심하고 믿은 자들이다(행 2:5, 계 5:9. 참조, 롬 1장). 이들은 또한 탄원하는 구약의 순교자들(6:9)이 받은 응답으로써 "순교자의 수가 차기까지 쉬어라"(6:11)는 십사만 사천의 순교자들과는 달리 이들은 그 대열에 합류하지 않는다(14:3). 다만 셀 수 없이 많은 무리를 11장의 두 증인에 합류시킬 경우 순교자의 대열에 얼마든지 포함시킬 수 있다.

10 큰 소리로 외쳐 이르되 구원하심이 보좌에 앉으신 우리 하나님과 어린 양에게 있도다 하니

이것은 율법 곧 죄와 사망의 법에서 해방을 맞이한 새 언약(렘 31:31, 겔 36:24-28) 백성들의 감격적인 찬미이다. 더불어 지상의 전투 중인 교회에 "보장된" 승리를 암시하며, 모든 것을 다스리고 전쟁을 승리로 이끄는 능력의 왕께 영광을 돌리는 것이기도 하다. 계시록은 처음부터 끝까지 하나님의 승리와 성도의 영광을 그려내는 가운데 유대인들로 하여금 회개하고 이 영광에 참여하도록 촉구하고 있다.

천사들의 찬양

11 모든 천사가 보좌와 장로들과 네 생물의 주위에 서 있다가 보좌 앞에 엎드려 얼굴을 대고 하나님께 경배하여

**12 이르되 아멘 찬송과 영광과 지혜와 감사와 존귀와 능력과 힘이 우리 하나님께 세세
토록 있을지어다. 아멘 하더라**

셀 수없이 큰 무리의 외침에 모든 천사들이 "아멘"으로 화답하며 엎드린다. 여기서 **"아멘"**
은 "찬송, 영광. 지혜, 감사, 존귀, 능력, 힘"이 하나님께 있어야 할 '기대나 소원'이라는 것
이 아니라 모든 피조물들이 이미 그것들로 충만하신 하나님께 그 찬미를 올리는 것이 마
땅함을 나타낸다.

**13 장로 중 하나가 응답하여 나에게 이르되 이 흰 옷 입은 자들이 누구며 또 어디서 왔
느냐**
14 이는 그 큰 환난에서 나온 자들인데 어린 양의 피에 그 옷을 씻어 희게 하였느니라

장로 중 하나가 흰 옷 입은 무리를 지목하며 요한에게 묻고 답한다. 장로는 그 무리가 큰 환
난에서 나오는 사람들이라고 설명한다. 이 **"환난"** θλῖψις-들립시스는 종말에 있을 큰 환난
(2:22, 마 24:21)을 가리키는 것으로 보인다(3:10). 즉, 여기서도 그 종말은 마래 종말론이 아
닌 실현된 종말론의 관점에서의 종말을 가리키며 예수를 여호와와 그리스도로 영접함으
로써 배교한 유대인들에게 작정된 여호와의 크고 두려운 날의 그 '큰 진노'로부터 벗어나
고(현재시제) 있는 자들이라는 것이다.

"그 큰 환난"을 Hendriksen, Beale은 초림과 재림 사이의 전체 박해 기간으로 여기고, 1차
적으로 그것은 AD 60년 후반에 일어난 네로 황제의 핍박 때의 대학살 사건 및 우주 종말론
적으로 재림 전에 있을 교회의 핍박을 상징하는 것으로 읽음으로써 '셀 수 없이 많은 무리'
에 신약 교회 전체를 포함시키고 있다. 하지만 19장에서 천년왕국 백성으로 등장하는 신
약 교회에 이 무리를 포함시키는 것은 시대착오적이라 할 수 있다. 이것은 옛 창조에서 새
창조로의 전환 과정에서 재현되는 종말론적 사건에 대한 상징적인 묘사로 읽는 것이 옳다.
이들의 정체성에 대하여 다섯 개의 정보가 주어진다. 첫째, '흰 옷'이 상징하는 바는 오순
절 성령을 받은 회심한 그리스도인들을 지칭한다. 둘째, 십사만 사천과 달리 순교의 대열
에 참여하지 않는다. 셋째, **"환난에서 나온 자들"**에서 그 '큰 날'이 구약의 선지자들이 반
복적으로 경고한 '여호와의 날'의 심판으로서 AD 70년 예루살렘 멸망을 상징한다. 넷째,
어린 양의 피에 그 옷을 씻었다는 것은 그리스도의 아내가 아닌 어린 양의 신부 곧 예레미
야의 새 언약 백성들이라는 역사적 범주를 가진다. 다섯째, 이들에 대하여 24 장로가 증인

이라는 사실이다. 무엇보다 ἔρχομαι ἐκ-엘코마이 에크, "~로부터 나오다"는 현재 시제 동사는 환난을 겪었다는 것인지 환난으로부터 벗어났다는 것인지 분명하지 않지만, 둘째 정보에 의하면 후자의 경우이다. 따라서 이것을 종합할 때 이들은 그리스도의 대속적인 죽음의 완전한 효력으로서 '복음을 받아들여 주를 영접함으로써 그 정해진 저주로부터 벗어난 무리로서, 당시 로마 영지에 거주하는 로마 교회와 같은 회심한 유대교 그리스도인들'을 가리킨다.

15 그러므로 그들이 하나님의 보좌 앞에 있고 또 그의 성전에서 밤낮 하나님을 섬기매 보좌에 앉으신 이가 그들 위에 장막을 치시리니

여기서 **"섬기매"**는 현재형으로 예배하다(22:3), 섬기다(히 9:14), 경작하다(창 2:12)의 의미로 사용된 동사이다. 이것은 하나님께서 함께 하실 것에 대한 약속(21:3, 겔 37:26-27, 요 1:14, 14:23)이자, 초막절의 모티브(9절, 슥 2:11, 14:16-19, 이방인들의 초막절)이다. 하나님의 임재는 땅의 모든 고통과 환난으로부터의 즉각적인 눈물을 씻김 곧 평화를 의미했으며, 이제 그것은 물리적인 성전에서 간헐적인 임재의 체험이 아니라 영원한 성전이신 주 안에서 제사장이 되어 항상적인 임재 안에 머물게 되었다는 것이다. 이것은 출 19:6의 성취와 연결되어 있는 듯하다.

> 너희는 내게로 돌아오라 만군의 여호와의 말이니라
> 그리하면 내가 너희에게로 돌아가리라 만군의 여호와의 말이니라 [슥 1:3b]

16 다시는 주리지도 아니하며 목마르지도 아니하고 해나 아무 뜨거운 기운에 상하지도 아니하리니

본 구절의 배경은 사 49:10로 예루살렘의 회복에 대한 것이다. 그들은 죄와 허물로 징계를 받아 눈물로 밤을 지새우며 "여호와께서 나를 버리시며 주께서 나를 잊으셨다"고 탄식했다.

> 여인이 어찌 그 젖 먹는 자식을 잊겠으며 자기 태에서 난 아들을 긍휼히 여기지 않겠느냐
> 그들은 혹시 잊을지라도 나는 너를 잊지 아니할 것이라
> 내가 너를 내 손바닥에 새겼고 너의 성벽이 항상 내 앞에 있나니 [사 49:15-16]

그들이 "다시는" 주리지 않을 것이고(마 5:6) 목마르지도 않을 것이다(요 4:14). '목마름'은 욕구를 나타내고 그것의 부재가 뜻하는 것은 채움을 받은 만족한 상태를 나타낸다. 그러나 그것은 무절제한 포만의 상태가 아니라 하나님에 대한 갈망과 채움의 항상성을 의미하고, 하나님 한 분 만으로 충분한 자족을 의미한다.

태양이나 뜨거운 기운(광야의 삶)이 그들을 해치 못할 것이다(참조, 16:8, 시 121:6). 이 모든 고통은 죄로 말미암아 시작되었던 것이나 죄가 진멸된 거룩한 나라에서 그것들은 함께 파멸되었다. 따라서 그들은 주야로 구름기둥과 불기둥으로 인도받는 자족을 얻는다. 이것은 에덴에서 첫 사람의 실패에 대한 회복을 상징한다.

17 이는 보좌 가운데에 계신 어린 양이 그들의 목자가 되사 생명수 샘으로 인도하시고 하나님께서 그들의 눈에서 모든 눈물을 씻어 주실 것임이라

이러한 회복은 어린 양이 그들의 목자가 됨으로써 말미암는다. 주께서는 자신을 희생함으로써 자기 백성의 필요를 채우신다는 점을 강조하신다.

그리스도를 자신의 구주로 영접한 이 놀라운 결과는 어린양이 자신을 생명수의 샘(영생)으로 인도할 것이며, 마침내 하나님은 그리스도를 영접한 모든 백성의 눈에서 눈물을 닦아 주시며 영원한 동행을 허락하신다(사 25:8).

〈표 4〉 십사만 사천과 셀 수없이 큰 무리

구분	십사만 사천	흰 옷 입은 셀 수 없이 큰 무리
증거 구절	7:4(인침), 11장(순교와 부활), 14:1(시온 산)	7:9(나라, 족속, 백성, 방언) 7:14(환난에서 나오는 자)
특징	처음 익은 열매, 무저갱에서 올라온 짐승에 의해 순교(6 나팔) 후 시온(유대인의 하나님 나라)에 안착	어린 양의 피에 씻음, 새 노래에 천사들의 아멘과 엎드림, 인침이 없음, 하늘보좌 앞에 있음
결론	실현된 종말론 안에서의 유대인 그리스도인	실현된 종말론 안에서의 이방인 그리스도인
참조	새 언약 안에서 새 창조를 위해유대인으로서 땅의 심판에 참여	새 언약 안에서 '이미 그러나 아직'의 관점에서 하늘에 있다.

8-9장

나팔 심판

기도에 응답하시는 하나님

오순절 날이 이미 이르매 그들이 다 같이 한 곳에 모였더니

홀연히 하늘로부터 급하고 강한 바람 같은 소리가 있어

그들이 앉은 온 집에 가득하며 마치 불의 혀처럼 갈라지는 것들이 그들에게 보여

각 사람 위에 하나씩 임하여 있더니 그들이 다 성령의 충만함을 받고

성령이 말하게 하심을 따라 다른 언어들로 말하기를 시작하니라

[행 2:1-4]

책의 내용은 오순절부터 AD 70년 직전까지의 사건들을 배경으로 한다. 일곱째 인으로써 나팔 심판(계 8:6-11:18)은 인과 마찬가지로 인침을 받은 남은 자를 구원하는 성령의 역사를 가리키지만 유대교의 측면에서 그것은 참혹한 심판이라는 깊은 역설이 존재한다.

등장하는 여러 천사(24 또는 36명) 중에서 7명의 천사가 나팔을 가지고 있는데, 이것이 경고인 이유는 전체의 1/3만 파괴하는 까닭이다. 그러므로 첫째와 둘째 나팔은 유대인(땅)과 유대인이 흩어져 사는 세상(바다)을 향해 분다. 셋째와 넷째 나팔은 이 사람들의 반역의 도구로 전락한 율법주의와 그 터전인 물 샘(율법) 및 성전(시온주의)에 대하여 불고 있다.

1. 일곱째 인을 떼심 【8:1-5】

성도들의 기도에 응답

1 일곱째 인을 떼실 때에 하늘이 반 시간쯤 고요하더니

이제 요한은 여섯 째 인 심판(6:12-17) 이후 인을 치기 위해 잠시 멈추는 삽입장(7장)으로부터 봉인으로 돌아오고 마지막 인으로서 일곱째 인이 열린다.

일곱째 인을 떼실 때 하늘은 '반시간 동안' 고요해진다. γίνομαι σιγή-기노마이 시게, '조용해지다'는 것은 무엇을 의미하는가?

이것은 구약에서 히브리어 דמם-다맘(시 37:7), הס-하스(슥 2:13, 출 14:14)와 유사한 용어로 거기서는 하나님의 심판을 신뢰하여 '잠자코 기다리다'는 의미로 사용되었다. Beale은 이 고요함에 대하여 '태초의 침묵'을 인용한다.[38] 이것은 여섯째 인의 심판 곧 십자가에 의해 옛 하늘과 땅이 모두 파괴된 후 새 창조의 여명을 알리는 고요함과 맞물려 있다.

Bauckham은 유대 문헌들에서 '하나님께서 백성들의 기도를 듣기 위해 하늘을 조용하게 하심'을 발견한다.[39] 따라서 하나님께서 성도들의 기도를 들으시기 위한 조치로 이것은 하나님의 행동, 심판의 임박함을 암시하는 것으로 보이는데, 이는 문학적으로 휘몰아치는 성령의 역동적인 역사 직전의 고요함이라는 극적인 긴장감을 나타낸다. 이 기도는 6:10의 탄원이자 행 1:14의 기도를 상징하며 "홀연히 하늘로부터 급하고 강한 바람 소리 같은" 성령의 세례를 잉태하고 있다.

2 내가 보매 하나님 앞에 일곱 천사가 서 있어 일곱 나팔을 받았더라(신적 수동태)

일곱째 인의 환상은 하나님 앞에 서 있는 일곱 천사로 시작된다. ὁ ἑπτά ἄγγελος-호 헵타

---

38) 에스드라 2서 7:30-44. "그러면 세상은 처음 시작될 때와 마찬가지로 7일 동안 태초의 침묵으로 되돌아갈 것이므로, 아무도 남지 않을 것이다."
39) Bauckham, Climax of Prophecy, 70-83.

엥겔로스, "그 일곱 천사"에서 정관사는 구체적인 일곱을 염두에 두고 있는데, 유대 문헌[40] 은 '성도들의 기도를 하나님께 올려드리고 거룩하신 분의 영광 앞에 들어가는' 일곱 천사 에 대해 이야기한다.

그들의 이름은 우리엘(Uriel), 라파엘(Raphael), 라구엘(Raguel), 미가엘(Michael), 사라카엘 (Saraqael), 가브리엘(Gabriel), 레미엘(Remiel)이다.[41]

여기서 ἵστημι-히스테미, **"서 있어"**는 '섬기다', '수종을 들다'와 같은 의미로 사용된다(왕상 17:1, 18:15. 왕하 3:14, 5:16).

3 또 다른 천사가 와서 제단 곁에 서서 금 향로를 가지고 많은 향을 받았으니 이는 모든 성도의 기도와 합하여 보좌 앞 금 제단에 드리고자 함이라

또 다른 천사가 와서 제단 곁에 서서 보좌 앞 금 제단에 드리기 위해 금향로에 많은 향들을 받는데, 이것은 천사들이 나팔을 불기 전에 성도들의 기도가 드려지고 있는 모습으로, '모 든 성도들의 기도들'(3절. 참조, 5:8, 향=성도들의 기도, 출 30:1-10 분향 제단, 시 141:2-기도가 분향함 같이)이 '향연'과 더불어 천사의 손으로부터 하나님 앞으로 올라갔다(4절).

"또 다른 천사"는 그리스도로 읽는다. 왜냐하면 다음 구절(5)에서 그 천사가 향로를 가지고 제단 위의 불을 가득 담아서 땅에 쏟기 때문이다(겔 10:2, 7-심판에 대한 상징적 표현으로 이것은 오 순절 성령의 강림을 묘사하는 것이다).

> "다른 천사"(ἄλλος ἄγγελος-알로스 엥겔로스)는 7:2, 14:6, 18, 18:1에서도 나타난다. 그가 그리스도를 지칭하는 이유는 본 구절에서 기도를 받으신다는 사실 외에도 첫째, 하나 님의 인을 가졌고, 해 돋는 데로부터 올라오기 때문이다(7:2, 말 4:2). 둘째, 영원한 복 음의 소유주 셋째, 불을 다스림(오순절 성령) 넷째, 큰 권세와 땅을 밝히는 영광을 가지 신 자이기 때문이다. 이는 맥락적으로 성도들의 기도를 받으신 후 인을 치기 위해 승천 하시고(7:2), 하늘에서 복음을 선포하시고(14:6), 바벨론을 파괴하기 강림하신다(18:1).

40) 토빗 12:15 "나는 주님의 영광 앞에 서서 들어가는 일곱 천사 중 하나인 라파엘이다."
41) 에녹 1서 20:3-8, 참조.

5 **천사가 향로를 가지고 제단의 불을 담아다가 땅에 쏟으매 우레와 음성과 번개와 지진이 나더라**

"향로"는 3절의 '금향로'를 가리키는 것이 분명하나 3절에서 그것이 중보를 상징했다면 여기서는 심판의 목적으로 보아야 한다.

우레와 음성, 번개, 지진이 일어나는데(홀연히 하늘로부터 급하고 강한 바람 같은 소리가 있어 그들이 앉은 온 집에 가득하며 마치 불의 혀처럼 갈라지는 것들이 그들에게 보여), 이는 성도들의 '탄원'(6:9-11)이 심판을 이끌어 내며, 하나님의 심판은 성령의 불세례를 통하여 시행되었음을 알 수 있다.

> 내가 환난 중에서 여호와께 아뢰며 나의 하나님께 부르짖었더니
> 그가 그의 성전에서 내 소리를 들으심이여 그의 앞에서 나의 부르짖음이 그의 귀에 들렸도다
> 이에 땅이 진동하고 산들의 터도 요동하였으니 그의 진노로 말미암음이로다
> 그의 코에서 연기가 오르고 입에서 불이 나와 사름이여 그 불에 숯이 피었도다
> 그가 또 하늘을 드리우시고 강림하시니 그의 발 아래는 어두캄캄하도다
> 그룹을 타고 다니심이여 바람 날개를 타고 높이 솟아오르셨도다 [시 18:6-15]

나팔 재앙의 소개와 시작 사이의 3-5절은, 앞서 7장이 삽입 장으로서 문학적인 장치 역할을 한 것처럼, 인 심판 시리즈에서 나팔 심판 시리즈로의 전환을 위한 일종의 문학적 장치로서 삽입 절 역할을 수행하고 있다.

2. 첫째 ~ 넷째 나팔 【8:6-13】

6 **일곱 나팔을 가진 일곱 천사가 나팔 불기를 준비하더라**

일곱 나팔은 여리고성 정복 전쟁을 연상시킨다(수 6:8-10). 제사장이 일곱 양각 나팔을 불 때 백성들이 일제히 함성을 질렀다는 것 때문에 그 견고한 여리고성이 무너졌을까? 이것은 교회가 하나님을 전적으로 의탁할 때 일어나는 성령의 역사를 암시일 뿐이다. 여기서도 마찬가지다. 1-4인의 재앙이 메시아의 도래와 복음이 유대교의 파괴를 상징했던 것처럼 1-4

나팔은 성령의 도래에 의한 유대교의 파괴를 평행적으로 상징한다. 처음 네 개의 나팔 심판은(인과 대접 심판과 유사하게) 주로 자연계(땅과 바다)로 비유되고 세 개는 대립과 전쟁으로 비유된다. 또한 1-5의 나팔 심판은 마치 '출애굽 당시의 재앙들'을 반영하는 듯이 보인다. 이러한 모티프는 교회의 핍박을 인하여 예루살렘으로부터 세상 속으로 흩어지는(어린 양의 십자가 이후의 제2 출애굽) 교회를 본토 유대인(땅)과 디아스포라 유대인(바다)이 합하여 대적하는 것을 성령께서 심판하심으로써 교회가 든든히 세워져 가는 것에 대한 역설이다. 그러므로 이 모든 묘사는 성령에 의하여 율법주의와 그 터전이 파괴되는 것을 의미하고 각각의 경우에 1/3만이 영향을 받는데, 이는 경고의 역할이다. 그러므로 제2의 출애굽을 막는 대적들은 사탄이나 세상이 아니라 유대교와 시온주의라 할 수 있다.

1) 첫째 나팔 (7절)

7 첫째 천사가 나팔을 부니 피 섞인 우박과 불이 나와서 땅에 쏟아지매 땅의 삼분의 일이 타 버리고 수목의 삼분의 일도 타 버리고 각종 푸른 풀도 타 버렸더라

피 섞인 우박과 불이 땅에 쏟아지는 것(출 9:22-25)과 땅과 수목의 삼분의 일이 타버리는 것(불 심판, 심판의 제한성-겔 5:2, 12, 슥 13:8-9, '피와 불'-욜 2:30)은 출 9:22-25을 모형으로 하는데, 우박과 번개로 사람과 가축과 채소 및 수목을 쳐서 애굽 전역의 삶의 터전을 흔들어 놓으셨던 것과 같이, 성령의 강림은 유대주의 유대인(땅)의 문화와 종교(수목-여호와께 성결)로서 삶의 터전인 성과 대[42]인 예루살렘을 흔들어 놓기에 충분할 만큼 충격적인 심판에 대한 비유로, 이 은유는 유대인 개인에 대한 심판을 가리킨다.

---

42) 하나님의 뜻에 반하여 벽돌과 역청으로 쌓은 대를 중심으로 형성된 성(도시)이었던 바벨탑은 인간이 스스로 하나님의 자리에 이르려 했던 신성모독을 상징한다. 여기서 벽돌과 역청은 성과 대의 기초로서 두 종류의 신성모독을 상징한다. 첫째, 문화적인 측면에서 벽돌은 인간의 희생을 수단으로 건설된 성의 보호와 안전의 역할이고 둘째, 종교적인 측면에서 역청은 인간 상호간의 결속으로 하나님의 통치에서 벗어나 자율의 낙원을 건설할 수 있다는 것을 의미한다. 따라서 이것은 그리스도의 살과 피를 대체하려는 사탄의 반역 안에 있는 것인바, 에덴에서 미혹한 자(창 3:5)가 개인에서 집단으로 무대를 옮겨 시날 평지에서 동일한 반역을 획책한 것이었고, 주의 십자가와 부활로 하늘에서 쫓겨나 성전에 떨어진 이후에도 예루살렘 성전으로 또 다시 무대를 옮겨 시작한 최후의 반역임을 나타낸다.

여기서 **"삼분의 일"**은 겔 5:2을 배경으로 하는데 거기서 이스라엘은 선지자의 머리카락과 수염으로 비유된다. 그것은 삼분의 일로 나뉘어 각각 처분을 당하는데 그것의 삼분의 일 은 불에 태워지고, 삼분의 일은 칼로 잘게 자르고, 나머지 삼분의 일은 바람에 흩뿌리라는 명령을 받는다. 결국 이 표현은 대적에 의해 예루살렘이 불태워질 것과, 느부갓네살의 군 대에 의해 도시가 폭력적인 죽음에 노출되고, 남은 자는 뿔뿔이 흩어짐과 사라짐을 당할 것에 대한 예언이었다. 따라서 이 구절에서 '삼분의 일'의 인용은 제한적이고 부분적인 심 판으로서 경고와 회개의 촉구를 상징하고 있다(회개의 촉구는 심판의 측면에서 심판의 당위성의 부 각에 불과하다 할 것이다. 남은 자 곧 인침을 받은 자 이외에 회개라는 것은 기대할 수 없는 것이기 때문이다).

2) 둘째 나팔 (8-9절)

8 둘째 천사가 나팔을 부니 불붙는 큰 산과 같은 것이 바다에 던져지매 바다의 삼분의 일이 피가 되고

본 구절의 배경은 여호와의 심판으로 바벨론이 황폐화 되는 장면이다(렘 51:25). 여기서 불 타는 것은 산이 아니라 **"산과 같은 것"**이다. ὄρος-오로스, **"산"**은 다양한 의미를 지닌다. 근 동에서 그것은 포괄적인 개념에서 신의 능력으로서 '힘'을 상징했다. 그래서 구약에서 '산' 은 하나님의 임재와 관련이 있다. 따라서 하나님은 '산'을 세우시고(시 65:6), 무게를 측량 하시고(사 40:12), 쳐서 파하시고(사 41:15), 옮기시며(욥 9:5), 평탄케도 하신다(사 40:4). 산들 은 불살라지고(신 32:22), 하나님 앞에서 녹는다(미 1:4). 또한 그것은 정치적 권력을 뜻한다 (렘 51:25, 단 2:44). 따라서 여기서 **"큰 산"**은 이스라엘의 능력과 힘의 근원이었던 하나님이 아니라, **"큰 산과 같은 것"**은 그것에 미치지 못하나 이와 유사한 세력으로서 하나님 대신 정치권력(물리적 다윗왕국)을 붙든 시온주의를 비유하는 것이다(새 언약 교회의 번영신학). 그것이 불이 붙은 채 **"바다에 던져지매"**는 주께서 파멸적 파괴의 암시에 인용하셨듯이 성령의 강 림에 의한 충격이 본토 유대인들뿐만 아니라 디아스포라 유대사회까지 파급된 것을 뜻한 다. 결국 **"불붙는 큰 산"**은 불타는 제단(오순절)으로서 권력종교에 빠진 유대 종교당국이 성 령의 강림을 인하여 몰락을 겪는 심판을 상징하고 있다. 반면, Jordan은 '스데반의 순교로 이방으로 흩어진 교회에 의해 이방인(또는 이방인 유대인)들에게 복음이 전파되는 성령의 역

사'로 이해한다.[43)]

9 바다 가운데 생명 가진 피조물들의 삼분의 일이 죽고 배들의 삼분의 일이 깨지더라

이 장면은 모세로 하여금 지팡이를 들게 하셔서 강과 모든 하수를 쳐서 피로 물들인 출 7:20-25을 모티프로 하는데, 8절에서 **"바다의 삼분의 일"**이 피가 된 것을 인하여 바다의 생물들 1/3이 죽고, 배들의 1/3이 깨어지고 있다. 이것은 디아스포라 유대인들의 회심을 은유적으로 나타내는 것으로 보인다. **"배들의 삼분의 일"**은 18장에서 '바벨론'이 심판 당할 때 함께 타격을 받는 즉, 예루살렘의 우상숭배에 필요한 물품을 공급하고 이익을 챙겼던 무역상으로 우상숭배에 동참했다가 회심한 이방인 유대교인들이다. 인의 심판에서 1/4처럼, 여기서의 1/3도 동일하게 심판의 제한성을 나타내지만 보다 확장적임을 뜻하며, 무엇보다 요한이 여기서 강조하는 바는 그것이 하나님의 개입으로 말미암았다는 것이다.

3) 셋째 나팔 (10-11절)

10 셋째 천사가 나팔을 부니 횃불 같이 타는 큰 별이 하늘에서 떨어져 강들의 삼분의 일과 여러 물샘에 떨어지니

이 구절과 11절의 배경은 렘 9:15이다. Beale은 하늘에서 떨어진 **"횃불 같이 타는 큰 별"**을 심판을 수행하는 타락한 천사라고 주장한다. 이러한 주장은 천사가 비록 이후에 유대인을 심판하는 수단이 된다고 할지라도 현재의 맥락에서 완전히 벗어난 읽기이다. 지금 그 천사는 심판을 당하여 땅으로 내어 쫓기고 있을 뿐이다.

> 그러므로 만군의 여호와 이스라엘의 하나님께서 이와 같이 말씀하시니라
> 보라 내가 그들 곧 이 백성에게 쑥을 먹이며 독한 물을 마시게 하고 [렘 9:15]

렘 9장에서는 야훼께서 왜 자신의 나라가 멸망하도록 허락하셨는지에 대한 설명을 제공한

---
43) Ibid, p 123.

다. 그러므로 이 구절의 핵심은 이스라엘의 불순종이며, 그들이 완악하여 야훼의 율법을 버리고 언약을 저버렸다는 것이다. 이것은 주님의 부활과 승천으로 말미암아 사탄의 궤계(1. 여자의 후손의 발꿈치를 문 것 2. 성도들이 구원을 받는 것이 합당하지 않다고 지속적으로 참소한 것.)가 공개되어 사탄과 그의 사자들이 함께 땅으로 추방된 것(요 12:31-33, 계 12:9-10)을 의미하는데, 그 사탄이 떨어진 장소가 **"물 샘"**이라는 것이다. 이 **"물 샘"**은 말씀의 선포가 이루어지는 성전을 암시하는데, 이는 쫓겨난 사탄이 예루살렘 성전을 장악했다는 의미로 즉, '다른 복음'(갈 1:6, 8)으로 유대인 사회를 미혹할 것을 암시한다(유대인들이 할례를 믿음보다 우선시한 사건은 단순히 그들의 기득권을 사수하려는 것이 아니라, 복음을 율법에 종속시키려는 사탄의 시도로 즉, 그리스도의 사역을 무효화하고 성도들을 여전히 자기 아래 두려는 간계였다). 이것이 유대교에 재앙인 까닭은 그들의 주인이 마귀라는 것과 거짓된 말에 자신들의 영혼이 사냥을 당했기 때문이다.

성소와 제사장(우상숭배에 참여)을 더럽히는 이 재앙의 비유는 사탄이 계 13:13에서 거짓 오순절로 비유된다. 이것은 에스겔 성전의 생명수와 대조되는데, Jordan은 이에 대하여 성령께서 새 성전을 짓기 시작(그리스도의 몸) 했을 때, 사탄은 옛 성전을 인수하기 시작한 것으로 읽는다.

11 이 별 이름은 쓴 쑥이라 물의 삼분의 일이 쓴 쑥이 되매 그 물이 쓴 물이 되므로 많은 사람이 죽더라

이 구절은 권력종교를 추구했던 타락한 종교지도자들인 산헤드린이 사탄의 하수인이라는 영적 실체를 들추어내고 심판의 당위성과 그 말씀의 성취를 나타낸다.

"삼분의 일이 쓴 쑥이 되매"와 **"많은 사람이 죽더라"**는 1세기 유대인들이 탐심에 의하여 진리가 가려진 율법 이해로 그들이 주를 배척했던 것처럼, 사탄은 그들로 다시 **"쓴 쑥"**인 '다른 복음'(갈 1:8)으로 미혹을 시도함으로써 회개에 이르지 못하게 된 영적사망을 가리킨다. 이것은 회개에 이르게 된(남은 자) 1/3과 대조적이다.

> 이 땅에 간음하는 자가 가득하도다. 선지자와 제사장이 다 사악한지라~
> 내가 사마리아 선지자들 가운데 우매함을 보았나니 그들은 바알을 의지하고 예언하여~,
> 내가 예루살렘 선지자들 가운데도 가증한 일을 보았나니~
> 보라 내가 그들에게 쑥을 먹이며 독한 물을 마시게 하리니 이는 사악이 예루살렘 선지자들로
> 부터 나와서 온 땅에 퍼짐이라 하시니라 [렘 23:10-15]

4) 넷째 나팔 (12-13절)

12 넷째 천사가 나팔을 부니 해 삼분의 일과 달 삼분의 일과 별들의 삼분의 일이 타격을 받아 그 삼분의 일이 어두워지니 낮 삼분의 일은 비추임이 없고 밤도 그러하더라

이 구절의 배경은 출 10:21-23로 애굽에 내린 아홉 번째 재앙으로써 암흑이다. 여기서 암흑은 해, 달, 별들의 삼분의 일이 타격을 받아, 그 삼분의 일이 어두워지고, 낮과 밤의 삼분의 일이 비췸이 없는 것으로 대체된다(욜 2:10, 사 13:10, 겔 32:7, 암 8:9, 심판의 제한성).

> 온 이스라엘 자손들이 거주하는 곳에는 빛이 있었더라 [출 10:23]

해, 달, 별들은 통치자로서 빛이신[44] 하나님의 영광을 상징하고(마 27:45) 또한 그것은 하나님의 대리자로서 유대당국(시온주의)을 가리키는데, 이것이 타격을 받는다는 것은 옛 빛(질서)으로서 시온주의의 쇠락을 나타낸다. 이것은 넷째 인의 심판과 유사한 것은 동일한 사건의 다른 국면인 까닭인데, 거기서 옛 질서와 새 질서 옹호자들 간의 다툼으로 유대교의 쇠락을 초래했었다. Jordan은 천제의 타격을 유대당국의 권세가 깨트려진지는 것으로 보고 헤롯2의 죽음을 말한다.[45] 사탄적인 로마는 이때부터 본격적으로 자신을 드러낸다. 처음 네 인이 복음에 의한 유대교의 쇠락을 상징했다면 처음 네 나팔은 오순절 성령의 강림에 의한 유대교의 2차적인 쇠락을 상징한다.

13 공중에 날아가는 독수리가 큰 소리로 이르되 땅에 거하는 자들에게 화, 화, 화가 있으리니 이는 세 천사들이 불어야할 나팔 소리가 남아 있음이로다

"나팔 소리"는 전쟁을 의미하고 재앙의 날이 임하는 것을 상징했다(욜 2:1-2, 10, 15). **"땅에 거하는 자들"**은 항상 '유대주의 유대인'(13:8, 17:8)을 가리키는데, 유대교에 대한 진노의 심

---

44) 빛은 종종 신현을 상징하고(마 17:7, 행 22:6, 9, 11) 주님을 상징하며(요 8:12) 유대인의 절기인 초막절과 특히 빛의 축제인 수전절은 메시아와 메시아에 의한 영광 곧 신자의 성화를 상징한 것이지만 복음서에서 유대인들은 이러한 내면적인 읽기에 실패했다.

45) Ibid, p 124.

판(화, 5, 6, 7나팔)이 준비되었으니 그 화가 임하기 전에 '속히 회개하라'(참조, 18:4b)는 촉구가 함의되어 있다. 1-4 나팔은 메시아 언약을 지키지 않은 유대인들에게 성령의 강림으로 유대교의 쇠락과 더불어 회심의 기회가 주어졌으나 유대인들의 마음은 오히려 점점 강화되어 갔을 뿐임을 말해준다.

"독수리"는 구약에서 심판을 실행하는 세력의 신속함과 강력함을 상징한다(신 28:49, 렘 48:40, 애 4:19, 겔 17:3). 이제 나머지 세 나팔은 독수리에 의해 화, 화, 화로 선언되면서 앞의 1-4의 네 나팔과 구별되고 있는데, 이것은 성령에 의해 집행되는 회개의 성격 곧 남은 자를 도로 찾는 성격의 심판이 아니라 지금부터는 징벌적인 수단인 사탄의 군대로 바뀌어 시행되는 파멸적인 심판임을 강조하려는 것으로 보인다.

특별히 예수께서 수전절에 성전정화를 행하신 것은 하나님의 백성이 땅에서 정복전쟁(영적전쟁)을 게을리 하면 이미 문 앞에 와 엎드리고 있는 죄에게 오히려 정복당한다는 교훈을 남기시는 것이다.[46]

3. 다섯째 나팔, 메뚜기 떼 【9:1-12】

다섯째 인의 심판과 마찬가지로 여기서부터는 여전히 회개치 아니하는 무리들에게 회개의 문이 닫히고 있다. 회개의 촉구는 멈춰지고 그들의 닫힌 마음을 더욱 강퍅하게 하는 심판이 마귀와 그의 군대를 통해 실행된다. Beale은 타락한 천사로서 사탄과 추종세력으로서의 귀신들의 무리로 이해한다. 그러나 그 심판의 대상을 불신자로 여긴다.[47] 하지만 어린 양의 심판의 도구로 사용되는 사탄과 그의 사자들에 의해 집행되는 대상은 배교자들이다. 따라서 메뚜기 떼는 배교자의 타락한 심령에 잠재되어 있는 갖가지 악을 상징한다. 그것들은 사탄의 것들로 하나님으로부터 멀어질수록 강화된다.

---

46) 공관복음에서는 십자가 사건 앞에 승리의 입성과 성전정화가 배치되고 있지만 요한은 사역 시작의 서두(요 2:14-22)에 의도적으로 배치한다. 성전정화는 공생애에 두 차례가 있었다(W. Hendriksen, Exposition of the Gospel according to John, 2 vols. p. 120 (Baker, 1953-54), L. Morris, The Gospel according to John (Eerdmans, 1971). pp. 188-191. D.A Carson, The Gospel according to JOHN, p. 176)

47) The book of revelation, NIGTC, 새물결플러스, 812쪽.

복음이 유대안의 심령에 떨어졌을 때 반응은 두 가지였다. 첫째 그룹은 회개한 1/3이고, 반면 나머지 둘째 그룹은 심연의 무저갱이 열렸다. 온갖 악한 말로 주를 대적하고 그의 종들을 박해하고 없애기에 혈안이 되었다. 이것은 모든 복음의 현장에서 공통적으로 확인된다. 인자가 십자가를 지기 전까지 세상은 아담의 범죄로 인하여 율법 아래, 죄 아래, 곧 사탄이 세상을 지배하는 것이 허용되었다(눅 4:6). 그러나 십자가와 부활 이후 사탄은 어린 양의 통치와 지배를 받는다. 비록 그는 최후까지 대항하나 그 악은 도구로 사용될 뿐이며 결국 정하신 때에 영원한 불 못에 던져지는 심판을 받는다.

1 하늘에서 땅에 떨어진 별 하나가 있는데 그가 무저갱의 열쇠를 받았더라

여기서 "땅에 떨어진 별 하나", 그 별은 누구를 말하는가?

① 사탄(Handrikson, '아침의 계명성, 새벽별'-사 14:12-14의 모티프, 사탄이 하늘로부터 떨어지는 것을 보았노라. 눅 10:18).

② 타락한 천사(Beale, 에녹1서 18:11-16, 86:3, 90:23-26).

③ 선한 천사(Osborne, 타락한 천사가 무저갱의 열쇠를 받을 수는 없다. 유대 묵시 문헌-천사장이 지옥에 대한 책임을 맡고 있음, 1:18-그리스도께서 '사망과 음부의 열쇠'를 가지심). 하지만 내어 쫓긴 것을 감안하면 수용키 어렵다. 20:1, 3에서 언급된 이 천사는 "떨어진" 것이 아니라 어린 양께 수종을 들기 위해 내려온 선한 천사로서 잠시 놓였던 마귀를 다시 무저갱에 가두기 위해 열쇠를 받았다.

πίπτω-핍토, **"떨어진"**은 남성, 단수, 완료형, 형용사로 요한은 그가 하늘에서 떨어지는 것을 목격하고 있는 것이 아니라 이미 그 사실을 인지하고 있다(눅 10:17-18). 따라서 그것은 '사탄'이다. **"무저갱"**은 악한 영들의 감옥(눅 8:31)이고, **"받았더라"**는 신적 수동태로 하나님의 목적을 위한 수단으로써 그의 행동이 철저히 통제 당하고 있음을 나타낸다.

2 그가 무저갱을 여니 그 구멍에서 큰 화덕의 연기 같은 연기가 올라오매 해와 공기가 그 구멍의 연기로 말미암아 어두워지며

사탄이 무저갱을 열자 연기가 올라와 해와 공기가 어두워지는 것은 하나님의 영광이 가려지는 것을 뜻하는데, 즉 사탄의 권세로부터 보호막으로서 하나님의 손이 거두어진 상태를 의미한다. 유대인들에게 야훼의 얼굴과 손은 자신들의 삶에 보호와 안전을 결정짓는 용어로 사용되었기 때문이다. 이에 따른 그 재앙이 3절에서부터 시작된다.

3 또 황충이 연기 가운데로부터 땅 위에 나오매 그들이 땅에 있는 전갈의 권세와 같은 권세를 받았더라

이 구절의 배경은 출 10:12-15이다. **"황충이"**는 메뚜기의 일종으로 심판을 상징한다(욜 1:4-7, 2:1-11). 그것이 연기 가운데로부터 '땅 위'로 나오고(3절, cf. 렘 51:27)는 하나님의 영광이 가려진 상태에서 유대인에게로 다가간 것을 의미하는데, 마귀의 군대가 **'전갈의 권세와 같은 권세'**를 하나님께로부터 부여 받고 있다. 출애굽 재앙의 모델은 재앙에 대한 절대적인 주권을 가지신 분이 하나님이심을 확인시켜 준다. 거기서 메뚜기가 상징하는 것은 **"푸른 것은 하나도 남기지 않았다"**이다. 이것은 여기서 그 마음에 하나님에 대한 경건은 사라지고 우상에 더욱 집착하는 유대인들의 강퍅한 내면을 상징하며, 전갈에 쏘이면 고통을 피할 수 없는 것처럼, 무저갱에서 나온 사탄의 세력들에게 사로잡혀 이웃 사랑 대신 극단적 상처와 쏘는 말들로 무장한 유대교인들의 전갈과 같은 강퍅한 심령은 심판의 결과임을 말한다.

4 **"풀과 수목은 해하지 말고 오직 인 맞지 않은 사람들만 해하라"**

여기서 **"풀과 수목"**은 **"인 맞지 않은 사람들"**과 대조된다. **"풀과 수목"**은 8:7에서 언급되었듯이 유대인의 문화와 종교의 중심이었던 '여호와께 성결'이라는 경건을 가리킨다고 할 때, 그것은 인 맞은 사람들에 대한 은유적인 묘사일 수 있다. 메뚜기가 풀과 수목을 먹지 못하는 것은 그들의 본성을 거스르는 것으로 즉, 사탄의 군대들이 의인을 해치지는 못하고 대신 본성에 역행하여 자신을 추종하는 **"인 맞지 않은 사람들"**을 공격하게 된 것을 상징한다. 이것은 인침을 받은 사람(그들 가운데서 나올 남은 자)에 대한 보존의 역설일 수 있다. 믿는 자에게는 오히려 뱀과 전갈을 밟을 권세가 주어졌기 때문이다(눅 10:19).

5 그러나 그들을 죽이지는 못하게 하시고 다섯 달 동안 괴롭게만 하게 하시는데 그 괴롭게 함은 전갈이 사람을 쏠 때에 괴롭게 함과 같더라

그들을 죽여서는 안 된다. 그리고 **"다섯 달 동안"** 괴롭히기만 해야 한다. 생사화복은 창조

주의 전적인 주권이다. 그 괴롭힘은 전갈에 쏘인 고통처럼 큰 영적 고통(6. 참조, 6:16)으로 묘사되는데, 따라서 이것은 유대인의 영적 갈등에 의해 촉발되는 내면적 고통으로 보아야 한다. 메뚜기에 의한 기근의 재앙(시 105:33-35)에서 볼 때, 이것은 거듭 경고에도 도무지 돌이켜지지 않는 마음의 강퍅한 상태에 대한 심판이다(시 105편과 106편).

"죽이지는 못하게 하시고"는 욥 1:12에서와 같이 시험의 조건이 아니라 생사의 주권이 어린 양께 있음과 사탄은 명령에 순종하는 도구에 지나지 않음을 나타낸다. 그리고 이것을 전갈에 비유함은 극심한 고통을 가할 수는 있으나 죽일 수는 없는 특성 때문일 것이다(물론 지금은 생명을 위태하게 하는 전갈도 있다).

이것은 '인 맞지 않은 사람들'의 실상에 대한 것으로, 동사 **괴롭히라**(βασανίζω-바사니조)에서 알 수 있듯이 영적(어둠 가운데 버려둠)이며 종교적인 어둠을 암시하는 것에서 확증된다. 어둠에 사로잡힌 영혼들이 회개를 이루지 못하는 것은 이처럼 은혜를 반복적으로 거부하다가 마음이 강퍅해진 것이 곧 심판의 결과라는 것인바 은혜를 거부한 그들의 악은 죽음조차도 사치스러운 것이라는 의미를 가진다.

이것은 신 28장에서 예견된 그들의 반역에 대한 하나님의 저주의 결과로써 저주 위의 저주로 보인다. 거기서 그들은 하나님의 저주로 인한 죽음에 대한 공포로 반나절의 안전에 연연했지만(신 28:67) 여기서는 오히려 죽고 싶어도 죽지 못하기 때문이다.

남은 자 사상(사 10:20-30)에서 알 수 있듯이, 선택 받았던 이스라엘 모두가 참 이스라엘이 아닌 이유는 반역과 불순종을 근거로 한다. 이것은 율법의 축복(메시아) 대신 저주(죄와 사망의 법)를 선택한 이스라엘의 운명이 생명나무 대신 선악과를 선택하여 '실낙원'한 첫 아담의 운명이자 그의 후손들이 어찌하여 둘째 아담의 복음 안에 들어 올 수 없었는가에 대한 해설이다. 아모스 선지자는 당대 유대인의 영적 실상을 여호와의 말씀을 듣지 못한 기갈(암 8:11)로 묘사했다. 그러나 1세기 유대인들의 영적 상태는 어떠했는가? 요한은 "이렇게 많은 표적을 그들 앞에서 행하셨으나 그를 믿지 아니하니"(요 12:37)라 하였고, 주께서는 결정적인 유기로 비유하여 말씀하셨다(마 13:15). 참으로 불행한 것은 구원의 은혜를 거부하고 스스로 저주 아래 놓인 인간의 슬픈 운명으로, 일생을 죄 아래에서 고난 가운데 살면서 복음을 거부하며 스스로 복락을 찾아 누리려고 발버둥 치지만 여러 재앙들을 만나 비참한 종말을 맞는 것이다.

6 그 날에는 사람들이 죽기를 구하여도 죽지 못하고 죽고 싶으나 죽음이 그들을 피하리로다

이 구절의 배경은 렘 8:3이다. 거기서 신의 심판자였던 바벨론의 만행은 극에 달했다. 산자를 잡아가고 죽인 것은 물론 무덤까지 헐고 그들의 뼈를 던지는 모욕을 단행했다. 이 암울한 몰락의 기억이 너무나 견디기 힘들어 사는 것보다 죽는 게 나을 만큼의 고통을 주었다. 동사 φεύγω-페우고, "피하다, 달아나다"는 현재시제로 죽음이 그들에게서 계속 도망친다는 뜻이다. 이것은 실로 저주 위에 저주이다.

바울도 극심한 고통 앞에서 차라리 세상을 떠나 주와 함께 있는 것이 더 좋을 것이라 생각했지만(빌 1:20-24) 그것은 박해에 대하여 죽음을 초연하게 여긴 태도라는 점에서 그리고 자신에게 주어진 사명을 인하여 삶을 택하였던 것과는 달리 여기서는 고통에서 도망치기 위한 죽음이라는 점에서 사뭇 대조적이다.

메뚜기의 모양 (7-10절)

7 황충들의 모양은 전쟁을 위해 준비된 말들 같고, 금 같은 관 비슷한 것을 썼으며 그 얼굴은 사람의 얼굴 같고

8 또 여자의 머리털이 있고 그 이빨은 사자의 이빨 같으며

9 철 흉갑이 있고, 병거와 많은 말들이 전쟁터로 달려 들어가는 소리 같으며

10 또 전갈과 같은 꼬리와 쏘는 살이 있이 그 꼬리에는 다섯 달 동안 사람들을 해하는 권세가 있더라

요엘서의 메뚜기 심판 모티프가 이어진다. 메뚜기는 크기보다 얼굴의 모양에서 '전쟁터의 말'로 비교된다. 이러한 묘사들은 사납고 두렵고 파괴적인 방식으로 유대주의자들에게 해를 가할 존재를 상징하고, 이스라엘의 역사를 인식하는 자들이라면 누구나 자신들의 영토를 무참히 노략했던 앗수르와 바벨론 그리고 바사 군대들을 떠올리기에 충분했을 것이다. 따라서 사탄의 군대로 상징되는 메뚜기는 땅을 황폐화 시키는 특성 때문에 유대교를 파괴시킬 심판의 도구로써 준비되고 있다.

사탄의 군대가 자신에게 속한 자를 심판하는 방법이 무엇일까? 메뚜기는 기근을 불러오는 상징물이다. 이것은 언약을 기억하지 못했던 아모스 시대에 말씀을 먹지 못한 북 이스라엘의 영적 기갈(암 8:1) 상태와 비견되는 은유로, 1-4 나팔 재앙에서 살아남은 자 곧 역설적으

로 성령의 역사에 동참하지 못한 자들의 영혼이 사탄의 먹잇감이 된다. 영적 암흑이 눈에 보이는 세속의 권력을 붙잡도록 미혹하여 도무지 돌이키지 못하도록 하는 것이다.

"다섯 달 동안"은 메뚜기의 생리적 수명의 기간으로 심판의 경계를 가리킨다. 이것은 마귀의 군대가 활동하도록 허락된 기간 동안 단 하루도 쉬지 않고 가하는 저주로서의 고통이다. πέντε-펜테, **"다섯"**은 신약성경에서 자주 언급되는 수이지만(다섯 달란트, 처녀, 보리떡, 참새, 남편…) 메뚜기의 수명이 어림수 이듯이 행 20:6과 24:1에서 이레나 닷새 또한 어림수이다. 핵심은 이러한 군대의 묘사들은 심판의 엄중함을 나타내며 이는 회심을 촉발하는 시험이 아니라 파멸로 주어지는 심판이라는 사실에서 드러난다. 이는 새 언약 교회에게도 동일한 교훈을 주는데, 영적기갈은 모든 시대 모든 세대를 쇠락케 하고 돌이킬 수 없는 심판을 초래하기 때문이다.

11 그들에게 왕이 있으니 무저갱의 사자라 히브리어로는 그 이름이 아바돈이요 헬라어로는 그 이름이 아볼루온이더라

여기서 메뚜기는 자연적인 것들과 달리(잠 30:27) 이들에게 왕이 있다. 그 이름은 아바돈(히브리어 음역-'파멸', 욥 26:6, 시 88:11, 잠 15:11), 아볼루온(헬라어 음역-'멸하는 자', 출 12:23, 니골라당 거짓교리 2:6, 15)으로 불린다. 이것은 의역하자면 유대인들의 "다른 복음"은 심판의 결과로서 그들의 왕인 무저갱의 사자 아바돈에게서 나왔다는 말이 된다. 왜 이렇게 메뚜기의 모양에 대한 설명이 세밀한가?

메뚜기의 재앙은 구약 선지자들(스바냐, 말라기, 특별히 요엘)의 **"여호와의 큰 날"** 또는 **"크고 두려운 날"**에 대한 종말론적 예언(AD 70년 예루살렘의 멸망)이 성취됨을 보여주려는 것에 있다. 이것은 우주적 종말에 적용할 때에도 (Beale과 미래주의자들의 주장과 달리) 그 진노의 심판의 대상은 불신의 세상을 가리키는 것이 아니라 하나님과 우상을 동시에 섬기는 '타락한 교회'를 향한 것임을 반드시 기억해야 한다(습 1:5).

12 첫째 화는 지나갔으나 보라 아직도 이 후에 화 둘이 이르리로다

이 말은 다섯째 나팔 심판이 역사 속에서 지나갔다는 의미가 아니라 그 환상이 지나갔음을 의미한다. 배교자의 고난이 끝난 것이 아님을 **"보라"**와 **"오리라"**가 가리키고 있다.

첫째 화(다섯째 나팔)는 말씀을 구하여도 마실 물이 없는 영적기갈의 상태를 초월하여, **"내가**

친히 가리라"(출 33:14) 하신 그 말씀이 성육신으로 오셔서(요 1: 11, 14) 땅에 거하는 자들에게 수많은 표적들과 가르침을 통하여 회개를 촉구하고, 저주로부터 해방과 영원한 생명으로 나아갈 길을 여셨음에도 끝내 그 은혜를 거부하는 자들에게는 하늘의 문이 닫히고, 오로지 무저갱의 사자로부터 나온 거짓 교리에 붙들려 더 이상의 회개가 불가한 강퍅한 마음을 받게 되는 심판이다.

성경은 그들이 겪은 이 같은 영적 갈등에 대한 기록을 남기지 않는다. 바울이 율법의 행위를 '자기 의'의 근거로 삼았던 유대인들을 향하여 오히려 그것이 너희로 하여금 죄와 사망으로 결박시킬 뿐이라고 책망했을 때 그들은 찔림을 받고 괴로움으로 그 밤을 보내었을까? 오히려 그들은 더 악하게 교회를 핍박하기로 결심하지 않았던가!

4. 여섯째 나팔 【9:13-21】

다섯째 인은 회개하지 않는 심령에 고통을 가하는 것에 그쳤지만 여기서는 죽음으로 심판이 강화된다. 타락한 인간은 하나님의 진노의 심판을 보복이나 복수로 생각했겠지만 오히려 그분은 자신이 십자가에 오르는 사랑의 정점으로 대신하셨다. 죄를 정복하고 멸하는 이 놀라운 하나님의 심판의 방식은 배교자들에게조차 복수나 파멸이 아니라 회개의 살 길이었지만, 감당치 못할 그 사랑의 절정조차도 무저갱이 열린 배교자들의 강퍅한 심령에는 결코 돌이킬 수 없는 영원한 파멸의 길이자 동시에 유기를 당하여도 핑계치 못할 빙거가 될 뿐이다.

현재 대부분의 주석들은 여섯째 나팔을 인류에게 내릴 둘째 화로써 사탄의 역사로 크게 오해한다. 그렇지 않다. 이것은 '여섯째 인'과의 상호관계에서 증명되었듯이 주의 십자가와 그의 보내신 보혜사 성령에 의한 유대교(은혜를 거부한 언약 백성)의 심판에 대한 은유적 계시이다. 따라서 16절의 마병대는 사탄의 메뚜기 군대와 대조되는 성령의 군대로 읽어야 한다.

13 여섯째 천사가 나팔을 불매 내가 들으니 하나님 앞 금 제단 네 뿔에서 한 음성이 나서

하나님 앞 금 제단(8:3)의 네 뿔 사이에서 한 음성이 울려난다. 그 음성은 당연히 하나님의 음성이다. **"큰 강 유브라데에 결박된 네 천사를 놓아주라"**(14절, 여기서 '네 천사'는 '인치기까지 기다리고 해하지 말라'는 명을 받은 7:3의 천사들이다. 이들은 7:1의 '땅의 네 바람'과 동일시된다). 이것은 이 심판의 실행(8:5)이 성도들의 기도에 대한 응답임을 암시하고 있다.

'제단의 네 뿔'(출 27:1-2)은 제단의 네 모퉁이를 의미하며, 이는 하나님의 주권의 우주적인 역사를 함축하고 있는데, 구약에서 성전은 우주의 축소판으로 해석되기 때문이다. 즉 이것은 계시록 21장에서 알 수 있듯이 새 하늘과 새 땅이라는 우주적 변화, 곧 그리스도 안에서 하나님과 사람과의 관계 회복이 하나님의 주권적인 예정 안에 있음을 암시한다.

14 나팔 가진 여섯째 천사에게 말하기를 큰 강 유브라데에 결박한 네 천사를 놓아 주라 하매

결박된 '네 천사'는 수종을 드는 천사인가 아니면 타락한 천사인가? Morris와 Beale의 악한 천사라는 관점은 로마 정부에 의해 자행된 교회의 박해가 9장 이후에 등장하는 '하늘에서 떨어진' 별과 그에게 속한 군대(메뚜기)에 의해 실행(집행)되는 것에 근거 한다. 이렇게 생각할 때 다섯째 나팔은 마음을 강퍅하게 하고, 여섯째 나팔은 가중되는 재앙으로써 사람을 죽이는 것으로 연결된다. 반면 이필찬의 수종 드는 천사라는 개념은, 17절의 마병대의 **'입에서 나오는'** 심판의 세 도구(불, 연기, 유황)가 우상숭배자들과 용, 짐승, 거짓 예언자들을 심판할 때 등장하는 용어(창 19:24, 신 29:23, 삼하 22:9, 사 34:9-10, 겔 38:22)라는 사실에 근거하고 있다. 하지만 하나님께서 사용하시는 심판의 도구는 둘 다 얼마든지 가능하다. 그러나 처음 네 나팔 이후 다섯째 나팔부터는 재앙적인 수단이 타락한 천사로 바뀌었음을 보았다. 무엇보다 δεδεμένους-데데메노우스, "결박하다"가 주는 뉘앙스는 수종을 드는 것과 거리가 있어 보인다. 따라서 결박된 네 천사는 Beale의 주장처럼 타락한 천사로 보인다.

'유브라데 강'은 북쪽에서 오는 침략군을 언급하는 국경선의 개념으로, 그 배경은 애굽을 심판하기 위해 하나님의 도구로 사용되는 느부갓네살 군대를 묘사하는 예레미야서 46장을 참조하라. 이것은 배교자들을 심판하기 위해 바다에서 올라오는 열 뿔과 일곱 머리를 가진 짐승(13:1)으로서 사탄의 도구로 전락한 로마를 떠올리게 한다.

15 네 천사가 놓였으니 그들은 그 년 월 일 시에 이르러 사람 삼분의 일을 죽이기로 준비된 자들이더라

여기서 1/3은 회개를 상징하는 수가 아니라 물리적인 죽임을 당하는 유대인의 수이다(여섯째 대접 재앙에서 아마겟돈의 전쟁은 성령의 군대가 유대교를 파멸시키는 장면과 다른 것이다). 요세푸스의 사료[48]에 의하면 헤롯의 죽음 이후 유대인들의 황제숭배와 관련된 종교적 박해와 열심당의 독립운동으로 인한 폭동과 소요는 로마와의 대립과 전쟁을 통해 수많은 유대인의 죽음을 가져왔는데, 이것은 유대교에 있어 가히 두 번째 화이자 심판이었다.

16 마병대의 수는 이만 만이니 내가 그들의 수를 들었노라

그 네 천사들은 수많은(메뚜기 떼, 참조, 삿 6:3-5) 군대를 통솔하는데, 그 마병대의 수가 '이만 만'(16절, 2×10,000×10,000)이라는 묘사는 정확한 숫자라기보다는 이만(δισμυριάς)의 접두사 'δισ-디스'(두 배)는 '능히 셀 수 없는 무리'와 같은 어림수의 의미로 사용된다(렘 46:22-23).

17 이같은 환상 가운데 그 말들과 그 위에 탄 자들을 보니 불빛과 자줏빛과 유황빛 호심경이 있고 또 말들의 머리는 사자 머리 같고 그 입에서는 불과 연기와 유황이 나오더라
18 이 세 재앙 곧 자기들의 입에서 나오는 불과 연기와 유황으로 말미암아 사람 삼분의 일이 죽임을 당하니라

불빛, 자줏빛, 유황빛 흉갑(페르시아 군대 반영) 또 말들의 머리는 사자 머리 같고, 그 입에는 불과 연기와 유황(소돔과 고모라 심판-창 19:24,18)이 나온다. 여기서 말들은 전술한 메뚜기처럼 세력의 강력한 파괴력을 상징하고 사람 삼분의 일을 죽인다(18절, 영적인 죽임을 당한 유대인). 이 말들의 힘은 입과 꼬리에 있는데, 꼬리는 뱀 같고 또 꼬리에는 머리가 있어 그것으로 해한다(19절). 유프라테스가 로마 영지의 경계라는 점에서 이 군대는 하나님의 도구로서 초대교회와 유대인의 울타리로 사용되었던 로마가 아니라 그 외부에 있는 사탄의 도구로 전락한 로마를 상징하는데, 공포의 페르시아 기병대를 묘사하듯 흉폭하고 잔인한 군대의 두려운 모습은 불길한 예감을 가중시킨다. 이러한 상세한 묘사는 하나님의 심판이 과

---

48) 요세푸스 Ⅲ, 유대 전쟁사, 생명의 말씀사, 김지환 역.

거나 미래의 종말(재림)에서도 매우 엄중한 것임을 드러내는 목적을 가진다. 그리고 전쟁으로 그려지는 생생한 묘사들은 역사의 사실적인 경험을 토대로 심판의 엄중함을 강조하는 문학적인 장치이다.

심판의 합당함은 1/3(여기서는 강팍함을 강조)의 경고성의 죽음에도 불구하고 남겨진 사람들은 여전히 우상숭배를 행하며 서로 다투고 미워하는 가운데 회개를 거부하는 것에서 여실히 드러난다. 그러므로 회개를 거부한 자에 대한 마땅한 징벌이 두 번째 '화'의 시작과 결말(11:13-14)이라는 것이다.

19 이 말들의 힘은 입과 꼬리에 있으니 꼬리는 뱀 같고 또 꼬리에 머리가 있어 이것으로 해하더라

꼬리의 치명적인 힘은 이 환상과 이전의 환상을 연결한다. 다만 더 치명적일 뿐이다. "뱀 같고"는 사탄이나 마귀의 하수인을 떠올리는 '뱀'을 말하는 것이 아니라 말 꼬리의 모양을 수식하는 것이다. 이것은 바사 군대의 전투력에 대한 유대인의 전승을 떠올리게 하는 것에 불과하다. 그러나 요한은 이러한 묘사를 통해 악마적인 힘을 진술하려는 것으로 보인다.

20 이 재앙에 죽지 않고 남은 사람들은 손으로 행한 일을 회개하지 아니하고 오히려 여러 귀신과 또는 보거나 듣거나 다니거나 하지 못하는 금, 은, 동과 목석의 우상에게 절하고

이 구절에서 심판의 원 목적이 뚜렷이 부각된다. 죽임을 당하지 않은 사람들은 재앙을 통해 경각심을 갖고 하나님의 신실한 종이 되기를 기대했다는 것에서 배교자들을 향한 하나님의 마음이 여실히 드러난다. 그러나 그들은 회개하지 않았고 오히려 가증한 일에 더욱 열심을 내며 주님의 마음을 찢었을 뿐이었다. 바울은 유대인들의 이러한 상황에 대하여 "네 고집과 회개하지 아니한 마음을 따라 그 날에 임할 진노를 쌓는다(롬 2:5)."고 표현했다.

21 또 그 살인과 복술과 음행과 도둑질을 회개하지 아니하더라

우상이라는 유대인들의 신의 등장은 여호와 신앙의 순수성을 의심하는 것으로 1세기 유대교인들의 영적 실상은 이제 그들의 삶의 정황으로 옮겨 간다. 마 15:19에서 십계명과 관련하여 이 구절보다 확장된 주님의 교훈이 전달된다. 흔히들 십계명은 언약의 성취라는 관점에서 '하나님의 사랑'과 '이웃사랑'으로 정의하지만 사실상 목적적인 측면에서 그것은 우상숭배에 대한 경고로 시작하여 우상숭배에 대한 경고로 끝나고 있다. 하나님 한 분 만으로 족하지 못한 불신앙은 탐욕에 의해 점령당하고 있다.

10-11장

천사와 작은 책

화 있을진저 여호와의 날을 사모하는 자여 너희가 어찌하여 여호와의 날을 사모하느냐

그 날은 어둠이요 빛이 아니라 마치 사람이 사자를 피하다가 곰을 만나거나

혹은 집에 들어가서 손을 벽에 대었다가 뱀에게 물림 같도다

여호와의 날은 빛 없는 어둠이 아니며 빛남 없는 캄캄함이 아니냐

[암 5:18-20]

여섯 째 인과 일곱 째 인 사이에 삽입장이 있듯이 여섯 째 나팔과 일곱 째 나팔 사이에도 삽입장(10:1-11:13)이 나타난다. 인 시리즈의 삽입장이 배교로 하나님을 떠나 사망 가운데 있는 영혼들을 불쌍히 여기는 주님의 마음을 전했던 것과는 달리 여기서 삽입장의 역할은 심판의 당위성, 즉 둘째 화에 대한 해설적 성격이 짙다. 전자(7장)는 "누가 서리요"에 대한 응답으로써 하나님의 긍휼을 입은 남은 자(십사만 사천과 흰 옷 입은 무리)가 인침을 받은 반면, 여기서는 그 두 증인들에게 권세가 주어지고 있다. 따라서 작은 책에서 두 증인은 결코 복음의 증인으로서 교회의 사명을 나타내는 것이 아니다. 오히려 그들은 온갖 박해 아래에서도 신앙의 순결을 지킨 모범으로서 배교자들로 하여금 핑계치 못할 심판의 증인으로 서 있는 것이다. 물론 그것도 광의적인 측면에서 교회가 세우는 역설적인 작용일 수 있다. 그러나 그것이 여기 삽입 장에서의 목적이 될 수는 없다.

이 삽입 장은 계시록 전체의 문학적인 장치의 한 사례로써, 전반부(1-9장, 지체되지 아니하리니)와 후반부(12-22장, 그 비밀이 이루어지리라)를 연결하는 교량 역할을 한다.

1. 열린 두루마리 【10:1-11】

1 내가 또 보니 힘 센 다른 천사가 구름을 입고 하늘에서 내려오는데 그 머리 위에 무지개가 있고 그 얼굴은 해 같고 그 발은 불기둥 같으며
2 그 손에는 펴 놓인 작은 두루마리를 들고 그 오른 발은 바다를 밟고 왼 발은 땅을 밟고

여기서 **"힘 센 다른 천사"**는 누구인가? 지금까지 천사들은 주어진 말이나 행위만 묘사된 것과 달리 이 천사에 대해서는 자세한 설명이 뒤따르고 있다. 환상에서 하늘로부터 내려오는 '강한 다른 천사'의 손에는 '열린 두루마리'를 가지고 있었고, 그 오른 발은 '바다'를 밟고, 그 왼 발은 '땅'을 밟고 있었다(2).

여기서 바다와 땅은 그리스도와 그의 교회를 대적하고 핍박하는 '로마'와 '유대당국'을 상징하는데, 본 구절은 이 천상적 존재인 천사가 바다와 땅을 지배하는 권세 즉 12:7의 용을 다스리고 통치하는 권세를 가졌음을 나타낸다. 그 **"힘 센 다른 천사"**는 그들을 향한 심판의 메시지를 가지고 있다. 여기서 그리스도는 "땅에 거하는 모든 믿지 아니하는 자들의 심판자"로 서 계신다는 것이 요지이다.

"힘 센 다른 천사"에 대한 다양한 견해가 존재한다.

- 가브리엘(Beasley-Murray, 단 8:16, 눅 1:26). 그리스도로 보는 것을 반대하는 가장 큰 이유는 두 가지이다. 첫째, 경배를 받고 있지 않다는 것과 둘째, 만유를 지으신 이를 향하여 맹세하는 것(6절) 때문이다.
- 그리스도(Beale, 구름을 입고, 머리 위에 무지개, 해 같은 얼굴-1:16, '불기둥' 같은 발-구원을 상징). 요한의 삼위일체에 대한 상징적인 묘사는 계시록 안에서 자유롭다. 여기서 '힘 센 천사'는 당연히 그리스도를 지칭하는 완곡적인 표현이다.

이 작은 두루마리는 5장의 두루마리와 서로 차이점과 유사점을 각각 가진다. 차이점을 살펴보면 첫째, 책을 소유한 주체이다. 큰 책(두루마리)은 하나님이 가지고 계셨고 작은 책은

천사(그리스도)가 가졌다. 둘째, 각 책을 취하는 이가 다르다. 5장의 두루마리는 어린 양이고, 작은 책은 요한이다. 셋째, 책의 상태가 다르다. 큰 책은 인봉되어 있었으나 작은 책은 펼쳐져 있다.

유사점은 가) 책을 가지신 이의 뒤에는 모두 무지개가 있다(4:3, 10:1). 나) 그는 모두 사자(왕)에 비유된다. 다) 두 책 모두 선지자의 소명과 관련이 있다(겔 2, 3장). 라) 두 책 모두 "ἰσχυρός ἄγγελος, 힘 센(있는) 천사"와 "κράζω μέγας φωνή, 큰 소리로 외치다"와 관계가 있다. 마) 두 책 모두 영원히 살아계시는 하나님과 연결된다(5:13, 10:15).

따라서 5장의 두루마리는 하나님의 심판과 구원에 관한 하나님의 계획을 함축적으로 묘사한 책으로, 이는 아버지의 뜻을 성취하시는 성자, 곧 그리스도 안에서 그 모든 예정을 성취하도록 예정된 구약성경[49]이며, 반면 작은 두루마리는 메시아 언약과 그 언약 안에서 회복된 낙원을 기업으로 받을 상속자에 관한 언약[50]의 최후 증언으로서 요한계시록을 상징한다고 할 수 있다. 즉 이것은 '예정'으로서 구약성경과 그리고 그것의 '성취'로서의 요한계시록이다.[51] 이것을 다르게 표현하면 '네 생물과 24장로(예정의 증인-율법과 선지자)' 대 '요한계시록과 요한(성취의 증인)' 또는 '큰 두루마리와 두 증인'(십사만 사천과 셀 수 없는 무리) 대 '작은 책과 요한'이다(1:2). 그러므로 이 '작은 두루마리'는 새 언약의 증인의 대표자인 요한으로 하여금 그것을 삼키게 한다는 것과 이 구절의 맥락상 율법과 복음의 교량 역할을 하는 '증인의 사명'(10-11장) 사이에 위치한 것으로 볼 때, 이것은 새 창조 세계의 상속자인 증인들과 유기되는 자들의 운명을 구별하는 일곱째 나팔 곧 대접재앙을 강조하는 것이 분명하다(10:7).[52] 거의 모든 주석들이 요한계시록을 미래주의적인 관점으로 읽기 때문에 '두 증인'에 이방인 그리스도인들을 적용시키는 주석학적인 실수를 범한다. 그 대표적인 사례가 '셀 수 없이 큰 무리'이다. 이러한 오류는 단 9장의 70 이레에 대한 주석적 오류에 근거하여 마지막 한 이레와 그 절반을 옛 창조의 종말 곧 메시아 언약의 종결에 적용시키는 대신 새 언약하의 미래종말론에 평행적으로 적용한 참사라 할 수 있다.

주석학적으로 계시록은 옛 언약의 종착지이자 성취로서 하나님과 유대인 간의 내러티브

---

49) 하나님의 말씀=만세와 만대로부터 감추어진 비밀=예수 그리스도, 골 1:26-27, 요 1:1, 14.

50) 축복과 저주, 창 2:9, 레 26장, 신 27-28장.

51) 신약성경을 대표하는 것이 아니라 옛 언약의 성취로서 종점.

52) 비밀(μυστήριον-미스테리온)은 종말론적이고 묵시적인 하나님의 예정이자 신적인 주권으로서 성경은 그것을 복음과 더불어 심판을 말하고 있는데, 그것은 일곱째 나팔로서 '새 창조를 위한 타락한 옛 질서의 심판'이다.

라는 울타리를 지닌다. 이방인 그리스도인은 새 언약 안에서 천년왕국의 때에 입성하는 존재로 18장 바깥에 있다는 사실을 잊어서는 안 된다. 따라서 요한계시록에 관한 신약교회의 관점은 해석학적인 범주를 넘어서지 않도록 주의해야 한다.

작은 책이 펼쳐진 상태라는 사실은 어린 양에 의해 인봉된 큰 책 안에 있는 작은 두루마리 곧 '책 속의 책'이라는 사실에서 더욱 그러하다. 이것은 요한이 이 두 책에 대한 단어를 '비블리온'(딤 4:13, 요 20:30, 갈 3:10, 마 19:7, 막 10:4)이라는 대신 여기서만 '비블라리디온'(10:2, 9, 10)으로 굳이 구분하여 사용하는 이유가 서로 별개의 책이라는 의미보다는 '책 속의 책'이란 암시에서 더욱 잘 드러난다.[53]

1) 일곱 우레 (3~4절)

3 사자가 부르짖는 것 같이 큰 소리로 외치니 그가 외칠 때에 일곱 우레가 그 소리를 내어 말하더라

"일곱 우레"(ἐπτά βρονταί-헵타 브론타이)는 '하늘에서 나는 소리' 또는 '천사의 소리'(말)로 묘사되는데, 이것은 압도적인 음성의 힘을 나타낼 때 사용되었고(요 12:29, 계 14:2, 19:6) 사자가 부르짖는 것 같은 큰소리(호 11:10-여호와)의 외침을 의미한다(참조, 6:1, 14:2, 시 29:3). 요한에게 이 용어는 시 29편에서 심판의 의미로 7번 사용된 **"여호와의 소리"**를 인용한 것으로 보이며, 따라서 **"일곱 우레"**는 일곱 시리즈 심판에서 '인봉된 계시'로 이해할 수 있다.

4 일곱 우레가 말을 할 때에 내가 기록하려고 하다가 곧 들으니 하늘에서 소리가 나서 말하기를 일곱 우레가 말한 것을 인봉하고 기록하지 말라 하더라

"일곱 우레"의 말을 기록하려 했으나 **"인봉하고 기록하지 말라"**는 하늘로부터의 명령을 듣는다(4절). 무엇을 의미하는 것일까? 그것은 요한 계시록에 기록되지 아니한 심판과 관련된 또 다른 계시임에는 분명하며(참조, 단 12:9), 여기서 σφραγίζω-스프라기조, **"인봉하라"**는 '감추다'는 의미(단 12:4)로, 인 시리즈와 나팔 시리즈의 경고성 재앙에도 불구하고 회개

---

53) 적어도 계시록의 기록 시점에 메시아와 성령-일곱 인과 일곱 나팔-은 요한뿐만 아니라 유대인들에게 직간접적으로 확증되었던 반면, 속히 될 일로써 대접재앙은 임박한 미래로서 '책 속의 책의 계시'가 되는 것이다.

하지 않은 사람들과 충성된 증인들 사이의 결과로서 보호와 유기에 초점을 맞추는 것으로 보인다.

인봉되어야할 계시는 기록이 아닌 음성을 듣고 이해한 것이지만 다른 사람들에게는 감추기 위한 것임을 의미한다. 그것은 타자에게 불필요한 것이라기보다는 감추어져야 할 필요가 있는 것으로서, 이를테면 '때'와 같이 주께서 이사야서를 인용하여 비유로 말씀하신 것에서 발견할 수 있다.

> 그들의 눈을 멀게 하시고 그들의 마음을 완고하게 하셨으니
> 이는 그들로 하여금 눈으로 보고 마음으로 깨닫고 돌이켜
> 내게 고침을 받지 못하게 하려 함이라 하였음이더라 [요 12:40]

Beale은 '인봉'이라는 의미가 하나님의 심판의 취소로 이어진 사례가 없고, 예정된 사건들의 현재 성취를 늦추거나 감춰진 계획에 대한 것임을 볼 때, 이것은 요한으로 하여금 계시된 하나님의 계획의 일부는 여전히 역사의 마지막까지 하나님의 주권적 통제 하에 사람들에게 '감춰진 상태로 남아있다'는 의미로 보아야 한다고 말한다(참조, 단 12:8-9).

그리고 혹자[54]는 더 전해봤자 도무지 회개하지 않을 사실에 대하여 더 이상 경고로서의 의미가 없다고 판단된 또 다른 재앙으로 해석하며 이것을 더 이상 **"지체되지 아니하리니"**(6b)와 연결시키는데, 이 두 주장은 일곱 대접 재앙으로서의 그 '작은 책'의 특징을 잘 설명한다고 할 수 있다(비록 그들은 '작은 책'을 다르게 정의하지만).

2) 천사의 맹세 (5~7절)

5 내가 본 바 바다와 땅을 밟고 서 있는 천사가 하늘을 향하여 오른손을 들고

> 여호와께서 이르시기를 내가 나를 가리켜 맹세하노니 [창 22:16]
> 내가 나를 두고 맹세하기를 [사 45:23, 렘 49:13]
> 자기보다 큰 이가 없으므로 자기를 가리켜 맹세하기를 [히 6:13]

---

54) Mounce, 계시록 209-210쪽.

6 지체하지 아니하리니

7 ~그 비밀이 이루어지리라

이 번역은 단 12:7의 **"이 모든 일이 끝나리라"**에 초점을 맞추고 있으며 이 삽입장의 역할이 하나님의 예정과 성취가 지체되지 않고 속히 실행되는 것임을 설명하는 곧 구약과 신약을 하나로 묶고 있다(겔 7:24c). 처음과 마찬가지로 마지막 날도 그분의 손에 달려 있기 때문이다. 달리 말하자면 구약에서 감춰진 하나님의 비밀(다니엘에게 인봉되었던 묵시)이 선지자로 하여금 선포하게 하셨던 복음으로서 그리스도(골 2:2)를 영접한 자에게는 회복된 낙원이 유업으로 상속되는 반면, 언약을 버린 자들에게는 약속된 그 유업을 상실할 뿐만 아니라 주를 대적하고 그분의 증인들을 박해하고 죽인 것에 대한 보응으로서 최후의 심판이 속히 실행된다는 것이다(7). 그리고 그 맹세는 더 이상 지체될 수 없다는 것이다.

혹자[55]는 일곱 우레의 비밀(4)과 여기서의 비밀(7)을 구속받는 교회(성도)에 적용하여 마지막 나팔에 홀연히 변화될 그 '부활'을 가리킨다고 주장한다(고전 15:51). 이 주장은 합리적인 것으로 보일 수 있으나 전후 맥락에서 볼 때 오히려 그 비밀은 '심판'이 분명하다.

그 천사가 오른손을 들고 '세세토록 살아계신 분 곧 세상 모든 것을 창조하신 분'을 가리켜 맹세한다(단 12:7, 신 32:40). 이것은 순교자들의 질문 **"어느 때까지?"**에 대한 답변으로 단 12:6-7과 평행을 이루며 하나님의 심판이 하나님의 때에 반드시 시행될 것임을 말한다(다니엘서의 '한 때 두 때 반 때'가 기름부음을 받은 자의 끊어질 때를 말한 것이라면, 6:10은 원수를 갚으실 때로서 평행적으로 인용되었는데, 그것은 3.5년에 해당하고 계 11:2에서 42 달로 변형되고 있다).

그러므로 이것은 하나님의 정하신 때가 있으며, 그때가 "속히" 임할 것임이 확고부동하다는 뜻으로 곧 일곱 우레의 비밀이 이루어짐이다.

3) 작은 책 (8~11절)

8 하늘에서 나서 내게 들리던 음성이 또 내게 말하여 이르되 네가 가서 바다와 땅을 밟고 서 있는 천사의 손에 펴 놓인 두루마리를 가지라 하기로

---

55) Kraft, Offenbarung, 148-49.

여기서 **"펴 놓인 두루마리"**는 요한이 삼킬 수 있을 만큼 충분히 작은 책이었다. 그리고 반복적인 진술로 강조되는 **"바다와 땅을 밟고 서 있는"** 것은 성령에 의해 집행되는 일곱째 나팔 재앙 곧 대접심판의 대상으로서의 세상권세(로마)와 그것의 능가를 꿈꾸는 유대인의 다윗왕국에 대한 염원이자 통치주권이다.

9 내가 천사에게 나아가 작은 두루마리를 달라 한즉 천사가 이르되 갖다 먹어 버리라 네 배에는 쓰나 네 입에는 꿀 같이 달리라 하거늘

10 내가 그 천사의 손에서 취하여 먹으니 입에는 꿀 같이 달고 배에서는 쓰게 되었더라

이 구절의 배경은 겔 3:1-3 및 렘 15:16이다. 거기서 이스라엘에게 대언하기 위한 목적이라면 여기서도 동일하다. 예언자가 두루마리를 κατεσθίω-카테스티오, '삼키다'는 그 내용물을 '완전히 내 것으로 만들다'는 뜻으로, 두루마리와의 일체를 상징하며 그의 입에서 선포되는 것이 곧 하나님의 메시지가 된다는 의미이다. 그러나 요한은 에스겔과 예레미야가 체험했던 단 맛에 더하여 쓴 맛도 느낀다. 그 이유는 선포해야할 메시지와 관련이 있다. 아마도 꿀 같이 단 것은 증인들에게 예비 된 새 예루살렘의 상급과 관련되고, 쓴 맛은 메시지 본질의 재앙과 관련되었을 것이다. 이 쓴 맛은 그가 동족을 사랑한 크기와 비례할 것이다. 그러나 분명한 것은 이것은 요한의 것이 아니다. 하나님의 마음이 그가 들었던 계시를 통하여 전가된 것일 뿐이다. 따라서 그것은 하나님의 마음이다. 이것은 주께서 증인의 기본자세로서 자의적으로 말하지 않고 아버지께 받아 말씀하셨던 것처럼 모든 설교자의 기본자세를 함의하고 있다고 할 수 있다. 그러므로 이 '작은 책'의 묵시는 회개하고 복음을 믿을 때의 단 맛을 거절함으로써 받는 심판의 쓴 맛에 대한 기록이라는 반증이다.

11 네가 많은 백성과 나라와 방언과 임금에게 다시 예언하여야 하리라

여기서 πάλιν-팔린, **"다시"**는 이전의 행위를 반복하는 것, 이전의 행위에 더하여지는 행위로서 '나아가' 또는 '게다가', 그리고 '차례로', '한편' 또는 '반면'의 의미를 가지는 부사이다. 따라서 이것은 요한에게 여러 선지자들을 통하여 전하여 온 메시아에 대하여 묵시의 성취자로써 큰 두루마리 곧 그리스도 예수를 증언할 뿐만 아니라 그를 거역한 자들에게 임할 재앙으로서 작은 책을 예언해야하는 사명을 일컫는다.

2. 두 증인【11:1-13】

요한에게 '지팡이 같은 갈대'가 주어졌다(참조, 겔 40:3, 5). 여기서 성전의 측량은 앞서 언급한 바와 같이 메시아 언약의 증인으로서의 사명이 아니라 측량에서 배제되는 자들에 대한 역설의 역할을 하는데, 복수(두 명)의 증인은 율법에서 규정하고 있는 최소의 법적 구성수이다.

> 그러나 두 증인은 두 사람을 의미하는 것이 아니다. 세례 요한이 엘리야의 심정과 능력으로 왔듯이(눅1:17) 주 앞에 서 있는 두 감람나무와 두 촛대처럼 증인으로서 말씀의 등불처럼 켜서 비추이는 등불 같은 사명을 감당할 복수의 증인들 곧 교회 공동체를 일컫는 것이다. 십사만사천이나 흰 옷을 입은 셀 수 없이 많은 무리들이 그들을 지칭한다 할 것이다.

1 경배하는 자들(두 증인)**을 측량하되 '성전 바깥마당'**(배교한 유대인)**은 측량하지 말고 그냥 두라. 이것은 이방에게 주었은즉 그들이 거룩한 성을 마흔두 달 동안을 짓밟으리라**

11장은 에스겔 40장을 배경으로 시작되는데(참조, 겔 48:35, 슥 2:1-5, 단 8:8-14), 이것은 계 21:15-17에서 성과 문들과 성곽을 측량하기 위해 천사가 금 갈대를 가진 것으로 나타난다. 거기서 에스겔은 이스라엘 백성에게 그들의 불신앙과 우상숭배를 회개하지 않을 때 그들에게 심판으로써 닥칠 재앙을 경고하기 위해 보내어진다(너는 본 것을 이스라엘 족속에게 전할지어다. 겔 40:4). 하지만 에스겔은 그들이 돌이키지 않을 것이라는 메시지도 함께 듣는다. 에스겔도, 스가랴도, 다니엘도 묵시를 통해 메시아 날을 보았다. 특히 요한은 여기서 다니엘의 한 이레의 절반(마흔두 달)에 대한 예언으로써, 장차 한 왕의 백성(에피파네스)이 와서 한 이레의 절반에 제사와 예물을 금지했던 사건이 바다에서 올라온 짐승(13:1)에 의해 다시 자행될 행위로써 예견하고 있는데(이방에게 주었은즉), 그들과 및 더불어 음행한 자들(참조, 그마림,

습 1:4, 우상을 섬기게 한 제사장들)은 구속의 측량에서 배제당할 것임을 말하고 있다.

요한은 다니엘과 달리 허물어야 할 대상을 성전으로 말하는 대신 '성전 바깥의 마당'이라고 생각한다. 왜냐하면 그곳의 번제단에 가증스런 물건이 세워져(황제 신상) 이방인(로마)에 의해 더럽혀진 까닭이다. 그래서 바깥마당을 성전 안과 배타적인 영역으로 구분하기 위한 **"밖으로 던져라"**(단 8:11)로 이해한다. 성전 안은 보호 받고 바깥은 버림을 당한다는 것이다. 그러나 Beale의 주장처럼, 여기서 거룩한 성(ὁ ἅγιος πόλις-호 하기오스 폴리스)은 어원적으로 물리적 예루살렘 성전이 아니라 미래적인(그러나 이미) 새 예루살렘 곧 하나님의 도성을 가리킨다면 그것은 성전이 되신 그리스도의 몸 곧 신구약 교회를 상징하므로 이 도시(πόλις)가 이방인들에게 주어져 42달 동안 짓밟히도록 내어주었다는 것은 교회에 허락된 핍박을 말하는 것처럼 오독될 수 있다. 하지만 이것은 다니엘의 묵시 가운데 마지막 한 이레의 절반에 나타날 **안티오쿠스**에 의한 종교적 핍박을, 당 시대의 진보 유대인 세력이 로마 권력과 유착하여 우상숭배에 빠진 것을 평행적으로 경고하는 것이며, 바깥마당은 메시아 언약에서 배제될 '땅에 거하는 자'로서의 유대주의자들이다(무너진 성전을 헤롯이 증축한 곳이 곧 이방인의 뜰이다. 그곳은 무너진 채로 남아 있어야 했다). 따라서 이것을 재림 직전에 있을 적그리스도에 의한 교회의 핍박으로 확대 적용[56]해서는 안 되며, 또한 **"측량하지 말고 그냥 두라"**는 것은 이 기간 동안은 세상의 다양한 재앙으로부터 보호를 받지 못하는 교회로 해석할 것이 아니라, 배교자는 그리스도의 몸으로서 측량되지 않고 유기된다는 엄중한 경고로 받아야 한다. 만일 그렇다면 요한은 마흔 두 달 대신 1,260일로 말했을 것이다(아래, 마흔 두 달, 주석. 참조).

종말에 대한 주님의 말씀을 기록한 눅 21:20-28은 이 두 가지 측면을 충족시킨다. 첫째, 20-24절은 AD 70년 '예루살렘 멸망'을 암시하고 있고 둘째, 25-28절은 역사적 종말 곧 우주적인 종말의 때로서 '재림의 날'에 있을 일에 대하여 말씀하시기 때문이다. 우리가 기억해야 할 것은 참 교회에 대한 보호는 잠시라도 중단되는 일이 없다(마 28:20). 올바른 종말관은 교회의 형편에 초점을 두는 것이 아니라 교회가 어디에 자리하고(그리스도 안) 있는가? 에 대한 것이다.

세대주의는 마지막 한 이레를 인용하여 주의 재림 이전에 지상에서 7년간의 대 환난이 있을 것이라 말하는데, 참 교회는 이 때 휴거하여 지상의 환난을 겪지 않을 것이라고 주장

56) Beasley Murray, 계시록 200-1.

한다. 그들의 주장에 대한 성경적 배경은 알 수 없지만, 이와 관련된 내용은 누가복음(눅 21:20-24)과 병행적으로 마태복음(마 24:15-31)에 기록되어 있지만, 여기서는 모두 예루살렘에 닥칠 환난과 재림의 때를 구분하고 있다. 그러나 주께서는 택하신 자들을 위하여 환난의 날을 감한다고 하셨지 통과할 것이라고 하지 않으셨다(마 24:22). 휴거는 주님의 재림의 날에 나팔 소리가 울릴 때 무덤 속에서 잠자던 자들이 먼저 일어나 홀연히 변화되고(고전 15:51), 산 자들의 '들림'은 비로소 그 이후에 일어난다고 기록되어 있다(살전 4:17). 대 환난과 휴거를 함께 묶은 세대주의의 사상은 마태와 누가의 기록과는 무관하게 주님의 가르침을 해석한 것이라 할 수 있다.

1) '마흔두 달'의 의미

2 성전 바깥 마당은 측량하지 말고 그냥 두라 이것은 이방인에게 주었은즉 그들이 거룩한 성을 마흔두 달 동안 짓밟으리라

"마흔두 달"은 짐승에 의한 핍박(환난)의 기간을 상징한다. 이 시간적 기간은 1,260일(11:3, 12:6) 또는 42개월(13:5) 및 한 때 두 때 반 때(12:14, 단 12:7) 또는 1,290일(단 12:11) 등으로 다양하게 표현되나 그 용례는 서로 다르다. Beale은 이 기간을 그리스도의 초림과 재림 사이의 기간일 수도 있다고 주장하고, Osborne은 마지막 때의 환난 기간일 수도 있다고 말한다. 두 신학자 모두 상징적 해석을 시도한 것 같지만 다니엘서의 인용 배경은 그 당시 진보 성향의 유대인들이 사적인 탐심을 위해 **안티오쿠스 에피파네스**와 타협했던 것[57]과 마찬가지로 배교자들(음녀)과 로마(짐승)간의 타협에 의한 음행(배교)이 재현될 것을 암시하는 것인바, 이는 역사적 종말의 때에 십자가의 원수로 행하는 일(빌 3:18)들이 새 언약 교회 안에서도 발생할 것에 대한 경고이다.

요한계시록의 해석에서 보편적으로 발생하는 오류는 모두 이 읽기의 그릇됨에서 발생한다. 마지막 한 이레의 절반을 가리키는 다양한 방식의 공통점은 그 모든 표적이 메시아 언약의 종점이라는 것이다. 즉 그것은 여호와의 크고 두려운 날이자 옛 창조의 종말의 때를 가리키는 것이지 새 창조의 종말로서 인류 최후의 심판의 때를 가리키는 것이 아님을 읽

---

57) 마카비전서(마카베오 상) 1:11, 참조.

지 못하는 것에서 발생한다.

요한이 다니엘의 이 묵시를 인용한 이유는 기름부음을 받은 자[58]가 끊어지는 때로부터 그 한 이레의 절반의 때에 미운 물건이 지극히 거룩한 곳에 설 것과 예배가 폐하여진 역사적 사실에 대하여 주의 십자가 사건 이후에 발생할 예루살렘에 로마 황제의 신상 건립을 은유적으로 암시하기 위함이었다. 물론 그것은 표면적인 사실보다 하나님 대신 우상을 숭배하는 유대인의 배교를 노골적으로 질책하고자 하는 것이다. 그런데 이것을 미래 종말론적으로 장차 새 언약 교회에서 발생할 사건으로 읽다보니 '백 투 예루살렘'과 같은 왜곡이 발생한다. Beale이 11장의 두 증인의 해석에서 복음을 충성스럽게 증언하기 위한 인침[59]으로 읽는 것 또한 그러한 읽기의 연장선상에 있다고 할 수 있다. 그것은 11장의 해석을 옛 언약 안에서 읽지 않고 새 언약의 범주로 확장하고 있다는 반증이다. 왜냐하면 그리스도에 의한 새 언약의 전개는 19장 이후부터야 시작되기 때문이다.

다니엘서의 묵시와 요한계시록의 묵시 사이의 확연한 차이가 있다면, 다니엘서는 악한 권세가 성도들을 이기는 것으로 끝나는 반면, 요한계시록은 그리스도가 악한 권세를 깨트리고 승리하며 교회는 그와 더불어 최후 승리자로 종결된다는 점일 것이다. 무엇보다 중요한 것은 하나님께서 그 때를 정하신 것과 성도들을 견인하신다는 사실이다(마흔 두 달과 한 때 두 때 반 때 및 1,260일은 같은 기간을 의미하지만 요한은 그 용례를 각각 달리한다. 즉, 한 때 두 때 반 때는 기름부음을 받음, 마흔 두 달은 짐승, 1,260일은 교회의 관점에서 바라본 때이다).

Beale의 '한 때 두 때 반 때'의 시작을 주의 부활을 기점으로 삼는 것은 다니엘서의 마지막 한 이레에 대한 오해에서 근거한 것일 수 있다. 대부분의 신학자들이 그 마지막 '한 이레' 때의 '기름부음 받은 자가 끊어짐'을 해석학적으로 그리스도의 것으로 읽는 우를 범한다. 이러한 읽기의 가장 큰 문제는 주의 십자가를 짐승의 박해의 결과로 만들기 때문이다. 이것은 엄청난 착오다. 하나님은 죄를 심판하는 그 진노의 수단으로 스스로 십자가를 지신 것에 지나지 않기 때문에 더욱 그렇다.

요한은 마지막 '한 이레'의 절반의 때인 '한 때 두 때 반 때'를 헬라 말기의 **안티오쿠스 에피파네스**의 신성모독 행위를 인용하여 평행적으로 로마 황제 **카이우스**에 의해 반복적으로 자행되는 신성모독(성전에 자기 신상을 세우려 한 때)을 암시하는 것이다.

---

58) 유대의 마지막 공인 대제사장 오니아스(바울이 대제사장을 인정한 것과 달리 주님은 그들을 인정하지 않으셨다).
59) Beale. G. K, op. cit, p. 861.

2) 천사(하나님)의 계속되는 말씀 (3~10절)

자신의 복음서에서 예수를 주(여호와)와 하나님으로 직접적으로 묘사했던 유대인의 한 사람으로서 요한은 계시록 안에서 삼위보다는 일체를 강조하지만 적어도 성자의 호칭은 언제나 은유적(서론, 계시록에서 성자의 호칭. 참조)이다. 그리고 복음서에서 아들은 언제나 아버지의 영광을 나타내기 위한 증인의 역할을 강조하고 있으며, 그 분의 뜻에 자신을 복종시키는 수직적인 관계를 취하신다. 이것은 요한의 계시록과 복음서가 유대인을 1차 수신자로 한다는 사실을 간접적으로 나타내는 방식이다.

3 내가 나의 두 증인에게 권세를 주리니 그들이 베옷(심판에 대한 슬픔)을 입고 천이백육십일을 예언하리라

(참조, προφητεύω-프로페테우오, '예언하다'는 여기와 10:11에서 단 2번 나온다).

'모든 성경이 나에 대하여 기록되었다'는 예수의 말씀은 '성경'과 '그리스도' 그리고 '하나님의 증인' 사이에는 분리할 수 없는 일체성이 존재한다는 것을 의미한다. 따라서 그리스도 안에 있는 신구약 교회는 모두 하나님의 은혜로 그 증인으로써 부름을 받은 것이라 할 수 있다. 그러나 여기서는 주석적으로 역사적 그 이스라엘이다.

지금 사도 요한이 삼킨 '작은 책'인 그의 계시록은, 하나님의 구속사에 합당한 자와 합당하지 못한 자를 구별하고 심판하는 것에 대한 증인의 역할을 위해 그에게 주어진 것이고, 또 예언의 사역이 두 증인에게 이어지는 것으로 확장되고 있다. 즉 구속에 합당치 아니한 자들이 세상과 결탁하여 '마흔 두 달' 동안 증인을 박해하고 동시에 우상을 숭배한 것과 달리 증인들은 1,260일 동안(한 이레의 절반의 때, 헤롯의 죽음 이후)을 핍박가운데서 생명을 걸고 사명을 감당한다(그들이 베옷을 입고). 그들은 결단코 하나님의 언약을 저버리지 않는 증인으로서 불경건한 자들의 심판이 합당함을 드러내는 증인의 역할을 수행하는데, 그들은 온 세상에 하나님의 주권을 바로 알리고 세우는 사역을 인하여 핍박을 받아 예루살렘으로부터 열방으로 흩어지는 성령의 교회로 묘사된다(계 12:5-6).

누구든지 제 목숨을 구원하고자 하면 잃을 것이요

누구든지 나를 위하여 제 목숨을 잃으면 찾으리라 [마 16:25]

4 두 증인은 이 땅의 주 앞에 서 있는 두 감람나무와 두 촛대라

여기서 '두 감람나무와 두 촛대'의 의미는? 슥 4:3에서와 같이 두 올리브 나무로 묘사되는데, 이는 기름과 촛대의 불가분의 관계로서 성령의 도구인 증인을 상징하고(위 1절 주석 참조), 슥 4:12-14에서 그것은 대제사장 여호수아와 총독 스룹바벨을 가리킨다. 이들은 제2성전 건축을 완성할 사명을 가진 이들이기 때문이며, 제2성전이 함의하는 것이 곧 새 창조로서 그리스도를 예표하는 까닭이다. 따라서 여기서 두 증인은 모든 이스라엘이 그리스도의 증인이라는 것이 아니라 충성되고 구별된 언약에 신실한 자로서의 이스라엘을 지칭한다.

~만군의 여호와께서 말씀하시되 이는 힘으로 되지 아니하며

능력으로 되지 아니하고 오직 나의 영으로 되느니라 [슥 4:6]

이 성전의 나중 영광이 이전 영광보다 크리라 만군의 여호와의 말이니라

내가 이 곳에 평강을 주리라 만군의 여호와의 말이니라 [학 2:9]

… 그러나 오늘부터는 내가 너희에게 복을 주리라 [학 2:19]

이는 신약시대의 제사장과 왕(심판)의 특권을 가진 '교회 공동체'를 상징한다(다수의 교부들은 두 증인을 에녹과 엘리야로 이해했다). **"주 앞에 서 있는"** 것이 의미하는 바는 하나님과 늘 바른 관계 속에 서 있는 것을 의미하는 바, 늘 성령의 감동으로 충만하여 여호와를 전심으로 경외하는 무리들을 암시한다(십사만 사천 및 흰 옷을 입은 셀 수 없이 많은 무리). 해서 이들은 16장에서 아마겟돈으로 진격하는 성령의 군대로 확장되어 나타난다.

3) '두 증인'의 권세 (11:5-6)

5 만일 누구든지 그들을 해하고자 하면 그들의 입에서 불이 나와서 그들의 원수를 삼 켜 버릴 것이요 누구든지 그들을 해하고자 하면 반드시 그와 같이 죽임을 당하리라

"불이 나와서" 증인을 보호하는 것은 성령의 역사를 의미하는데, 신자는 믿음으로 성령에 의 해 그리스도 안으로 이미 옮겨진 영혼들이므로 그들의 언약적인 지위는 결코 흔들지 못하 며, 원수들이 해치고자 하다가는 성령에 의해 도리어 삼킴을 당한다. 하나님께서 그들에게 맡기신 증인의 사명은 성공적으로 보장되어 있다는 의미이다. 다시 말하지만 여기서 증인의 사역은 복음의 전파가 아니다. 적어도 그것은 다섯째 나팔에서 이미 거두어졌다. 그리고 여 섯째 나팔의 결론에서 **"회개하지 아니하더라"**로 이미 지워졌다. 그들은 모든 박해 아래에서 도 신앙의 순결을 지킨 모범으로서 배교자들로 하여금 핑계치 못할 심판의 증인으로 서 있는 것이다. 따라서 순교자들에게 주어진 권세는 죽음을 초월하고 다스리는 권세라 할 수 있다.

몸(육신)은 죽여도 영혼은 죽이지 못하는 자들을 두려워하지 말라 [마 10:28]

내가 결코 너희를 버리지 아니하고 너희를 떠나지 아니하리라 하셨느니라
그러므로 우리가 담대히 말하되 주는 나를 돕는 이시니 내가 무서워하지 아니하겠노라
사람이 내게 어찌하리요 하노라 [히 13:5b-6]

하나님께로 나신 자가 저를 지키시매 악한 자가 만지지도 못하느니라 [요일 5:18]

4) 두 증인의 죽음과 부활, 승천 (11:7-13)

7 그들이 그 증언을 마칠 때에 무저갱으로부터 올라오는 짐승이 그들과 더불어 전쟁을 일으켜 그들을 이기고 그들을 죽일 터인즉

여기서 **"그들"**은 의역된 것이나 **"짐승이 그들과 더불어 전쟁을 일으켜"**라는 문구가 가리키 듯이 두 증인은 복수의 증인들을 지칭한다. 그러므로 **"증언을 마칠 때"**는 사도들을 포함하

여 복음 전파의 사명을 완수한 증인들이 순교로 생애를 마감한 것을 가리킨다(참조, 6:9. 11). **"무저갱으로부터 올라오는 짐승"**이라고 표현된 것은 사탄의 도구가 된 로마를 암시하는데, 본 구절의 배경인 단 7:3 및 9절에서 성도들과 싸워 이기는 그 넷째 짐승은 헬라(사탄적인 헬라-안티오쿠스)였다.[60] 요한은 여기서 사탄적인 헬라 대신 사탄적인 로마로 대체시키고 있는데, 로마 당국이 증인들을 죽이는 것은 복음의 확산에 적대적인 사탄과 짐승이 마치 지상 교회에 표면적으로 승리한 것처럼 보인다.

8 그들의 시체가 큰 성 길에 있으리니 그 성은 영적으로 하면 소돔이라고도 하고 애굽이라고도 하니 곧 그들의 주께서 십자가에 못 박히신 곳이라.

9 백성들과 족속과 방언과 나라 중에서 사람들이 그 시체를 사흘 반 동안을 보며 무덤에 장사하지 못하게 하리로다

짐승들은 증인의 시체가 "큰 성" 길 위에 '3일 반' 동안 구경거리가 되도록 방치시킨다(8-9절). 악한 짐승들의 이 같은 만행은 역사적으로 시 79:1-4에서도 진술되고 있다. 아삽은 바벨론에 의해 자행된 만행을 이렇게 고발하고 있다.

> 하나님이여 이방 나라들이 주의 기업의 땅에 들어와서 주의 성전을 더럽히고
> 예루살렘이 돌무더기가 되게 하였나이다.
> 그들이 주의 종들의 시체를 공중의 새에게 밥으로,
> 주의 성도들의 육체를 땅의 짐승에게 주며,
> 그들의 피를 예루살렘 사방에 물 같이 흘렸으나 그들을 매장하는 자가 없었나이다.
> 우리는 우리 이웃에게 비방 거리가 되며
> 우리를 에워싼 자에게 조소와 조롱거리가 되었나이다. [시 79:1-4]

이스라엘의 반역을 다스리기 위한 도구였던 바벨론이 그 징벌의 경계를 넘어 사탄적인 재앙을 집행한 것이 고발의 요지다. 하지만 여기서 메시아 언약에 신실한 두 증인은 주어진 사명을 감당하다가 죽임을 당하고 있는데, 마치 증인의 역할이 패배를 당하고 작고 보잘 것 없어 보인다. 따라서 이것은 탄원이 아니라 그리스도의 십자가 영광이 교회 안에서 세

---

60) 한글 개역성경은 넷째를 네 마리로 오역되었다.

상을 향하여 선포하는 역설로써 오로지 자신의 배와 영광만을 위해 큰 성을 선택한 배교자들의 길과 역설적으로 대조되고 있다. 이는 배교자들이 심판 받아야 할 마땅한 이유를 분명하게 드러내는 것이다.

여기서 **큰 성**은 거짓 종교의 중심지로서 예루살렘 성, 곧 하늘에까지 닿으려는 옛 성과 대로서 바벨론(탑)을 상징하며, 음녀요 거짓 신부요 딸들로써 로마 제국에 흩어져 사는 유대인과 유대주의자들을 포괄한다. 제사장 홉니와 비느하스가 여호와의 궤를 우상으로 섬기다가 이스라엘과 함께 전쟁터에서 죽임을 당한 것 같이(삼상 4장), 참 성전이요 영원한 성전으로 오신 주를 거역한 유대교가 예표에 불과한 그래서 무너져야만 했던 그 물리적 성전(예루살렘)을 우상처럼 붙든 결과로 심판을 받는 것이다.

> 유다의 산당이 무엇이냐 예루살렘이 아니냐 [미 1:5C]

결국 증인들은 짐승과 큰 성을 따르는 유대주의자들과의 연합된 세력에 의해 배척과 죽임을 당하는 것이다. 그리고 **'사흘 반'**은 주께서 십자가에 달린 것과 무덤에 계셨던 기간을 상징하며, 그를 따르는 교회에게서 짐승이 마치 승리했다는 표징으로 그렇게 세상에 효시했다는 것이다. 이것은 2, 3절에서 주님의 사역기간으로서 증인의 사역기간 삼년 반과 대조를 이루는데, 이는 대적들의 승리가 미미한 것임을 암시한다.

10 이 두 선지자가 땅에 사는 자들을 괴롭게 한 고로 땅에 사는 자들이 그들의 죽음을 즐거워하고 기뻐하여 서로 예물을 보내리라 하더라

복수의 증인들은 여기서 다시 **"두 선지자"**로 압축되는데, 그것은 기록된 증언에 근거하여 사실을 적시하는데 있다. **"괴롭게 한 고로"**는 구원과 심판에 대한 증인들의 진리의 선포가 끝내 회개하지 않는 유대교인들에게 고통을 안겨 주었음을 의미한다.

> 그들이 이 말을 듣고 마음에 찔려 그를 향하여 이를 갈거늘 [행 7:54]

사탄과 그에 속한 자들의 즐거움은 교회를 박해하여 쇠락케 하고 세상에 환난과 고통을 심는 것이다.

11 **3일 반 후에 하나님께로부터 생기가 그들 속에 들어가매 그들이 발로 일어서니 구경 하는 자들이 크게 두려워하더라**

본 구절의 배경은 겔 37:9-10이다. 하나님께서 이스라엘을 바벨론의 포로 생활로부터 회 복시킨다는 예언이다. 영적으로 이스라엘의 상태는 뼈만 남은 시체와 다름없었다. 그들이 포로생활에서 자유를 회복하는 것은 마른 뼈다귀에서 생명을 얻는 것만큼이나 불가능한 일이었다. 에스겔은 그 살아난 자가 **"극히 큰 군대더라"**고 말한다(10). 이를 요한은 십사만 사천, 셀 수 없는 무리의 증인들로 묘사하고 있는데, 그들에게 그 놀라운 일(부활의 영광)이 지금 묘사되고 있다.

부활은 '죄의 삯은 사망'이었던 옛 질서 곧 옛 하늘과 땅을 그리스도에 의해 뒤집게 하신 하 나님의 새 질서를 의미한다. 하지만 그것은 엄밀히 영생하는 존재로 창조하신 하나님의 작 정을 허문 반역으로부터의 회복을 뜻한다. 부활은 증인들로 하여금 순교를 선택하게 할 수 있게 하는 결정적인 원동력이지만, 그것은 동시에 하나님의 은혜로 말미암은 믿음과 순종 의 결과물이다.

"3일 반 후에 하나님께로부터 생기가 그들 속에 들어가매"는 목격된 주의 부활로부터 그와 연합된 성도들에게 약속된 부활 신앙을 근거로 하여, 그리스도 밖에 있는 자들에게는 그것 이 큰 두려움으로 작용하고 있음을 의미한다.

> 만일 우리가 그의 죽으심과 같은 모양으로 연합한 자가 되었으면
> 또한 그의 부활과 같은 모양으로 연합한 자도 되리라 [롬 6:5]

"구경하는 자들이 크게 두려워하더라"는 증인들의 죽음을 즐거워하고 기뻐한 자들의 도 치된 반응을 나타낸다. 명사 "두려움"(φόβος-포보스)은 계 18:10, 15에서 왕들과 상인들 이 큰 성 바벨론이 갑자기 무너진 것을 보고 울고 가슴을 치며 고통을 묘사하는 두려움 에 사용되었다. 이스라엘을 추격했던 바로와 그 백성들을 생각해 보라. 그들이 사망의 나 락이었던 홍해를 당당히 건너는 이스라엘을 바라보며 얼마나 두려워했겠는가! 보고 크 게 임한 두려움은 이스라엘을 추격하여 바다로 달려갔다가 수장당한 자기 군대의 모습 에서 투영된다.

12 하늘로부터 큰 음성이 있어 이리로 올라오라 함을 그들이 듣고 구름을 타고 하늘로 올라가니 그들의 원수들도 구경하더라

그들은 구름 가운데서 하늘로 올라가고 사람들은 구경한다(12절). 환상 안에서 증인들이 하늘로 올라가는 것은 최종적이고 결정적인 구원 곧 재림의 때를 비유적으로 묘사한 것일 수 있다(참조, 구름 속으로 끌어 올려 공중에서 영접하리니, 살전 4:17). 그러나 이것은 증인들의 비가시적인 교회로의 입성을 상징하는 것으로 보아야 한다. 지상의 모든 가시적인 교회(증인)들은 믿음으로 말미암아 성령에 의하여 비가시적인 교회로서 그리스도의 몸 안으로 '이미' 연합된 그러나 재림의 때까지 '아직'에 위치하는 존재들이다. 따라서 **"올라오라"**는 음성은 증인들이 제시한 복음과 심판의 메시지가 합당히 여김을 받았다는 사실을 말하는 것이다. 적어도 사도시대 교회는 메시아 언약의 최후의 정점과 새 언약 시대의 서막을 연결하는 위치에 자리하고 있다고 할 수 있다.

13 그 때에 '큰 지진'이 나서 성(城) 십분의 일이 무너지고 지진에 죽은 사람이 칠천이라. 그 남은 자들(회개하지 않던 자들, 9:20-21)이 두려워하여 영광을 하늘의 하나님께 돌리더라

11절에 이어 본 구절은 겔 38장을 배경으로 한다. 거기서 하나님은 자기 백성들을 미혹한 곡을 징벌하시는데, 여호와의 진노는 지진으로 나타나고 인간의 힘의 상징인 성벽이 허물어지며 이들의 배후에 있는 세력은 던져진다(신적 수동태).

여기서 1/10은 심판의 시작에 불과함을 뜻하고, 칠천이 엘리야 시대에 남겨 두신 증인의 수를 상징한다면 그 수는 순교당한 증인의 수만큼 보복으로 취하신 대적의 목숨을 의미할 수 있다.

그렇다면 남은 자들의 두려움과 그들이 하나님께 영광을 돌렸다는 것은 회개를 의미할까? 그렇지 않다. 첫 번째 화(禍)인 다섯째 나팔에서 주어진 심판은 그들로 하여금 돌이키지 못하도록 강팍한 마음을 품는 심판을 이미 받았기 때문이다. 이것은 마치 느부갓네살이 다니엘에 의해 자신에게 임할 심판에 대한 꿈의 해석을 듣고도 그저 놀라고 공포로 고통스러워만 할 뿐 돌이키지 않았던 것과 같이, 그리고 야훼께서 이스라엘로 홍해를 마른 땅처럼 건너가게 하셨다는 소식을 듣고도 놀라기만 할 뿐 회개하지 않았던 주변의 나라들과 같이 그들의 심리적 상태의 두려움을 말하는 것이다.

따라서 둘째 화(禍)로서 여섯째 나팔의 결론은, 증인의 삶의 태도에서 메시지를 받고도 돌이키지 못하고 여전히 우상숭배로 짐승과 한 패를 이루어, 오히려 증인들을 죽인 자들에게 임하는 하나님의 진노의 십자가와 승리로써 부활을 간접적으로 목격하고도 그것으로부터 배제 당하는 것에 대한 두려움이다.

3. 일곱째 나팔 【11:14-19】

이제 요한은 독자를 최후 심판의 문턱까지 데려왔다. 일곱째 나팔의 범위는 16장의 일곱 대접 심판은 물론이고 음녀와 바벨론이 받을 심판으로서 17, 18장까지이다.

14a 둘째 화는 지나갔으니

여기서 둘째 화는 9장의 여섯 번째 나팔 심판과 더불어 10-11장의 내용(증인과 교회의 사명)까지를 포괄하고 있다. 5, 6나팔은 구원에서 배제되는 영적이자 영혼의 문제라면 적어도 7나팔은 땅에서의 징벌 곧 육체적이고 물리적인 재앙이다.

14b 보라 셋째 화가 속히 이르는도다

속히 올 세 번째 화의 본문은 어디까지인가? 학자들마다 다양한 의견이 제시되는 이유는 계시록의 전체 구조상 일곱 째 인이 나팔 재앙을 포괄하고, 일곱 째 나팔이 대접 재앙(16장)을 포괄하는 까닭이다. 하지만 필자의 생각에는 여섯 째 나팔로서 둘째 화가 9장에서 끝나는 것이 아니라 삽입장인 11장 14절에서 **"이루어졌다"**는 선언으로 종결되는 것처럼, 셋째 화로써 일곱 째 나팔 또한 11:15-18에서 함축적으로 짧게 요약되나 이것은 11:19에서 전개되어 14장까지가 삽입장의 역할을 하는 것을 볼 때 거기서 셋째 화의 종결이 선언되어야 적절할 것이다. 왜냐하면 15장에서 비로소 마지막 재앙(대접 재앙)이 준비되고 있기 때문이다. 마찬가지로 16장의 대접 재앙도 '음녀의 심판'과 '바벨론의 패망'의 17-18장이 삽입장의 역할을 하고 있다.

15 일곱째 천사가 나팔을 불매 하늘에 큰 음성들이 나서 이르되 세상 나라가 우리 주와 그의 그리스도의 나라가 되어 그가 세세토록 왕 노릇 하시리로다 하니

위에서 설명한 바와 같이 삽입장의 구조를 인하여 여섯째 나팔이 울린 때(9:13)로부터 오랜 구간이 지난 지금에서야 일곱째 나팔이 울린다.

여기서 **"되어"**(γίνομαι-기노마이)는 Aorist 동사로 완결, 또는 사건의 종료를 나타낸다. 그러므로 그리스도의 승리에 대한 선언의 성취가 확실하게 강조되고 있다(참조, 10:7). **"우리 주와 그의 그리스도"**는 성부와 성자에 대한 요한의 삼위일체적인 표현으로 '하나님의 작정'이 그리스도 안에서 성취되었다는 표현이다. 신약성경에서 주(퀴리오스)는 일반적으로 그리스도를 지칭하지만 요한계시록에서는 성부를 가리킨다. 그 이유는 이 편지의 일차 수신자가 유대인이기 때문이다. 유대인들의 세계관은 우주만물이 창조주의 것이기에 그것은 굳이 언급할 이유조차 없는 상식적인 개념이었다. 그러나 여기서 **"세상 나라"**가 언급되는 이유가 있다. 그러한 상식에도 불구하고 그들은 현실에서 세상의 지배를 당하고 있었기에 옛 다윗왕국의 중흥을 통하여 온 세상을 지배할 세속왕국으로서 '메시아의 날'을 기대했고, 그날을 '여호와의 큰 날' 심판으로 오해하고 있었다(하지만 그들은 자신이 하나님의 원수와 동일시 되었음을 알지 못했다). 그것은 유대인들로 하여금 '하나님의 의' 대신 '권력종교'라는 우상을 추구하는 바탕이 되었다. 하지만 요한은 "너희가 십자가에서 죽인 예수가 바로 그리스도시며 그분이 너희가 그토록 갈망했던 다윗언약의 실체이며, 성부께로부터 이제 그 권세를 받아 세세토록 온 세상의 왕이 되셨다"고 선포한다.

16 하나님 앞에서 자기 보좌에 앉아 있던 이십사 장로가 엎드려 얼굴을 땅에 대고 하나님께 경배하여

여기서 **"하나님"**, 데오스는 언약의 주인이신 성부에 대한 호칭이다(바울은 롬 9:5에서 삼위일체를 표현할 때 그리스도 예수께 이 데오스를 직접적으로 사용했다).

"자기 보좌에 앉아 있던" 24 장로(16)는 4:4의 주석을 참조하라. 거기서 24 장로는 어떤 대표적인 인격체를 지칭하는 것이 아니라 '메시아 언약의 증인'을 상징적으로 의인화하는 것이라 하였다. 따라서 θρόνος-스로노스, 보좌들(남성, 복수)은 장차 그리스도와 함께 앉을 증인들의 자리를 상징하며, 이 보좌는 그리스도 안에서 성취와 연합을 암시하고, 그 결과로

얻게 될 영광으로서 이미 받아 취한 증인의 자리로 묘사된다. 따라서 메시아 언약과 관련하여 네 생물은 증언으로서 책들과 장로들은 증인들과 연계된다.

17 주 하나님이여 우리가 주께 감사하옵나이다. 옛적에도 계시고(과거형) **지금도 계신**(현재형) **전능하신 주님이시여, 친히 큰 권능을 잡으시고 왕으로 통치하시나이다**

이 또한 말씀하시고 이루시는 하나님에 대한 증인의 고백적인 찬양이다(1:8). 본 구절을 1:4과 대조시 "장차 오실 이"가 빠져있다. 그것은 지금은 이미 오셨기 때문이다.

18a 이방들이 분노하매

악한 나라들이 하나님과 그의 백성들에게 **"분노하다"**는 동사 'ὀργίζω-오르기조'는 수동태로 주의 주권적인 진노와 대조적이며 제약적이다. 여기서 조명되는 최후의 심판은 그 대상이 음녀에게로부터 그들과 연합한 짐승들 곧, 세상을 자기들의 것으로 여겼으나 빼앗기는 통치권에 분노하는 이방 나라에게로 전환되고 있다.

> 매 맞음과 갇힘과 난동과 수고로움과 자지 못함과 먹지 못함 가운데서도
> 깨끗함과 지식과 오래 참음과 자비함과 성령의 감화와 거짓이 없는 사랑과
> 진리의 말씀과 하나님의 능력으로 의의 무기를 좌우에 가지고
> 영광과 욕됨으로 그러했으며 악한 이름과 아름다운 이름으로 그러했느니라
> 우리는 속이는 자 같으나 참되고 무명한 자 같으나 유명한 자요 죽은 자 같으나
> 보라 우리가 살아 있고 징계를 받는 자 같으나 죽임을 당하지 아니하고
> 근심하는 자 같으나 항상 기뻐하고 가난한 자 같으나 많은 사람을 부요하게 하고
> 아무 것도 없는 자 같으나 모든 것을 가진 자로다 [고후 6:5-10]

18b 주의 진노가 내려 죽은 자를 심판하시며 종 선지자들과 성도들과 또 작은 자든지 큰 자든지 주의 이름을 경외하는 자들에게 상주시며 또 땅을 망하게 하는 자들을 멸망시키실 때로소이다 하더라

'심판 받을 때, 상을 주실 때, 멸하실 때가 되었다'(17-18절, cf. 시 2:1-3). **"죽은 자를 심판**

(κρίνω)**하시며"**는 그리스도를 거역하고 대적한 모든 시대의 모든 사람들을 함의하지만 여기서는 **"땅을 망하게 하는 자들"**을 지칭하며, 세상 권세와 그 배후에 있는 영적 세력들을 포함한다.

> 너희가 세상에 속하였으면 세상이 자기의 것을 사랑할 것이나
> 너희는 세상에 속한 자가 아니요 도리어 내가 너희를 세상에서 택하였기 때문에
> 세상이 너희를 미워하느니라 [요 15:19]

이제 주의 진노로 심판하실 그 때가 이르렀다는 것이다(κρίνω-크리오는 항상 불경건한 자의 심판에 사용). 논리적인 순서는 18절이 15절보다 앞에 있어야 하지만, 18절의 결과로써 이후에 전개되는 12-18장의 구체적인 진술을 종속시킨 이유는 문학적으로 심판의 전개의 긴박감이 떨어지는 것을 피하기 위해, 무엇보다 요한 계시록의 강조점이 심판 그 자체보다는 그리스도의 나라와 그의 왕 되심과 다스림에 있기 때문일 수 있다. **"종, 선지자, 성도, 작은 자나 큰 자"** 모두는 교회 공동체를 표현하는 방식으로 보이며 그 배경은 시 115:13일 가능성이 크다.

19 성전 안에 하나님의 언약궤가 보이며 또 번개와 음성들과 우레와 지진과 큰 우박이 있더라

유대전승[61]에 의하면, 하나님의 임재의 상징이었던 언약궤는 예레미야가 이스라엘의 회복의 날을 대비하여 느보산의 어느 한 굴에 감추어 둔 것으로 전해지나 그것은 그들이 붙들고 있는 것이 허상이었다는 반증에 불과하다. 여기서 그 **"언약궤"**는 메시아 언약의 성취와 더불어 언약 준수 여부에 따른 상벌의 시금석이다.

"번개와 음성들과 우레와 지진과 큰 우박" 등, 최후 심판을 상징하는 용어가 나열되는 까닭은 이것이 최후 심판의 근거로서 언약궤와 더불어 하나님의 언약의 말씀들의 엄위함을 상징하기 때문이다. 이것이 일곱 인 심판과 더불어 또 다른 국면의 나팔 심판에서 등장하는 이유는 일곱 인 심판이 그리스도와 그의 복음을 배척한 것, 곧 **증언**(메시아 언약)을 외면한 유대교 유대인에 대한 심판이라면, 나팔 재앙은 우상숭배를 위해 짐승과 연합하여 주의 성령

---

61) 마카비 2서 2:4-8.

을 대적하고, 그의 **증인**들을 박해하고 죽인 것에 대한 보응의 차원에서 받는 재앙으로서 시온주의와 세속권세인 로마 및 그 배후의 영적 세력들에 대한 심판인 까닭이다.

추가주석

증인의 사명

세 심판 시리즈는 적어도 하나님의 백성으로 자부했던 유대인들에게 그리고 율법의 행위를 의의 근거로 삼아 예루살렘 성을 종교적 행위로 열심히 숭배했던 그들에게는 가히 충격적인 일이 아닐 수 없다. 그들이 증인의 사명을 잊고 언약을 버린 이유는 무엇인가?

첫 사람이 하나님의 언약 안에 있는 낙원을 외면하고 눈에 보이는 가치를 따르기로 결정한 결과는 마음에 하나님 두기를 싫어하는 것으로 나타났다. 이러한 탐심은 이스라엘 안에서도 여전히 살아서 율법이 그것에 대하여 지적할 때 그들은 말씀의 왜곡과 변절된 신앙을 초래하고 결국 복에 대하여 거짓증언을 하기 까지 나아간다. 율법이 가리키는 그 복은 땅의 것이 아니라 땅의 것을 팔아 하나님을 소유하는 것 곧 제사장의 나라가 되는 것이었음에도 불구하고, 오히려 그들은 도리어 하나님의 의를 버리고 권력 종교로서 눈에 보이고 손에 잡히고 쌓는 탐욕을 택하였다. 따라서 주님의 신상수훈에서 **"복이 있나니"**의 조항들은 바리새인들이 합리화시킨 거짓증언에 대한 역설이다. 그것은 **"너희가 ~라고 말하나 나는 너희에게 이렇게 말하노니"**라는 역설적인 말씀의 배경이 되었다.

눈물로 시온의 대로를 걸었던 경건한 백성들과 달리 대부분의 이스라엘은 탐심을 인하여 축복 대신 저주를 선택함으로써 사명 수행에 실패했고 결국 하나님의 나라에서 끊어지는 심판을 당했다. 이것은 첫 사람 아담이 걸었던 옛 질서 아래서의 그 길이다(롬 2:23, 빌 3:4).

교회도 마찬가지로 이 땅에 머무는 동안 "열방"(10:11, 11:9) 곧 모든 사람들과 심지어 그리스도를 대적하는 자들에게조차 복음을 증언해야 하는 사명을 받았다(11:7, 마 28:19-20, 벧전 2:9). 이 사명은 새 창조 질서 안에서의 권리이자 동시에 의무이다.

교회는 그리스도와 사도들의 발자취를 따라 증인의 사명을 감당하는 가운데 고난을 감당하며 부활의 영광 안에서 죽음조차 감당할 수 있어야 한다. 이 일이 말처럼 쉬운 것은 아니다. 적어도 이 제안은 올바른 방향을 가리킬 뿐이다. 그것의 성패는 성령의 사람이 되는 것에 달려있다.

전도보다 우선 되어야 하는 것은 신자가 성령 안에서 그리스도의 형상을 입는 일이다. 순교는 신자의 마음의 주인이 바뀌는 것을 나타내는 것이다. 그것이 주 안에서 죽고 다시 사는 신앙이다. 내가 먼저 죽어야 곧 마음이 그리스도의 온전한 통치가 이루어져야 비로소 육신도 순교할 수 있는 것이다. 성경이 말하는 증인의 사명 곧 생명을 얻는 성령에 의한 전도는 그렇게 시작된다.

> 내가 그리스도와 그 부활의 권능과 그 고난에 참여함을 알고자 하여
> 그의 죽으심을 본받아 어떻게 해서든지
> 죽은 자 가운데서 부활에 이르려 하노니 [빌 3:10-11]

추가주석

한 이레의 절반

〈표 5〉 한 이레의 절반에 대한 비교

구분	내용
한 때 두 때 반 때	기름부음을 받은 자가 끊어지는 때(단 12:7) 교회가 광야에서 양육 받는 기간, 계 12:14
마흔 두 달	짐승에 의해 교회가 박해를 받는 기간
일천이백육십일	증인의 사명을 감당하는 기간
한 이레의 절반(단 9:27)에 대한 동일한 표현이나 저자는 의도적으로 그 용례를 구분하여 사용한다.	

12장

용과 여자

그리하여 온 유대와 갈릴리와 사마리아 교회가 평안하여 든든히 서 가고

주를 경외함과 성령의 위로로 진행하여 수가 더 많아지니라

[행 9:31]

일반적으로 12:1-13:8을 요한계시록의 심장이라 칭하는 이유로서 본문이 하나님과 그의 백성 대 용과 그의 백성간의 싸움, 어린 양 대 짐승의 싸움이라는 핵심주제를 다루기 때문이라고 말한다. 하지만 그것은 세대주의의 관점에 불과하다. 하나님과 사탄의 싸움이라는 설정 자체가 어불성설이다. 피조물인 사탄은 창조주의 작정에 반역하고 악한 꾀를 쓰서 미혹하는 존재일망정 결코 하나님의 호적수로서 싸움의 대상이 될 수 없다. 그의 반역적인 사악한 자유의지는 하나님의 능하신 손 안에서 악을 징벌하는 수단이자 자의로 재앙을 불러일으키기는 하지만 철저히 통제 당하는 존재에 불과하다.

마찬가지로 이러한 정의는 성령의 도구인 교회와 사탄의 도구로 전락한 유대교 간의 영적전쟁 곧 새 질서와 옛 질서간의 대립으로써 사도행전 안에서조차도 적용할 수 없다. 그것은 영적인 전투의 행위가 분명하지만 일곱째 나팔 재앙일 뿐이고, 승리가 쟁취의 목적이 아니라 이미 획득된 승리를 세상에 전파하는 것임과 그 전파를 막으려는 대적행위에 불과하며, 사탄의 견고한 진을 허무는 성령의 능력이 영적전투로 화하는 것은 사탄과 대적하여 싸우는 대상이 육신을 입은 신자인 까닭이다.

구약 성경의 주제는 옛 창조로써 죄 아래, 율법 아래에 놓인 세상의 메시아 언약 안에서의 구원

이다. 이것의 모티프는 창 3:15이다. 여기서 사탄(뱀)의 후손은 축복 대신 저주를 선택한 사람의 아들들이고, 여자(구약교회)의 후손은 하나님의 아들들의 후손으로 올 그리스도를 가리킨다. 아담이 하나님을 경외함으로써 낙원을 허락받아 그 지으신 세계를 통치할 지혜를 얻기보다 탐심에 미혹당하여 죄의 노예가 됨으로써 언약대로 저주를 받아 낙원을 잃고 죽는 존재로 전락했듯이, 구약의 이스라엘도 야훼와 시내산에서 언약을 체결하며 그 언약을 반드시 지키겠노라고 굳게 맹세했지만 계명이 돌 판에 다 기록되기도 전에 하나님을 금송아지로 대체함으로써 헛된 것으로 만들었다. 이는 '하나님의 아들들'(창 6:2)이란 기껏 메시아 언약 안에서 하나님의 주권적인 선택을 입은 은혜의 사람들에 불과함을 뜻한다.

모세의 중재로 진멸의 참화에서 벗어난 이스라엘은 그 이후로도 광야에서부터 약속의 땅 가나안에 이르기까지 '탐심'이라는 우상으로부터의 다양한 도전과 심판을 반복적으로 경험한다. 모세는 그 역사의 현장에서 이 완악한 백성들이 결국 하나님의 계명을 지키지 못하고 축복 대신 저주를 선택하게 될 운명임을 인지했다.

하나님의 축복을 선택하는 대신 자신의 힘으로 해산의 고통에서 벗어나기 위해 우상을 섬김으로써 저주를 선택한 이스라엘은 결국 심판을 받아 나라를 빼앗기고 포로(노예)가 된다. 이 같은 이스라엘의 운명은 아담의 허리에 있는 모든 인류의 반역적 기질을 대표하는 것이다.

그들의 뼈아픈 역사는 거기서 멈추지 않았다. 종말에 대한 선지자들의 숱한 예고에도 불구하고 이스라엘의 역사는 비극으로 끝난다. 이것은 사람이란 존재는 하나님의 은혜 없이는 결코 바로 설 수 없다는 사실을 단적으로 보이시는 것이다.

죄의 멍에로부터 해방을 위하여 은혜의 언약을 따라 오신 메시아를 거역하고 권력종교라는 우상숭배에 빠져 율법의 행위로 스스로 의에 도달할 수 있다고(모든 인류가 그러하듯이) 자부하며 오히려 메시아를 신성모독이란 죄명으로 십자가에 못 박히게 함으로써 뱀의 하수인이 되어 그의 발뒤꿈치를 물리는데 조력하였다. 마치 금송아지를 하나님으로 우상화했던 그 조상들의 반역이 유대교 유대인들에게서 반복된 것이다. 그들은 여기서 더 나아가 참 성전으로 오신 메시아 대신 예루살렘 성과 대를 숭배하고 또 권력종교를 사수하기 위하여 용과 그에게 속한 두 마리 짐승과 유착하여 메시아와 그의 후손들까지도 박해하고 죽인다.

본 장에서 여자(교회)가 낳은 아이(12:4)는 메시아가 아니라 메시아 언약 안에 있는 축복을 선택한 즉 신약교회가 해산한 그리스도인(유대인 그리스도인)이다. 따라서 본 장은 이 역사적 사실을 모티프로 하여 '여자의 후손이 뱀의 머리를 밟는 그 메시아 언약의 성취를 위해 하나님의 마음이 진노의 심판으로 불이 붙는 듯하다'는 맥락을 형성한다.

1. 해를 옷 입은 여자 【12:1-6】

1 하늘에 큰 이적이 보이니 해를 옷 입은 한 여자가 있는데 그 발 아래에는 달이 있고 그 머리에는 열두 별의 관을 썼더라

요한이 "하늘에서" 큰 표적을 보았는데, 해(Sun)를 옷 입고, 발아래는 달이 있으며, 머리에는 열두 별의 관을 쓴 한 여자가 아이를 해산하려고 아파서 부르짖는 모습이었다(1-2절). σημεῖον-세메이온, **"이적"**은 단순히 '놀라운 일'이나 '사건의 광경'이 아니라 어떤 것에 대한 사실을 입증하려는 의도에서 보여주는 표적(sign)이다. 따라서 이것은 구약 교회가 율법 아래의 고통에서 복음을 기다리는 즉 '나 같은 선지자'(신 18:15)를 낳기 위한 여자(구약교회)의 영적 몸부림으로 묘사되는데, 열두 별은 구약 이스라엘의 12지파를 상징해왔다.

"여자"는 누구인가? 가톨릭은 마리아로 해석한다. 그러나 여자는 이스라엘 곧 하나님의 백성, 곧 교회를 상징한다(사 26:17-18, 이스라엘이 해산의 고통으로 부르짖음). 왜냐하면 마리아의 수태는 하나님께서 그 몸을 사용하신 사실을 말하는 것이지 인간이 그리스도를 낳는다는 생각은 신성모독이다. 하지만 요한이 가리키는 이 여자는 엄밀히 메시아 언약을 작정하신 하나님 자신에 대한 묘사이다. 구약 교회가 하나님의 언약 안에서 '그리스도'를 출산하기 때문이다(5절. 참조, 사 66:7-8 시온이 남자를 낳았다).

3 하늘에 또 다른 이적이 보이니 보라 한 큰 붉은 용이 있어 머리가 일곱이요 뿔이 열이라 그 여러 머리에 일곱 왕관이 있는데
4 그 꼬리가 하늘의 별 삼분의 일을 끌어다가 땅에 던지더라 용이 해산하려는 여자 앞에서 그가 해산하면 그 아이를 삼키고자 하더니

붉은 용이 만왕의 왕이신 그리스도를 모방하고 있다(참조, 단 7:7). 여기서 **"큰 붉은 용"**의 정체는 무엇인가? 그는 하나님의 제사장을 상징하는 별 삼분의 일을 땅에 던진 자, 여자(구약교회)가 출산하려한 메시아를 삼키려 한 자(마 2:16), 새 언약 교회가 낳은 **"아이"**(회심한 유대인)와 **"여자"**(교회)를 추격하는 사탄을 가리킨다(9절, 20:2).

"머리가 일곱이요 뿔이 열이라" 이것은 용이 그리스도의 권위와 능력을 모방하는 것에 대한 묘사로 즉, 만국을 다스리는 그리스도와 대비하여 로마의 황제와 그 속국인 헤롯 왕국을 장악한 것을 가리킨다. 13장에 등장하는 짐승도 어린 양을 모방한다(13:11). 결국 사탄은 '속이는 자'임을 알 수 있다.

'하늘의 별을 땅에 던지다'는 것은 무엇을 의미하는가? 여기서 **"하늘의 별"**은 구약에서 하나님을 경외하는 자들(단 12:3)이다. 따라서 **"땅에 던지더라"**는 그들 중에 1/3이 우상숭배에 가담했음을 암시한다.

5 여자가 아들을 낳으니 이는 장차 철장으로 만국을 다스릴 남자라 그 아이를 하나님 앞과 그 보좌 앞으로 올려가더라

여자가 아들을 낳았는데 그 아들은 장차 **"철장으로 만국을 다스릴 남자"**(시 2:7-9, 미 5:2)이다. 시편과 미가에서 그 '아이'는 구약 교회가 해산할 메시아이다. 구약의 이스라엘은 '잉태한 여자'로 비유되었지만 이스라엘에게 기쁨을 주는 아이를 낳는 대신 바람을 낳았다고 한탄했다. 그것은 그들이 율법을 지킴으로 환난으로부터 스스로를 구원할 수 있을 것으로 믿었으나 결국 실패했다는 고백이다(사 26:17-18). 하나님께서는 사 66장에서 이스라엘을 포로에서 회복시키실 때를 아이를 다시 낳게 될 것으로 묘사된다. 그러므로 여자는 구약교회를 상징한다. 그것이 본 구절의 배경이다. 이스라엘의 회복과 구원은 메시아 언약(복음) 안에서 성취될 것임을 말하려는 것이다.

요한은 회복의 날을 승리하신 메시아에 대한 묘사로써 19:11-16에서 그를 백마를 탄 자, 만왕의 왕으로 묘사한다.

"그 보좌 앞으로 올려가더라"는 요한의 환상이 그리스도의 탄생으로부터 왕이 될 운명과 그리고 부활 후 하나님께로 올라가심이 그의 운명을 성취하기 시작한 것을 나타내는 것이다. 따라서 이것은 다시 19장의 그리스도의 재림과 연결된다(19:15).

> 내 아버지 집에 거할 곳이 많도다 그렇지 않으면 너희에게 일렀으리라
> 내가 너희를 위하여 거처를 예비하러 가노니
> 가서 너희를 위하여 거처를 예비하면 내가 다시 와서 너희를 내게로 영접하여
> 나 있는 곳에 너희도 있게 하리라 [요 12:2-3]

6 **그 여자가 광야로 도망하매 거기서 천이백육십 일 동안 그를 양육하기 위하여 하나님**
께서 예비하신 곳이 있더라

여기서 1,260일은 단 9:27의 배경으로 단 9:4에서 언급된 옛 언약에 신실했던 보수적인
유대인들과 평행적으로 새 언약에 신실한 두 증인의 활동 기간으로, 기름부음을 받은 자(대
제사장 아니오스와 예수)가 끊어진 한 이레의 절반인 **'한 때 두 때 반 때'**를 가리킨다(11:3). 이것
은 진보 소위 개혁파 유대인들과 헬라 정부 사이에 맺은 언약(한 이레)이 멸망의 가증한 것을
거룩한 곳에 세워지도록 한 것에 대한 다니엘의 묵시가 성취된 역사적 사건을 인용한 것으
로, 로마에 의해 예루살렘에서 재현될 종말의 기간을 의미한다.

이 기간 동안 용의 박해(스데반의 순교 이후)로 교회가 예루살렘을 떠나 전역으로 흩어지게 된
것은, AD 70년의 '예루살렘 멸망의 날'(큰 날)로부터 교회를 보호받게 하신 것이다(성경은 교
회를 박해한 원수들에 대한 최후의 심판보다 배교한 백성들에 대한 심판에 더 큰 비중을 둔다는 사실을 기억하라).

> 그 때에 스데반의 일로 일어난 환난으로 말미암아 흩어진 자들이
> 베니게와 구브로와 안디옥까지 이르러 유대인에게만 말씀을 전하는데 [행 11:19]

"광야"와 **"양육**(먹이심)**"**은 출애굽을 떠올리게 한다. τόπος-토포스, **'곳'**은 약속의 땅을 가리
키는 מקום-마코임, 곧 시온과 예루살렘 성전을 나타내는 용어로, 칠십인 역에서 일반적으
로 '성막'을 가리켰다.

교회는 자의적으로 광야로 피하였지만 그곳은 하나님의 예정 안에서 예비하신 곳이자 하
나님께서 함께 하시며 보호하심을 가리킨다. 따라서 그 보호의 기간(1,260일)은 성도의 입
장에서는 종말이 이르기 전 곧 "주의 진노의 날"이 이르기 전까지의 '믿음의 인내'라는 고
난과 시험의 기간이라는 것을 내포하고 있다.

> 그 날에는(또 다른 보혜사를 너희에게 주시는 날에, 16절) 내가 아버지 안에,
> 너희가 내 안에, 내가 너희 안에 있는 것을 너희가 알리라 [요 12:20]

이 기간과 관련하여 과거주의(Mounce)는 AD 66년 예루살렘 포위 시 펠라로 도망친 사건
으로 해석하고, 상징주의(Hendriksen, Beale)는 장차 교회에 임하게 될 박해에 대한 것으로,
미래주의(Osborne)는 마지막 때의 우주적 종말에 대한 것으로 해석하는데, 계시록 전체의

맥락이 아니라 단순히 다니엘의 마지막 한 이레에 함몰된 편협적인 관찰에 지나지 않는다. 다시 말하지만 요한의 한 이레의 절반에 대한 각각의 묘사(한 때 두 때 반 때, 마흔 두 달, 일천 이백 육십일)는 서로 다른 의미를 가지는 것이지 하나의 의미에 대하여 다양하게 표현하는 수사적 기법이 아니다.

2. 사탄이 쫓겨나다 【12:7-12】

7 하늘에 전쟁이 있으니 미가엘과 그의 사자들이 용과 더불어 싸울새 용과 그의 사자들도 싸우나

8 이기지 못하여 다시 하늘에서 그들이 있을 곳을 얻지 못한지라

여기서 **"하늘에 전쟁이 있으니"**는 여자의 후손으로서 지상에서의 메시아의 십자가와 부활의 승리에 대한 천상적인 국면을 묘사하는 것이다. 이것은 '여섯째 나팔과 대접 심판'에서 몸 된 교회가 성령의 능력을 힘입어 사탄과 그의 추종 세력의 박해에 대하여 동일한 십자가와 부활로 맞서 승리한 증인들의 영적 전쟁을 이끌어 낸다. 우리가 주목할 부분은 **"다시"**로 번역된 것 때문에 땅으로 추방당한 사탄이 거처를 하늘에 두려고 재시도한 것으로 오해할 수 있지만 οὐδὲ ἔτι-오우데 에티는 "더 이상 아니다"를 뜻하고 이것은 12:1-6이 메시아 언약 안에 있는 구약교회의 메시아 해산을, 그리고 9-12은 시작된 그리스도 왕국으로서의 새 언약 교회를, 13-17은 새 언약 교회가 낳은 유대인 그리스도인과 사탄과의 전투를 설명하는 배경이 된다.

미가엘(인애하심과 대비되는 전쟁에 능하신 그리스도)과 그의 사자들은 성령의 군대로써 신실한 증인들을, 용과 그의 사자들은 반역의 주체인 사탄과 그에게 동조했던 타락한 영들을 상징하고, 땅으로 **'던져졌다'**(신적 수동태, cf. 4절)는 4절의 **'던지더라'**에 대한 보응적인 성격으로써 이 영적 전쟁에서 사탄과 그의 사자들을 패배시켰다는 뜻이다.

> 그리하여 온 유대와 갈릴리와 사마리아 교회가 평안하여 든든히 서 가고
> 주를 경외함과 성령의 위로로 진행하여 수가 더 많아지니라 [행 9:31]

10a 내가 또 들으니 하늘에 큰 음성이 있어 이르되

하늘의 큰 음성은 12절까지 지속된다.

10b "하나님의 구원과 능력과 나라와 또 그의 그리스도의 권세가 나타났으니"

이것은 부활의 결과로 그리스도의 권세가 '우리 형제들'을 고소하던 자를 쫓아내었기 때문이라는 선언에서 **'우리'**가 나타내듯이 천상의 교회의 합창이다. 요한계시록에서 **"하늘에 큰 음성"**이 대부분 하나님 또는 천사를 나타내는 것과 달리 6:9-11에서와 같이 이것은 그리스도의 왕국의 시작을 축하하는 성도들의 음성이다.

10c 우리 형제들을 참소하던 자 곧 우리 하나님 앞에서 밤낮 참소하던 자가 쫓겨났고

κατήγωρ-카테고르, '고소자', '비난하는 자'는 율법을 근거로 이스라엘의 불법을 하나님께 고소하며 백성의 자격을 '참소하던 자'가 그리스도의 십자가와 부활로 인하여 쫓겨났다는 뜻이다. 그것은 사탄이 여자의 후손에 의해 머리를 밟히는 패배를 가리킨다. 그런데 '쫓겨난 자'가 짐승을 다스리며 교회를 지속적으로 박해하는 것은 어떤 의미인가?

마귀의 패배는 권한의 상실을 뜻한다. 그럼에도 마귀와 짐승들이 교회를 대적하는 권세를 가진 것처럼 행동하는 것은 성도들을 지배할 권세를 가졌다는 것이 아니라 하나님의 일시적인 허용이며, 그들이 무저갱에서 잠시 놓이는 것은 심판의 도구로써, 그리고 영원한 멸망을 당하기 위한 과정일 뿐이다.

11 또 우리 형제들이 어린 양의 피와 자기들이 증언하는 말씀으로써 그를 이겼으니 그들은 죽기까지 자기들의 생명을 아끼지 아니하였도다

여기서 강조되는 대명사 **"우리 형제들"**은 완전한 승리와 연결된다. 그러니 그 승리는 **"자기들의 생명을 아끼지 아니한"** 것에 있지 않고 **"어린 양의 피"**에 있다. 그들이 박해에 기꺼이 생명으로 맞설 수 있었던 까닭은 자신들의 목숨보다 하나님을 더 사랑하여 어린 양을 따른 것에 있다. 이것이 그들의 증언과 일치하는 증인의 삶인 까닭이다.

자기의 생명을 사랑하는 자는 잃어버릴 것이요

이 세상에서 자기의 생명을 미워하는 자는 영생하도록 보전하리라 [요 12:25]

12a "그러므로 하늘과 그 가운데에 거하는 너희들은 즐거워하라

성경은 그리스도인들이 영적으로 '하나님의 장막(임재) 안에 있다'고 말한다(7:15). 이것은 신학적으로 '이미와 아직'의 긴장 속에 있는 교회의 실상을 뜻하며, 죄의 용서 받음에 대한 즐거움이다.

"하늘"로 번역된 'οὐρανός-우라노스'는 구름이나 먼지의 복수형으로 이 용어는 히브리어 ײַ֫יַם-샤마임, "하늘"의 역어로 물리적인 창공이나, 하나님이 거하시는 하늘, 의인화된 하늘 등에 사용되었다.

요한계시록에서 우라노스, **"하늘"**은 52회나 언급되나 복수(하늘들)로 취한 곳은 여기가 유일한데, 이 구절은 **"하늘과 그 가운데에"**의 접속사 'καί-카이'를 어떻게 읽느냐에 대한 차이에서 발생한다. 만약 그것을 한글 개역성경처럼 '그리고'로 읽으면 "하늘들"과 "그들 가운데에" 있는 "너희"가 되지만, 접속사를 '그리하여' 또는 '그래서'로 읽으면 "하늘들" "곧 순교자들 가운데 거하는 자"를 가리킨다. 즉 "어린 양의 보혈로 참소하던 자가 쫓겨났으니 (대신 거기에 있게 된) 너희 하늘(성도)들은 기뻐하라"는 뜻이다.

전자의 읽기는 단수로 사용되는 '샤마임'의 용례와 충돌되지만, 후자로 읽으면 **"하늘(들)"**은 '성도들'을 지칭하는 의인화된 하늘이고 요한이 굳이 복수로 은유시킨 의도와 부합된다. 이 같은 용례는 신 32:43(칠십인 역)에서 잘 드러난다. 거기서 백성들은 하늘들이다. 이 밖에도 대상 16:31, 사 44:2, 45:8, 49:13에서 '샤마임'은 백성들을 지칭하는 은유로 사용되었다. σκηνόω-스케누, '살다, 거하다'라는 표현은 7:17에서는 "장막을 치다"로 번역되었다. 이 용어는 요한복음(1:14)과 계시록(4회)에만 나오며 구약의 성전을 통한 '하나님의 임재'의 회복과 신약에서 성전이 되신 주님의 영원한 임재를 상기시켜주는 중요한 표현이다.

12b 그러나 땅과 바다는 화 있을진저

"땅과 바다"는 '유대교와 로마(세상)'로 그들에게 화가 있을 것이라고 선언된다. 왜냐하면 마귀가 자신에게도 그 멸망의 때가 임박한 것을 알고 크게 분노하여 그들에게 내려갔기 때문이다(12절). 이것은 마귀가 땅과 바다에 분노를 표출하기 때문에 화가 미친다는 것이 아니라 마귀가 거주하는 것 자체가 곧 화가 되는 까닭이다. 마귀의 악한 본성이 더 이상 토해 낼 곳이 사라지자 결국 자신을 따랐던 땅과 바다 그리고 그 가운데 거하는 자들(13:12)에게 방향을 전환하는데, 이것은 사탄이 하나님의 철저한 통제 안에서 자신의 반역적인 자유의 지를 사용할 수밖에 없는 제한적인 존재에 불과함을 시사한다.

3. 용과 여자 【12:13-17】

13 용이 자기가 땅으로 내쫓긴 것을 보고 남자(아이)를 낳은 여자를 박해하는지라

εἶδον-에이돈, **"보다"**는 '깨닫다', '지각하다', '알다'라는 의미 사용되는 단어이다. 사탄인 용이 자신이 쫓겨난 것을 깨닫자 '아이'(자신이 쫓겨나게 된 원인-11절)를 낳은 여자를 박해한다. 그동안 이 구절은 그리스도를 낳은 교회(여자)와 그리스도(아이)로 잘못 해석되어 왔다. 그러나 5절의 해석에서 언급한 바와 같이 '여자'는 '메시아 언약' 안에 있던 '경건한 유대인'이고, 구약교회이자 '아이'는 회심한 유대인 그리스도인을 가리킨다.

14a 그 여자가 큰 독수리의 두 날개를 받아 광야 자기 곳으로 날아가

여자가 "큰 독수리의 날개"를 받았다(신적 수동태, cf. 출 19:4, 신 1:31-33 광야-곳, 사 40:29-31 '독수리의 날개 치며 올라감 같을 것이요'). 하나님께서 교회를 보호하심. 광야의 자기 '곳'(로마와 그의 정복지)으로 날아감. 거기서 한 때와 두 때와 반 때(교회의 핍박 시기, 환난의 시기, 증인의 사역 시기)를 양육 받음(신적 수동태, cf. 6절). 여기서 독수리는 '하나님으로 오신 예수'를 상징하는 것이 아니라 소아시아 전역을 정복한 로마 정부를 상징(독수리 문장)한다. 하나님이 그들을 도구 삼아 유대당국(산헤드린)의 핍박으로부터 자기의 교회를 보호하셨다는 의미이다. 이때까지는 짐승 로마가 하나님의 도구로써 땅(유대교)으로부터 여자(교회)를 보호하는 역할을 한 것으로 보인다.

15 여자의 뒤에서 뱀이 그 입으로 물을 강 같이 토하여 여자를 물에 떠내려 가게 하려 하되

뱀이 물을 사용하여 여자를 떠내려가게 하려 했지만, 땅이 여자를 도와서 그 물을 삼켜 버린다(15-16절, cf. 사 43:2-'네가 물 가운데로 지날 때'). 여기서 뱀은 용의 하수인으로 등장하는 다른 복음(갈 1:6, 8)으로 미혹한 유대교 유대인들이다. 이것은 물 샘에 떨어져(8:10) 시온을 장악한 용이, 예루살렘에 부흥의 불길이 일어나는 동안에 교회에 슬그머니 잠입하여 거짓복음(유대주의 이단)으로 교회를 장악하려 시도했지만, 당시 산헤드린 당국은 교회가 복음을 전파하는 동안 크게 방해하지 않았고 잠깐 동안 동거함으로써 교회가 든든히 세워져갈 수 있는 기회가 되었다.

> 어떤 사람들이 유대로부터 내려와서 형제들을 가르치되
> 너희가 모세의 법대로 할례를 받지 아니하면 능히 구원을 받지 못하리라 하니⋯⋯
> 바리새파 중에 어떤 믿는 사람들이 일어나 말하되
> 이방인에게 할례를 행하고 모세의 율법을 지키라 명하는 것이 마땅하다 하니라 [행 15:1-5]

17 용이 여자에게 분노하여 돌아가서 그 여자의 남은 자손 곧 하나님의 계명을 지키며 예수의 증거를 가진 자들과 더불어 싸우려고 바다 모래 위에 서 있더라

다른 복음으로 교회의 장악이 실패로 돌아가자 용은 이제 잠깐의 동거를 끝내고 '여자의 후손의 남은 자' 곧 하나님의 계명을 지키며 예수의 증거를 가진 자들과 더불어 싸우려고 떠난다.

> 형제여 그대도 보는 바에 유대인 중에 믿는 자 수만 명이 있으니 다 율법에 열성을 가진 자라.
> 네가 이방에 있는 모든 유대인을 가르치되 모세를 배반하고 아들들에게 할례를 행하지 말고
> 또 관습을 지키지 말라 한다 함을 그들이 들었도다~.
> 아시아로부터 온 유대인들이 성전에서 바울을 보고
> 모든 무리를 충동하여 그를 붙들고 외치되
> 이스라엘 사람들아 도우라 이 사람은 각처에서
> 우리 백성과 율법과 이곳을 비방하여 모든 사람을 가르치는 그 자인데~
> 이는 백성의 무리가 그를 없이하자고 외치며 따라 감이러라 [행 21:20c-36]

"바다 모래 위에 서 있더라" 이 장면에서 '바다모래 위에 세워지다'는 신적 수동태로 묘사되고 있다. 즉 열방 가운데 흩어져 세워진 교회를 대적하는 사탄의 행위는 철저히 하나님께서 허락하신 영역에서 통제되는 존재(모래-이스라엘)에 불과하며 감히 하나님에 맞서 싸우는 호적수로 생각해서는 안 되는 것이다.

여자와 그의 "남은 자손들"은 누구인가?
세대주의자들은 여자를 문자적 또는 역사적 이스라엘(혹은 144,000을 포함)을 가리킨다고 보며 **"남은 자손들"**은 휴거 후에 남은 자로 본다. 반면, Beale은 '천상적인 교회'와 '지상의 교회'로 본다(갈 4:26).
하지만 여기서 '여자'는 메시아 언약 안에 있는 어린 양의 신부로서 첫째 증인인 십사만 사천을 의미하며, 남은 자는 **"하나님의 계명을 지키며 예수의 증거를 가진 자들"**이라고 밝힘으로써 두 번째 증인인 '흰 옷 입은 셀 수 없이 많은 무리'의 디아스포라 유대인 그리스도인들을 가리킨다.

> 또 이사야가 이스라엘에 관하여 외치되
> 이스라엘 자손들의 수가 비록 바다의 모래 같을지라도
> 남은 자만 구원을 받으리니 [롬 9:27]

휴거, 세대주의 종말론주의자나 전 천년설을 신봉하는 교회는 살전 4:17을 그리스도 안에 있는 자들은 죽은 자나 산 자가 모두 주님의 지상 재림 시에 공중으로 들림을 받게 될 것이라는 간결한 소망의 메시지로써 이해를 초월하여, 신실한 그리스도인들은 들림을 받아 천국으로 들어가는 반면. 남은 자(교회)는 지상에서 일정기간 동안 적그리스도의 통치로 대 환란과 아마겟돈의 전쟁을 치르게 되고, 거기서 승리한 교회가 천년 동안 다스리게 될 것이라고 믿는다. 하지만 이러한 관점은 본서의 맥락에서 볼 때 크게 오해한 것으로, 현대에서 세대주의 주장을 수용하는 경향은 많이 축소되었다.

13장

두 짐승과 666

본 장은 이전 장의 주제였던 언약에 신실한 증인들과 대조적으로 하나님의 언약을 파기하도록 유혹한 동산의 그 원수가 여자가 낳은 아이를 인하여 땅으로 내어 쫓긴 후에도 여전히 여자의 후손들을 박해하고 하나님을 대적하기 위해 역사적으로 그의 하수인인 짐승들과 우상을 숭배하는 배교자들을 어떻게 사용하고 있는지를 지적한다.

하나님은 이스라엘의 반역을 다스리기 위하여 역사적으로 짐승 곧 제국을 일으키시고 그들을 도구로 사용해 오셨다. 그러나 다니엘이 주목한 헬라의 그 작은 뿔이나 요한이 주목하는 헬라 로마 이후의 로마 정권과 헤롯 왕조는 하나님의 뜻에 반하는 사탄의 도구들이라는 점이다. 따라서 요한이 다니엘 7장의 네 번째 짐승을 인용한 것은 사탄이 사탄적인 헬라와 배교한 유대인들을 수단으로 신성모독과 우상숭배를 통하여 하나님을 대적한 것처럼, 사탄적인 로마 정권과 헤롯 왕조를 도구로 삼아 일으킬 동일한 신성모독 행위를 암시하려는 것에 있다. 그래서 요한은 바다 건너에서 온 짐승인 로마와, 땅의 짐승인 헤롯 왕조의 두 짐승과 그들과 타협한 666명의 우상숭배 자들을 은유적으로 가리키고 있다. 13장은 12장에 이어 사도들의 행전에 동행하시는 성령의 역사에 대적하는 어둠의 권세들을 다룬다.

1. 첫째 짐승 【13:1-10】

1 그 짐승은 용과 같이 뿔이 열이요 머리가 일곱이라. 그 뿔에는 열 왕관이 있고 그 머리들에는 신성모독 하는 이름들이 있더라

2 내가 본 짐승은 표범과 비슷하고 그 발은 곰의 발 같고 그 입은 사자의 입 같은데 용이 자기의 능력과 보좌와 큰 권세를 그에게 주었더라

두 짐승에 대하여 Beale은 욥 40-41장의 베헤못과 리워야단을 사탄의 특성으로 인용하지만 그것은 단순히 욥이 길들일 수 없는 악어와 하마를 비유함으로써 욥의 인식의 한계를 깨우치는 것에 불과하므로 적절한 인용이 될 수 없다. 하지만 욥기에 대한 유대인의 전통은 두 짐승의 반항적이고 굴복치 않는 적개심에 의한 전쟁의 불가피성을 악의 세력을 상징하는 것으로 정형화하여 역사의 마지막에 심판을 받는 것으로 인식하였기에 그는 이것을 평행적으로 인용한다.[62]

"그 짐승은 용과 같이 뿔이 열이요 머리가 일곱이라" 용은 12:17에서 바다 모래 위에 서 있었다. 이야기는 이어지면서 바로 "그 바다로부터" 한 짐승이 나오는데(참조, 단 7:3, 계 11:7-무저갱으로부터 올라온 짐승) 그는 용과 같이 열 뿔과 일곱 머리를 가지고 있다. 이것은 땅으로 내어 쫓긴 용이 그 시점부터 세상을 상징하는 바다 곧 당시 로마를 장악했다는 은유적인 묘사인데, 이것은 9장에서 무저갱을 열도록 허용된 것과 연결된다. **"내가 본 짐승은"** 요한이 다니엘의 묵시와 비교하여 말하는 것이다. 그가 본 것은 다니엘이 열거했던 네 제국들을 상징한 짐승들이 합해진 것으로, 그것들이 가져오는 공포를 총망라한 최후 제국의 모습이다. 그리고 요한은 이 짐승의 힘은 그의 것이 아니라 용으로부터 받은 것이라고 말하고 있다. Bauckham은 당시 유대인들은 다니엘서 7장의 네 번째 짐승을 로마 제국으로 해석했으며 메시아의 출현으로 멸망당할 것이라고 믿었다고 한다(마 21:9). 이러한 인식은 현재 거의 보편화 되어 있는 추세이다. 하지만 이러한 주장에도 불구하고 다니엘이 말하는 그 네 짐승의 실체는 '바벨론-메대-바사-헬라'로 이어지는 네 개의 제국이며 네 번째 짐승은 로

---

62) Beale, Ibid, P. 1152-3.

마가 아니라 분명 헬라였다. 요한도 유대인과 동일한 인식을 가졌을 수 있다. 하지만 그는 다니엘의 묵시에서 네 번째 짐승인 헬라 특히 사탄적인 헬라로서 등장하는 작은 뿔에 집중하고 있으며 이것을 그가 받은 계시에서 헬라 로마 이후의 사탄적인 로마의 등장으로 적용하고 있다고 보아야 한다.

본 구절의 배경으로서 단 7:24에서 가져 온 짐승의 일곱 머리는 이스라엘 역사와 연관된 제국들(앗수르, 바벨론, 메대, 바사, 헬라, 헬라 로마, 사탄적인 로마)을 가리키고, 열 뿔은 헬라의 왕들을 상징하지만 여기서는 그 당시의 지배 세력이었던 로마의 권세로서 로마의 황제들을 지칭할 목적으로 인용된다(1-11).

"신성모독 하는 이름들이 있더라"는 당시 로마의 황제의 신격화를 위해 강요된 황제숭배 사상을 은유적으로 가리키는 것이다.

3 그의 머리 하나가 상하여 죽게 된 것 같더니 그 죽게 되었던 상처가 나으매 온 땅이 놀랍게 여겨 짐승을 따르고

이것은 부활한 어린 양(5:6)을 흉내 내는 짐승의 모습을 연상시킨다. 여기서 **"상하여 죽게 된"** 머리는 네로 황제이고, **"그 죽게 되었던 상처가 나으매"**는 네로가 자살한 이후 2년간 황제의 자리를 차지하기 위해 그의 휘하의 네 명의 장수들(갈바, 오토, 비텔리우스, 베스파시안) 간의 암투에서 네로 황제의 분신으로서 베스파시안이 등극한 것을 비유한 것이다. 그리고 **"온 땅이 놀랍게 여겨 짐승을 따르고"**는 실각이 예상되었던 헤롯이 새로 등극한 로마 황제 베스파시안에게 재신임을 얻어 다시 유대를 통치할 권세를 받은 것에 대한 유대인들의 반응을 은유한 것이다.

단 9:27은 에피파네스의 등장을 **'한 왕의 백성'**으로 표현함으로써 '하나님이 세우지 않은 자'라는 암시를 준다. 그가 와서 무너뜨린 성소를 또 다른 '한 왕의 백성' **헤롯**에 의해 다시 세워진 것이 제3성전인 헤롯 성전이다. 하지만 제3성전은 참 성전이신 그리스도의 몸에 의해 대체되어져야 했기에 그것은 허물어진 채로 방치되는 것이 옳았다. 왜냐하면, 측량에서 배제된 제3성전의 이방인의 뜰은 **헤롯**에 의해 축성되어 사탄이 공중에서 쫓겨난 후 신성모독과 우상숭배의 터전이자 '다른 복음'으로 많은 사람을 죽이는 용의 성이 되는 까닭이다(8:10-12).

보소서 이 돌들이 어떠하며 이 건물들이 어떠하니이까

예수께서 이르시되 네가 이 큰 건물들을 보느냐

돌 하나도 돌 위에 남지 않고 다 무너뜨려지리라 하시니라 [막 13:1-2]

4 누가 이 짐승과 같으냐 누가 능히 이와 더불어 싸우리요 하더라

비교 불가함을 일컫는 이 말은 야훼께만 적용될 수 있는 찬양이었다(출 8:10, 신 3:24, 사 40:18, 시 35:10, 71:19, 113:5, 미 7:18).

동산의 원수였던 사탄이 가인(아벨을 죽임)에게 들어가 에녹성을 쌓은 것과, 그리고 에서와 그의 후손에게 들어가 땅(유대인)의 원수가 되게 한 것과, 그 족속의 후예인 헤롯이 유대의 분봉 왕이 되어 허물어야 될 성전을 다시 세운 것과 배교한 유대인들이 메시아와 그의 증인들을 죽이고 박해하는 일련의 일들은 결코 별개의 일이 아니다.

5 또 짐승이 과장되고 신성 모독을 말하는 입을 받고 또 마흔두 달 동안 일할 권세를 받으니라

본문의 배경은 단 7:6, 8:10이고, 그 인물은 **안티오쿠스 에페파네스**였다. 여기서 사용된 동사는 다른 곳에서와 달리 신적수동태가 사용되지 않는다. 그것은 하나님께서 세운 자리가 아니라 사탄이 그에게 속한 짐승에게 부여한 권세라는 의미이다. 즉, 로마 황제를 하나님이라고 칭하게 하는 것은 인간이 하나님의 자리에 앉으려는 신성모독이다(창 3:5).

"과장"(μεγάλα-메갈라)은 부풀려 말하는 입을, 그리고 **"마흔두 달"**(11:2-3, 12:6, 14)은 멸망의 심판이 이르기 전 마지막 한 이레의 절반 동안에 짐승이 신성모독과 아이(회심한 유대인과 이방인)를 낳은 여자를 박해하도록 부여받은 사탄의 시간이다(6-8절). 따라서 이것은 새 언약 교회에 매우 중요한 사실을 말하고 있다. 종말의 때에 성도에게 닥치는 환난 곧 박해는 결코 하나님께서 계획하신 시험이거나 믿음의 인내가 아니라는 사실이다. 오히려 믿음의 인내는 사탄의 공격으로부터의 보혜사의 은혜를 힘입어 이겨 어린 양께 영광을 올려야 할 신자의 몫일뿐이다.

환난은 결코 하나님의 옥석 고르기가 아니다. 믿음에는 거짓된 믿음과 참 믿음이란 없다. 오로지 믿고 믿지 않는 것뿐이다. 따라서 큰 믿음과 작은 믿음이란 수준의 차이지 분량이란 허상이다. 개인의 성화의 도(상급)는 다르나 모든 믿음은 순결하고 진실할 뿐이다(겨자씨

믿음의 교훈).

8 죽임을 당한 어린 양의 생명책에 창세 이후로 이름이 기록되지 못하고 이 땅에 사는 자들은 다 그 짐승에게 경배하리라

짐승에게 경배하는 자들은 누구인가?

'이 땅에 사는 자들'('하늘에 장막을 친 사람들'과 대조-6절, 12:12) 곧 죽임을 당한 어린 양의 생명책에 '창세 이후로' 기록되지 못한 자가 짐승에게 경배한다(이것은 짐승에게 경배하는 자들은 처음부터 선택된 백성이 아니었다는 역설이다).

여기서도 요한의 삼위일체 신학이 엿보인다. '하나님의 생명책'과 '어린 양의 생명책'이 바로 그러하고, '창세전의 작정'(엡 1:4)과 '창세 이후의 기록'(8)이 그러하다. **"누구든지 내게 죄를 범한 자는 내가 내 책에서 지워 버리리라"**(출 32:33)는 말씀은 하나님께서 유지하시는 엄격한 공의의 기준이며, 영생은 자동적으로 주어지는 것이 아니라 죄의 용서 없이는 영생에 들어갈 수 없다는 엄격한 기준의 말씀이기도 하다. 따라서 생명책은 죄의 용서, 즉 구원의 절대적 수단에 대한 성경의 강력한 진술 중 하나인바 이것이 가리키는 것은 메시아 곧 어린 양의 보혈이다.

Beale은 **"창세 이후로"**가 의미하는 바는 구원 받을 자는 그리스도의 죽음의 시간이 시작되기 전에 이미 결정되었음을 의미한다고 말한다. 그래서 '택함을 받은 사람'은 창세 이전에 그의 이름이 생명책에 기록되었음을 강하게 암시하는 계 17:8을 보충한다고 주장한다. 그러나 요한은 하나님의 작정과 성취를 말하는 것으로 보이며, 여기서 **"그 짐승에게 경배하리라"**는 "어린 양의 생명책"에서 알 수 있듯이 옛 창조가 아닌 "새 창조"이다. Beale의 주장의 허점은 구원론을 운명적으로 여기게 하는 것에 있다. 이것은 불신자의 책임을 하나님께 두는 결과를 빚는다. 하지만 그 선택적 운명이란 '그리스도 안에서 구원'이라는 하나님의 '창세전의 작정'을 일컫는 것이지 신자의 의지와 무관하게 이미 정해진 운명을 말하는 게 아니다. 누구든지 '그 은혜를 인하여 믿음으로 말미암는 구원'은 은혜에 반응해야 하는 사람의 책임을 분명히 요구하는 것이기 때문이다.

10 사로잡힐 자는 사로잡혀 갈 것이요 칼에 죽을 자는 마땅히 칼에 죽을 것이니 성도들의 인내와 믿음이 여기 있느니라

요한은 일곱 교회에 반복적으로 **"귀 있는 자는 들을지어다"**하고 강조하였는데, 그는 '짐승에게 경배하는 자들'이 받을 심판에 대하여 배교한 이스라엘에 선언되었던 예레미야서의 징벌을 인용한다(참조 22:11).

> 그들이 만일 네게 말하기를 우리가 어디로 나아가리요 하거든
> 너는 그들에게 이르기를 여호와께서 이와 같이 말씀하시니라
> 죽을 자는 죽음으로 나아가고 칼을 받을 자는 칼로 나아가고
> 기근을 당할 자는 기근으로 나아가고
> 포로 될 자는 포로 됨으로 나아갈지니라 하셨다 하라 [렘 15:2]

"성도들의 인내와 믿음이 여기 있느니라"(참조, 14:12). 하지만 성도들이 선택해야 할 길은 이것이니 곧, 그 짐승에게 경배를 거부해야 하며 이로 인하여 사회적인 불이익이나 경제적인 곤란에 봉착하더라도 견뎌야 하고, 강압적인 요구로 인해 목숨을 잃는 한이 있어도 부활의 영광을 의지하여 끝까지 믿음을 지켜야 한다는 뜻이다. 왜냐하면 '예언의 말씀(증인의 삶과 배교자의 삶에 대한 계시)'을 지키는 자가 복이 있기 때문이다(1:3, 22:7).

> 누구든지 자기 목숨을 구원하고자 하면 잃을 것이요
> 누구든지 나와 복음을 위하여 자기 목숨을 잃으면 구원하리라 [막 8:35]

2. 다른 짐승 【13:11-18】

11 내가 보매 또 다른 짐승이 땅에서 올라오니 어린 양 같이 두 뿔이 있고 용처럼 말을 하더라

"땅에서 올라오니"는 **"다른 짐승"**이 유대인 중에서 나오는 인물임을 가리키는데, 그는 어린 양을 흉내 내며 두 뿔 곧 후계 권력으로서 두 아들을 가지고 있다. 이 짐승은 단 9장에서 하나님이 세우지 않은 '한 왕의 백성'이었던 **안티오쿠스 에피파네스**와 같이, 순수 혈통의 유

대인이 아닌 하스몬 왕조 힐카누스의 장수로서 유대교로 개종한 **안티파트로스**의 아들이자 예루살렘의 주인 행세를 한 **헤롯**을 가리킨다. 그의 아비 **안티파트로스**는 전통적인 제사장이 끊어진 이후(단 9:26)에 종교권력을 따르기로 한 하스몬(마카비 가문) 왕조가 세운 이두메(에서의 후손-이스라엘의 원수) 출신의 장수였지만 로마의 가이사(케사르) **율리시즈**에 의해 유대총독이 되었다. 그의 본색은 어린 양을 따르는 게 아니라 용의 말을 하는 것에서 분명해진다.

> 이에 헤롯이 박사들에게 속은 줄 알고 심히 노하여 사람을 보내어
> 베들레헴과 그 모든 지경 안에 있는 사내아이를 박사들에게 자세히 알아본
> 그 때를 기준하여 두 살부터 그 아래로 다 죽이니 [마 2:16]

여기서 헤롯 가문의 권세를 상징하는 뿔의 등장은 정치적인 것이 아니라 종교적인 측면에서 하나님이 세운 세 제국의 뿔을 송두리째 뽑아낸 사탄의 도구로서 열 뿔 속의 작은 뿔(단 7:7-8)이었던 **에피파네스**의 역할과 등치시키려는 의도에서 인용된 것이다.
"또 다른 짐승"은 첫째 짐승 곧 로마의 권세를 대행하고 '땅에 사는 자들(배교한 유대인)'로 그 첫 번째 짐승 곧 죽게 되었던 상처가 회복된 짐승(베스파시안)에게 경배하도록 강요한다(현재형, 12절). 땅의 짐승의 이러한 강요는 로마 황제숭배를 주도한 이교 제사장직을 떠올리게 한다.
성자가 성부로부터 권세를 받은 것처럼 첫째 짐승 또한 용에게서 권세를 받고, 보혜사 성령이 그리스도를 영화롭게 하는 것처럼 거짓 선지자(헤롯)가 적그리스도(여기서 로마 황제)를 영화롭게 하는(Mounce) 이러한 장면은 삼위일체를 모방하는 모습이다(참조, 16:13).

13 큰 이적을 행하되 심지어 사람들 앞에서 불이 하늘로부터 땅에 내려오게 하고

이 거짓 선지자는 하늘로부터 제단에 불을 내린 엘리야와 두 증인들이 성령의 불을 내린 것처럼 이적(로마 황제의 신격화를 위한 마술, 참조. 바로의 마술사, 출 7:11)으로 하나님의 선지자를 모방하는 것으로, 종말에 있을 이 불법한 자의 활동은 이미 예견되었던 것이다.

> 거짓 그리스도들과 거짓 선지자들이 일어나서 이적과 기사를 행하여 할 수만 있으면
> 택하신 자들을 미혹하려 하리라 [막 13:22, 마 24:24]

누가 어떻게 하여도 너희가 미혹되지 말라

먼저 배교하는 일이 있고 저 불법의 사람 곧 멸망의 아들이 나타나기 전에는

그 날이 이르지 아니하리니, 그는 대적하는 자라 신이라고 불리는 모든 것과

숭배함을 받는 것에 대항하여 그 위에 자기를 높이고 하나님의 성전에 앉아

자기를 하나님이라고 내세우느니라 [살후 2:3-4]

14a 이적을 행함으로 땅에 거하는 자들을 미혹하며

그 **"이적을 행함"**의 목적은 짐승을 숭배하도록 하려는 것으로, 그것의 귀결이 곧 짐승의 우상을 만드는 것이었다. **"짐승 앞에서 받은 바"**는 원문에서 '짐승의 면전에서 행하도록 허용된' 것이다. 그것은 마술이나 주술의 일종으로 청중들의 귀와 눈을 속이는 행위들을 연출하여 짐승의 신적 권위를 조장하는 것이었다.

"땅에 거하는 자들"은 유대인들을 지칭한다. 그리고 **"미혹"**의 내용은 다음 구절에서 **'칼에 상하였다가 살아난 짐승'**으로 진술된다.

14b 땅에 거하는 자들에게 이르기를 칼에 상하였다가 살아난 짐승을 위하여 우상을 만들라 하더라

첫 번째 짐승을 계속해서 **"죽음의 상처가 치료된 자"**(12절), **"칼에 상하였다가 살아난 짐승"**(14절)으로 표현함으로써 그가 그리스도를 모방하는 자 곧 적그리스도임을 암시한다(요일 2:18, 22, 4:3, 요이 1:7, 단 8:25). 이것은 정치사적으로 암투에 의해 권좌를 찬탈한 황제 베스파시안을 네로의 공인된 후계자로 미화시키기 위해 마치 죽었던 그가 다시 살아난 것처럼 종교적으로 포장한 것으로 보인다. 그것은 로마와 헤롯 그리고 배교자 유대인들 모두에게 유익을 주는 공통된 재료였다. 여기에는 중요한 영적 진리가 있다. 누구든지 온 마음을 다해 하나님을 섬기는 사람은 속이는 자의 공허한 기적에 빠지지 않으나 이단에 속하는 자들은 모두 그 상실한 마음에 허상을 섬기고 순종할 준비가 되어 있다는 것이다.

이러므로 하나님이 미혹의 역사를 그들에게 보내사 거짓 것을 믿게 하심은

진리를 믿지 않고 불의를 좋아하는 모든 자들로 하여금

심판을 받게 하려 하심이라 [살후 2:11-12]

그 때부터 그의 제자 중에서 많은 사람이 떠나가고
다시 그와 함께 다니지 아니하더라 [요 6:66]

15a 그가 권세를 받아 그 짐승의 우상에게 생기를 주어 그 짐승의 우상으로 말하게 하고

황제의 신상이 말을 하는 것은 불가능한 일이다. 하지만 복화술을 사용하여 당시의 사람들을 기만하는 일은 어려운 일이 아니었을 수 있다(단 7:4b). 이러한 기만술은 당대의 신전의 종교적 행위에서와 심지어 황제나 총독의 법정에서도 사용되었다(행 13:6-12, 19:19).[63]

15b 짐승의 우상에게 경배하지 아니하는 자는 몇이든지 다 죽이게 하더라

다니엘의 세 친구'를 향한 느부갓네살의 명령을 상기시키는 본 구절은 '다른 짐승'인 헤롯 당국(헤롯 아켈라오 이후의 헤롯 아그립바)에 의해 강요된 당시의 우상숭배가 얼마나 극심했는지를 시사한다(하지만 이에 대한 정보는 제자들의 순교를 증언하는 성경 외에는 보전된 것이 없다. 단지 예루살렘 멸망 이후에 자행된 박해가 교부들에 의해 전승되는 까닭에 늦은 저작설의 근거로 사용된다). 이것은 앞의 8절의 상황에 대한 배경으로 그리스도인들을 향한 대중적인 압제와 적개심을 촉구시키는 기폭제가 되었다. 이것은 증인의 순교를 촉발한 것과 달리 버젓이 종교행위를 일삼으며 성전에서 종교수익을 쌓은 666명의 배교자들을 추출해 내는 계기가 되었다.

이러한 황제숭배는 예루살렘 멸망 이후 소아시아 지역이 유달리 심했던 것으로 알려지는데, BC 195년에 로마를 위한 신전의 설립을 필두로 BC 29년에는 황제숭배를 위한 신전이 버가모에 처음으로 세워졌다. 에베소에 있는 **도미티아누스** 황제를 섬기는 신전에는 무려 7m의 거대한 신상이 있었다. AD 112년에는 **트라야누스** 황제의 신상 앞에서 포도주와 향을 바치지 않는 그리스도인들을 처형했다는 기록도 있다. 그러나 이 모든 전승적인 외적 자료의 정황은 이어지는 내적 자료들과 거리가 있다. 왜냐하면 **"또 다른 짐승"**에 의해 자행된 것으로 진술되는 본 구절의 맥락에서 헤롯 왕가는 **아그립바** 2세(행 25장)를 끝으로

63) Scherrer, "Signs and Wonders"; G. Kittel, TDNT II, 388; Ramsay, Letters, 98-103; Acts 13:6-12; 16:16; 19:19; pseudo-Clement, Recognitions 3.47; Homilies 2.32; Justin, Apology I 26; Irenaeus, Contra Haereses 1.23; Lucian, Alexander 24-33; De Syria Dea 10; Eusebius H.E. 2.13.1-4; Theophilus, Ad Autolycum 1.8; cf. the tradition about Simon Magus, who purportedly gave life to statues 〈그레고리 K, 비일의 요한계시록, p 1199〉

AD 70년 예루살렘의 멸망과 더불어 로마로 떠나고, 거기서 행정관이 되어 사실상 종결되기 때문이다.

16 그가 모든 자 곧 작은 자나 큰 자나 부자나 가난한 자나 자유인이나 종들에게 그 오른 손에나 이마에 표를 받게 하고

'표를 받게 하다'는 것은, 7:2-4에서 144,000이 받은 '하나님의 인'을 받는 것과 대조적으로 짐승의 소유(곧 사탄에 속한 자)라는 의미이고, 표를 받는 다양한 계층의 나열은 누구도 예외가 될 수 없었다는 전체성을 강조하는 방식이다. 사탄이 자신에게 속한 자를 구분하는 것은(하나님을 모방함) 역설적으로 자신에게 속하지 않은 자들(하나님께 속한 자들)을 추출하여 핍박하기 위함이다. 따라서 유대인은 황제의 소유인지 그리스도의 소유인지 그 소속을 분명히 드러내어야 했다.

17 누구든지 이 표를 가진 자 외에는 매매를 못하게 하니 이 표는 곧 짐승의 이름이나 그 이름의 수라

여기서 **"매매를 못 하게 하니"**는 무엇을 의미하는가?

그 당시 로마 제국은 황제숭배를 거부하는 자들에게 표면적으로는 경제적 제재를 가하지는 않았지만 실상은 그러한 핍박이 있었다는 증거가 일곱 교회에 보내는 메시지에서 발견된다(2:9, 3:8. 참조, 7:16). 그러나 여기서 요한의 강조는 경제적 제재가 아니라 그런 여건 하에서도 상거래 행위가 가능한 즉 경제적 활동을 보장받은 자들을 주목하라는 것에 있다.

"이 표는 곧 짐승의 이름이나 그 이름의 수라" 여기서 **"짐승의 이름"**은 무엇을 의미하는가? 이것은 「게마트리아」[64]로써, **"그 이름의 수"** 666은 "네로 카이사르"의 헬라어 이름을 히브리어로 음역한 후(נרון קסר-네론 카사르) 그 해당 숫자를 합한 것으로 이해되어 왔다(Beale은 이에 반대하며 그 숫자는 단지 불완전함과 잘못된 종교를 상징한다고 본다). 하지만 이것은 666의 의미 자

---

64) 게마트리아(גימטריה)는 옛 이스라엘의 전통적인 수비학으로, 히브리 문자를 숫자로 치환하여 나타냄으로써 주술적 의미를 부여하거나 문장을 암호화하던 방법이다. 특히 중세 유대교의 신비주의인 카발라에서 글자를 감추기 위해 애용되었으며, 구약성경 등 경전이나 종교적 텍스트의 숨겨진 내용을 발견하고 재해석하고자 하는 도구로도 쓰였다.

체가 아니라 그 표가 가리키고 있는 표의 주인을 지칭하는 것일 뿐이다. 결국 요한계시록의 1차 독자들의 관점에서 그리스도인들을 핍박하는 **"짐승"**은 '네로'로 상징되는 로마 제국의 황제(특히 네로의 분신으로 여겨졌던 베스파시안)를 의미하며, 그 짐승의 배후에는 용(사탄)이 있음을 보여준다.

18 그것은 사람의 수니 그의 수는 육백육십육이니라

666을 세대주의자들은 현대의 "바코드 또는 베리칩"으로, 혹은 "세계의 지도자"(교황, 히틀러, 무솔리니) 등으로 해석해왔다. 반면, Morris, Beale은 단순히 반기독교 세력에 대한 상징으로 해석한다. 하지만 666은 "**짐승의 수, 곧 사람의 수**"로서 666명이라고 명백히 밝히고 있다. 17절의 해석에서와 같이, 그들은 유대당국(헤롯 왕조)과 결탁하여 짐승의 표를 받아 예루살렘 성전에서 경제활동을 보장 받은 진보 성향의 유대인 배교자들을 가리키는 숫자가 분명하며, 이것은 안티오쿠스 에피파네스와 타협하여 하나님의 의를 따르기보다 종교권력을 택했던 단 9:27의 진보 세력 유대인들을 그 뿌리로 한다.

추가주석

요한계시록에서 πολεμος-폴레모스, 싸움(다툼, 전쟁)

이 용어는 13:4을 중심으로 전후 4 구절씩을 교차 대조시키는 형식을 취하며 이 질문에 대하여 실현된 종말과 뿐만 아니라 미래 종말에 이르기까지 '만왕의 왕'이요 '만 주의 주'가 되시는 어린 양의 승리를 부각시키는 데 사용된다.

〈표 6〉 요한계시록에서 싸움의 상호관계

회수	관련성구	다툼 또는 싸움의 대상	비고
1	2:16	그리스도 대 교회	
2	9:07	사탄의 군대(메뚜기)와 배교자(유대교인)	※

3	11:07	메시아 언약의 증인 대 짐승	
4	12:07	천상의 증인 대 용(사탄)	
5	13:04	누가 이 짐승과 더불어 싸우리요?	전쟁의 중심 주제
6	16:14	새 언약 교회(성령의 군대) 대 유대교	
7	17:14	어린 양 대 짐승	13:4에 대한 응답
8	19:11	그리스도(백마를 탄 자) 대 성도	성화(영적 전쟁)
9	20:08	그리스도 대 천년왕국 후 사탄(속한 자)	우주적 종말

※ 메뚜기 군대에 의한 회개 불가의 심판을 당하는 유대교인과 달리 마병대(9:15)에 의한 남은 자의 회심은 κτεινω-크테이노, '죽이다'이다.

14장

십사만 사천과
마지막 추수

다니엘서의 마지막 한 이레로부터 깨닫는 교훈은 유대인들이 하나님의 뜻에 반하여 의를 따르는 대신 권력을 따르기로 결정했다는 것이다. 소위 진보 세력의 유대인들이 안티오쿠스와 결탁하여 기름부음을 받은 자를 제거하고 불법으로 대제사장을 세워 종교 권력을 취한 때부터 유대인들이 추구한 하나님의 나라는 의를 추구하는 제사장의 나라가 아닌 과거 화려했던 다윗 왕국의 회복을 꿈꾸는 변질된 권력 종교의 나라였다(삼하 24:1-25).

빌라도가 유대인들을 조롱하기 위해 예수께 붉은 망토를 입히고 가시관을 씌워 그들 앞에 세웠을 때 그들은 **"가이사 외에 우리에게는 왕이 없다"**는 분명한 선언을 했었다.

그러나 눈물로 시온의 대로를 걸었던 경건한 자손들은 메시아 언약 안에서 구원의 약속을 받았다. 그 남은 자들은 심판이 수행되기 전 7장에서 인침을 받았으며 성령의 강림과 사도들의 행적을 인하여 한 사람도 빠짐없이 지금 구원의 행렬에 참여하고 있다. 따라서 14장은 13장의 "누가 이 짐승과 더불어 싸우리요?"라는 질문에 대한 응답으로써 어린 양과 십사만 사천이 등장한다.

> 이 사람들은 여자와 더불어 더럽히지 아니하고 순결한 자라
> 어린 양이 어디로 인도하든지 따라가는 자며 사람 가운데에서
> 속량함을 받아 처음 익은 열매로 하나님과 어린 양에게 속한 자들이니
> 그 입에 거짓말이 없고 흠이 없는 자들이더라 [계 14:4-5]

1. 어린 양과 십사만 사천 【14:1-5】

1 보라 어린 양이 시온 산에 섰고 그와 함께 십사만 사천이 서 있는데 그들의 이마에는 어린 양의 이름과 그 아버지의 이름을 쓴 것이 있더라

7장에서 어린 양의 인을 받았던 그 십사만 사천이 이제 여기서 '시온 산'(히 12:22, 시 2:6)에 어린 양과 함께 서 있다. 요한은 그들의 이마에 어린 양의 이름과 그 아버지의 이름이 쓰인 것을 보았다(참조, 7장의 인침). 일부 신학자들은 성부의 유일한 상속자로서 어린 양을 나타내는 것이라고 말한다. 그러나 나는 이것이 십사만 사천의 신분(메시아 언약 안에 있는 유대인)을 강조하는 저자의 의도적인 진술로 본다. 이것은 13:16-17에서 '짐승의 표'를 받아 그들을 추종한 무리들과 대조되는 까닭이다.

그리고 **"시온 산"**에 서 있는 어린 양은 바다 모래위에 서 있는 용(13:1)과 대조적이다. 무엇보다 7장에서 어린 양의 인을 맞은 십사만 사천은 한 명도 잃어버리지 않고 시온 산에 서 있다. 14장에서의 7의 배수인 십사만 사천은 언약의 성취를 의도적으로 조명하는 것이라고 본다. 따라서 이 장면이 5장에서 네 생물과 24장로가 부른 새 노래와 비슷한 이유도 그들이 메시아의 오심에 대한 언약의 증언과 증인이라면, 십사만 사천은 동일한 그 언약을 따라 오신 어린 양의 사역의 처음 익은 열매(4)로서 그 성취를 노래하는 증인이기 때문이다.

> 여호와여 주의 장막에 머무를 자 누구오며
>
> 주의 성산에 사는 자 누구오니이까 [시 15:1]

2 많은 물소리와도 같고 큰 우렛소리와도 같은데 내가 들은 소리는 거문고 타는 자들이 그 거문고를 타는 것 같더라

요한계시록에는 ὡς-호스, "~같이, ~처럼"이 빈번하게 사용되는데, 이것은 그것의 출처에 대한 신성한 기원을 나타내기 위한 요한의 문학적인 장치로 보인다. 이 구절에서 그것은 3회나 반복될 만큼 요한에게 인상적이었던 것 같다. 이 장면은 다음 절에서 십사만 사천이 하나님과 어린 양께 올리는 합창의 소리임을 알 수 있다. 이것은 노예 상인이었던 존 뉴톤이 회심했을 때 불렀던 찬양으로, 찬송가 305장 '나 같은 죄인 살리신'의 그 감격적인 찬미가 분명하다.

3a 그들이 보좌 앞과 네 생물과 장로들 앞에서 새 노래를 부르니

이것은 새로운(καινός-카이노스)이 의미하는 바에서 알 수 있듯이, 새 언약이 '이전에 없었던 새로운' 언약이라는 의미가 아니라 옛 언약의 갱신들 곧 모든 시대를 망라하여 이어져 온 모든 언약의 그 최후의 종착지라는 뜻이다. 따라서 새 노래는 옛 언약의 두 증인인 네 생물(구약의 메시아 언약으로서 성경)과 장로들(언약에 신실했던 경건한 증인들)로부터 보증된 메시아 언약의 성취로서 새 창조의 시작을 그들 앞에서 부르며 '언약에 신실하신 하나님'을 찬양하는 장면이다.

3b 땅에서 속량함을 받은 십사만 사천 밖에는 능히 이 노래를 배울 자가 없더라

"땅에서 속량함을" 받았다는 말은 단순히 구원을 말하려는 것이 아니라, 전치사 **아포**(ἀπό), **'~로부터'**(속량되다)의 사용은 '심판의 대상이었던 유대인들 가운데서 건짐 받음'을 의미한다. 그들은 어린 양의 인을 받은 자들(7:4)이고, 그리스도의 증인으로써 지상의 전투하는 교회였으며, 이제 천상의 공동체로 그 존재 양태에 변화가 일어 난(3절, '땅에서 속량을 받은') 자들이다. 이것은 이중적 의미를 지니는데, 그것은 일차적으로 큰 환난을 극복하고 승리한 성도들이며, 이차적으로는 메시아 언약 안에 있는 유대인 그리스도인들로서 세상의 권세(우상숭배)를 따랐던 배교한 유대인들과 대조적으로 하나님의 의를 따르는 존재들이다. **"배울 자가 없더라"**가 의미하는 바는 오직 그들만이 하나님의 언약의 의미를 깨닫는 것이 가능했다는 것으로, 여기서 미완료의 Aorist 능동 동사가 가리키는 바는 그들의 신앙이 새 언약 교회가 받을 교훈이라는 의미이다. 따라서 십사만 사천은 새 언약의 증인이자 동시에 교회의 모델이지 그 자체가 아니다. 즉 해석학적인 적용은 가능해도 주석적인 적용은 피해야 한다.

4 이 사람들은 여자와 더불어 더럽히지 아니하고 순결한 자라 어린 양이 어디로 인도하든지 따라가는 자며 사람 가운데에서 속량함을 받아 처음 익은 열매로 하나님과 어

린 양에게 속한 자들이니

5 그 입에 거짓말이 없고 흠이 없는 자들이더라

십사만 사천에 대한 특징이 나열된다. 여기서 여자는 음행한 자 (14:4, 8. 음녀) 곧 배교한 유대인을 나타내고 **"순결한 자라"**는 그들과 더불어 우상숭배에 참여하지 않았다는 곧 처녀 (παρθένος-남성형 명사, 참조, 열 처녀, 그리스도의 신부-고후 11:2)를 나타내는 말이다. 또한 그들은 어린 양을 신뢰하며 따르는 자들(요 10:4)이고, 사람(각 족속과 방언과 백성과 나라, 5:9) 가운데에서 속량을 받아 하나님과 어린양이 받으신 구원의 첫 열매들이며(렘 2:3), 거짓(거짓 증언)이 없고(3:9, 사 53:9, 습 3:12) 흠이 없는 자들이다. 곧 구약성경(증언, 언약)에 근거하여 그 언약에 합당한 자들이라는 의미다. 분명한 사실은 요한의 입장에서 셀 수 없이 많은 흰 옷 입은 무리는 여기에 포함되지 않는다.[65]

> 불의한 자가 심판을 당할 때 함께 환난을 당하는 경건한 자들의 모습은 역사적으로 자주 관찰된다. 이것은 의인에게 주어진 하나님의 약속이 흔들리는 것이 아니라 **"어린 양이 어디로 인도하든지 따라가는"** 영광된 증인으로서 참여로 허용된 고난이다. 시 44:11에서는 이것은 질문이었지만, 롬 8:36에서는 주님의 말씀(요 16:33)에 대한 영광된 신앙고백으로 나타난다. 환난은 역사적으로 모든 증인에게서 하나님의 영광에의 참여이자 의의 하나님의 진노에 정당성을 부여한다.

추가주석

땅(γῆς)

1. 인간의 거주지로서의 토지(마 9:26, 행 7:4, 요 3:22).
2. 세계의 일부로서의 땅(막 13:31, 마 5:18, 눅 16:17, 히 1:10, 벧후 3:7, 계 21:1).
3. 하나님과의 관계에서 땅 곧 피조물(행 4:24, 14:15, 히 1:10, 계 10:6). 하늘은 하나님의 보

---

65) Beale은 성도들, 송영목(고신대)은 전체 교회로 인식한다. 그러나 그들은 오순절 이후에 그리스도를 영접한 유대인 그리스도인들이다. 127쪽의 주석 '흰 옷 입은 셀 수 없이 큰 무리'를 참조하라.

좌, 땅은 하나님의 발판이라는 이미지(마 5:35, 사 66:1에 근거한 행 7:49)에서 하늘의 우월성이 표현, 하늘과 땅은 신약에서 분리될 수 없는 연결성과 동시에 구별되는 것으로 여겨진다. 이 이중 개념은 마 6:10; 23:9; 눅 2:14와 같은 구절에서 나타나며, 예를 들어 지상에서 일어난 사건이 하늘에서도 유효하고 효력을 갖는다고 말하는 곳에서도 나타난다, 매는 것과 푸는 것, 마 16:19; 18:18. 땅에서 기도하고 하늘에서 듣는 것, 막 2:10, 눅 5:24. 하늘과 땅의 대조는 결국 죄의 측면에서 드러난다. 땅은 타락한 피조물의 무대이자 죄의 공연장이기 때문에 하늘과는 다른 하나님과의 관계에 서 있다.

4. 계시록에서 빈번하게 언급되는 땅은 새 창조가 펼쳐질 무대로서 즉 마땅히 심판되어야 할 대상이며, 세상 전체를 대표하여 택함을 받았던 이스라엘 곧 하나님의 은혜를 거부하고 오히려 우상숭배로 하나님을 대적하는 세상의 대표로써 유대인들이다.

2. 땅의 추수 【14:6-20】

미래주의의 관점에서 이것은 우주 종말적인 구속과 심판으로 오해하지만, 요한계시록에서 '땅'은 유대인들을 은유하는 단어라고 위에서 설명하였다. 따라서 이것은 유대인 중에서 마지막 남은 자에 대한 구원과 심판을 주제로 한다는 것을 알 수 있다. 하지만 십사만 사천에서 보았듯이 그들은 한 명도 빠짐없이 구원이 성취되었다. 그렇다면 '땅의 추수'는 무엇을 의미할까? 이것은 좁게는 복음에 의한 유대인의 남은 자의 구원을 뜻하고 넓게는 모든 민족의 구원을 뜻한다. Beale은 미래 종말론적인 관점에서 불신 세계에 전파되는 복음으로 읽는다. 그 같은 읽기는 이어지는 **"모든 민족과 종족과 방언과 백성"**에서 비롯된다. 따라서 여기서의 **"땅"**은 추가주석의 1과 4 모두에 해당한다. 하지만 요한이 주목하는 세 천사가 복음을 가졌다는 것과 바벨론의 무너짐을 선포하는 것, 그리고 이마나 손에 짐승의 표를 받지 않도록 경고하는 것에서 이방인 보다는 4항의 유대인을 향하고 있다는 생각을 지울 수 없다. 따라서 이것은 실현된 종말론의 관점에서 흰 옷을 입은 셀 수 없는 무리를 지칭하기보다는 로마 영지(당시 관점에서 세상) 안에 거주하는 디아스포라 유대인들을 향한 마지막 추수로 축소해야 한다고 본다.

1) 세 천사의 심판 선언

6 또 보니 다른 천사가 공중에 날아가는데 땅에 거주하는 자들 곧 모든 민족과 종족과 방언과 백성에게 전할 영원한 복음을 가졌더라

여기서 **"또 보니"**는 동일한 환상의 다른 국면으로의 전환을 의미하는데, 그것은 십사만 사천으로부터 세 천사에게로의 전환이다.

첫째 천사는 '땅에 거하는 자들'에게 전할 "영원한 복음"을 가졌다(시 93:2-3). 이 장면은, 복음이 영접치 않는 유대인들을 떠나 이방으로 향할 것을 암시하고 있다. 하지만 여기서 **"모든 민족과 종족과 방언과 백성"**은 유대 본토를 떠나 사마리아와 땅 끝(마 28:19)을 상징하는 로마의 영지에 흩어져 사는 디아스포라 유대인 및 이방인중 택함을 받은 그리스도인을 가리킨다. 이것은 복음을 거절할 때 초래하게 되는 심판에 대한 일종의 역설이다. 물론 이것은 현대 지구촌의 모든 교회를 배제한다는 의미가 아니다. 하지만 기억하라. 요한계시록이 18장까지는 메시아 언약에 대한 성취와 그 역설로서 심판을 주제로 하고 있다는 것과 그리고 셀 수 없는 무리의 구원은 이방인의 사도 바울이 전한 복음에 의해 지구촌 땅 끝까지 확장되고 있다.

하지만 요한에게 주어진 그 엄밀한 계시의 경계는 오늘 날 스스로 자기 집단을 십사만 사천으로 자처하는 이단들의 주장이 얼마나 허구인지를 잘 드러내고 있다.

> 또 너희에게 이르노니 동 서로부터 많은 사람이 이르러
> 아브라함과 이삭과 야곱과 함께 천국에 앉으려니와
> 그 나라의 본 자손들은 바깥 어두운 데 쫓겨나 거기서 울며 이를 갈게 되리라 [마 8:11-12]

αἰώνιον εὐαγγέλιον-아이오니온 에방겔리온, **"영원한 복음"**은 무엇인가? **"영원한 복음"**은 영원한 심판과 구원의 이중성을 지닌다. 하나님의 언약의 불변성과 같이 회개하고 믿는 자들에게 베푸는 구원의 약속은 사람의 육신의 날 동안 영원히 유효하며 지속적이다. 그것은 하나님께서 자신의 가슴을 지속적으로 찢으시며(נחם-이나쳄, 나함의 와우 계속적 용법)[66] 오래

---

66) 창 6:6, 삿 2:18. 삼상 15:11, 시 78:40, 63:10, 사 54:6. 렘 18:10.

참으심과 용납하심이다.[67]

7 그가 큰 음성으로 이르되 하나님을 두려워하며 그에게 영광을 돌리라 이는 그의 심
판의 시간이 이르렀음이니 하늘과 땅과 바다와 물들의 근원을 만드신 이를 경배하
라 하더라

이러한 까닭에 천사는 큰 목소리로 **"땅에 거주하는 자들"**에게 하나님을 경외하고 영광을
돌리도록 촉구한다. 이것은 모든 인류가 취해야 할 마땅한 이유이기도 하다. 그러나 그 긍
휼히 여기심(יֶחֱמוֹ-이나헴)의 정하신 때는 다 채워졌고 이제는 그 은혜와 사랑을 거부한 자들을
심판할 때가 이르렀다고 선언된다. 그들에게 더 이상 진리를 거스를 수 없고 창조주의 영
광에 직면할 수밖에 없는 때가 왔다는 것이다.

8a 또 다른 천사 곧 둘째가 그 뒤를 따라 말하되
무너졌도다 무너졌도다 큰 성 바벨론이여

사 21:9에서 파수꾼은 바벨론을 무너뜨리고 귀환하는 승리자의 무리를 보고 있는데, 파수
꾼은 마치 그들의 전령으로부터 전해들은 소식처럼 외친다.

> 함락되었도다(무너졌도다) 함락되었도다.
> 바벨론이여 그들이 조각한 신상들이 다 부서져 땅에 떨어졌도다 하시도다. [사 21:9]

Beale은 바벨론을 로마제국을 가리키는 것으로 이해한다. 하지만 바벨론은 배교한 유대인
들의 권력종교의 토대인 예루살렘 성과 대로서, **'모든 나라에게 그녀의 음행으로 진노의 포
도주를 먹이던 자'**라는 표현(참조, 17:2, 렘 51:7)은 그것을 의인화 한 것이다. 성경에서 바벨론
의 "음행"은 이스라엘의 우상숭배를 가리키는 것이기 때문이다.

> 보라 날이 이르리니 내가 그 우상들을 벌할 것이라
> 부상자들이 그 땅에서 한숨을 지으리라 여호와의 말씀이니라 [렘 51:52]

---

67) 롬 2:4.

큰 성 바벨론은 영원한 복음(요 1:51)과 대비되는 '율법의 행위'를 자기 의로 삼는 시온주의의 토대로 '하나님의 나라의 의' 대신 '권력 종교'로서 물리적 다윗왕국을 붙든 유대인들의 종교행위적인 우상[68]으로써의 예루살렘성과 대(율법적 행위로 말미암는 자기 의, 하나님께 도달, 도전하는 길, 사닥다리와 바벨탑의 대조)를 뜻한다. 그들은 그 성과 대가 지상에서 영원한 다윗왕국으로 세워질 것을 기대했다(요 12:3). 하지만 그것은 하나님께 이르는 유일한 길이요 참 성과 유일한 대가 되는 그리스도의 복음에 의해 철저히 무너질 것임을 천사가 선포하고 있다. 창 10:10에서 이 이름은 인류의 교만과 이방 도시 제국을 상징한다. 따라서 요한에게 바빌론은 하나님에 반대하는 인류 공동체의 상징인 큰 성이다.

인간 최초의 성의 증축은 가인이 아벨을 죽이고 난 이후에 발생했다. 이것은 두려움에 대한 자기 본능적 행위이다. 반면 셋의 후손은 노아의 홍수에 이르기까지 성을 쌓지 않았다. 경건한 자들에게 성은 언제나 하나님 그 자체였던 까닭이다(창 4:26).

노아 홍수 후에 시날 땅에 쌓은 바벨탑은 하나님에 대한 인간의 반역적 요소로 신성모독을 상징한다. **"하나님과 같이"** 라는 은유(창 3:5, 6:1-4)는 홍수 심판을 초래한 원인이었음에도 불구하고 그것은 시날 땅에서 재연을 시작으로 이스라엘의 역사 안에서 하나님을 갈음하려는 다양한 형태의 우상숭배로 시도되었다. 따라서 그것은 새 창조 시점에 마땅히 심판 받아야만 하는 것이었다. 이것은 피조세계 전반에 만연한 우상숭배에 대하여 나타날 최후심판의 모형이다.

> 성읍과 탑을 건설하여 그 탑 꼭대기를 하늘에 닿게 하여
> 우리 이름을 내고 온 지면에 흩어짐을 면하자 [창 11:4]

하나님과 같이 되고 그분과 교통하려는 인간적인 노력(행위, 자력종교)은 불경건함을 뜻한다. 창조세계에서 이름을 낼 수 있는 이는 인간이 아니라 창조주 하나님 자신 밖에 없으시기에 (사 63:12, 렘 32:20) 이것은 하나님의 권위에 도전이라는 측면에서 신성모독을 암시한다. 따라서 제사장 중심의 삶을 이어갔던 광야에서 이스라엘의 성막이나 이후 왕 중심의 삶을 경험케 하신 동안의 성(예루살렘)은 하나님의 임재를 근거로 유지되는 하나님의 나라를 상징하는 것이지 법궤(삼상 4:3)나 성 자체가 그들을 보호하는 것이 아니었고 하나님께로 이어지

---

68) 우상은 그 동기로써 탐심과 그 대상으로써 하나님의 대체재인 피조물이다. 우상은 엄밀히 결코 눈에 보이지 않는 하나님의 대안으로서 어떤 대상을 섬기는 것이 아니다.

게 하는 수단으로써 사닥다리나 대(계단으로 쌓은)가 아니었다. 다윗의 인구조사에 하나님께서 그토록 진노하신 까닭은 그것이 왕국의 확장이란 단순한 목적보다 배교라는 사실에 있다. 훗날 그의 후손들은 결국 이 문제에 빠져 **"우리에게 가이사 외에는 왕이 없다"**는 어이 없는 선언으로 메시아 언약을 버리고 권력종교라는 우상을 섬기다가 결국 예루살렘 멸망 이라는 종말을 초래하기 때문이다.

> 여호와의 이름은 견고한 망대라 의인은 그리로 달려가서 안전을 얻느니라 [잠 18:10]

8b 모든 나라에게 그의 음행으로 말미암아 진노의 포도주를 먹이던 자로다 하더라

이것은 큰 성 바벨론의 몰락의 원인을 말하는 것처럼 보인다. 그들은 선민으로서 **"모든 나라에게"** 제사장의 역할을 감당해야 하는 사명이 주어졌다(출 19:5-6). 그리하여 모든 나라들로 하여금 하나님께로 돌이키게 해야 했다. 그런데 그들은 그 사명을 저버리고 오히려 우상을 숭배함으로써 모든 나라를 그 음행의 길로 이끌어 자신뿐만 아니라 **"모든 나라"**까지 **"진노의 포도주"**를 먹이는 자가 되었으며, 이 타락이 하나님의 진노를 가져오게 되었다는 것이다. 따라서 둘째 천사의 경고는 흰 옷 입은 무리들로 하여금 유대교의 음행에 참여하지 말라는 것이다.

> 보라 내가 북쪽 모든 종족과 내 종 바벨론의 왕 느부갓네살을 불러다가
> 이 땅과 그 주민과 사방 모든 나라를 쳐서 진멸하여
> 그들을 놀램과 비웃음거리가 되게 하며
> 땅으로 영원한 폐허가 되게 할 것이라 여호와의 말씀이니라 [렘 25:9]

9 또 다른 천사 곧 셋째가 그 뒤를 따라 큰 음성으로 이르되 만일 누구든지 짐승과 그의 우상에게 경배하고 이마에나 손에 표를 받으면

셋째 천사에 의해 심판의 선포가 이어진다(9-11절).
여기서 προσκυνεῖ-프로스키네우, "경배하고"와 λαμβάνω-람바노, **"받으면"**은 모두 3인칭 능동, 현재형 동사들이다. 놀랍게도 이들이 짐승의 표를 받은 것과 우상숭배는 결코 외부의 강요나 강압에 의해 이루어지지 않는다는 것인데, 타락한 자들은 탐욕을 인하여 우상숭배

할 준비가 이미 자발적으로 구비되어 있다는 뜻이다.

10 그도 하나님의 진노의 포도주를 마시리니 그 진노의 잔에 섞인 것이 없이 부은 포도주라 거룩한 천사들 앞과 어린 양 앞에서 불과 유황으로 고난을 받게 되리니

여기서 **"진노의 포도주"**와 **"진노의 잔"**에 사용된 동사는 각각 다르다. 전자는 'θυμός-티모스'로 신성한 분노를 가리키고, 후자는 'ὀργῆς-오르게스'이며 일반적인 분노를 나타낸다. 하나님의 '진노의 포도주 잔'은 농부가 수확된 포도를 포도즙 틀에 넣어 발로 밟아 포도즙을 얻는 것처럼 하나님의 진노가 포도로 상징되는 이스라엘을 사정없이 밟을 것이라는 의미로, **"섞인 것이 없이"**라는 표현은 희석되지 않은 원액을 뜻하고 그것은 진노의 강도를 상징하는데, 불법을 행하는 자들에게 주어 질 최종적인 심판은 유황불 지옥의 존재와 그 안에서의 영원한 고난을 받는 형벌임을 분명하게 보여준다.

11 그 고난의 연기가 세세토록 올라가리로다 짐승과 그의 우상에게 경배하고 그의 이름표를 받는 자는 누구든지 밤낮 쉼을 얻지 못하리라 하더라

이 구절은 여호와께서 원수들을 징벌하시기로 정한 때에 일어 날 일에 대해 기록한 사 34:10을 배경으로 한다. 그리고 **"밤낮 쉼을 갖지 못하리라"**는 아래 13절의 "주 안에서 죽는 자들"의 "쉬리니"와는 대조적으로 '영원한 고통'이 수반되는 가장 끔찍한 형벌을 상징한다. 이 같은 사실은 배교자들의 형벌을 냉소적으로 바라보는 것이 아니다. 그것은 애서 외면한다고 해서 덮여지거나 사라질 것이 아니기 때문이다. 셋째 천사는 세상과 타협하는 자들을 본받지 말도록 격려하고 있다.

12 성도들의 인내가 여기 있나니 그들은 하나님의 계명과 예수에 대한 믿음을 지키는 자니라

"성도들의 인내"(13:10)는 우상숭배의 강요에 대항하여 목숨을 잃는 한이 있어도 이마나 손에 짐승의 표를 받지 않았다는 사실 자체가 곧 성도임을 입증한다는 것으로, 하나님의 계명에 대한 순종과 주 예수를 믿는 믿음에 대한 신실함의 입증이라는 것이다. 박해를 당하고 고통을 겪는 성도들의 고난은 일시적인 것에 지나지 않지만 그것을 안겨주는 자들의 고통은 영원하다는 것이 "성도들의 인내"에 대한 역설이다. 마지막 추수의 대상으로서 흰 옷을 입은 자들은 이러한 모든 도전으로부터 이겨 낸 자들이라는 설명이다.

2) 주 안에서 죽는 자

13 또 내가 들으니 하늘에서 음성이 나서 이르되 기록하라 지금 이후로 주 안에서 죽는 자들은 복이 있도다 하시매 성령이 이르시되 그러하다 그들이 수고를 그치고 쉬리니 이는 그들의 행한 일이 따름이라 하시더라

하늘에서 음성이 나서 **"기록하라"**는 명령이 떨어진다. 그것은 그리스도 안에서 죽는 자들의 복에 관한 것이다. 사실 대부분의 유대인들이 그랬던 것처럼 현대의 그리스도인들도 **"복"**을 현세의 것으로 생각하기 일쑤였다. 그것은 하나님보다 앞서는 방식으로 우상숭배의 터를 다지는 경향이 있다. 하지만 생사를 가르는 박해의 상황에서 현세의 복은 결코 가치가 되지 못한다. 그러므로 **"지금 이후로 주 안에서 죽는 자들은 복이 있도다"**는 가장 큰 강복선언이 된다. 다음 구절에서 이 음성에 화답하여 성령께서 말씀하신다(현재형).

13c 그러하다 그들이 수고를 그치고 쉬리니 이는 그들의 행한 일이 따름이라 하시더라

순교는 믿음의 인내가 맺는 결실로써 거기에는 하나님의 위로와 약속된 보상으로서 **"쉬리니"**라는 참된 안식이 뒤따른다. 이것은 우상숭배에 대한 심판의 결과로서 영원한 형벌을 받는 자들(11절)과의 확연한 대조를 이룬다. 순교는 육적인 것보다 영적인 것이 우선이다. 성령의 소욕은 육신의 소욕을 죽인다. 이것이 믿어 순종케 됨으로써 아들의 형상을 입는 것이요, 육신의 생명조차 버릴 수 있는 진정한 순교의 기초가 되는 까닭이다. 셀 수 없이 많은 무리가 순교의 대열에 참여한 내용은 발견되지 않지만, 이 같은 격려는 그러한 상황이 언제든지 직면할 수 있다는 것이며 그럴 때 얼마든지 주 안에서 죽는 길을 택할 수 있어야 한다는 권면일 수 있다. 그러나 성령의 응답으로 미루어 볼 때 이것은 그리스도와 함께 십자가에 못 박는 옛 자아의 죽음 곧 성화를 가리키는 것으로 적용할 수 있다.

3) 구름에 앉은 이의 추수

14 또 내가 보니 흰 구름이 있고 구름 위에 인자와 같은 이가 앉으셨는데 그 머리에는 금 면류관이 있고 그 손에는 예리한 낫을 가졌더라

이는 요한이 환상 가운데서, 추수할 권세를 가질 자격이 있는 유일한 분으로서 **"인자와 같은 이"** 곧 주 예수 그리스도의 모습을 보고 있다. 드디어 추수가 시작되는데, 그의 손에는 추수를 위한 낫이 들려 있는데, 추수용 낫은 욜 4:13을 배경으로 한다. 오순절에 성령의 역사로 그리스도인이 된 디아스포라들 중에 믿음의 인내로 짐승의 표나 우상숭배에 참여하지 않은 자들의 추수가 이제 막 시작되는 순간이다.

15 또 다른 천사가 성전으로부터 나와~ 당신의 낫을 휘둘러 거두소서 땅의 곡식이 다 익어 거둘 때가 이르렀음이니이다 하니
16 구름 위에 앉으신 이가 낫을 땅에 휘두르매 땅의 곡식이 거두어지니라

성전으로부터 나오는 천사가 '구름 위에 앉으신 이'를 향하여 큰소리로 외친다. 여기서의 추수는 십사만 사천의 경우와 동일하게 택하신 자는 한 명도 잃어버리지 않으시겠다는 하나님의 의지가 반영된 추수라 할 수 있다. 따라서 이것은 아래에 이어지는 철저한 심판을 위한 17절의 추수와는 대조적이다. 구약에서 추수는 의인을 모으는 것으로 종종 묘사되었다(사 27:12, 호 6:11). 여기서 핵심은 악한 자를 진멸 가운데서 마지막 남은 유대인 그리스도인의 수확이다.

4) 포도 추수

17 또 다른 천사가 하늘에 있는 성전에서 나오는데 역시 예리한 낫을 가졌더라

또 다른 천사가 나오는데 그의 손에도 추수할 예리한 낫이 들려져 있다. 여기서는 곡식이 아니라 포도 수확으로 전환된다. 이 수확은 구원이 아니라 오히려 재앙을 뜻하는데, 왜냐하면 포도를 밟는 것은 심판을 상징하기 적절하기 때문이다. 추수의 이러한 이중적 이미지는 예수의 교훈에서도 잘 나타난다(알곡과 쭉정이, 마 3:12).

"하늘에 있는 성전"은 성전이신 하나님의 임재 자체를 뜻한다.

18 또 불을 다스리는 다른 천사가 제단으로부터 나와 예리한 낫 가진 자를 향하여 큰 음성으로 불러 이르되 네 예리한 낫을 휘둘러 땅의 포도송이를 거두라 그 포도가 익었느니라 하더라

이 구절의 배경은 욜 3:13이다. 거기서는 야훼를 대적하는 적들을 조롱할 때 이 비유가 사용되었다. 포도주 틀에 포도가 가득 채워 진 것처럼 대적들의 악이 가득 찼을 때(심판이 무르익은 때) 하늘의 군대가 수확된 포도를 포도주 틀에 넣고 밟음으로써 그 발이 붉게 물 들도록 짓밟는 징벌의 모습을 그려내고 있다. 여기서 그 대적은 메시아 언약을 거역하고 하나님을 대적한 유대교 유대주의자들이다.

19 천사가 낫을 땅에 휘둘러 땅의 포도를 거두어 하나님의 진노의 큰 포도주 틀에 던지매
20 성 밖에서 그 틀이 밟히니 틀에서 피가 나서 말 굴레에까지 닿았고 천육백 스다디온에 퍼졌더라

1,600스다디온(4X4X10X10) 악인의 거처로서 땅의 수 4와 충만 수 10의 조합은 악의 사방 가득함을 뜻하고, 이것은 그 진노가 유대 전체에 덮칠 것을 예고하는 것인데, 하나님의 지극한 사랑을 거부한 자들에게 내리는 진노의 포도주를 상징한다.

Bauckham은 이 전쟁이 아마겟돈 전쟁(16:12-16)과 동일하다고 본다. 하지만 거기서의 전쟁은 영적전쟁인 반면 여기서 하나님의 진노는 오히려 여섯째 나팔 재앙과 가장 유사하다. 물론 미래주의의 측면에서 이 상황을 적용시키자면 이스라엘 전역(일 천 육백 스다디온)의 심판은 곧 말세에 온 땅에 임할 완전한 심판과 모든 악인의 멸망을 의미하는 것으로 적용할 수도 있다.

이 구절의 배경은 사 63:3-6이다. 하나님의 백성을 괴롭히는 에돔의 악을 짓밟을 때 어느 제국도 하나님의 위대한 역사적 목적에 도구가 될 뿐 그 일을 성취하시 분은 오직 하나님 한 분이심과 같이, 이 혼합된 은유는 새 예루살렘의 창조 역사도 마찬가지로 어느 백성도 도움이 되지 못한다는 인식에서 발생한다. 이것은 인간의 마음에 있는 악 앞에서 사람은 무기력하다는 사실에서 오직 새 제사장으로서 고독한 전사가 그것을 가능하게 했기 때문이다. 악을 멸망시키는 하나님의 목적은 결코 그 자체로 끝나는 것이 아니다. 그것은 항상 더 큰 목적, 즉 신자들의 구원을 돕기 위한 것이다.

그러므로 예수도 자기 피로써 백성을 거룩하게 하려고
성문 밖에서 고난을 받으셨느니라 [히 13:12]

일곱 대접 심판

보응하시는 하나님

유대교 시온주의자들이 자신의 종교권력을 유지하는 수단으로서 각양의 율법적 제의는 그들에게 무엇보다 소중한 가치였다. 대접 시리즈의 심판은 바로 그 모든 제의가 하나님께 거부되고 파괴당하는 심판을 상징한다.

옛 창조에서 만유 가운데 제사장으로서 세움을 받은 첫 사람은 탐심 즉 눈에 보이는 가치에 미혹을 받아 낙원조차 모욕적으로 느낌으로써 그 지위를 떠나 '하나님과 같이' 되려는 교만한 마음에서 선물로 주어진 자유의지를 불순종의 도구로 사용함으로써 창조주와의 언약을 깨트렸다. 그 결과 사람이 죄 아래 속하게 됨으로써 동산에서 쫓겨난 후 이 반역적인 요소는 타락한 사람의 본성으로 유전되어 세상에서 불평, 불만, 시기, 질투, 살인 등으로 성장하고, 하나님의 은혜를 허물고 대적하는 수단으로 작동한다.

사람의 죄가 땅에 관영했던 탓에 주어진 '노아 홍수' 심판 이후에도 이 반역적인 요소는 하나님의 뜻에 반하여 바벨이라는 성(城)과 대(臺)로서 여전히 나타났고, 하나님께서 언어를 혼잡케 하심으로써 사람을 열방으로 흩어지게 하신 이후에도 세상에서 다양한 우상숭배(종교)적인 의식의 형태로 땅의 곳곳에 뿌리를 박고 사람들로 하여금 사망의 그늘을 드리운다.

이 반역적인 세상(바벨론)에서 특별히 선택 받은 아브라함으로 말미암아 복을 받게 된 그의 자손들은 애굽에서 민족을 이룬 후, 모세의 인도로 홍해를 건너고 광야에서 하나님으로부터 율법을 받아, 죄에 대한 인식과, 희생제의를 통해 거룩함을 함양하며 하나님과의 올바른 관계를 유지함으로써 제사장의 나라로서 그 백성의 지위를 이어가는 듯했다. 그러나 죄의 노예가 된 육신의 한계는 율법 안에서 실패가 예견되었음에도 불구하고 수많은 언약의 갱신을 통한 하나님의 사랑을 인하여 그 때마다 확장되어졌다. 하지만 하나님의 이러한 자기 언약에 신실하심에도 불구하고 이스라엘은 끝내 율법을 짐으로 여기고 지키지 않았으며, 눈에 보이는 가치

(우상숭배)를 따름으로서 다시 하나님을 버리게 되자 결국 하나님도 그들을 버리셨다.

하지만 그들이 바벨론 포로에서 비로소 하나님의 은혜를 기억하자 하나님의 긍휼도 다시 예루살렘으로 돌아오고 새 언약을 통한 이스라엘의 구속이 약속되어진다. 실로 그들의 영적 상태는 도무지 회복이 불가능한 마른 뼈다귀와 같았기에 이들을 다시 살리는 그 새 언약은 하나님의 새 영과 새 마음에 의한 부활의 기적을 상징했다. 그러나 놀랍게도 이 메시아 언약은 하나님의 창조 안에서 이미 선재된 것으로 하나님의 때에 자기 백성들에게 주어진 것이다(창1:26-27). 제 2성전 시대의 전개와 더불어 이스라엘이 가졌던 여호와 신앙도 잠시 뿐, 화려했던 다윗왕국으로의 복귀에 마음이 앞섰던 이스라엘은 지속되는 열강의 틈바구니 속에서 선지자들로부터 주어진 하나님의 때를 기다리지 못하고 율법의 행위를 그 이상을 실현하는 수단으로 삼는 즉 스스로 메시아를 잉태하고 해산하려는 시도를 행하려는 반역으로 또다시 변질되다가 급기야 "너희 중에 성전 문을 닫을 자가 있었으면 좋겠다"는 여호와의 탄식을 듣기까지에 이른다(말 1:10).

단 9장의 70 이레의 예언대로 기름부음을 받은 자가 끊어지고 개혁파 유대인들에 의해 메시아 언약이 권력 종교로 변질된 채 400여 년의 침묵기가 지나서, 말라기 선지자로 약속하신바(말3:1) 엘리야의 심정과 능력으로 세례 요한이 주보다 앞서 와 그가 '언약의 메시아'이심을 증언하며, 사 40:1-11의 예언이 성취가 선언되는 가운데서도, 그리고 수많은 표적과 가르침에도 불구하고 그들의 눈과 귀는 가려진 채 고침을 받지 못하도록 유기되었다.

남은 자의 바깥에 위치한 유대교 시온주의자들은 율법을 온전히 지킨다고 주장하면서도 그 율법이 가리키는 바는 깨닫지 못하고 권력종교에 심취하여 오히려 주를 대적하다가 급기야 참 성전으로 오신 주께서 그들이 굳세게 붙든 그러나 반드시 무너져야 할 성전을 언급하신 것에 대하여 신성모독죄로 정죄하고 십자가로 이끌어 주의 예정에 반역적으로 가담하는 도구가 된다.

율법을 지킴으로 하나님의 의 아래에 존립하도록 약속된 그 제사장의 나라는 레위인의 삶에서 단적으로 보이듯이 땅의 것을 분깃으로 받지 아니하고 하늘의 것만 기업으로 삼는 삶을 그 표준으로 한다. 따라서 율법이 가리키는 그 축복을 소유하는 길은 이스라엘이 복으로 여긴 그 모든 것을 포기해야만 가능한 길이었다. 이것은 율법을 진정으로 지키는 경건한 자들에게 저 주 아래에서 신음하게 하는 눈물의 길이었다. 하나님의 축복은 거기에 보장되어 있었다. 하지만 그 길을 걷는 유대인은 희귀했다. 따라서 이 죄가 인류에게 가져온 이러한 고통과 사망으로부터 자기 백성을 해방시키기 위한 하나님의 진노는 십자가에서 옛 하늘과 옛 땅을 파괴하고 전복시키는 것이었다. 이제 이 장에서 유대교 율법주의자들이 탐심에서 비롯된 종교 권력을 옹호하는 수단으로써 붙들고 있는 그 모든 율법적인 제의가 심판을 당한다.

1. 대접들 【15:1-8】

1b 일곱 천사가 일곱 재앙을 가졌으니 곧 마지막 재앙이라

이 재앙들이 마지막인 까닭은 12장에서 14장까지 여섯 개의 환상이 지났고, 이제 2절에서 시작되는 일곱째 환상 안에서 '하나님의 진노'(7절)가 끝나기 때문이다(참조, 10:7). 그러나 **"마지막 재앙"**은 단지 환상의 순서일 뿐 역사적 순서를 의미하지 않는다. 만일 그렇다면 대접 심판은 인과 나팔 심판이 끝난 후에야 시작되어야 하지만 인, 나팔, 대접 세 심판 시리즈의 각 일곱째는 모두 최후 심판을 묘사하고 있어 이러한 관점은 받아들이기 어렵다. 대접 심판은 나팔 심판과 거의 유사하고 반복적인 구조를 취하고 있다. 이것은 동일한 사건에 대한 두 국면으로써 즉, 나팔이 그리스도의 복음을 추종한 교회의 승리와 성령의 다스림을 강조하는 것이라면 반면, 대접은 복음 대신 짐승을 따른 배교자들에 대한 패배를 강조하기 때문이다.

Beale은 대접 심판을 짐승에게 경배하고 성도들을 박해한 자들에게 가하는 심판이라고 말한다(참조, 16:2, 5-7, 19의 해석). 반면, Jordan의 관점은 매우 세밀하다. 그는 **"쏟으니"**에 대하여 유대인들의 제의가 하나님께 거부당하는 측면에서 대접을 자세히 관찰했다. 그것은 첫째, 물두멍(반 정결-부정함), 전제(반 포도주-더불어 먹고 마심의 거부), 교회(기도-향을 거부, 교회에서 배제), 희생제의(반 번제, 피 뿌림의 거부, 사닥다리-십자가와 부활, 교제의 거부), 기름(반 성별), 공물(자기 의 거부), 성막(참 성전 입성 거부) 등에 대한 고찰이다.

2 또 내가 보니 불이 섞인 유리 바다 같은 것이 있고 짐승과 그의 우상과 그의 이름의 수를 이기고 벗어난 자들이 유리 바다 가에 서서 하나님의 거문고를 가지고

짐승의 표를 받지 아니하고 이긴 자들(승리한 교회 공동체)이 하나님의 하프(거문고)를 가지고 노래하고 있는데, 여기서 **"불이 섞인 유리 바다"**는 홍해의 천상적인 모습이라 할 수 있다. 이것은 홍해를 갈라 건너게 하심으로 애굽의 추격으로부터 벗어나게 하신 하나님의 은혜를 찬양했던 '모세의 노래'를 암시하기 때문이다.

3 하나님의 종 모세의 노래, 어린 양의 노래를 불러 이르되 주 하나님 곧 전능하신 이시여 하시는 일이 크고 놀라우시도다 만국의 왕이시여 주의 길이 의롭고 참되시도다

"모세의 노래"와 "어린 양의 노래"는 곧 증인의 노래다(참조, 새 노래-5:9, 14:3). 이는 짐승의 표를 받은 자들은 증인들과는 달리 하나님의 길에서 벗어남 곧 메시아 언약에서 떠났다는 의미다. 모세의 노래(신 31:30~32:44)는 언약 갱신의 일부로 증거의 기능을 가지며, 이스라엘 백성이 이 노래를 부를 때 언약의 전체 조건과 의미를 이해하고 동의한다는 증거로 사용되었다. 따라서 그 기능은 단순히 찬양아 아니라 백성들이 취해야 할 길을 교육하여 언약 위반의 의미를 상기시키는 것이었다. 마찬가지로 어린 양의 노래 또한 새 언약을 상기시키는 노래이다. 그러므로 이 노래는 메시아 언약의 증인으로서 십사만 사천이 부르는 노래이며, 짐승의 표를 받아 우상을 숭배한 배교자들 즉 언약을 파기한 유대인들의 심판의 정당성에 대한 역설이라 할 수 있다.

여호와께서는 그 모든 행위에 의로우시며 그 모든 일에 은혜로우시도다 [시 145:17]

5 또 이 일 후에 내가 보니 하늘에 증거 장막의 성전이 열리며

일곱 대접 심판의 배경적 설명이 제시된다(5-8절). 이것은 인 심판 시리즈에서 '네 마리의 말을 탄 자'로 묘사된 메시아 언약에 대한 네 개의 증언과 동일한 맥락으로 전개된다. 첫째, 하늘에서 "증거의 장막"성전이 열린다(참조, 11:19). 구약에서부터 성막은 '증거의 장막'이라 불렸다(출 38:21, 민 1:50, 행 7:44). "증거"라는 말은 언약궤 안에 놓인 십계명의 두 돌판을 가리키는데, 그것은 하나님과 백성 이스라엘 상호간에 체결한 언약에 대한 증거로서 열 가지 계명이다. 그래서 언약궤를 종종 "증거판, 증거궤"로 칭한다(출 16:34, 25:16, 민 17:4). 그 계명은 처음부터 마지막까지 우상숭배에 대한 경고이다. 하나님의 심판은 철저히 인격적이다. 반역자들을 냉소적인 진노로 처벌하는 대신 그들의 반역의 입증의 세밀함은 그가 사랑이신 까닭이다.

한 마디도 능히 대답하는 자가 없고 그 날부터 감히 그에게 묻는 자도 없더라 [마 22:46]

6 일곱 재앙을 가진 일곱 천사가 성전으로부터 나와 맑고 빛난 세마포 옷을 입고 가슴
에 금 띠를 띠고

둘째, 맑고 빛난 세마포 옷을 입고 가슴에 금띠를 띤 일곱 천사가 "일곱 재앙"을 집행하기
위해 "성전으로부터" 나온다(6절). Aorist 동사 ἐξέρχομαι의 번역은 **"나오는데"**(금 띠를 띠
었더라)가 더 좋다. 묘사되는 천사의 형상은 제사장(cf. 레 16:4, 23-세마포 옷)과 그리스도(cf.
1:13-금띠)를 닮아 있다. 이것은 인자의 대리인에 의해 집행되는 대접 심판의 배경을 가리킨
다. 복음은 일곱 날의 빛 그것도 정오의 빛으로써 유대인들에게 비추어졌다. 따라서 일곱
재앙은 그 완전한 빛을 거역한 완전한 어둠이다.

> 여호와께서 자기 백성의 상처를 싸매시며 그들의 맞은 자리를 고치시는 날에는
> 달빛은 햇빛 같겠고 햇빛은 일곱 배가 되어 일곱 날의 빛과 같으리라 [사 30:26]

7 네 생물 중의 하나가 영원토록 살아 계신 하나님의 진노를 가득히 담은 금 대접 일곱
을 그 일곱 천사들에게 주니

셋째, 네 생물(4:6-7, 5:6-7, 6:1-8, 7:11, 14:3) 중 하나가 '영원토록 살아계신 하나님'의 진노
를 가득 담은 금 대접(잔) 일곱을 그 일곱 천사에게 준다(7절). 여기서 생물은 유대교의 제의
가 왜 열납(悅納)되지 않고 진노로 바뀌게 되었는가에 대한 증언이다. 바벨론 유수 전후의
선지자들의 글과 롬 9:4 및 11:7에서 바울의 증언은 율법(νομος-노모스)을 통하여 회개에
이르도록 요구하셨으나 그들은 탐심으로 하나님의 인자하심과 오래 참으심과 용납하심을
멸시하며 하나님의 진노를 쌓다가 이러한 파국적인 결과를 초래하였다고 말한다. 하나님
의 이 진노는 여호와의 큰 날 또는 크고 두려운 날(욜 2:31, 습 1:18, 말 4:6)로 이미 선포되었
던 그러한 경고들의 성취이다.

> 만군의 여호와가 이르노라 너희가 내 제단 위에 헛되이 불사르지 못하게 하기 위하여
> 너희 중에 성전 문을 닫을 자가 있었으면 좋겠도다
> 내가 너희를 기뻐하지 아니하며 너희가 손으로 드리는 것을 받지도 아니하리라 [말 1:10]

대접(φιάλη-피알레, מִזְרָק-미즈라크)은 번제단에 제물의 피를 뿌리는 데 사용된 '금 대접'일 것

이다(참조, 대하 4:8).

이 대접은 전제(drinking offering) 또는 음녀가 성도들의 피를 마신 것에 인용된 잔이다(계 17:4, 6). 그리고 계 5:8에서 성도들의 기도를 담은 잔으로 한 번 사용되었다.

히브리어에서 대접은 두 단어가 사용되었다. מְנַקִּית-메나키요트는 떡상 위에 있는 금 대접이나 금잔을 나타낸다(출 25:29, 37:16 및 민 4:7). 하지만 מִזְרָק-미즈라크는 향을 채우는 용도(암 6:6, 민 7:84)로, 그리고 '던지다'는 동사 자라크와 관련이 있으므로 액체(피)를 뿌리거나 던지는 데 사용되었다. 대부분의 본문에서 이 그릇은 성막(출 27:3, 38:3, 민 4:14) 또는 성전(왕상 7:40, 45, 렘 52:18, 슥 14:20)의 봉사와 연관되어 있다. 이 도구들은 희생 제물의 피를 제단 앞에 던지는 의식에 사용되었다. 이것은 성배나 일종의 포도주 잔으로 받침용 다리를 가지고 있어 바닥으로부터 떨어져 있다. 따라서 φιάλη-피알레는 물두멍, 놋 바다 등에 대한 유추를 불러온다. 물두멍을 지상의 제단을 가진 하늘의 큰 바다(大洋)로 해석한 것을 볼 때, 대접은 하늘의 내용물을 지상에 붓는 것을 상징한다.

그래서 φιάλη-피알레는 대략 6가지의 용도로 추정할 수 있는데, 희생제의적인 대접, 마시는 잔, 향로, 물두멍, 기름을 옮기는 대접, 곡식을 옮기는 대접 등이다.

이것은 다음 장(16장)에서 음녀에게 부어지는 진노의 대접과 관련되는 해설적 배경이다. 즉 그들이 올린 모든 제의는 하나님께 열납이 되는 대신 도리어 재앙으로서 그들의 머리에 부어지는 것을 뜻한다. 왜냐하면 그들은 언약(네 생물. 온 땅에 충만한 증언)을 따라 '하나님의 의' 곧 어린 양을 따르지 아니하고 권력 종교로서 우상으로 삼았던 짐승의 '힘'을 따르기로 결정했기 때문이다.

8 하나님의 영광과 능력으로 ~성전에 연기가 가득 차매 일곱 천사의 일곱 재앙이 마치기까지는 성전에 능히 들어갈 자가 없더라

넷째, 성전은 '하나님의 영광과 능력의 연기'로 채워졌다(참조 출 40:34, 사 6:3-4, 겔 10:4, 44:4). **"하나님의 영광과 능력"**은 임재를 상징한다. 그리고 일곱 천사가 일곱 재앙을 끝내기까지 아무도 성전에 들어갈 수 없었다(8절)는 것은 임재의 목적이 진노의 심판이라는 엄중함을 나타낸다.

2. 일곱 대접 심판【16:1-21】

1 또 내가 들으니 성전에서 큰 음성이 나서 일곱 천사에게 말하되 너희는 가서 하나님의 진노의 일곱 대접을 땅에 쏟으라 하더라

"땅"은 마귀에게 속한 영역과 사람들을 가리킬 때 쓰는 표현이다. 하지만 여기서 심판의 대상은 유대인 개개인으로 좁혀지며 불신자들에 대한 개괄적인 묘사가 아니다. 성경의 심판의 대상은 불신 세계를 지목하는 것이 아니라 그들과 짝한 하나님의 백성을 가리킬 뿐이다. 역사적 종말의 때의 심판조차도 믿지 않음으로 이미 심판을 받은 불신자들에게는 그다지 관심이 없다. 오직 구원 받을 자 한 사람을 회개시키고 또 믿음의 인내를 격려할 목적에만 관심을 기울일 뿐이다.

1) 첫 번째 대접(2절), 유대인

2a 첫째 천사가 가서 그 대접을 땅에 쏟으매

대접 재앙의 서술방식은 나팔 재앙과 평행적이다. Aorist 동사 ἐκχέω-에크케오, **"쏟으매"**는 하나님께 드리는 제의가 거부당하는 모습을 암시한다. 이것은 **'기쁘게 받으심'**(레 22:19)을 뜻하는 '열납'에 상응하는 단어이다.

2b 짐승의 표를 받은 사람들과 그 우상에게 경배하는 자들에게 악하고 독한 종기가 나더라

첫 번째 대접은 유대인에게 쏟아진다. 대접을 "땅"에 쏟은 결과로 '짐승의 표를 받은 사람들과 그 우상에게 경배하는 사람들'에게 악하고 독한 종기가 났다. "땅"은 계시록에서 새 창조가 펼쳐질 무대로서 즉 마땅히 심판되어야 할 대상으로써 유대인을 뜻한다(14장 4절 추가해석 참조).[69] '고치지 못할 심한 종기'(참조. 레 13-14장, 신 28:35)는 문둥병을 의미한다. 이는 정결의식에서 대접으로부터 깨끗함을 얻어 하나님 앞에 나아갈 기회를 얻는 것과 반대로 부정함을 입어 하나님께 나아감을 금지 당하게 됨 즉 그들의 경배가 거부당함을 뜻한다. 여기서 독한 종기(문둥병)는 불순종하여 받는 저주를 상징한다.

> 여호와께서 네 무릎과 다리를 쳐서 고치지 못할 심한 종기를 생기게 하여
> 발바닥에서부터 정수리까지 이르게 하시리라 [신 28:35]

2) 두 번째 대접(3절), 유대인 사회

3 둘째 천사가 그 대접을 바다에 쏟으매 바다가 곧 죽은 자의 피 같이 되니 바다 가운데 모든 생물이 죽더라

이제 두 번째 대접은 땅에서 "바다"로 옮겨진다. '바다'는 세상을 의미해왔다. 따라서 여기서 바다는 유대인들이 흩어져 사는 세상의 지역(로마와 정복지)들을 상징하는바 그것은 디아스포라 유대인들에게 쏟아짐을 의미한다. 대접이 쏟아진 바닷물은 죽은 자의 피같이 되었다. 시체는 더러움을 퍼트리는 인자로서 그것에 닿은 자는 암송아지의 재를 담은 물을 뿌림으로서 확산을 막을 수 있었다(참조, 민 19장).

이것은 회개를 거부하는 세상에서 탐심에 의해 작동되는 거짓된 신앙(우상숭배)은 세상의 회개를 가로막는 결과를 초래한다는 것으로 읽을 수 있다. 즉, 둘째 나팔 심판에서는 바다 생물의 1/3이 죽었지만(참조, 8:8-9), 여기서는 모든 생물이 죽는다. 이는 이 심판이 회개를 목적으로 하지 않고 있다는 것과, 유대교가 세상을 하나님께로 인도할 사명의 박탈당함 즉 더 이상 참 생명을 잉태하지 못하게 됨을 상징한다.

---

69) Beale은 계 1:7의 해설에서 슥 12장을 근거로 이스라엘의 심판이 아닌 구원을 가리키기 때문에 이 제안에 반대한다. 하지만 슥 12:10은 그리스도의 초림을 나타내는 반면 계 1:7은 재림을 가리킨다는 사실을 간과한 것이라 할 수 있다.

3) 세 번째 대접(4-7절), 유대인의 율법

4 셋째 천사가 그 대접을 강과 물 근원에 쏟으매 피가 되더라

이것은 겔 47장을 떠올리게 한다. 거기서 물은 성전에서 흘러나와 강을 이루고 그것이 흐르는 곳곳마다 생명이 살아나는 장면으로 '물'은 구약 곳곳에서 말씀을 상징한다. 이것이 메시아의 때의 복음의 역사를 서술한 것이라면, 역설적으로 여기서는 물의 근원이 저주를 받아 더럽혀지고 있다. 계시록에서 생명수 대신 피를 마시는 자 곧 생명을 죽이는 자는 음녀요 악한 자이다(계 17:5, 6). 따라서 이것이 상징하는 것은, 유대 사회가 붙들고 있는 율법과 그 안에 약속된 모든 것의 폐지를 상징한다.

5 내가 들으니 물을 차지한 천사가 이르되 전에도 계셨고 지금도 계신 거룩하신 이여 이렇게 심판하시니 의로우시도다

"물을 차지한 천사"의 심판의 당위성에 대한 선언은 하나님의 율법이 유대교의 탐심에 의해 얼마나 심각하게 왜곡되었는지 한탄하는 역설로 들린다. 율법의 표지가 '내가 거룩하니 너희도 거룩하라'(레 11:45)인 것은 이스라엘로 죄를 자각하고 회개로의 부르심이었지만 첫 사람을 반역으로 이끌었던 그 탐심에 잡혀 실패했다. **"거룩하신 이여"**는 죄인의 대속을 위해 피를 쏟으시기까지 자신의 언약을 이루신 의의 하나님의 속성에 비추어 볼 때 이 심판이 참으로 합당하다는 것이다. 이 삽입 절은 유대인들이 율법을 목숨처럼 지켰으나 그것이 하나님 나라의 의를 위한 것이 아니라 자신들의 탐심을 이루기 위해 왜곡한 결과, 하나님의 참 생명수로 오신 성자를 영접하지 않고 오히려 거역하는 수단으로 삼았던 것에 대한 지적이다.

6 그들이 성도들과 선지자들의 피를 흘렸으므로 그들에게 피를 마시게 하신 것이 합당하니이다 하더라

"성도들과 선지자들"은 메시아 언약에 대한 신구약의 증인들이다. 배교한 유대인들은 성경에서 곧 증언을 통해 아무런 교훈을 받지 못했을 뿐만 아니라 오히려 우상숭배를 거부하는 언약의 증인들을 박해하고 죽였으니 '생수 대신 피를 마시도록' 한 심판이 합당하다는 것이다.

7 제단이 말하기를 그러하다 주 하나님 곧 전능하신 이시여 심판하시는 것이 참되시고 의로우시도다 하더라

이제 배교자들의 심판의 합당함에 대한 고발에 제단이 동원되고 있다. 이것은 배교자들이 제단에서 행하는 종교의식이 기쁘게 받으실만한 것이 아니라 가증한 것이 되어 거부당하고 있음을 가리킨다.

4) 네 번째 대접(8-9절), 시온주의

8 넷째 천사가 그 대접을 해에 쏟으매 해가 권세를 받아 불로 사람들을 태우니

여섯째 인에서 광명체가 빛을 잃고 검어지고 어두워지는 심판(6:12-13)은 그리스도를 배척하여 십자가에 오르게 한 배교자 유대인들이 초막절로부터 배제당하는 유기를 의미했다. 하지만 여기서 1절의 성전과 7절의 제단을 고려할 때 **"해에 대접을 쏟으매"**는 제의적인 것과 관련이 있어 보인다.

그렇다면 해는 무엇을 상징하는 것일까? 창세기에서 낮과 밤을 주관하는 두 광명체인 해와 달은 세상이 신으로 여기고 숭배했으나 성경은 그것을 하나님의 피조물이라고 말한다. 그렇지만 히브리인들에게도 해와 달은 하나님의 대행자로서 낮과 밤을 주관하는 것으로 이해하였다. 그렇다면 여기서 해는 종교지도자들로서 산헤드린 특히 대제사장(비록 성경적 정통성은 없으나)을 가리킨다. 하나님의 의를 버리고 물리적인 다윗왕국의 권력을 붙든 그 성과 대로서의 예루살렘 성에서 행하는 모든 우상숭배적인 제의는 하나님을 영화롭게 하는 것이 아니라 종교지도자들이 부당한 권세로 사람들을 괴롭히는 정당한 수단이 되었다. **"불로 사람들을 태우니"**는 과열된 물체에 물을 쏟으면 화기가 그 사람을 덮치듯 종교지도자들의 그릇된 종교 권세의 남용은 시온주의 정책으로 말미암아 로마와의 대립을 초래하게 되어 사람들을 큰 고통 속으로 끌고 갈 것을 암시한다. 신명기 32장은 이것에 대한 배경을 제공한다.

마치 독수리가 자기의 보금자리를 어지럽게 하며 자기의 새끼 위에 너풀거리며

그의 날개를 펴서 새끼를 받으며 그의 날개 위에 그것을 업는 것 같이

여호와께서 홀로 그를 인도하셨고 그와 함께 한 다른 신이 없었도다

……..

그런데 여수룬이 기름지매 발로 찼도다 네가 살찌고 비대하고 윤택하매

자기를 지으신 하나님을 버리고 자기를 구원하신 반석을 업신여겼도다

그들이 다른 신으로 그의 질투를 일으키며 가증한 것으로 그의 진노를 격발하였도다

그들은 하나님께 제사하지 아니하고 귀신들에게 하였으니 곧 그들이 알지 못하던 신들,

근래에 들어온 새로운 신들 너희의 조상들이 두려워하지 아니하던 것들이로다

너를 낳은 반석을 네가 상관하지 아니하고 너를 내신 하나님을 네가 잊었도다

그러므로 여호와께서 보시고 미워하셨으니 그 자녀가 그를 격노하게 한 까닭이로다

~그들이 하나님이 아닌 것으로 내 질투를 일으키며 허무한 것으로 내 진노를 일으켰으니

나도 백성이 아닌 자로 그들에게 시기가 나게 하며 어리석은 민족으로

그들의 분노를 일으키리로다

그러므로 내 분노의 불이 일어나서 스올의 깊은 곳까지 불사르며

땅과 그 소산을 삼키며 산들의 터도 불타게 하는도다. [신 32:11-22]

야훼께서 이스라엘의 배교를 보셨다(신 32:19절). 이스라엘 백성의 행동은 하나님을 괴롭혔다. 야훼께서는 그들을 아들딸로 여기는 아버지 같은 마음을 가지셨던 까닭에 그들이 자신의 사랑을 거부하는 것을 보는 것은 분노뿐만 아니라 고통까지 불러 일으켰다. **"내가 내 얼굴을 그들에게서 숨기리라"**(20절) 이 말씀은 분노(31:18 참조)뿐만 아니라 슬픔을 나타내기도 하는데, 사랑의 아버지는 자녀들이 죄악으로 재앙을 불러오는 것을 보고만 있기가 어렵기 때문이다.

하나님은 신실하셨지만(4절), 아들들의 불충실함은 그와 아들들을 서로 분리시켰다. 그들은 살아계신 하나님을 "신이 아닌 것"으로 바꾸고(5:26), 생명이 없는 우상을 섬김으로써 참된 종교를 조롱했다(21절).

그 결과는 필연적이었다. 만약 그들이 "하나님이 아닌 것"을 신뢰하기를 원한다면, 그들은 "백성이 아닌 자"의 손에서 하나님의 심판을 경험하게 될 것이다. 이스라엘이 살아 계신 하나님을 신뢰한다면 "하나님이 없는 민족"은 위협이 되지 않겠지만, 그러나 여호와를 버린

이스라엘은 "하나님이 없는 민족"으로부터 구원을 받기 위해 "백성이 아닌 민족"에게 헛된 부르짖음을 하게 될 것이다. 세상의 정치 세력은 실재했지만 미미한 것이었고, 하나님의 힘 밖에는 아무런 힘이 없는 자기 백성에게 승리를 허락하실 수 있는 분은 오직 야훼뿐이셨다. 22절에서 진노는 동정보다 우선하며, 한번 불붙은 신성한 분노의 불은 그 파괴력에 한계가 없으며, 스올(지하 세계)까지 도달하여 땅의 소산을 황폐화시키고 산의 기초를 불태운다. 하나님의 진노는 하나님의 사랑과 같아서 그것이 미치는 곳은 제약이 없다(롬 8:38 참조). 그러나 하나님의 진노는 동일하게 널리 퍼져 있는 하나님의 사랑을 거부한 데서 비롯되기 때문에 놀랍고 끔찍한 것이다.[70]

9 사람들이 크게 태움에 태워진지라 이 재앙들을 행하는 권세를 가지신 하나님의 이름을 비방하며 또 회개하지 아니하고 주께 영광을 돌리지 아니하더라

메시아를 배척하고 십자가를 지웠던 유대당국에 의해 세워진 대제사장(단 9:26에서 대제사장의 영적 계보는 오니아스에서 끊어졌다)이 옛 성과 대인 예루살렘 성전에서 하나님께 올린 제의를 상상해보라. 율법의 행위를 의의 수단으로 여긴 것도 불의한 것인데 정작 제의가 가리키는 메시아의 대속적인 은혜조차 이해하지 못한 예배 행위가 하나님께 어떠한 정서를 불러왔을지는 명백하다.

이것은 하나님의 두 증인들이 생명을 버리기까지 우상숭배와 맞선 것과는 사뭇 대조적이다. 따라서 **"크게 태움에 태워진지라"**는 심판의 엄중함에 대한 묘사로, 산헤드린 당국의 시온주의 정책은 유대 백성들로 하여금 그리스도 안에 있는 참 성전 안에서의 평강과 하나님 나라의 백성에 걸맞은 영화와 권세를 누리도록 인도한 것이 아니라 수많은 고통과 비참하고 굴욕적인 수모와 심지어 처참한 죽음으로 이끈 것을 가리킨다. **"하나님의 이름을 비방하며"**는 그들의 참혹한 심판의 현장을 회상케 한다.

> 너희 믿음의 확실함은 불로 연단하여도 없어질 금보다 더 귀하여
> 예수 그리스도께서 나타나실 때에 칭찬과 영광과 존귀를 얻게 할 것이니라 [벧전 1:7]

유대교와 로마 당국 사이의 밀월관계는 역사적으로 헤롯이 질병을 얻은 이후(다섯째 대접)

---

70) Peter C. Craigie, 신명기.

로 급속히 깨어지기 시작하는데, 권력종교(고대 다윗왕국의 중흥을 추구하는)를 추종하는 유대교인들의 노골적인 반란은 성전 꼭대기에 세운 황금 독수리 상을 끌어내리는 것을 시작으로 곳곳에서 충돌을 일으키게 되고, 수많은 사망자를 내는 가운데 배교자에 대한 하나님의 이 심판은 로마의 네로가 유대 정복을 위해 베스파시안을 파견하게 되면서부터 노골적으로 표면화 된다.

> 그 때 마침 두어 사람이 와서 빌라도가 어떤 갈릴리 사람들의 피를
> 그들의 제물에 섞은 일로 예수께 아뢰니….
> 너희에게 이르노니 아니라 너희도 만일 회개하지 아니하면
> 다 이와 같이 망하리라 [눅 13:1-2]

유대인들의 잘못된 시온주의에 대해 복음서 기자들은 유대인들이 명절인 유월절이 올 때마다 메시아에 의해 주어질 진정한 해방을 바라보며 기념하기보다 자신들의 노력에 의한 해방의 추구로 반란이 이어졌음을 지적한다. 하지만 여기서 지적하는 바는 짐승의 왕좌에 내린 하나님의 심판으로 유대인의 반란이 비롯되었음을 말하고 있다.
요세푸스는 그의 사료 유대전쟁사에서 헤롯의 장례식에서 일으킨 소요로 죽은 유대인들의 수가 삼천이나 되었다고 말한다.

"회개하지 아니하고 주께 영광을 돌리지 아니하더라"는 이러한 일련의 사건들이 진행되는 중에도 유대인들이 자신들의 배교 행위를 자각하고 회개하기는커녕 이것이 하나님의 주권적 심판이라는 사실을 인정하려 하지 않았다는 의미이다.

5) 다섯 번째 대접(10-11절), 헤롯 왕좌

10 또 다섯째 천사가 그 대접을 짐승의 왕좌에 쏟으니 그 나라가 곧 어두워지며 사람들이 아파서 자기 혀를 깨물고

하나님의 심판은 이제 다섯째 천사에 의해 "짐승의 왕좌" 곧 헤롯을 향하여 쏟아진다.

"그 나라가 곧 어두워지고"(새 창조 교회의 관점에서, 출애굽의 10번째 재앙)는 이것은 헤롯의 왕국에 암울한 그림자를 드리운다. 그것은 역사적으로 헤롯의 추하고 복잡한 사적인 삶에 직면한 다양한 영적 문제와 갑작스런 질병에 의한 그의 죽음을 떠올리게 한다. **"사람들이 아파서 자기 혀를 깨물고"**가 의미하는 것은 어두움이 불러 온 유대인들의 영적 공포와 중압감의 괴로움을 나타낸다. 다윗왕국의 중흥에 대한 열망이 헤롯의 후임자에 의해 그리고 로마의 박해로 인해 오히려 좌절로 나타나자 그들은 그러한 어둠에 대하여 하나님과의 분리라는 공포에 사로잡혔을 수 있다.

11 아픈 것과 종기로 말미암아 하늘의 하나님을 비방하고 그들의 행위를 회개하지 아니하더라

이것은 애굽의 바로가 끝내 회개에 이르지 못하도록 강퍅한 마음을 갖게 하신 심판과 닮아 있다. 여기서는 '회개를 촉구하는 것'이 아니라 그들은 결단코 회개할 수 없도록 심판을 받는 모습을 묘사하는 것으로, 짐승의 보좌에 부어진 대접을 인하여 유대교 유대인들에 미치는 영향에 초점을 맞추고 있다.

"아픈 것과 종기"는 짐승의 표를 받고 우상숭배를 행한(2b) 영적인 오염 즉 문둥병이 메시아 언약으로 돌아올 수 없는, 마음이 더욱 강퍅해져서 오히려 하나님을 원망하며 우상숭배를 지속하도록 심판을 당하고 있는 것에 대한 은유적인 설명이다.

6) 여섯 번째 대접(12-16절), 유대교

12 또 여섯째 천사가 그 대접을 큰 강 유브라데에 쏟으매 강물이 말라서 동방에서 오는 왕들의 길이 예비되었더라

여기서 **"큰 강 유브라데"**는 동방으로부터 곧 '태양이 떠오르는 곳'으로부터(사 41:25) 오는 왕들(바사제국과 연합국의 왕들)의 이스라엘 침입을 가로막는 지리적 요새의 상징물이다. **"큰 강 유브라데"**는 여섯째 나팔에서는 사람 1/3을 죽이기로 예비 된 네 천사가 결박에서 놓여나는 곳이었다(9:14). 거기서는 사탄의 도구로 돌아 선 로마 군대를 상징하는 마병대가 배교자 유대인들을 죽음으로 내몰게 되는 심판에 대한 경고였다. 한편, 유브라데 강의 마름에 대해서는 구약에서 여러 번 언급된다(사 11:15, 44:27, 렘 50:38, 51:36, 슥 10:11). 그 예언은 **고레스**가 강물의 방향을 바꾸는 것으로 성취되었는데(사 44:27-28), 바벨론의 넓은 해자를 건널 수 없어 난공불락으로 여겨졌던 그 생각은 여지없이 무너졌다. 이와 같이, 유대인들에게도 하나님의 도성으로 여긴 예루살렘 성이 무너진다는 것은 상상 할 수조차 없는 것이었다. 그런데 이제 여섯째 천사에 의해 대접이 쏟아짐으로 인해 그 강이 마르게 되어 침략의 길이 열리고 있다. 이것은 여섯째 나팔에서 사탄의 군대인 마병대와는 대조적으로 성령의 군대에 의한 영적 전투로써 복음이 유대교를 점령하도록 길을 여시는 성령의 역사, 곧 새 창조의 영적 전쟁임을 재확인 시켜준다. 따라서 **"동방에서 오는 왕들"**은 이방인 그리스도인들을 상징한다고 할 수 있다.

> 그러므로 여호와께서 이와 같이 말씀하시되
> 보라 내가 네 송사를 듣고 너를 위하여 보복하여 그의 바다를 말리며 그의 샘을 말리리니
> 바벨론이 돌무더기가 되어서 승냥이의 거처와 혐오의 대상과 탄식 거리가 되고
> 주민이 없으리라 [렘 51:36-37]

13 또 내가 보매 개구리 같은 세 더러운 영이 용의 입과 짐승의 입과 거짓 선지자의 입에서 나오니

용, 짐승, 거짓 선지자의 입에서 나오는 개구리(출애굽의 재앙)같은 **"세 더러운 영"**은 정치와 종교적 세력들로 증인들을 대적하는 용의 하수인들을 말하는 것 같다. "거짓 선지자"는 13장에서 첫째 짐승을 경배하도록 즉 우상 숭배를 행할 목적으로 사람들을 속이는 둘째 짐승이었다. 이러한 '거짓 교사'에 대한 사례는 이스라엘 언약공동체 안에서 빈번하게 등장한다(막 13:22, 마 7:15, 24:11, 눅 6:26, 행 13:6, 벧후 2:1, 요일 4:1). 개구리와 거짓 선지자와의 관계는 개굴거리는 소리는 요란하지만 아무런 의미가 없는 즉, 영혼 없는 말과 같다는 것에 있다.

> 누가 철학과 헛된 속임수로 너희를 사로잡을까 주의하라
> 이것은 사람의 전통과 세상의 초등학문을 따름이요 그리스도를 따름이 아니니라 [골 2:8]

14 그들은 귀신의 영이라 이적을 행하여 온 천하 왕들에게 가서 하나님 곧 전능하신 이의 큰 날에 있을 전쟁을 위하여 그들을 모으더라

전쟁을 위해 왕들을 모으는 배경은 슥 14:2이다. 그들은 "전능하신 이의 큰 날"(6:17, 욜 2: 11, 습 1:14)에 있을 '그 전쟁'을 위해 온 천하 왕들을 모으려고 나오는, 이적을 행하는 '귀신의 영들'이다. 우리는 여섯째 나팔과 대접 심판에서 이것이 성령의 군대와 용의 군대간의 영적 전투를 상징한다는 것으로 이해하였다. 따라서 성령의 군대와 **"전쟁을 위하여 그들을 모으더라"**의 의미는 개구리로 상징된 '귀신의 영'들이 곧 그리스 로마 신화와 같은 세속적인 철학이나 종교 관념들을 나타내며, 유대교도들의 율법적 가치관 속에 이러한 것들이 혼재되기 시작한 것을 의미한다고 본다. 메뚜기 군대에 의해 말씀을 먹지 못하는 영적 기갈의 상태에 놓인 그들의 심령은 헛된 신화들로 채워져 갔을 것이다. 그들이 바울과 제자들이 복음을 전하는 곳곳마다 등장하여 방해할 때마다 율법적 교리나 해석적 갈등을 가진 것이 아니라 단지 복음을 율법 아래에 두려는 사탄의 궤계에서 비롯된 육체의 할례가 논쟁의 전부였다.

> 우리가 기도하는 곳에 가다가 점치는 귀신 들린 여종 하나를 만나니
> 점으로 그 주인들에게 큰 이익을 주는 자라 [행 16:16]

15 보라 내가 도둑 같이 오리니 누구든지 깨어 자기 옷을 지켜 벌거벗고 다니지 아니하며 자기의 부끄러움을 보이지 아니하는 자는 복이 있도다

본 구절은 삽입구의 역할로 성도들에게 주어지고 있다. 이 같은 형식은 13:9에서 그리고 14:12에서도 나타난다.

"벌거벗고 다니지 아니하며"는 그리스도로 옷 입었으나 성령의 능력인 하나님의 전신갑주로 무장하지 아니한 영적 상태를 가리킨다(엡 6:10-20). 본 구절의 배경은 창 3:7-8이다. 사람에게 죄가 들어오기 전에는 벌거벗었으나 부끄러워하지 않았다. 그러나 죄가 들어 온 이후로 그들은 벗은 것을 발견하고 부끄러워 나뭇잎으로 몸을 가린다. 그래서 하나님께서 그들에게 짐승의 가죽 옷으로 부끄러움을 가리셨다. 물론 이것은 메시아닉이다. 특별히 '벗은 몸'은 음행을 뜻하고(겔 16:36, 23:29) 여기서는 우상숭배로 인한 배교를 뜻한다(3:18, 라오디게아). 요한은 율법의 행위로 스스로 의롭게 되려는 유대교인들은 벌거벗은 자들이라고

정의하는 반면 증인들은 복이 있다고 말한다. 하지만 도둑 같이 은밀한 중에 오실 때 그 믿음의 옷은 항상 착용되어 있어야만 한다는 것은 믿음의 인내를 격려하는 말이다.

두 여자가 맷돌질을 하고 있으매 한 사람은 데려가고 한 사람은 버려둠을 당할 것이니라 그러므로 깨어 있으라 어느 날에 너희 주가 임할는지 너희가 알지 못함이니라 [마 24:41-42]

16 세 영이 히브리어로 아마겟돈이라 하는 곳으로 왕들을 모으더라

전쟁이 벌어지는 장소는 '아마겟돈'이다. 그러나 이곳은 구체적으로 어느 특정 지역을 말하는 것이 아니라 상징적인 언어이다. 히브리어로 '므깃도'인 이곳은 구약에서 수많은 전쟁을 치른 지역인 까닭에 인용되어진 것 같다(삿 5:19-21, 왕상 18:40, 왕하 23:29-30, 대하 35:20-25, 슥 12:11).

계 20:9에 근거하면 '아마겟돈'은 하나님이 사랑하시는 성 곧 시온 성을 나타낸다. Beale은 역사적 종말에 있을 전쟁을 의식하여 이곳을 전 세계를 가리킨다고 말한다. 하지만 20:9에서 읽어야 하는 것은 영적전투의 장소인 심령을 가리킨다. 일차적으로 복음과 율법이 유대교인들의 심령에서 전투를 벌이는 것이고, 새 언약 교회가 성령의 전인 마음에서 옛 자아를 철장으로 깨트리는 싸움 곧 성령의 통치와 다스림으로 아들의 형상을 온전히 입는 그 영적전투가 아마겟돈 전쟁이다. 하나님께서 만국을 모아 심판하실 것이라는 예언은 구약에서 여러 번 등장(욜 3:2, 습 3:8)하는데, 이에 대한 주님의 해설은 마 24:14이다.

이 천국 복음이 모든 민족에게 증언되기 위하여 온 세상에 전파되리니

그제야 끝이 오리라 [마 24:14]

7) 일곱 번째 대접(17-21절), 예루살렘 성

17 일곱째 천사가 그 대접을 공중에 쏟으매 큰 음성이 성전에서 보좌로부터 나서 이르되 되었다 하시니

이것과 평행인 일곱째 나팔에서 선언된 것은 최후 심판으로서 하나님과 그리스도의 나라의 도래였다. 그러므로 일곱째 대접은 대접 재앙들의 최후 심판으로서 예루살렘의 멸망

을 다룬다. 여기서 γίνομαι "되었다 하시니"(참조, 15:1, 21:6)는 It is done. "이루어졌도다."는 완료형 능동 동사로 즉 일곱째 대접을 쏟는 것으로 심판의 최종적인 성취(하나님의 진노가 이것으로 마치리라, 15:1)가 성전 보좌에서 나온 음성(심판의 주체, 그리스도)에 의해 선언된다(참조, τελέω. 다 이루었다-수동, It is finished. 요 19:30). 이것으로 옛 창조와 옛 질서가 완전히 붕괴되고 새 창조, 새 질서가 새롭게 세워진다. 이는 인류에게 임할 최후심판의 모형으로서 하나님의 은혜를 거부한 유대교의 최후 심판을 뜻한다.

"공중에 쏟으매"는 '공중 권세 잡은 자' 곧 사탄의 통치 지역(엡 2:2) 전체에 완전한 심판이 가해질 것임을 알 수 있다.

18 번개와 음성들과 우렛소리가 있고 또 큰 지진이 있어 얼마나 큰지 사람이 땅에 있어 온 이래로 이같이 큰 지진이 없었더라

세 개의 시리즈 심판에서 그 강도는 점진적으로 커져왔다면 이제 그것은 절정에 달하고 있다. 인간이 안전의 수단으로 쌓은 견고한 성을 붕괴시키는 하나님의 수단은 지진이다. 여기서 **"얼마나 큰지"**는 비교가 불가한 세기로 붕괴시키고도 족히 남는 여지를 암시한다. 그것은 첫째, 영적으로 주님의 십자가와 부활보다 더 큰 지진이란 있을 수 없다. 그것은 율법주의 유대교에게 가장 큰 환난이다. 둘째, 역사적으로 로마에 의해 AD 70년의 예루살렘 성의 파괴를 가리킨다.

~또 환난이 있으리니 이는 개국 이래로 그 때까지 없던 환난일 것이며 [단 12:1]

이는 그 때에 큰 환난이 있겠음이라 창세로부터 지금까지
이런 환난이 없었고 후에도 없으리라 [마 24:21]

19 큰 성이 세 갈래로 갈라지고 만국의 성들도 무너지니 큰 성 바벨론이 하나님 앞에 기억하신 바 되어 그의 맹렬한 진노의 포도주 잔을 받으매

여기서 **"세 갈래"**는 다른 곳(특히 8장)에서 삼분의 일로 번역되었다. 거기서는 부분적인 징벌을 상징했지만 여기서는 완전한 파멸을 상징한다. 그리고 **"큰 성 바벨론"**은 일부 유대교의 문헌처럼 로마를 상징하는 것이 아니라 종교지도자들과 시온주의 유대인들이 율법의 행

위(종교권력이라는 우상을 숭배할 목적의 너희 율법)로 각자의 탐심을 채우려 쌓아올린 우상숭배의 터전으로서 성과 대를 상징하는 예루살렘 성이다(14:8 주석 참조).

이것은 미래주의적 관점에서 인간이 스스로 낙원을 세우는 수단으로 쌓은 과학과 부산물의 붕괴를 가리키는 지구의 역사적 종말일 것이다.

"진노의 포도주 잔"은 사 51:17에서 적의 위협 앞에서 무기력하게 누워 있는 이스라엘을 가리키고 있다. 행동으로 깨어나야 하는 것은 하나님이 아니라 믿음으로 깨어나야 하는 이스라엘이다. 시온의 술에 취한 멍한 상태는 그들에게 닥칠 군사적이고 신학적인 공격 앞에 말 그대로 어떤 종류의 행동도 취할 수 없게 만들었다.

이 확신은 하나님의 손에서 받은 엄청나게 독한 술로 가득 찬 잔의 이미지를 통해 강력하게 표현된다. 시온을 비틀거리며 넘어지게 만든 잔은 거부된 전제를 바닥에 쏟는 하나님의 공의의 분노를 상징한다.

20 각 섬도 없어지고 산악도 간 데 없더라

하나님의 진노로 큰 성 바벨론이 철저히 무너져 내린 상태를 묘사한다. 시내산(출 19:16,18)과 드보라의 노래(삿 5:5)는 하나님의 임재의 무서운 충격적인 그림을 제공한다. 거기에는 탈출구가 없다. 산이 녹는다고 말하는 것은 가장 견고한 은신처(도피처)로서 태고의 상징물이 사라지는 것을 보는 것이다. 그것은 큰 비에 진흙 더미가 씻겨서 녹아내리듯이 그리스도의 피에 옛 창조물이 녹아내리는 것을 상징한다(6:14 주석 참조). 유대교 시온주의에게서 그것은 예루살렘 성이다.

  산들이 여호와의 앞 곧 온 땅의 주 앞에서 밀랍 같이 녹았도다 [시 97:5]

21 또 무게가 한 달란트나 되는 큰 우박이 하늘로부터 사람들에게 내리매 사람들이 그 우박의 재앙 때문에 하나님을 비방하니 그 재앙이 심히 큼이러라

한 달란트(일백 파운드, 약 45kg) 크기의 우박이 사람들에게 내린다. 무게 단위로써 달란트는 하나님의 은혜(선물)의 무게로 종종 제시된다. 메시아 언약은 죄 아래, 율법 아래에 놓인 인류에게 일만 달란트의 빚을 탕감시켜 주신 것이다. 그럼에도 불구하고 그 은혜를 망각하고 우상을 숭배한 대가치고는 기껏 한 달란트에 불과한 하나님 편에서 자비의 심판으로 묘사된다.

그들이 이스라엘 앞에서 도망하여 벧호론의 비탈에서 내려갈 때에
여호와께서 하늘에서 큰 우박 덩이를 아세가에 이르기까지 내리시매 그들이 죽었으니
이스라엘 자손의 칼에 죽은 자보다 우박에 죽은 자가 더 많았더라 [수 10:11]

심판으로 고통 받는 중에도 그들은 하나님을 비방하는데 그 한 달란트의 타격이 비록 하나님의 자비로 크게 탕감된 것이나 배교자인 인간들에게는 매우 큰 것이다. 그러나 여기에 마땅히 있을 법한 회개의 음성은 적절해 보이지 않는다. 이것이 그들에게 최후의 심판인 까닭이다.

17-18장

음녀와 바벨론이
받을 심판

본 장은 바벨론의 심판을 예언한 대접 심판에 대하여 해설적인 구조를 취하고 있다. 혹자는 바벨론에 대한 언급 대신 음녀에 대해서만 말하는 것을 이상하게 생각하지만 음녀와 바벨론은 우상숭배자와 우상의 관계로써 전자는 시온주의 유대인을 후자는 우상숭배의 터로 전락한 예루살렘 성을 가리킨다. 유대교 유대인들은 로마 황제 카이우스(칼리쿨라)가 예루살렘 성전에 신상을 세우려고 했을 때 목숨을 걸고 맞섰을 만큼 유일신 사상 즉 첫째 계명에 대한 놀라운 신앙심을 가지고 있었다. 하지만 놀랍게도 그 신념은 방향이 올바르지 못했다. 왜냐하면 정작 그들은 탐심에 사로잡혔고 구원자로 오신 언약의 메시아는 거부했기 때문이다. 이것은 성령의 열매를 맺기보다 신앙의 열매를 맺도록 가르치는 대부분의 현시대 교회에게 무거운 교훈을 준다. 유대교의 시온주의만큼이나 그리스도인의 복음주의 신앙도 그리스도라는 올바른 목표로부터 얼마든지 벗어날 수 있기 때문이다.

무엇보다 음녀는 권력종교를 추구한다는 점에서 다니엘서 예언의 성취이자 짐승과 불가분의 관계에 있다. 그 짐승은 에덴에서 하나님과 같이 되라고 첫 사람을 미혹했던 그 용으로부터 권세를 받은 정치와 종교 권력으로서, 배교자들과 짝하여 하나님께 반역하고 메시아 언약의 증인들을 박해하여 죽임으로써 심판을 자초한다.

구약에서 선지자들은 바로 이 '여호와의 크고 두려운 날'에 대하여 반복적으로 경고를 해왔다. 그들은 옛 적부터 다윗언약을 크게 오해하였다. 아모스는 그 큰 날을 이방의 심판의 날로 오해한 이스라엘을 책망했고(암 5:18), 이사야(1:15-17)와 예레미야(7:3-7)와 에스겔(18:30-32) 및 요엘(2:31)은 유다의 죄와 불의를 질책하며 회개를 촉구하는 가운데 이 '큰 날'을 경고하였으며, 포로기 이후에도 스가랴(14:1)와 말라기(4:5)가 그러했다. 또한 이 질책은 그 메시아이신 예수에 의해 외식하는 유대인들 특히 바리새인과 종교지도자들에게 반복적으로 경고하는 가운데 이 큰 날이 언급되었다(마 24장, 눅 21장). 이러한 모든 예언적 언급과 경고는 모두 AD 70년 예루살렘 멸망에 대한 예표이자 우주종말에 대한 최후 심판에 대한 예표인 것은 두 말할 나위가 없다.

1. 큰 음녀에게 내릴 심판 【17:1-18】

여기서는 바벨론을 멸망에 이르게 한 원인이 무엇인지를 강조한다.

1) 음녀와 짐승에 대한 환상 (1-6절)

1 또 일곱 대접을 가진 일곱 천사 중 하나가 와서 내게 말하여 이르되 이리로 오라 많은 물 위에 앉은 큰 음녀가 받을 심판을 네게 보이리라

여기서 **"일곱 대접을 가진 일곱 천사 중 하나"**가 환상을 계시하고 해석하는 것에서 대접 심판에 대한 해설적인 구조를 취하고 있다는 것을 알게 한다. 이어서 **"많은 물 위에 앉은 큰 음녀가 받을 심판"**은 심판의 대상이 첫째로 음녀임을 분명하게 지목하는 것이고, **"많은 물 위에"**는 렘 51:13의 많은 물가에 사는 바벨론에서 인용된 것으로 이것은 바벨론 성을 두른 사면의 해자가 제공하는 안전과 풍부한 수자원에 의한 풍요를 상징한다. 즉 '물 위의 음녀'는 예루살렘 성전을 안전과 경제적 수익 창출의 도구로 삼았다는 은유이다.

2 땅의 임금들도 그와 더불어 음행하였고 땅에 사는 자들도 그 음행의 포도주에 취하였다 하고

'땅의 왕들'은 대 제사장을 비롯한 유대 종교 지도자들이고, '땅에 사는 자들'은 시온주의 유대인들을, 음행의 포도주에 취한 것은 우상숭배로 배교한 것을, 그리고 "μεθύσκω-취

하였다"는 수동태로 평신도들이 지도자들로부터 악한 영향력을 받아 함께 타락하였을 각 각 나타낸다.

Beale은 음행을 종교적 우상숭배와 경제적인 측면을 지목한다(겔 16:1-36). 그의 관점은 유 대주의 유대인들이 추구한 가치가 '하나님의 의' 대신 종교권력과 부의 추구에 있었음을 확인시켜 준다.

> 집 하인이 두 주인을 섬길 수 없나니 혹 이를 미워하고 저를 사랑하거나 혹 이를 중히 여기고
> 저를 경히 여길 것임이니라 너희는 하나님과 재물을 겸하여 섬길 수 없느니라
> 바리새인들은 돈을 좋아하는 자들이라 이 모든 것을 듣고 비웃거늘 [눅 16:13-14]

3 곧 성령으로 나를 데리고 광야로 가니라 내가 보니 여자가 붉은 빛 짐승을 탔는데 그 짐승의 몸에 하나님을 모독하는 이름들이 가득하고 일곱 머리와 열 뿔이 있으며

이 구절의 배경은 사 21:1-10이다. **"여자"**는 18절에서 **"땅의 왕들을 다스리는 큰 성"**으로, 곧 우상숭배의 성과 대로서 바벨론을 상징하는 예루살렘 성이다. 여기서 주목할 바는 이 **"여자**(γυνή-귀네)"가 12:6에서 메시아를 낳은 언약 안의 구약교회 곧 어린 양의 신부(21:9)와 동일한 단어를 사용한다는 점이다. 결국 **"여자"**는 한 언약 안에 있었으나 참 성전인 메시 아를 따르는 어린 양의 신부와 달리, 권력종교를 쫓아 무너져야할 옛 성(정치적인 다윗 왕국으 로서의 예루살렘)을 붙드는 배교한 종교지도자들(산헤드린 당국)을 상징하는 것이다. 이 여자가 탄 **"붉은 빛 짐승"**은 용에게 권세를 받아 바다에서 나온 짐승으로서 신성모독을 행하는 사 탄적인 로마로, 여자가 탔다는 것은 그것과의 연합을 상징한다(13:1 주석 참조).

"붉은빛"은 악을 상징하는바 그 이유는 첫째, 공포감을 나타내고 둘째, 붉은 색 염료는 고 가품으로 사치와 유혹을 셋째, 그리스도의 왕권을 모방하는 왕족의 붉은 옷(4)은 그리스도 의 흰옷과 대비되는 까닭이다.

4 그 여자는 자주 빛과 붉은 빛 옷을 입고 금과 보석과 진주로 꾸미고 손에 금 잔을 가졌 는데 가증한 물건과 그의 음행의 더러운 것들이 가득하더라

음녀가 자주색과 홍색 옷, 금과 보석과 진주로 꾸몄다는 것은, 그녀가 세속적인 가치 곧 탐 심으로 가득했다는 것을 나타내는 반면, 그녀의 손에 금잔과 가증한 물건과 음행의 가증

한 것들(우상에게 바친 제물)은 우상 제의적인 것(황제숭배)에 대한 표현이다. 즉 그녀의 옷은 대제사장의 복색을 떠올리게 하는데, 그들이 로마정부와 공조하고 유대인들을 타락으로 이끌었다는 것이다.

Beale은 음녀를 세상의 불경건한 사회, 문화, 경제, 종교적 측면을 나타내는 것으로 본다. 요한은 이와 대조적으로 21:2, 9-23에서 새 예루살렘을 묘사하면서 보석, 진주, 정금을 어린 양의 신부(아내)가 지닌 순결한 믿음으로 묘사하는데 이는 성령의 열매들로써 아들의 형상을 상징한다.

새 언약 교회의 지도자가 복을 그리스도의 형상을 덧입는 것으로 가르치는 대신 세속적인 필요의 충족으로 바꾸어 가르치는 행위는 배교자의 길을 가는 것이다.

5 그의 이마에 이름이 기록되었으니 비밀이라, 큰 바벨론이라, 땅의 음녀들과 가증한 것들의 어미라 하였더라

여기서 **"비밀"**은 이 구절이 다니엘서가 배경임을 나타낸다(단 4:9).

이 단어는 종말적인 의미를 지니는 것이 분명하지만, 메시아의 초림을 옛 질서에 대한 심판으로서 AD 70년의 예루살렘 멸망을 그 종말적 성취로 읽어야 한다. 세대주의자는 말할 것도 없고 미래주의나 상징주의의 해석에서 재림에 의한 역사적 종말로만 인식하는 까닭에 계시록에서 바벨론이 지니는 일차적인 상징성을 놓친다.

그 여자의 이마에 이름이 기록되어 있는 것에서 이 은유적인 표현의 의미를 이해하라는 것이다. 즉 이는 **"그들의 이마에 어린 양의 이름"**(7:3, 14:1, 22:4)과 대조적인데, 이는 하나님께 속한 자인지 아니면 사탄에게 속한 자인지 구별의 척도이다. 당시 로마의 창녀들은 이마에 자기 이름을 기록한 띠를 둘렀다고 한다.[71]

"큰 바벨론이라"는 Beale이 반복적으로 강조하는 경제적인 관점을 지지하게 만드는 데, 구약에서 이스라엘의 '음행'은 하나님과의 올바른 관계보다 물질적인 풍요와 누림을 더 우선적으로 추구했고, 그 탐심이 하나님을 대신하는 우상이 되어 심판을 자초한 원인이 되었던 까닭이다.

---

71) Seneca, Controversiae 1.27(그는 아우구스투스, 티베리우스, 칼리쿨라의 통치 기간 동안 살았던 로마의 수사학자이다).

"땅의 음녀들과 가증한 것들의 어미"라는 표현이 적시하는 바는 그들로부터 배교와 우상숭배가 유대 사회 전체에 만연케 되었다는 것이다.

겔 23장은 북 이스라엘과 남 유다의 음행 즉, 우상숭배를 인한 두 여인 오홀라와 오홀리바가 받을 심판을 기록하고 있는 것에서, 사탄은 마음을 다스리지 못하는 자들 앞에 먼저 와서 있다는 것(참조, 창 4:7)을 확증시킨다.

6 또 내가 보매 이 여자가 성도들의 피와 예수의 증인들의 피에 취한지라 내가 그 여자를 보고 놀랍게 여기고 크게 놀랍게 여기니

여기서 **"피에 취한지라"**의 의미는 이에 상응하는 하나님의 보복으로써 포도를 즙틀에 넣고 짓밟음으로 생성된 '진노의 포도주'에서 알 수 있듯이 박해에 대한 완곡적인 표현이다. 이것은 오늘 날 세속화된 교회가 물질의 기여도를 신앙의 척도로 삼는 모습에서 그 흔적이 남아 있다. '성도들과 예수의 증인' 곧 메시아 언약 안에 있는 자들의 피에 취한 자는 역설적이게도 짐승이 아니라 짐승과 연합한 그 음녀이다. 이것은 교회의 박해가 외부가 아닌 내부에서 먼저 시작되었음을 말하려는 것으로 보인다.

역사적으로 구약의 성도들 및 새 언약의 증인들의 "피(박해)"가 타락한 제사장들과 거짓 교사들에 의해 탈취를 당해왔고 지금도 당하고 있음을 의미한다. 짐승에 대한 조명은 다음 절에서 시작된다. 그렇다면 함축된 그 박해의 이유는 하나님의 의를 따르기 위해 그 여자가 행하는 탐욕적 우상숭배에 동참을 거부한 것이라 할 수 있다.

그렇다면 요한이 그 여자를 보고 크게 놀랍게 여긴 이유는 무엇일까?

2) 환상에 대한 천사의 설명(7-15절)

7 천사가 이르되 왜 놀랍게 여기느냐 내가 (그) 여자와 그(여자)가 탄 일곱 머리와 열 뿔 가진 짐승의 비밀을 네게 이르리라

여기서 **"왜 놀랍게 여기느냐"**는 책망이 섞인 말이다. 이것은 단 4:19에서 환상에 대한 다니엘의 충격적인 반응을 인용하듯 성도와 증인들이 받는 박해의 모습에 그 또한 큰 충격을 받았음을 암시한다. 혹자는 요한이 동료 제자들이 하나 둘 씩 순교로 주님의 영광에 들어갈 때 홀로 남겨진 것에 대해 우울했으나 이 계시록을 위하여 남겨진 것을 알고 난 뒤 위로를 받았다고 주장한다.[72] 그러나 그가 환상을 통해서 본 증인들의 박해의 현장은 놀라운 것이었다. 음녀의 박해는 요한에게 **"음녀가 받을 심판을 네게 보이리라"**(1)는 그 기대와 사뭇 다른 장면이었음을 짐작할 수 있다(참조, 단 7:21).

8a 네가 본 짐승은 전에 있었다가 지금은 없으나 장차 무저갱으로부터 올라와 멸망으로 들어갈 자니

여기서 **"네가 본 짐승"**은 열 뿔이 상징하는 로마와 헤롯 왕조 전체로서 열 뿔이며, **"전에 있었다가 지금은 없으나 장차~올라와"**는 주님의 부활의 영광과 대조적으로 잠시 있다가 사라질 아침 안개와 같이 **"멸망으로 들어갈 자"**로서 그들의 권세를 조롱하는 것에 지나지 않는다. 즉 그들이 과거에도 있었으나 지금은 없고 곧 무저갱에서 올라와 멸망으로 갈 어떤 특정한 제국이 아니라 시대마다 사탄의 도구로 사용된 제국이나 통치자의 등장(참조 13:3)을 가리킨다.

그들은 9장의 다섯째 나팔 재앙에서 하늘에서 떨어진 별 곧 사탄으로 하여금 무저갱을 열도록 해서 올라온 메뚜기 떼와 같은 군대들로 묘사되었다. 그들은 주님의 통제 안에 있으며, 어린 양의 인을 맞지 아니한 자를 해치기 위해 동원되었지만, 이제 그 동일한 군대는 또 다른 심판의 도구로 영역이 확장되는데, 16절에서 이 짐승은 또 다른 짐승(세 뿔)을 양성하고 자신과 공조한 그 여자를 해치고 멸망시킨다.

역사적으로 이스라엘을 징계하도록 하나님의 손으로서 동원된 제국들은 필요 이상의 과도한 악행으로 인해 또 다른 제국에 의한 심판을 받아왔다. 그 과도한 행위의 배경에는 언제나 허용된 사탄의 개입이 존재한다. 이것이 인을 맞은 증인들이 사탄적인 로마에 의해 박해(네로의 기독교인 박해)를 당한 이유로 설명할 수 있다.

8b 땅에 사는 자들로서 창세 이후로 그 이름이 생명책에 기록되지 못한 자들이 이전에 있었다가 지금은 없으나 장차 나올 짐승(사탄적인 로마)을 보고 놀랍게 여기리라

"땅에 사는 자들"은 유대인들을 지칭하고, '생명책에 기록되지 못한 자들'은 메시아 언약

밖에 있는 유대인들을 지칭한다. 그들은 짐승들이 잠깐의 동거 기간이 지난 후 그 짐승이 본색을 드러내게 될 때 놀라게 될 것이다. **"장차 나올 짐승"**을 일부 학자들(Hendriksen, Mounce)은 이것이 "역사 내내" 출현할 반기독교 독재자를 가리키는 것으로 보지만 Beale은 역사의 마지막 때에 출현할 적그리스도를 가리킨다고 본다.

그러나 이것은 역사적으로 땅의 짐승 헤롯의 죽음 이후에 시온주의자들에 의한 유대 저항(마카비혁명의 재현)이 잦아지면서 로마와의 밀월 관계가 급속히 깨어지고 징벌적인 박해가 시작되는 것을 나타낸다. 엄밀히 적그리스도는 요한의 서신에만 등장하며, 거짓 예수는 마 24:24, 막 13:22에서 언급된다. 그리고 바울은 '불법의 사람, 불법한 자'(살후 2:3, 8)라 표현한다. 따라서 다니엘서에서 '한 왕의 백성'으로 지칭된 **안티오쿠스 에피파네스**는 헤롯과도 평행적이지만, 사탄적인 로마 황제들을 지칭하며, 어떤 이는 네로, 또 어떤 이는 베스파시안 등 역사적 사료를 근거로 말하지만 처음에는 기독교인을 박해하다가 나중에 유대인까지 박해하는데 가담한 로마 정부 전체를 가리키는 것으로 본다.

9 지혜 있는 뜻이 여기 있으니 그 일곱 머리는 여자가 앉은 일곱 산이요

'지혜가 여기 있으니'는 짐승의 수에 대한 은유적 표현이었다(참조 13:18). 짐승의 일곱 머리들(3절, 단 7:4-7)은 여자가 **"앉은 일곱 산"**을 나타내는 것이라는 의미로 당 시대 독자들이라면 쉽게 이해되었을 로마의 일곱 황제를 은유하는 표현이었다. 그러므로 여기서 지혜는 짐승을 분별하고 그를 따르지 말라는 암시이다. 여기서 **"앉은"**은 1절의 **"탔는데"**와 동일한 동사(현재, 수동) 'κάθημαι-카테마이'로 3절에 대한 보충적 해설이다.

구약에서 **"산"**은 나라들을 상징했다(사 2:2, 렘 51:25, 겔 35:3, 단 3:35, 45). 따라서 이것은 다니엘서의 인용이라는 측면에서 제국들을 상징한다. 이러한 관점은 Ladd, Hendriksen, Thomas, 박윤선 등 여러 신학자들에 의해 지지된다. 즉 여자가 앉은 짐승은 창조 이래로 계속 활동하여왔고, 음녀 또한 항상 있어 왔다는 사실에서 이 은유는 역사적이다. 요한계시록에서 그 짐승과 음녀는 로마와 당대의 유대인 종교지도자들로 압축된다.

10 또 일곱 왕이라 다섯은 망하였고 하나는 있고 다른 하나는 아직 이르지 아니하였으나 이르면 반드시 잠시 동안 머무르리라

Beale은 일곱 명이 누구인지를 일일이 규정하는 것은 본문의 의도를 벗어난다고 말한다.

하지만 본문은 구체적으로 은유되고 있다.

"다섯은 망하였고"는 앗수르, 바벨론, 메대, 바사, 헬라 제국을 가리키고, **"하나는 있고"**는 하나님의 도구로서 로마헬라를, **"다른 하나는 아직 이르지 아니하였으나"**는 사탄적인 로마를 가리킨다.

(이것은 요한 계시록의 이른 저작설을 뒷받침하는 결정적인 측면이다. 다만 사탄적인 로마를 네로 황제의 기독교 박해로 본다면 밧모 섬의 유배기가 이른 측면이 있다. 하지만 그 때를 네로의 화신으로 여기는 베스파시안 황제의 때로 보는 것은 매우 합리적이다).

11 전에 있었다가 지금 없어진 짐승은 여덟째 왕이니 일곱 중에 속한 자라 그가 멸망으로 들어가리라

이 구절은 난해하다. **"전에 있었다가 지금 없어진 짐승"**은 요한이 계시를 받은 시점과 모순이 없어야 한다. 즉 그 시점에 따라 대상이 바뀔 수 있기 때문이다. 그 짐승에 대한 첫째 정보는 그가 **"여덟째 왕"**이라는 것이다. Beale은 8(여덟)이라는 수에서 그리스도의 부활을 모방한 것이라고 해석한다. 이것을 **"상하여 죽게 된 것 같더니 상처가 나은"** 짐승(13:3)과 결합시키면 네로 또는 그의 화신으로 보았던 베스파시안이다. 이것은 두 번째 정보인 **"일곱 중에 속한 자"**에도 부합된다. 그러나 이 추론은 **"전에 있었다가 지금 없어진"** 조항을 충족시키지 못한다. 그렇다면 그 짐승은 다음 구절의 열 뿔에서 알 수 있듯이 땅의 짐승인 **헤롯**이어야만 한다.

Beale은 이 부분에서 상징성을 벗어나 이레니우스의 전승에 입각한 역사적 상황과 맞추기 위해 **도미티아누스**를 여덟째 왕으로 두기 위해 힘쓰지만 이러한 시도는 다니엘서 배경을 벗어난 읽기에 지나지 않는다(많은 신학자들이 **도미티아누스**를 지지하는 이유는 극심한 기독교 박해가 그에 의해 자행되었다는 역사적 사료가 분명한 것에 있다).

12 네가 보던 열 뿔은 열 왕이니 아직 나라를 얻지 못하였으나 다만 짐승과 더불어 임금처럼 한동안 권세를 받으리라

① 아우구스투스(BC27-AD14) 아기 예수를 죽이려고 3세 이하 유아 살해 명령. **헤롯**
② 티베리우스(AD14-37) 세례 요한과 예수의 사형에 대한 요청을 승인. **헤롯 안디바**
③ 칼리굴라(카이우스, AD37-41), 성전에 자기 신상을 세우려고 시도.

④ 클라우디우스(AD41-54) 야곱의 죽음, 헤롯 아그립바 1세.

⑤ 네로(AD54-68)

⑥ 갈바 (8)오토 (9)비텔리우스 –세 명의 군인들(가이사가 아님)

⑦ 베스파시안(AD69-79)-내적증거(밧모섬 유배, 이른 저작설)

결국 계시록의 바다짐승은 AD 70년에 티토 장군(티투스)의 예루살렘 정복으로 끝이 난다. 따라서 열 뿔들 중 나머지 세 뿔은 **헤롯 왕조**로 읽어야 다니엘서와 평행적이다.
무엇보다 계시록 작성 시점과 관련하여 중요한 이해는, 네로에서 베스파시안의 등극까지 불과 1~2년이라는 짧은 기간이라는 사실이며, 이것이 13:3의 **'죽게 되었던 상처가 나으매'**의 배경이다.

⑧ 티투스(AD79-81)

⑨ 도미티아누스(AD81-96)-이레니우스 전승의 밧모섬 유배 시기(늦은 저작설).

⑩ 네르바(AD96-98)

*트리야누스(AD 96-117)-사도요한 사망

"아직 나라를 얻지 못하였으나"는 열 뿔을 가리키는 것이 아니라 짐승을 수식하는 것이다. 따라서 비록 열 뿔에 속하지만 단지 로마의 속국에 불과했던 '헤롯 왕조'를 가리킨다. **"짐승과 더불어"**는 '그' 짐승과 더불어(μετά ὁ θηρίον)로 번역되어야 한다. 즉 헤롯 왕조도 땅의 짐승인 까닭이다.

13 그들이 한 뜻을 가지고 자기의 능력과 권세를 짐승에게 주더라

여기서 **"그들"**은 열 왕을 가리키고 **"짐승에게"**는 헤롯 왕조를 가리키며, 이 또한 '그 짐승에게'로 번역되어야 한다. 이는 로마 당국이 헤롯 왕조(유대인 왕국)에게 유대 통치를 전적으로 위임했다는 의미이다. **"한 뜻을 가지고"**는 그들이 사탄에게 속하여 그의 도구가 되었음을 나타낸다.

14 그들이 어린 양과 더불어 싸우려니와 어린 양은 만주의 주시요 만왕의 왕이시므로 그들을 이기실 터이요 또 그와 함께 있는 자들 곧 부르심을 받고 택하심을 받은 진실한 자들도 이기리로다

πολεμος-폴레모스, "싸움, 전쟁"의 단어는 계시록에서 총 아홉 번(〈표 6〉, 199쪽. 참조) 나오며, 언제나 어린 양이 승리할 것은 어린 양은 만주의 주요(신 10:17), 만왕의 왕(단 4:37)이신 까닭임이 확인되었다. 어린 양의 승리는 13:4의 **"누가 능히 이 짐승과 더불어 싸우리요?"**에 대한 응답으로서, 여기서 "진실한 자들도 이기리로다"는 짐승들을 복종시키는 권능과 대조적으로 그들의 순종을 나타내는 대조적인 개념이다(참조 시 109:2). 순종은 어린 양의 은혜에 대한 절대적 신뢰에서 비롯된 전적의탁(자발적 자유의지의 내려놓음)으로써 아들의 형상이자 만유를 창조주의 뜻대로 다스리는 능력이다.

15 또 천사가 내게 말하되 네가 본 바 음녀가 앉아 있는 물은 백성과 무리와 열국과 방언들이니라

음녀가 앉아 있는 이 '물'은 다양한 민족과 언어를 사용하는 사람들의 집단을 나타내며, 이 문구는 이 집단들이 음녀의 영향력 아래에 있다는 것을 상징한다. 예레미야서에서 '많은 물'은 바벨론을 두르는 해자(垓子)가 상징하듯 외세의 침입으로부터의 안전과 풍부한 수자원에 의한 경제적 풍요를 비유하는 것이다.

짐승의 표를 받은 666의 상행위는 성전에서 경제활동이라는 비윤리성보다 하나님을 대신한 우상숭배의 한 단면에서 탐심으로 읽어야 하며, 당시 종교지도자들이 유대인 및 이방인 유대교인들을 대상으로 성전을 경제의 터전으로 삼은 배교의 형태는 다윗왕국의 중흥을 꾀하기 위한 일종의 국고 명목의 징세의 성격을 지닌다하더라도 결코 용납될 수 없는 것으로써, 이는 현 시대가 추구하는 번영신학과 유사한 맥락이라 할 수 있다.

많은 물가에 살면서 재물이 많은 자여 네 재물의 한계 곧 네 끝이 왔도다. [렘 51:13]

3) 음녀의 멸망(16-18절)

로마는 유대인들뿐만 아니라 모든 정복지에 대하여 반란이라는 소모적인 국력 낭비를 회피하기 위하여 지배 초기에는 우호적인 정책을 펼쳤다. 그것은 유대당국(산헤드린)과 정복자간의 유착을 가능하게 했고, 잠시 동안 거짓 평화를 가져 왔다. 하지만 이후 헤롯 왕조의 몰락은 '하나님의 의' 대신에 지상의 다윗왕국이라는 '권력 종교'를 선택한 유대인들에게 마카비 혁명의 재현의 기회가 되었고, 이러한 사회적 분위기는 잦은 충돌과 소요사태를 일으켜, 로마는 지배력 강화 차원의 징벌적인 진압과 맞물려 두 짐승간의 밀월은 완전히 깨어지고 결국 예루살렘은 파국으로 치닫는다(16, 참조, 단 9:27). 바벨론의 음녀들은 짐승과의 유착(계 13:17)으로 단맛을 누렸을지 모르지만 대부분의 유대인들은 율법적인 여호와 신앙에 근거할 때 로마의 황제 숭배 요구는 죽기보다 괴로운 것이었다(9:5). 하나님께서 무저갱의 열쇠를 하늘에서 떨어진 그 별에게 맡기신 후 사탄적인 로마의 등장은 바벨론의 음녀들로 하여금 죽음보다 더한 수치감을 주도록 예고되었다.

16 네가 본 바 이 열 뿔과 짐승은 음녀를 미워하여 망하게 하고 벌거벗게 하고 그의 살을 먹고 불로 아주 사르리라

이제 심판에 의한 반전이 일어난다. 두 짐승과 음녀 사이의 유착 관계가 끝나자 이 열 뿔들과 짐승은 음녀를 미워하고 그녀를 황폐화 시킨다(참조, 18:17, 19). 이것은 심판에 의한 결과라는 것이다.

이 구절의 배경은 배교한 예루살렘에 하나님께서 내리시는 심판에 대하여 예언한 겔 23:25-29이다(참조, 렘 2:20-4:30).

> 내가 너를 향하여 질투하리니 그들이 분내어 네 코와 귀를 깎아 버리고
> 남은 자를 칼로 엎드러뜨리며 네 자녀를 빼앗고 그 남은 자를 불에 사르며
> 또 네 옷을 벗기며 네 장식품을 빼앗을지라
> 이와 같이 내가 네 음란과 애굽 땅에서부터 행음하던 것을 그치게 하여
> 너로 그들을 향하여 눈을 들지도 못하게 하며 다시는 애굽을 기억하지도 못하게 하리라

> 주 여호와께서 이같이 말씀하셨느니라
>
> 나는 네가 미워하는 자와 네 마음에 싫어하는 자의 손에 너를 붙이리니
>
> 그들이 미워하는 마음으로 네게 행하여 네 모든 수고한 것을 빼앗고
>
> 너를 벌거벗은 몸으로 두어서 네 음행의 벗은 몸
>
> 곧 네 음란하며 행음하던 것을 드러낼 것이라. [겔 23:25-29]

이것은 북 이스라엘의 영적 음녀였던 이세벨의 만행과 운명에서 이미 예견되었던 것이다. 그녀는 두로의 우상이었던 바알 신앙을 아합에게로 가져와 이스라엘의 야훼 신앙과 혼합시켰을 뿐만 아니라, 야훼로부터 위탁 받은 자를 죽이고 그 땅(나봇의 포도원)을 뺏어 왕실의 소유로 강제 편입한 죄를 인하여, 짐승에게 도리어 먹히는 처참한 최후를 맞았던 것이다.

17 이는 하나님이 자기 뜻대로 할 마음을 그들에게 주사 한 뜻을 이루게 하시고 그들의 나라를 그 짐승에게 주게 하시되 하나님의 말씀이 응하기까지 하심이라

멸망의 근본적 원인은 하나님의 작정하심에 있고 하나님의 말씀은 반드시 성취된다. 이 모든 일을 하나님께서 주관하시고 섭리하시기 때문이다.

18 또 네가 본 그 여자는 땅의 왕들을 다스리는 큰 성이라 하더라

그 여자의 정체가 드러난다. **"땅의 왕들"**은 하나님의 의를 따르는 대신 부와 권력을 추구한 배교자로서 유대교 종교지도자들[73]을 은유하고 **"큰 성"**은 권력종교의 성(Castle)과 대(Tower)로서 예루살렘(성)이며, 따라서 '그 여자'는 어린 양의 신부 곧 순결하고 정결함의 건너편에 있는 **"땅의 음녀들과 가증한 것들의 어미"**이다(5).

---

73) 복음서에서 그들은 '대제사장들과 서기관', 또는 '대제사장들과 백성의 장로들'로 종종 묘사되는데(마 21:15, 23) 복수형은 모두 산헤드린(마 26:14, 59, 27:6, 28:11, 막 14:53, 눅 22:4, 52, 행 22:30)을 나타낸다. 이들은 성전의 행정관, 재판관, 관리자들, 매일 제사의 책임자들, 변호사, 성전 회계 등의 직임을 맡은 자들이다.

2. 바벨론의 패망 【18:1-24】

17장의 주제가 큰 음녀(배교자들)에게 내릴 심판이었다면, 이제 18장은 그가 앉은 바벨론의 심판 곧 우상의 터로서의 예루살렘(성전)의 패망을 다룬다. 새 창조를 위하여 용과 더불어 옛 창조에서의 이 세 반역의 요소들은 반드시 심판되어야만 했기 때문이다. 이것은 성전조 차 우상화시킨 패역함이란 사실에서 새 언약 시대의 교회들이 취해야 할 충격적인 메시지 이다. 다시 말하지만 다수의 신학자들의 이해와는 달리 요한계시록에서 불신자의 심판은 주제에서 배제된다. 이미 그들은 믿지 않음으로 심판을 받았기 때문이며, 오히려 신앙 공 동체 내부 곧 하나님의 은혜를 받고도 메시아 언약 안에 있는 그 축복을 외면하고 스스로 저주를 선택한 자로서 첫째 아담의 길을 고수하는 패역한 자들의 심판을 중점적으로 언급 하는 까닭이다. 반면 어린 양의 인도를 따르는 순결한 신부 즉 성도와 증인들은 도리어 하 나님의 심판을 기뻐한다. 이 심판이 하나님의 통치의 절정(계 12:16)이자 자기 백성과의 온 전한 연합을 이루기 때문이다.

1) 멸망의 선포(1-8절)

1 이 일 후에 다른 천사가 하늘에서 내려 오는 것을 보니 큰 권세를 가졌는데 그의 영광 으로 땅이 환하여지더라

여기서도 국면 전환이 이루어지는데, 이 구절의 배경은 겔 43:2이다.

> 이스라엘 하나님의 영광이 동쪽에서부터 오는데 하나님의 음성이 많은 물 소리 같고 땅은 그 영광으로 말미암아 빛나니 [겔 43:2]

"그의 영광으로 땅이 환하여지더라"를 충족시킬 피조물은 그 누구 어디에도 없다. 이 표현은 그리스도의 영광에 대한 것이다. 그리고 그가 힘찬 음성으로 외친다.

2 무너졌도다 무너졌도다 큰 성 바벨론이여 귀신의 처소와 각종 더러운 영이 모이는 곳
과 각종 더럽고 가증한 새들이 모이는 곳이 되었도다

큰 성 바벨론은 모든 나라에 하나님의 **"진노의 포도주"**를 마시게 한 자(여자)였다(14:8). 그러
나 바벨론은 음녀 자체가 아니라 음녀와 일체로서 의인화 된 예루살렘 성과 대이다. 이 메
시지는 유다의 회복에 대한 사 21:9에서 발견되는데, 옛 창조 반역의 잔재에 대한 심판이
곧 새 창조에 의한 회복이기 때문이다. 이것은 새 언약에서 각종 더러운 영이 모이는 소굴,
각종 더럽고 가증한 새들이 모이는 소굴(사 13:2)이었던 옛 사람을 철저히 패망시키는 신자
의 성화의 모형으로써 제시된다.

> 그가 대답하여 이르시되 함락되었도다 함락되었도다 바벨론이여 그들이 조각한 신상들이 다
> 부서져 땅에 떨어졌도다 하시도다 [사 21:9b]

3 그 음행의 진노의 포도주로 말미암아 만국이 무너졌으며 또 땅의 왕들이 그와 더불어
음행하였으며 땅의 상인들도 그 사치의 세력으로 치부하였도다 하더라

천사는 만국(유대교 전역)에 만연하게 된 우상숭배라는 죄의 모판으로서 바벨론을 지목하는
데 그것이 음행을 부추기고 조장한 까닭이다. 이어서 땅의 왕들이 그와 더불어 음행한 것
(17:2)과 땅의 상인들(성전에서 매매하는 자들)도 그 '사치의 능력'으로 부자가 된(3절)" 죄목을
지적한다.

4 또 내가 들으니 하늘로부터 다른 음성이 나서 이르되 내 백성아, 거기서 나와 그의 죄
에 참여하지 말고 그가 받을 재앙들을 받지 말라

이 구절의 배경은 렘 51:6이다. 야훼께서 보복하시는 날은 성도의 신원에 복수하여 그 눈
물을 씻기시는 날이다. "왜냐하면 그녀의 죄들은 하늘까지 닿았고(바벨탑 사건을 연상시킴, cf.
렘 51:9) 하나님은 그녀의 불의한 일들을 기억하셨기" 때문이다(참조, 렘 14:10, 호 9:9-기억하
고 벌하심).

우리가 여기서 냉정하게 기억해야 할 일은 심판이 '양 무리'를 향하는 것이 아니라 **"그의 죄에 참여하지 말고"**가 가리키듯이, 인도해야 할 책임이 있는 '영적 지도자'들을 향하고 있다는 사실이다.

ἐξέρχομαι-엑셀코마이, **"나오라"**(능동, 명령, 아오리스트)는 히브리어 הלך-할라크, **"떠나라"**(창 12:1, 민 16:26), 또는 **'도망할지어다'**로 사용되었다(마 24:26).

> 바벨론 가운데서 도망하여 나와서 각기 생명을 구원하고 그의 죄악으로 말미암아 끊어짐을 보지 말지어다 이는 여호와의 보복의 때니 그에게 보복하시리라 [렘 51:6]

이제 여기 5절부터 8절까지는 심판의 정당성에 대하여 전개된다.

"그의 죄는 하늘에 사무쳤으며"(5a)는 문자적으로 해석하면 그의 범죄 내역을 수록한 대자보가 하늘에 높이 걸렸다는 말이다. "불의한 일을 기억하신지라"는 그 내역을 하나님께서 보셨고 심판을 작정하셨다는 것이다. 여기서 동해보복의 차원을 넘어 원수에게는 갑절로 보응하시는 데, 그것은 그들이 누린 사치의 갑절에 해당하는 고통과 애통이다. Beale은 굳이 동해보복에 보조를 맞추려고 '상응하다'를 적용하려 한다. 하지만 동해보복이 죄의 확산을 막는 징계의 수단이었지 보복을 위한 것이 아니었다. 오히려 그러한 보복은 정죄를 받았고, 주님은 오히려 원수를 사랑하라고 역설하셨다. 오직 "원수 갚는 일"이 자신에게 있다고 말씀하셨다. 따라서 갑절의 보응은 원수에 대한 가중처벌로 읽는 것이 자연스럽다. 오히려 재판의 내용과 근거에 있어서 구약의 선언들을 인용하는 것은 최후의 심판 자체가 하나님의 심판이 "메시아 언약"에 근거한 정당하고 최종적인 실행이라 할 것이다.

8c 그가 또한 불에 살라지리니 그를 심판하시는 주 하나님은 강하신 자이심이라

바벨론이 불 타 오른다. 이것은 로마의 티토 장군의 군대가 항복 권유를 무시하고 극렬한 저항을 한 열심당(요세푸스의 증언에서 로마 군대에 죽은 유대인보다 열심당에 의해 죽은 자가 더 많았다. 그는 그들을 강도라 칭한다.)을 정복하기 위해 예루살렘 성전의 문들에 불을 질렀던 사건을 떠올리게 한다.

2) 세 개의 애가(9-20절)

9 그와 함께 음행하고 사치하던 땅의 왕들이 그가 불타는 연기를 보고 위하여 울고 가슴을 치며

영원할 것으로 여겼던 성과 대가 불살라지니 그것으로 낙을 삼았던 대제사장들을 위시한 산헤드린 종교지도자들이 비명을 지른다.

10b 큰 성, 견고한 성 바벨론이여 한 시간에 네 심판이 이르렀다 하리로다

첫 번째 애가는 땅의 왕들 곧 종교지도자들의 것이다. 그들에게 예루살렘 성전은 "크고, 견고한" 것이었다. 그것은 하나님 나라에 대한 인식이 아니라 자기의 안전과 풍요의 터전으로서 하나님을 대신한 우상이었고, 그것이 소멸되는 것은 한 순간이었다. **"화 있도다 화 있도다"**는 이중적인 탄식과 **"심판이 이르렀다"**는 표현은 비로소 그들이 하나님의 시선을 직시하게 되었다는 것이다. 여기서 첫 번째 화는 한 순간에 망한 것이고(참조, 16절), 두 번째 화는 하나님의 심판에 대한 두려움이다.

> 그러므로 주 만군의 하나님 여호와께서 이와 같이 말씀하시기를
> 사람이 모든 광장에서 울겠고 모든 거리에서 슬프도다 슬프도다 하겠으며 [암 5:16b]

11 땅의 상인들이 그를 위하여 울고 애통하는 것은 다시 그들의 상품을 사는 자가 없음이라

두 번째의 애가는 '땅의 상인들'의 것이다. 그들이 애통하는 이유는 판매를 위해 수입한 그들의 상품을 살 자가 없어졌기 때문이다.

> 노끈으로 채찍을 만드사 양이나 소를 다 성전에서 내쫓으시고
> 돈 바꾸는 사람들의 돈을 쏟으시며 상을 엎으시고
> 비둘기파는 사람들에게 이르시되 이것을 여기서 가져가라

내 아버지의 집으로 장사하는 집을 만들지 말라 하시니 [요 2:15-16]

12 그 상품은 금과 은과 보석과 진주와 세마포와 자주 옷감과 비단과 붉은 옷감이요 각종 향목과 각종 상아 그릇이요 값진 나무와 구리와 철과 대리석으로 만든 각종 그릇이요

13 계피와 향료와 향과 향유와 유향과 포도주와 감람유와 고운 밀가루와 밀이요 소와 양과 말과 수레와 종들과 사람의 영혼들이라

이 구절의 배경은 겔 27:12-25의 두로의 애가이다. 땅의 상인들의 상품 목록은 주님의 예루살렘 방문의 때보다 훨씬 다양해졌다. 특히 눈에 띠는 것은 **"사람의 영혼들"**로서, 영혼을 살리기 위해 만민이 기도하는 곳이 영혼의 매매가 이루어지는 현장으로 바뀌어 버렸다. 당시 로마 제국에 약 6천만 명의 노예가 있었다고 한다(Mounce). 이것은 타락의 절정을 나타내며, 오늘 날 유럽의 교회가 몰락하여 술집이나 상가 또는 관광 상품이 된 현대 사회에서 발견되는 현상과 유사한 맥락이라 할 수 있다.

14 바벨론아 네 영혼이 탐하던 과일이 네게서 떠났으며 맛있는 것들과 빛난 것들이 다 없어졌으니 사람들이 결코 이것들을 다시 보지 못하리로다

여기서 **"네 영혼이 탐하던 과일"**은 탐심의 첫 무대였던 에덴동산의 선악과의 모티프이다. 하나님을 경외하는 것이 지혜의 근본이라고 가르쳤지만 오히려 눈에 보이는 탐심을 따라 자신의 자유의지를 사용하는 것을 지혜로 여겼다(지혜롭게 할 만큼 탐스럽기도 한지라). 그들이 그토록 탐했던 가치를 원 없이 누려 보았던 한 지혜자(코헬렛)는 "헛되고 헛되며 모든 것이 헛되다" 하였으며(참조, 전 12:8), "일의 결국을 네가 들었으니 하나님을 경외하고 그의 명령들을 지켜라. 이것이 모든 사람의 본분이니라"고 가르쳤지만 시온주의 유대인들은 하나도 교훈 받지 못하였다.

> 우리가 먹을 것과 입을 것이 있은즉 족한 줄로 알 것이니라
> 부하려 하는 자들은 시험과 올무와 여러 가지 어리석고 해로운 욕심에 떨어지나니
> 곧 사람으로 파멸과 멸망에 빠지게 하는 것이라
> 돈을 사랑함이 일만 악의 뿌리가 되나니 이것을 탐내는 자들은 미혹을 받아
> 믿음에서 떠나 많은 근심으로써 자기를 찔렀도다 [딤전 6:8-10]

15 바벨론으로 말미암아 치부한 이 상품의 상인들이 그의 고통을 무서워하여 멀리 서서 울고 애통하여

세 번째의 애가는 상품을 땅의 상인(유대인)들에게 팔아 부를 누렸던 상인들의 것이다. 그들은 부가 자기 인생의 전부였기에 그것은 상실은 절망을 넘어 두려움이었다.

16 이르되 화 있도다 화 있도다 큰 성이여 세마포 옷과 자주 옷과 붉은 옷을 입고 금과 보석과 진주로 꾸민 것인데

여기서도 바벨론의 의인화는 구체적으로 나타나는데, 단장한 여자로 묘사된다. 12절에서와 같이 긴 목록은 겔 27:12 이하에서 발견되는데 이는 두로 왕의 사치를 비유하는 것에서 비롯된 인용으로 보인다. 동시에 그것은 거룩한 대제사장의 복색을 흉내 내는 거짓 제사장의 옷을 은유하는 것일 수도 있다. 나아가 이것은 새 예루살렘성의 모습과도 대조적이다(12절 해석 참조).

17 그러한 부가 한 시간에 망하였도다 모든 선장과 각처를 다니는 선객들과 선원들과 바다에서 일하는 자들이 멀리 서서
18 그가 불타는 연기를 보고 외쳐 이르되 이 큰 성과 같은 성이 어디 있느냐 하며

예루살렘을 무역의 근거지로 삼아 생계의 터전을 삼았던 관련자들이 망연자실하여 탄식하는 장면이다. **"이 큰 성과 같은 성이 어디 있느냐"**는 탄식은, 상인들의 입장에서 이보다 더 좋은 상업지가 없다는 뜻으로 예루살렘은 더 이상 거룩한 터가 아니었으며 심판 받아 마땅했다는 역설처럼 들린다. 물론 역사적으로 성전에서의 활발한 경제적 활동에 대해 유추할 수 있는 것은 솔로몬의 재위기간이다. 하지만 그가 세운 예루살렘 성전은 이미 오래 전에 소실되었다. 하지만 솔로몬의 타락(666달란트의 금)과 우상숭배를 반역의 표상인 바벨탑으로서 상징화시켜 그것을 예루살렘 성과 대로서 1세기 시온주의 유대인들에게 평행적으로 적용하는 것은 매우 자연스럽다.

성전 바깥마당은 측량하지 말고 그냥 두라 이것은 이방인에게 주었은즉
그들이 거룩한 성을 마흔두 달 동안 짓밟으리라 [계 11:2]

19 티끌을 자기 머리에 뿌리고 울며 애통하여 외쳐 이르되 화 있도다 화 있도다 이 큰 성이여 바다에서 배 부리는 모든 자들이 너의 보배로운 상품으로 치부하였더니 한 시간에 망하였도다

굵은 베옷을 입고 머리에 재를 뿌리는 행위는 회개의 의식이다. 그러나 여기서는 회개를 의미하는 것이 아니라 파산 당한 것에 대한 절망을 묘사한다.

> 바벨론은 여호와의 손에 있는 금잔이라 온 세계를 취하게 하느니라.
> 뭇 민족이 그 포도주를 마심으로 미쳤도다 바벨론이 갑자기 넘어져 파멸되니
> 이로 말미암아 울라 그 상처를 위하여 유향을 구하라 혹 나으리로다
> 우리가 바벨론을 치료하려 하여도 낫지 아니한즉 버리고 각기 고향으로 돌아가자
> 그 화가 하늘에 미쳤고 궁창에 달하였음이로다 [렘 51:7-9]

20 하늘과 성도들과 사도들과 선지자들아, 그로 말미암아 즐거워하라 하나님이 너희를 위하여 그에게 심판을 행하셨음이라 하더라

하늘에 있는 자들 곧 성도들, 사도들 및 선지자들은 메시아 언약의 증인들로서 **"하나님의 말씀과 그들이 가진 증거로 말미암아 죽임을 당한"** 곧 제단 아래서 기도했던 영혼들이다 (6:9). 이제 이것에 대한 응답으로 원수들의 심판이 이루어졌으니 기뻐하라는 것이다. 그들에게 기쁨은 심판 자체보다(겔 33:11) 증인들의 믿음이 인정되었다는 것과 하나님의 공의가 입증된 것에 대한 것이다. 더불어 이것은 성도들이 이 땅에서 당하는 환난에 대하여 신원하여 주심을 의미한다.

> 너희 민족들아 주의 백성과 즐거워하라 주께서 그 종들의 피를 갚으사
> 그 대적들에게 복수하시고 자기 땅과 자기 백성을 위하여 속죄하시리로다 [신 32:43]

3) 바벨론의 종말(21-24절)

21 이에 한 힘 센 천사가 큰 맷돌 같은 돌을 들어 바다에 던져 이르되 큰 성 바벨론이 이 같이 비참하게 던져져 결코 다시 보이지 아니하리로다

천사가 계시한 이상의 환상은 '속히 임할 일'에 관한 것으로 이제 바벨론 심판에 대한 환상의 결론과 같은 계시가 요약적으로 주어진다.

이 구절의 배경은 렘 51:63이다. 거기서 선지자는 그의 종 스라야에게 바벨론 멸망에 대한 책(렘 51:60)을 읽은 후에 돌을 매달아 유브라데 강 속에 던지라고 말한다.

"맷돌"은 교만하고 속이기를 좋아하는 자들을 향해 주께서 경고하실 때에 인용하셨다(마 18:6). 따라서 '큰 맷돌'(연자 맷돌)은 바벨론의 거짓됨, 교만함의 상징이다. 그것을 수장시키는 것처럼 세상을 의미하는 **"바다"**에 던져 거룩한 공동체에서 다시는 볼 수 없도록 하시겠다는 것이다. 또한 그것은 두 여자가 맷돌을 갈다가 하나는 데려감을 당하고 하나는 버려둠을 당할 것이라 하실 때에도 인용되었다(마 24:41).

22 또 거문고 타는 자와 풍류하는 자와 퉁소 부는 자와 나팔 부는 자들의 소리가 결코 다시 네 안에서 들리지 아니하고 어떠한 세공업자든지 결코 다시 네 안에서 보이지 아니하고 또 맷돌 소리가 결코 다시 네 안에서 들리지 아니하고
23 등불 빛이 결코 다시 네 안에서 비치지 아니하고 신랑과 신부의 음성이 결코 다시 네 안에서 들리지 아니하리로다 너의 상인들은 땅의 왕족들이라 네 복술로 말미암아 만국이 미혹되었도다

자신을 영화롭게 할 것으로 여겼던 모든 것들이 결국 저주가 되어 사라진다(참조, 사 23:9). 이것은 바벨론의 심판과 멸망이 하나님의 형상을 입은 사람의 창조라는 목적 안에서 '시기와 불만족'으로 낙원조차도 모욕적으로 여긴 자들에 대한 심판의 결론부임을 보여주는 것이다.

이 두 구절의 배경은 유다의 우상숭배에 대한 심판으로 바벨론에 70년 동안 포로가 될 것에 대한 예고와 겪게 될 비참한 삶에 대한 렘 25:10이다. 이 모든 은유들은 다가오는 죽음을 상징한다(참조, 전 12:3-6).

"네 복술로 말미암아 만국이 미혹되었도다"는 우상숭배를 조장했던 행위들을 지적하는 말이다. 계 13:5에서 주술(복술)과 우상숭배는 한 쌍의 언어였다. 이것은 동산에서 시작된 미혹을 인하여 죄가 세상에 들어와 우상숭배의 형태로 하나님을 대적한 것임을 보여준다.

앞 구절에서 3인칭으로 사용된 바벨론은 여기서 1인칭으로 전환된다. 이것은 바벨론을 객관화 시키는 대신 독자 자신에게 던지는 질문이자 적용해보라는 것일 수 있다.

이는 마술에 능숙한 미모의 음녀가 많은 음행을 함이라
그가 그의 음행으로 여러 나라를 미혹하고 그의 마술로 여러 족속을 미혹하느니라 [나 3:4]

〈표 7〉 세 심판 시리즈와 새 창조 상관 구조

	인
1	그리스도의 초림
2	세상의 거짓 평화와 전쟁
3	식물의 기근(옛 창조 쇠락)
4	악인이 즐기는 생명 쇠퇴
5	결실들의 탄원(새 창조)
6	진노의 십자가와 참 평화
7	성도의 인내와 기도-성령강림

	옛 창조
1	빛(어둠을 분리)
2	궁창 위와 아래의 물
3	땅의 결실(씨앗-기름)
4	해, 달, 별(참 빛이신 예수)
5	물의 결실(생명들)
6	짐승과 사람의 구분
7	안식

	나팔
1	유대교를 향한 복음
2	이방속의 유대교 쇠락
3	사단의 쫓김과 옛 성전 점령
4	빛(종교적 권위) 심판
5	메뚜기 군대(심령의 기근)
6	사탄의 군대(유대인의 죽음)
7	그리스도의 나라 도래

	일곱 교회와 일곱 촛대	
1	에베소	처음 행위를 가지라
2	서머나	죽도록 충성하라
3	버가모	회개하라
4	두아디라	굳게 잡으라
5	사데	회개하라
6	빌라델비아	빼앗지 못하게 하라
7	라오디게아	눈에 발라 보게 하라

대접	
1	거부되는 땅
2	거부되는 바다
3	거부되는 강
4	거부되는 권세(산헤드린)
5	거부되는 왕좌(정치)
6	거부되는 유대교(종교)
7	거부되는 성전, 예루살렘

새 창조	
1	복음의 도래(7교회)
2	거짓선생(발람, 이세벨) 심판
3	가라지(음녀와 바벨론) 심판
4	거짓 광채(용과 짐승) 심판
5	부정한 물, 다른복음
6	짝됨을 심판(철장-성화)
7	새 예루살렘, 참 안식

24 선지자들과 성도들과 및 땅 위에서 죽임을 당한 모든 자의 피가 그 성 중에서 발견되었느니라 하더라

여기서 바벨론은 다시 3인칭으로 돌아온다. 선지자와 성도들 뿐만 아니라 여기에 죽임을 당한 모든 자가 더하여 지는 것은, 바벨론의 심판이 그들이 탐심으로 인하여 무고하게 흘린 피에 대한 하나님의 보응이라는 것을 재차 확인시키는 장면이다.

그러므로 의인 아벨의 피로부터 성전과 제단 사이에서
너희가 죽인 바라갸의 아들 사가랴의 피까지
땅 위에서 흘린 의로운 피가 다 너희에게 돌아가리라 [마 23:35]

11장 15절에서 시작된 셋째 화의 일곱째 나팔 환상이 여기서 끝을 맺는다. 계시록의 이해가 어려운 이유가 여기에 있다. 일곱째 나팔은 두 증인의 승리를 선포하는 것과 마지막 추수를 언급하는 것으로 시작되었다가 국면의 전환이 이어지면서 바벨론 음녀의 심판에까지 확장하여 전개되었다. 승리와 심판은 동일한 사건의 두 국면인 까닭이자 옛 언약 백성들을 향한 메시아 언약의 성취로써 마지막 정점인 까닭이다.

19장

혼인예복과
만왕의 왕

19장의 혼인예복은 일곱째 나팔의 서막인 11장 18절과 이어지는 것이 자연스러울 수 있다. 그러나 언약을 깨트린 원수들과 배교자들의 심판이 없는 혼인은 마치 불행의 씨앗을 도외시하고 성급하게 결혼부터 하는 것만큼이나 무의미하다. '혼인 기약이 이르렀고'는 이 심판이 성취된 후에야 비로소 잔치가 열리게 된다는 뜻이다. 신랑이 원수를 제압하는 동안 신부는 '믿음의 인내'라는 시련으로 단장하는 기간을 가져야 했다(6:10). 우리가 주목해야 할 사실은 19장은 혼인잔치가 아닌 정혼한 신부에게 혼인식을 위해 예복을 입도록 하는 것에서 절제되고 있다는 점이다. 즉, 음녀 바벨론의 심판이 끝난 뒤 어린 양의 승리로 혼인 기약이 이른 것에 대하여 증언과 증인들의 찬미와 환호가 하늘에 가득한 가운데 그의 신부들에게 세마포 옷을 입는 것이 허락되었다는 천사들의 찬미가 국면전환을 이루고 있다. 이것은 문맥적으로 AD 70년 예루살렘의 심판과 멸망에 대한 기록으로서의 17-18장이 요한계시록에서의 실현된 종말론의 대단원이 되는 것을 의미한다.

이어서 만왕의 왕이요 만 주의 주로서 '백마를 탄 자'가 하늘의 군대를 이끌고 등장하는 그리스도의 모습은 단순히 부활의 승리를 담아내고자 하는 것이 아니라 이제부터 미래 종말에 대한 계시의 전개라는 중요한 전환점을 만드는 것이다. 거의 모든 신학자들이 19장의 전쟁을 새 언약 교회에 남겨진 천년왕국의 영적 전쟁으로 이해하기보다 재림 주에 의한 바벨론 음녀 심판의 연장선상으로 묶어 해석한다. 그 결과 세대주의는 물론이고 미래주의나 부분과거주의자들조차 난해한 읽기를 자초한다. 따라서 19장의 짐승과 거짓 선지자와의 전쟁은 구속과 심판의 권세를 받아 만왕의 왕이자 만주의 주가 되신 이의 옛 창조 심판의 무대가 온 인류를 향하는, 즉 삼위 하나님의 예정 안에서 창조의 완성을 향해 새 창조를 펼치시는 창조주로서의 그리스도의 역사라는 전환점으로 읽어야 하는 것이다. 따라서 여기서의 전쟁은, 새 언약 백성들의 성화를 위한 원수들과 전쟁으로 보는 것이 자연스럽다. 즉, 이 전쟁은 승리를 쟁취하기 위한 정복 전쟁이 아니라 이미 승리한 왕의 통치 또는 다스림의 확장을 나타내는 것이다. 혼인 잔치가 지연되는 것은 그 승리를 '이미 그러나 아직' 안에서 읽어야 하는 까닭이다.

결론적으로 19장은 혼인잔치 자체가 주제가 아니라 정혼한 신부에게 혼례용 옷을 보내어 임박한 혼인잔치에 대한 위로가 목적이다. 혼인잔치는 22장에서도 이루어지지 않는다. 그것은 신랑의 재림 후에나 이루어지는 까닭이다(마 25:1-13, 살전 5:2, 계 22:12).

1. 승리의 찬양 【19:1-10】

1 이 일 후에 내가 들으니 하늘에 허다한 무리의 큰 음성 같은 것이 있어 이르되 할렐루야 구원과 영광과 능력이 우리 하나님께 있도다

"이 일 후에"(메타 아우토스)는 요한이 계시의 장면을 바꿀 때마다 계속적으로 사용하는 표현 방식으로 바벨론 음녀의 심판으로부터의 국면전환을 암시하는데, 18장과 19장을 서로 연관 짓는 Beale과 여러 신학자들의 생각과는 거리를 두고 있다.

그리고 여기서 **"하늘에 허다한 무리의 큰 음성"**은 약속된 메시아로서 인간 경험에 들어온 선재하신 아들의 부활로 말미암아 자신의 생명을 찾은 메시아 언약 안에 있던 모든 경건한 이스라엘을 지칭하는 것이 분명하다. 이는 19장이 십자가와 부활로 심판주가 되신 어린 양이 자기들의 눈물을 씻기신 사건으로서 바벨론의 심판을 찬미하는 것임을 암시하는데, 이는 아들의 순종으로(빌 2:6-11) 말미암아 '주'라는 새롭고 높은 지위를 받으셨다는 바울의 찬미(롬 1:4)에서도 엿 볼 수 있다.

"할렐루야"는 이후로도 세 번씩(3, 4, 6)이나 반복되는데 이 모든 찬미가 성자의 영광이 아닌 성부의 영광에 초점이 맞춰지고 있다. 왜냐하면 '**우리 하나님**-에고 호 데오스'는 '엘로힘에 대한 역어로 쓰이는 까닭이다. 이것은 어린 양을 통한 주권적 구속 즉, 메시아 언약의 성취를 그리스도의 새 창조 역사의 교두보로 연결시키는 장면으로, 성부하나님으로부터 그 역사하심과 승리의 영광을 성경의 증언(언약) 안에서 증인들이 직접 목도한 사실을 찬미하는 것이다.

죄인들을 땅에서 소멸하시며 악인들을 다시 있지 못하게 하시리로다

내 영혼아 여호와를 송축하라 할렐루야 [시 104:35]

2 그의 심판은 참되고 의로운지라 음행으로 땅을 더럽게 한 큰 음녀를 심판하사 자기 종
  들의 피를 그 음녀의 손에 갚으셨도다 하고

이 구절은 하나님의 심판의 정당성에 대한 찬양으로 그들의 기도에 응답하신 것에 대한 찬
미이다(참조, 6:10, 시 79:10). 이것은 역사적으로 AD 70년 예루살렘의 멸망에 대한 성경의
정당한 평가로 읽힌다.

첫 사람이 하나님을 떠나 자신에게 죄가 통치할 수 있도록 받아들인 이래로부터 음녀는
이스라엘의 모든 배교적인 역사 안에서 지속적으로 활동하며 신실한 자들의 피를 흘려왔
기 때문이다.

3 두 번째로 할렐루야 하니 그 연기가 세세토록 올라가더라

두 번째 할렐루야는 2절에 종속되어 있다. 그들의 신원을 갚아주시고 눈물을 닦아주신 것
에 대한 찬미이다. 다시 말하지만 이것은 복수심이 아니라 눈물로 시온의 대로를 걸어갔던
성도의 옳은 행실이 인정받음에 대한 기쁨에 찬 기도라 할 수 있다.

4 또 이십사 장로와 네 생물이 엎드려 보좌에 앉으신 하나님께 경배하여 이르되 아멘
  할렐루야 하니

세 번째의 할렐루야는 경배의 찬미이고 **"아멘"**이 수반된다.

"이십사 장로와 네 생물"이 허다한 무리의 찬미와 서로 조화를 이루는데, 증언과 증인을 상
징하는 이들의 의인화된 경배는 메시아 언약 안에서 하나님의 위대한 새 창조의 예정과 성
취에 대하여 화답하여 올리는 영광과 찬미이다.

"진실로 그러합니다. 우리가 이것을 기뻐하나이다"

5 보좌에서 음성이 나서 이르시되 하나님의 종들 곧 그를 경외하는 너희들아 작은 자나
  큰 자나 다 우리 하나님께 찬송하라 하더라

여기서 **"보좌에서 음성"**은 그리스도의 음성이다(6:6, 16:1, 17). 이것은 **"우리 하나님께 찬송하라"**는 '보좌의 음성'을 그리스도의 음성으로 이해하기에 난해하게 만들 수 있지만, 요한은 그의 복음서에서 성부에 대한 성자의 호격에서 "내 하나님"을 거리낌 없이 사용하는 것으로 설명할 수 있다(요 20:17).

성부의 언약에 대하여 가장 위대한 증인이 바로 성자이셨다(요 6:30). 여기서 요한은 하나님의 언약에 대한 증인으로서 1절에서 **"허다한 무리"**, 4절에서 **"이십사 장로와 네 생물"**, 그리고 5절에서 결정적으로 **"보좌에서 음성"**을 증인에 위치시킴으로서 성부의 영광을 점층적으로 강조하는 방식을 사용하고 있다.

과거 유다의 배교에서 비롯된 심판의 일환으로 예루살렘 성전이 무너지고 바벨론으로 포로가 되어 끌려간 때에 경건했던 자들은 동일한 질문을 던졌다. 그들이 당황했던 이유는 야훼의 형벌을 거부하려는 것이 아니라 이대로 완전히 끝나버리는 않을까? 하는 종말적인 두려움 때문이었다.

> 하나님이여 주께서 어찌하여 우리를 영원히 버리시나이까
> 어찌하여 주께서 기르시는 양을 향하여 진노의 연기를 뿜으시나이까 [시 74:1]

인간의 끝없는 배신에도 언약의 갱신을 거듭하시며 인자와 성실로 언약을 수행해 오신 하나님의 은혜를 거부하다가, 마침내 오신 그 언약의 메시아조차도 거역한 음녀가 받은 심판에 대해 이제 그 누구도 의문을 갖거나 항변할 자가 없다.

6 또 내가 들으니 허다한 무리의 음성과도 같고 많은 물 소리와도 같고 큰 우렛소리와도 같은 소리로 이르되 할렐루야 주 우리 하나님 곧 전능하신 이가 통치하시도다

심판에 대한 질문의 여지가 닫힌 승리의 감격은 더욱 고취된다. 네 번째 할렐루야는 유다를 대표하는 아삽의 자문자답으로서 찬양의 형태가 제시된다는 사실이 흥미롭다.

> 하늘은 기뻐하고 땅은 즐거워하며 모든 나라 중에서는 이르기를
> 여호와께서 통치하신다 할지로다 [대상 16:31]

역대서 기자인 아삽은 여호와께서 만유를 다스리시는 최고의 통치자임을 선포하고, 이어서 모든 자연이 기쁨으로 응답하는 것과 심판하러 오실 것(32-33절)을 선포했다면, 요한은 이제 그것에 대한 성취로써의 기쁨을 기록하고 있다.

여기서 **"허다한 무리의 음성"**은 하늘의 증인들로서, **"많은 물 소리"** 곧 증언(네 생물의 소리, 겔 1:24)에 근거하여 **"큰 우렛소리"**(참조. 1절, 큰 음성)로 창화하여 **"할렐루야"**를 외침은, 첫 사람이 죄를 범함으로써 사탄에게 넘겨주었던 그 통치권을 하나님께서 도로 찾으셨다는 환희의 외침이다.

---

7 우리가 즐거워하고 크게 기뻐하며 그에게 영광을 돌리세 어린 양의 혼인 기약이 이르렀고 그의 아내가 자신을 준비하였으므로

8 그에게 빛나고 깨끗한 세마포 옷을 입도록 허락하셨으니 이 세마포 옷은 성도들의 옳은 행실이로다 하더라

그러므로 여러 환난 가운데서도 믿음을 지킨 증인들은 지금 크게 고무되어 있다. **"즐거워하고 크게 기뻐하며 그에게 영광을 돌리세"**

그 까닭은 '어린 양의 혼인 기약'이 이르렀고(과거형) 옳은 행실(언약을 지킴)로 어린 양의 아내(γυνή-귀네, 약혼한 신부, 경건한 유대인들)로서 단장을 다 마친 그들에게 승인의 흰 세마포 옷이 주어졌기 때문이다. **"그의 아내가 자신을 준비하였으므로"**는 약혼녀가 자신을 단장함으로써 아내의 자격을 얻었다는 것으로, 그것조차 신자 자신의 노력이 아닌 하나님의 은혜에 의한 것임을 나타내는 표현이다. 만일 신부(귀네)와 아내(님페)가 구분 없이 사용된다면 여기서 **"준비하였으므로"**는 '세상의 박해에도 굴하지 않는 믿음'을 의미할 것이다. 그러나 사도가 귀네를 의도적으로 님페와 구분하여 사용하였다면(69쪽 '여자' 참조), 이것은 어린 양의 신부로서의 구약 교회가, 성육신 하셔서 신랑으로 오신 성자 예수를 그 언약의 메시아로 영접한 것을 가리킨다. 하지만 혼인 기약도 이르렀고 또한 자신을 준비해 온 신부는 아내의 지위를 얻기까지 했지만 아직 혼인식은 일어나지 않는다. 왜냐하면 사탄의 징벌이라는 그 종말적인 최후 심판의 때가 아직 남았기 때문이다. 그 혼인식은 그리스도의 재림의 때가 될 것이다. 여기서 **"혼인 기약이 이르렀고"**는 어린 양의 승리를 인함이라는 것에서 그 공로를 어린 양께 귀속시키고 있다.

여기서 '어린 양의 신부(귀네)'의 옷은 음녀(귀네)의 것과 달리 붉거나 화려하게 치장되지 않

았다는 것이 특징이다. 음녀의 복색은 하나님보다 더 사랑한 모든 세속적인 가치들의 총합체들을 가리킨다. 하지만 신부의 세마포는 때가 묻지 않은 맑고 깨끗한 정결함 그 자체로 하나님보다 더 귀한 가치란 있을 수 없는 자들의 옷임을 암시한다.

마 22:1-14에서 예복을 입지 않은 자는 개종한 유대인이 여전히 율법주의에 머물고 있는 상태를 비유한 것인데, 유사 그리스도인의 삶을 사는 현대인의 신앙관에 커다란 경종을 울린다. 그 옷의 깨끗함의 결정적인 원인은 인간의 노력 자체보다는 어린 양의 피에 씻는 것에 있다(7:13-15). 그 피는 신구약(예표로서 어린 양과 그 실체로서 예수)을 무론하고 신자의 더럽혀진 옷(신분, 행실)을 깨끗케 하는 유일한 수단이다. 나아가 다양한 옷(שׂבֻל-레부쉬, רֶקמָה-라크마, כָּנָף-카나프, בֶּגֶד-베게드)의 구약적인 이미지는 결혼과 연합을 암시한다(참조, 겔 16:8-10).

9 천사가 내게 말하기를 기록하라 어린 양의 혼인 잔치에 청함을 받은 자들은 복이 있도다 하고 또 내게 말하되 이것은 하나님의 참되신 말씀이라 하기로

이 구절의 배경은 사 61:10이다.

> 내가 여호와로 말미암아 크게 기뻐하며 내 영혼이 나의 하나님으로 말미암아 즐거워하리니
> 이는 그가 구원의 옷을 내게 입히시며 공의의 겉옷을 내게 더하심이
> 신랑이 사모를 쓰며 신부가 자기 보석으로 단장함 같게 하셨음이라 [사 61:10]

여기서 **"복이 있도다"**는 계시록에서 총 7회가 나오는데 그 중 네 번째 선언이다. 이 선언은 공동체를 향한 8절과 달리 신자 각 개인을 향하고 있다. **"복"**은 어린 양 또는 그리스도와의 연합을 위한 교제를 의미한다. 이것은 시편(1:1)에서나 산상 수훈(마 5:1ff)의 머리글에서 잘 드러난다. 이것은 이기는 자에게 주시는 위로의 음성이다.

10 내가 그 발 앞에 엎드려 경배하려 하니 그가 나에게 말하기를 나는 너와 및 예수의 증언을 받은 네 형제들과 같이 된 종이니 삼가 그리하지 말고 오직 하나님께 경배하라 예수의 증언은 예언의 영이라 하더라

요한이 계시를 설명해주는 천사의 말을 듣다가 갑자기 그 앞에 엎드린 것은 무엇 때문이었

을까? 그것은 설명을 듣고 깊이 깨달음에 대한 반응이었을 것이다. Beale은 이 일화가 굳이 기록된 배경에 대하여 요한이 본 환상의 신적 기원을 강조하고 천사의 중보자적인 특성을 밝히고자 함에 있다고 말한다. 그런데 요한의 이 특이한 행동은 22:9에서도 반복된다. 나는 두 곳의 공통점으로서 **"복이 있으리라"**를 주목한다. 앞서 언급했듯이 이 선언은 7회 중 5차례나 그리스도에 의해 선포되었다. 따라서 요한이 반복하여 천사 경배라는 잘못된 태도를 보인 것이 아니라 반복되는 강복(降福) 선언에서 요한은 천사를 주님으로 오해한 것으로 보이며 이는 자신을 메신저라고 신분을 밝히는 천사에게서 잘 나타난다.

"예수의 증언은 예언의 영"이라는 의미는, 모든 성경이 **"나에 대하여 기록한 것이라"**는 주님의 말씀처럼 예언의 진정한 정신은 항상 예수를 증거하는 데서 드러난다는 의미가 된다. 따라서 경배를 받으실 이는 오직 예수 그리스도라는 것이다.

2. '백마를 탄 자'와 하늘 군대 【19:11-21】

'백마를 탄 자'에 대한 대부분의 신학자들의 이해는 '예수 그리스도'로 일치를 이루는 듯하다. 하지만 아쉽게도 전후 맥락은 그들의 해석에서 배제되고 있는 것 같다.

"또 내가 ~보니"(καί εἶδον)는 사도 요한이 전환된 국면 안에서 또 다른 장면을 설명할 때마다 등장하는 용어이다(5:1. 6:1, 8:2, 10:1, 13:1, 17:3. 20:1).

1-8절에서 성부 하나님(이하 하나님)의 심판에 대한 찬미가 증언과 증인, 그리고 보좌에서의 음성(6:6, 16:1, 17)까지 혼연일체를 이루었다면, 여기서 장면 전환이 일어나고 '백마를 탄 자'의 등장은 요한 신학의 삼위일체를 보게 할 뿐만 아니라 메시아로서 어린 양이 아닌 통치자(만왕의 왕), 심판주(만주의 주)로서의 등장을 시사한다. 그런데 혼인잔치의 준비에서 신랑은 왜 구세주의 모습이 아닌 전사의 모습으로 등장할까?

5장에서 보좌에 앉으신 이는 하나님인 반면, 6장과 19장에서 보좌로부터 음성은 성자이시다(세 위격으로서 한 분 하나님은 상호 영광을 받으신다). 이 같은 진술 방식은 요한의 자의적인 사상이 아니라 계시라는 점을 잊어서는 안 된다. 요한복음에서 그의 삼위일체 사상은 바로 이 계시록을 통해 확증된 것임이 분명하기 때문이다. 따라서 메시아 언약에 근거한 하나님의 심판의 합당함을 찬미한 성자의 위치는 어린 양이었고, 또한 그만이 세 시리즈의 심판을 실행할 수 있도록 인을 뗄 수 있는 유일한 자격을 가지셨다(5:5). 그래서 6장에서 그는 복음으로 승리를 쟁취하기 위해 네 마리의 말에 탄 이로 묘사되었다. 하지만 여기서 백마를 탄이는 만왕의 왕이요 만주의 주로서 이미 이기신 자로 심판의 주권이 그에게 이양되었음을 알린다. 그렇다면 그가 수행하는 전쟁은 18장에서 남겨진 미완의 심판으로써 짐승과 거짓선지자인 로마와 헤롯 정부에 대한 심판으로 문자적으로 읽어야 할까? 결국 Beale은 역사끝(20:7)의 세력으로 타협하지만 적어도 19장은 천년왕국 안의 일이지 결코 그 이후의 일이 아니다. 그 짐승과 거짓 선지자들은 천년왕국에서 복음을 대적하는 불신 세력을 상징한다. 그렇다면 '백마를 탄 전사'는 분명해진다. 그는 주의 성령이시다.

이것은 첫째, 유대인들의 심판은 메시아 언약에 근거하기 때문이고 둘째, 그 밖의 모든 인류의 심판은 새 언약에 근거하는 까닭이다. 기록 시점의 순교자들이나 신자들은 이미 19장에서 세마포를 받았다. 하지만 새 언약의 신부들은 아직 이 세마포를 받지 못했다. 새 언약 교회들은 바벨론을 허물기 위한 동일한 전쟁으로서 새 예루살렘에 들어가기 위해 성령의 군대에 의해 치러야 할 영적전쟁이 여전히 남았다.

11 또 내가 하늘이 열린 것을 보니 보라 백마와 그것을 탄 자가 있으니 그 이름은 충신과 진실이라 그가 공의로 심판하며 싸우더라

승리를 상징하는 '백마를 탄 자'의 이름은 **"충신과 진실"**이다. 여기서 '충신'은 $\pi\iota\sigma\tau\acute{o}\varsigma$-피스토스에 대한 역어로 '믿거나 순종 또는 신뢰, 소망'의 상태를 나타내는 형용사이지만, 하나님에 대하여 사용할 때 '신뢰할 수 있는' 분을 가리킨다. '진실'은 $\alpha\lambda\eta\theta\epsilon\iota\alpha$-알레데이아에 대한 역어로 참되거나 옳음을 나타내는 형용사다. **"공의"**는 $\delta\iota\kappa\alpha\iota\sigma\sigma\acute{\upsilon}\nu\eta$의 역어로, 이 헬라어 '디카이오쉬네'는 히브리어의 체다크[74] 또는 헤세드[75]의 역어로 사용된다. 즉 하나님의 '의'는 신구약에서 오직 그리스도라는 의미이다. 무엇보다 이 용어가 주께 사용될 때는 무흠함을(요 16:8, 10) 하나님께는 거룩함을 나타낸다(롬 3:5, 25이하). 따라서 이러한 표현들은 그리스도의 속성으로서 성품을 일컫는 것이다. 따라서 **"공의로 심판하며 싸우더라"**가 가리키는 것은 그 분의 십자가와 부활이다.

---

74) 81회 사용.
75) 창 19:19, 20:13, 21:23, 32:10 출 15:13, 34:7 잠 20:22[28] 사 63:7.

12 그 눈은 불 꽃 같고 그 머리에는 많은 관들이 있고 또 이름 쓴 것 하나가 있으니 자기 밖에 아는 자가 없고

불 꽃 같은 눈의 이미지는 항거 능력이 없는 '어린 양'의 이미지와 상반되는 전쟁에 능하신 전사의 모습으로 모든 것을 꿰뚫어 보는 통찰력을 상징한다. **"많은 관들"**은 그의 주권과 절대적인 통치를 나타낸다. 그리고 **"자기밖에 아는 자가 없고"**는 그것이 비단 이름뿐만 아니라 그 무엇이라도 하나님 앞에서 드러나지 않을 것이 없으므로 마땅히 그는 하나님이심을 가리킨다. 그 이름은 이어지는 13절에서 '하나님의 말씀' 16절에서는 '만왕의 왕, 만주의 주'라고 나타내는데 곧 이 표현 또한 성자 하나님을 은유하는 것이다.

13 또 그가 피 뿌린 옷을 입었는데 그 이름은 하나님의 말씀이라 칭하더라

"피 뿌린 옷"은 **"하나님의 말씀"**과 동일시된다. 이것은 누구의 피를 의미할까? 라는 질문을 배제한다. 왜냐하면 그 이름의 비밀이었던 예수 그리스도는 구약 성경 내내 제단에 대속의 피를 뿌린 백성들과 함께 거하셨기 때문이고 성경의 말씀이 가리키는 바가 곧 언약의 피라는 것이다. 그러므로 11-16절은 모두 '백마를 탄 자'가 누구인지를 그 신분을 은유적으로 밝히는 것이다.

14 하늘에 있는 군대들이 희고 깨끗한 세마포 옷을 입고 백마를 타고 그를 따르더라

"하늘에 있는 군대"는 천군 천사들일 수도 있으나 **"세마포 옷"**이 가리키는 바는 성도들 곧 성령의 군대이다. 보혜사 성령을 통하여 영적전투를 행하는 지휘관은 그리스도시다. 이것은 삼위일체론의 신학에서 성자와 성령의 위격은 다르나 일체이며, 성령은 성부와 성자로부터 영원히 발출된다는 사실에서 이해되어야 한다.

15 그의 입에서 예리한 검이 나오니 그것으로 만국을 치겠고 친히 그들을 철장으로 다스리며 또 친히 하나님 곧 전능하신 이의 맹렬한 진노의 포도주 틀을 밟겠고

입에서 나오는 예리한 검은 '성령의 검'으로서 혼과 영과 및 관절과 골수를 찔러 쪼개며 또 마음의 생각과 뜻을 판단하는 곧 살아 있고 활력이 있는 하나님의 말씀이다(히 4:12). 그것으로 **"만국을 치겠고"**는 복음의 능력이 땅 끝까지 전파되어 택하신 자를 한 명도 잃어버리지 않고 다 찾으시는 것을 상징한다. 그제야 끝이 오고 또 재림과 혼인잔치가 열리기 때문이다.

또한 **"철장으로 다스리며"**는 시 2:9에서 메시아 사역에 대하여 언급되었다. 하지만 여기서는 택하신 자들의 심령 안에서 하나님을 대하여 높아진 옛 사람의 자아를 질그릇 깨듯이 파하여 육신의 소욕을 멸하고 오직 성령의 소욕으로 충만하도록 다스린다는 의미이다. **"철장"** ῥάβδος-랍도스는 시 2:9처럼 계시록에서 목자의 지팡이로 사용되었다(2:27, 12:5). 그러나 2:27은 이기는 자가 가질 것으로, 본 구절과 12:5은 그리스도 자신이 이것을 가질 것이라고 말한다.

여기서 더 나아가 **"진노의 포도주 틀을 밟겠고"**는 악을 징벌함이 마치 포도즙 틀에 포도를 넣고 발로 밟아 포도 액을 착즙함과 같은 철저한 징벌을, 그리고 **"친히"**는 하나님의 뜻 곧 아버지께서 심판을 아들에게 맡기신 것(요 5:22)을 수행하심을 나타낸다. 이것은 구원은 심판을 낳고 심판은 구원을 낳는 한 동전의 두 양면과 같은 관계이다.

> 또 미리 정하신 그들을 또한 부르시고 부르신 그들을 또한 의롭다 하시고 의롭다 하신 그들을 또한 영화롭게 하셨느니라 [롬 8:30]

16 그 옷과 그 다리에 이름을 쓴 것이 있으니 만왕의 왕이요 만주의 주라 하였더라

이제 '백마를 탄 자'의 이름은 명료하게 드러난다. 이 이름 곧 '만왕의 왕'은 계 17:14에서 그리스도께 적용되었으며, 단 8:25에서 자신의 주권을 나타내시는 하나님께 사용되었다. 여기서 그리스도의 이름이 가리키는 바는 제국의 어떤 통치자도 단지 그의 통치를 받는 미력한 존재에 불과하다는 것이다.

이러한 장면들은 그리스도의 최종승리와 그의 재림이 임박했다는 위로와 소망을 주며 그리스도의 궁극적인 승리를 확신케 하려는 것이다.

17 또 내가 보니 한 천사가 태양 안에 서서 공중에 나는 모든 새를 향하여 큰 음성으로 외쳐 이르되 와서 하나님의 큰 잔치에 모여

장면의 전환이 일어나고 마치 태양처럼 빛나는 후광을 가진 천사가 모든 새에게 "하나님의 큰 잔치"에 오라고 명하는 모습을 본다. 그 이유는 15절의 하나님의 진노의 포도주 틀에 심판을 당한 시체들을 먹이기 위해서다.

18 왕들의 살과 장군들의 살과 장사들의 살과 말들과 그것을 탄 자들의 살과 자유인들이나 종들이나 작은 자나 큰 자나 모든 자의 살을 먹으라 하더라

이 장면은 18장에서 바벨론의 음녀 심판과 평행적이다.

음녀들이 예루살렘 성전을 점유했던 것처럼 새 언약 교회 또한 아담의 원죄적인 음녀들이 성령의 전에 벽돌과 역청으로 자리하고 있기 때문이다. 동시에 **"모든 자의 살"**은 심판 당한 불신 세력의 주검을 상징한다.

> 주 여호와께서 이같이 말씀하셨느니라
> 너 인자야 너는 각종 새와 들의 각종 짐승에게 이르기를 너희는 모여 오라
> 내가 너희를 위한 잔치 곧 이스라엘 산 위에 예비한 큰 잔치로
> 너희는 사방에서 모여 살을 먹으며 피를 마실지어다
> 너희가 용사의 살을 먹으며 세상 왕들의 피를 마시기를
> 바산의 살진 짐승 곧 숫양이나 어린 양이나 염소나 수송아지를 먹듯 할지라 [겔 39:17-18]

겔 39장에서 마곡의 통치자 곡은 하나님의 은혜를 깨닫지 못하는 이스라엘을 징치하기 위한 하나님의 도구였지만 그가 필요 이상의 악을 행하다가 곡의 공격력은 무력화 당하는 심판을 받게 되고 곡을 정복한 적의 처분으로 본 구절의 내용이 선언된다. 겔 36:16-32에서는 야훼께서 자신의 영광을 위해 이스라엘 백성을 정결케 하시는 것에 집중했다면, 39:14-16에서는 12절에서 제기된 주제, 즉 자기 백성에 의한 땅의 정결에 대해 확장한다. 따라서 이것은 그리스도인들의 심령에 자리하고 있는 옛 사람이 가진 육신의 소욕들로 인한 고난을 곡과 마곡으로 비유한 것으로 적용할 수 있다. 사람은 하나님의 형상을 따라 피조 되기로 작정된 하나님의 창조물이다. 욕구 자체는 악이 아니다. 다만 그 욕구가 성령의 소욕(생명나무, 축복) 대신 육신의 소욕(선악과, 저주)이 될 때 사람을 허물고 하나님과의 관계를 깨트리게 되는 것이 문제다. 따라서 그 곡과 마곡은 '백마를 탄 자'의 철장에 의해 무참히 살육 당하는 하나님의 잔치 의인화를 통해 새들로 하여금 와서 만찬을 즐기도록 초대하는 것이다. 이것은 새 언약 백성을 정결하게 하신 후에 그들을 도구로 세상을 정결케 하

심 곧 구원을 상징한다. 하지만 이것을 20:7의 곡과 마곡의 전투와 동일시해서는 안 된다. 그것은 최후 심판이다.

기록된 바 의인은 없나니 하나도 없으며 [롬 3:10]

19 또 내가 보매 그 짐승과 땅의 임금들과 그들의 군대들이 모여 그 말 탄 자와 그의 군대와 더불어 전쟁을 일으키다가

본 장의 서문에서 언급한 바와 같이 이 전쟁은 어린 양의 전쟁이 아니라 이미 승리하신 그리스도에 의해 성령의 군대로 말미암아 집행되는 영적전투이자 성화를 위한 심판의 실행이다. 이것은 Beale의 주장과 같이 역사적으로는 17장과 18장에서 이어지는 전쟁이나 영적으로는 전환점을 갖는 그리스도의 사역으로 보는 것이 합당하다.

즉 이것은 새 언약 교회가 말씀과 기도 안에서 성령의 능력으로 아들의 형상을 입기 위해 세속적인 가치들과 싸우며 자신을 쳐서 복종시키는 성화의 모든 과정을 상징한다.

이것은 "아마겟돈 전쟁"(16:14, 16)과 사탄의 최후의 모습(20:9-10)과도 같은 형태이지만 다음 표에서와 같이 세 번의 정복과 심판은 동일한 맥락을 가지나 서로 다른 사건을 가리킨다.

〈표 8〉 요한계시록에서 성령의 군대에 의한 세 번의 전쟁

구분	16장 14절	19장 19절	20장 7절
소집하는 자	귀신	짐승과 땅의 임금	사탄
배경	사도시대 교회	새 언약 교회	우주 종말적 심판
내용	아마겟돈	백마를 탄 자	곡과 마곡
대상	유대교	짐승, 거짓 선지자	마귀, 미혹된 자

20 짐승이 잡히고 그 앞에서 표적을 행하던 거짓 선지자도 함께 잡혔으니 이는 짐승의 표를 받고 그의 우상에게 경배하던 자들을 표적으로 미혹하던 자라 이 둘이 산 채로 유황불 붙는 못에 던져지고

대적들의 최후가 진술된다. **"잡혔으니"** πιεζω-피에조는 신적 수동태로 심판의 때는 그들의 저항의 세기에 의해 결정되는 것이 아니라 이미 하나님께서 정하신 때가 정해져 있음을 의미한다. 이것은 역사적으로 헤롯 왕조의 몰락과 사탄적인 로마의 몰락, 즉 콘스탄티누스의 밀라노 칙령으로 기독교가 공인된 사건에 대한 예언으로 보인다.

여기서 짐승과 거짓 선지자 곧 표적으로 우상숭배를 종용하던 자는 19절의 세속적인 가치와 달리 종교적인 전쟁 곧 그리스도인들의 믿음을 공격하던 각양의 이단들을 가리킨다고 할 것이다.

"산 채로 유황불" 못에 던져지는 것은 그 심판의 철저함과 냉혹함을 나타낸다. 그들은 마귀보다 먼저 지옥에 들어간다.

21 그 나머지는 말 탄 자의 입으로부터 나오는 검에 죽으매 모든 새가 그들의 살로 배불리더라

이것은 '백마를 탄 자'와 짐승의 군대가 치열한 접전을 묘사하는 것이 아니라 싸우기 위해 모여들었다가 성령의 권능에 "잡히고 던져지는 것"을 강조하는 것으로 육신의 소욕이 말씀에 의해 정복당하는 모습이다.

유대인의 혼인 풍습

고대 유대인의 결혼 적령기는 13-18세였다. 이들은 일곱 절기 때를 이용하여 공공의 장소에서 만남을 가졌고, 부모들의 선약에 의해 만나기도 했다. 성혼을 위해서는 첫째, 상대 여자의 부모에게 남자가 허락을 받는다. 둘째, 여자의 부모가 딸에게 남자에 대해 잘 아는지? 얼마나 사랑하는지? 고난이 닥쳐도 헌신할 각오는 있는지? 인격적인 질문과 승낙에 대한 동의를 확인한 후에 남자에게 통보한다. 셋째, 남자의 대리인이 신부의 몸값을 정한다(몸값은 계약서에 기록만 하게 해서 이혼 시에만 여자에게 지불하도록 함으로써 가난으로 결혼을 못하는 것을 막고, 이혼을 함부로 하지 못하도록 했다). 넷째, 포도주를 나누어 마신 후 정혼을 발표한다. 다섯째, 법적으로 부부가 되었으나 1년간 떨어져 지낸다. 신부는 신랑 이외의 모든 이성교제를 멈추고 신랑만을 사모하며 기다린다. 신랑도 이 날을 사모하며 기다린다. 여섯째, 신랑은 1년이 지난 아무 때 아버지의 명을 따라 저녁에 친구들과 함께 신부를 데리러 간다. 이때 신부는 단장을 한 후 친구들과 함께 신랑의 집으로 간다. 일곱째, 신랑의 미래의 삶에 대한 계획서와 혼인의 징표를 건네고(열 드라크마, 눅 15:8) 합방을 한다.

신부의 순결이 확인되면 사랑의 선언이 이루어진다. 정혼은 신부의 집에서, 결혼은 신랑의 집에서 행하여지는 것이 관례이다.

20장

천년왕국

19장이 '어린 양의 승리'와 '그리스도의 통치'라는 두 주제로 구성된 것처럼 20장도 '천년왕국'과 그 이후의 '흰 보좌 심판'이라는 두 주제로 구성된다.

20장은 시간적 순서상 19장 이후에 이어지는 나중의 사건이 아니라 19장의 내용을 다른 관점에서 보여주는 또 하나의 국면일 뿐이다. 요한계시록에서 20장의 백보좌 심판은 주의 재림 및 혼인잔치와 더불어 현재에도 유일하게 미래종말의 계시로 남아 있다. 따라서 요한계시록은 부분 과거주의가 아니라 부분 미래주의의 관점으로 보아야 하며, 19장이 주의 재림을 나타내는 것이 아닌 이상 이제 기존의 전통적인 전후천년왕국설은 크게 수정되어야 한다.

천년왕국은 성도(첫째 부활에 참여하는 새 언약교회)들이 그리스도와 더불어 천년이라는 상징적 기간 동안 세상을 다스리는 교회시대로 그것의 때는 현재이다. 물론 그 천년은 이스라엘의 천년 왕정 시대를 모형으로 하며 그 통치방식은 성령 안에서 성화를 통해 그리스도의 영광을 비추이는 것이다. 이것이 가능한 것은 사탄을 결박한 시점을 천년왕국의 출발점으로 규정하기 때문이다(20:1). 그는 지금 최후 심판을 위해 무저갱에 갇혀있는 상태이다.

그렇다면 천 년은 언제부터 언제까지인가? 천년의 통치는 부활을 기점으로 이미 시작되었다는 아우구스티누스의 무 천년설을 기초로 할 때, 일반적으로 천년왕국은 옛 창조의 심판과 새 창조 시작을 분수령으로 하는 십자가와 부활을 그 기점으로 지지하나 요한계시록에서 그것의 기점은 명확히 AD 70년으로서, 본 20장의 시작에서 알 수 있듯이 사탄이 결박을 당하는 것을 기준으로 하고 있다. 그러므로 이것은 19장의 국면을 비연속적으로 다른 각도에서 반복하여 보여준다는 관점을 지지하게 만든다. 다만 본 장의 7-15절의 내용은 천년왕국이 끝나고 사탄이 옥에서 풀려 곡과 마곡의 전쟁을 일으킬 것과 백 보좌에서 있을 최후의 심판으로서 그 재림의 때에 있을 일과 미래종말에서 지말의 때에 관하여 함축적으로 묘사하고 있다.

1. 사탄의 결박과 '천년왕국' 【20:1-6절】

1 또 내가 보매 천사가 무저갱의 열쇠와 큰 쇠사슬을 그의 손에 가지고 하늘로부터 내려와서

여기서는 국면 전환을 알리는 **"이 일 후에~보니"** 대신 **"또 내가 보매"**가 사용된다. 따라서 20:1-6은 19장과 동일한 한 사건에 대한 서로 다른 각도에서의 진술이라 할 수 있다. 즉 '백마를 탄 자'에 의한 정복적인 심판(18장과 20장의 곡과 마곡은 징벌적인 심판이다)과 구원은 동일한 국면의 두 양상으로써 '천 년 왕국'의 기간 동안 일어나는 일이라는 것이다. **'무저갱의 열쇠'**는 9:1과 동일하나 그것을 취한 자가 다르다. 거기서는 '하늘에서 떨어진 별 하나'가 이 열쇠를 가졌던 반면 여기서는 수종을 드는 천사가 가지고 있다. 그는 또한 큰 쇠사슬을 가지고 하늘에서 내려왔다.

2 용을 잡으니 곧 옛 뱀이요 마귀요 사탄이라 잡아서 천 년 동안 결박하여

천 년 왕국이 시작되는 시점에 사탄은 결박당하여 무저갱에 감금된다.

이것은 사탄이 그 시점부터 아무것도 할 수 없다는 뜻이 아니라 직접적인 활동을 못하도록 철저하게 차단된 것이고 그가 더 이상 참소하는 일을 할 수 없음을 의미한다.

여기서 한 가지 질문을 할 수 있다. 사탄이 그리스도의 지상사역을 통하여 결박되었다면, **'지금'** 활동하고 있는 사탄의 세력(엡 2:2, 6:11, 벧전 5:8)은 무엇인가? 그것은 사탄의 결박이 존재의 소멸을 뜻하지 않고 그의 권세가 하나님께 의해 현저히 통제되고 있는 것과 상충되는 것처럼 읽히기 때문이다. 하지만 이 서신서 들의 기록 시점이 AD 70년 이전의 핍박기 간임을 감안할 때 역사적으로 조금도 충돌되지 않는다.

3 무저갱에 던져 넣어 잠그고 그 위에 인봉하여 천 년이 차도록 다시는 만국을 미혹하지 못하게 하였는데 그 후에는 반드시 잠깐 놓이리라

여기서 **"잠그고"**와 **"인봉하여"** 그리고 **"천 년이 차도록"**과 **"잠깐 놓이리라"**가 나타내는 것은 사탄이라는 존재는 거짓의 아비요 속이는 자일뿐 하나님과 맞서는 호적수가 아니라 '한 천사'에게도 꼼짝 하지 못하고 잡힐 만큼(1) 그리스도의 철저한 통제 아래 있음을 보여준다. **"천년"**은 요한계시록 여러 곳에서 일관되게 비유적으로 사용된다(19:21, 20:2, 4, 5, 6, 7). Beale은 유대교와 초기 기독교 문헌에서 1,000년은 구원받은 자들의 영원한 복을 가리키는 비유로 사용되었다고 말한다. 하지만 전 후 천년설을 신봉하는 사람들은 천년을 문자적으로 해석하는 경향이 있어 그리스도의 승리를 미완으로 만드는 것에 주의해야 한다. **"미혹"**은 사탄이 추종세력들(13:14, 19:20 땅의 짐승-둘째 짐승, 18:23-큰 음녀/바벨론)을 통해서 행하거나 또는 직접적으로(12:9, 20:3) 행하였다.

"반드시 잠깐 놓이리라"는 천 년이 지난 시점에 미혹이 다시 일어나게 될 것을 암시하며 (20:8), 이는 새 언약 교회에서도 있을 수 있는 배도의 위험에 대한 경고로 읽어야 한다(이 배도는 역사적으로 천년왕국 이후에 발생하는 일로써, 엄밀히 그리스도 안에 있는 신자에겐 불가능한, 다만 교회 공동체 안에 머무는 자에게 일어날 일에 대하여 암시한다).

4a 또 내가 보좌들을 보니 거기에 앉은 자들이 있어 심판하는 권세를 받았더라

이것은 3:21의 **"이기는 그에게는 내가 내 보좌에 함께 앉게 하여"**에 대한 성취를 나타낸다. 이들이 받은 심판하는 권세가 곧 천년왕국에서 그리스도와 함께 다스리는 것을 의미한다. **"심판하는 권세"**는 하나님의 십자가 대속의 은혜와 사랑을 거부하고 오히려 대적하고 멸시하며 사악한 삶을 살아가는 자들에게 백 보좌의 심판 날에 핑계하지 못하게 할 증인으로서 그리스도와 함께 심판하게 될 것을 의미한다. 여기서 증인들은 새 언약 교회를 대표하기 때문에 잠재적 순교자인 현 시대의 모든 교회에 평행적으로 적용이 가능하다. 성화되지 못한 신자가 그리스도와 연합된 것일까? 가지가 나무에 붙어 있으면 반드시 열매를 맺기 때문이고, 열매 맺는 자마다 충실을 사모하는 것이 합당하기 때문이다. 세상을 다스릴 권세를 받은 자가 그 권한을 사용하지 않는 것은 게으르고 악한 것이지 결코 충성된 것이 아니다. 이것은 오늘 날의 새 언약 교회가 경고를 받아야 하는 이유이다.

> 만일 우리가 그의 죽으심과 같은 모양으로 연합한 자가 되었으면
> 또한 그의 부활과 같은 모양으로 연합한 자도 되리라 [롬 6:5]

그렇다면 새 언약 교회는 어떻게 주와 함께 심판하는 자리에 서게 될까? 그것은 성화된 삶으로 그리스도의 영광을 나타내는 삶이라 할 것이다.

4b 짐승과 그의 우상에게 경배하지 아니하고 그들의 이마와 손에 그의 표를 받지 아니한 자들이 살아서

하나님의 전신갑주로 무장하고 배교를 택하기보다 오히려 죽기까지 충성된 믿음의 증인들은 지금 살아있다고 말한다. 모든 그리스도인들이 이 천년왕국의 통치에 참여한다.

> 예수께서 이르시되 나는 부활이요 생명이니 나를 믿는 자는 죽어도 살겠고
> 무릇 살아서 나를 믿는 자는 영원히 죽지 아니하리니 이것을 네가 믿느냐 [요 11:25-26]

5 (그 나머지 죽은 자들은 그 천 년이 차기까지 살지 못하더라) 이는 첫째 부활이라

"첫째 부활"은 믿음으로 말미암아 거듭난 생명으로서 중생을 의미한다. 천년왕국은 복음의 문 곧 구원의 문이 활짝 열린 기간이다. 하지만 그 은혜의 기간이 지나면 천국의 문은 닫히고 그 천년의 기간 동안 예수 그리스도와 무관하게 죽은 자들은 천 년이 차기까지 사망의 불지옥 안에 갇혀 있다는 말이다.

전 천년설 지지자들은 4절은 영적부활(ἀνάστασις)을 뜻하고, 5절의 천년이 차서 살아나는 것은 육체적 부활(ζάω)이라고 말한다. 그러나 두 용어는 구별 없이 교차적으로 사용된다. 4절은 첫째 부활로서 신자의 생명을, 천 년이 차기까지 살지 못하는 것은 불신자의 생명을 가리키고 있다.

6 이 첫째 부활에 참여하는 자들은 복이 있고 거룩하도다 둘째 사망이 그들을 다스리는 권세가 없고 도리어 그들이 하나님과 그리스도의 제사장이 되어 천 년 동안 그리스도와 더불어 왕 노릇 하리라

여기서도 첫째 부활과 둘째 사망은 신자와 불신자 상호간의 대조적인 운명을 묘사하고 있다. 교회의 측면에서 둘째 사망이 다스리지 못하는 '영생'과 '왕 노릇'은 이기는 자에게 주시기로 약속된 그 상속을 받는 것이다.

첫째 부활에 참여한 신자들은 최후의 심판에서 영생에 들어가기 위해 낙원으로부터 나아와 두 번째 부활인 생명의 부활(부활체)로 들어 갈 것이나, 이미 육신의 사망으로 종말을 맞은 불신자 들은 최후 심판을 받기 위해 사망의 지옥에서 일으킴을 받아 영적인 사망으로서 또 한 번의 **"둘째 사망"**(14절)의 선고를 받을 것이다(첫째 사망이 유황불 못의 형벌이라면 둘째 사망은 소멸적인 사망이다).

그러므로 둘째 사망은 그리스도인들과는 무관하고 오히려 신자들은 하나님과 그리스도의 제사장이 되어(신구약 교회가 그리스도와 더불어 첫 째 부활의 참여는 이미 창세전에 작정된 것이라는 의미, 1:6, 5:10 참조) '천년' 동안 그리스도와 함께 다스리는 권세를 받는다. 이 선언은 계 5:9-10에서 이미 찬미되어졌던 것이다. 여기서 동사가 미래형으로 기록된 것은 요한계시록의 기록 시점이 AD 70년 이전이라는 여러 증거들 중의 하나이다.

하나님과 **"그리스도의 제사장"**이 가리키는 의미는 출 28:1-30을 배경으로 한다. 거기서 제사장은 지정된 실로 직조한 속옷과 겉옷 및 에봇과 흉패를 입고 그리고 관을 쓴다. 이것은 천년왕국이라는 은혜의 기간 동안 택함을 받은 신자들 곧 그리스도의 신부가 주 성령에 의해 연합되어 일체를 이루어 '칭의'와 '성화' '영화'라는 그리스도의 성품 곧 사랑의 옷으로 단장되어 가는 것을 상징한다. 그것이 다스리는 것이요 왕 노릇하는 것이다. 악한 세상에서 거룩한 삶을 영위한다는 것은 장차 하나님의 피조세계를 다스리는 예표에 불과하다.

여기서 사탄의 결박은 십자가와 부활을 의미하는 것이지 재림에 의한 것이 아니다. 따라서 천년왕국은 그리스도의 부활로 시작되어 재림으로 끝나는 교회의 승리의 긴 시간과 사탄에 의한 단기간의 환란(3절, 잠깐)을 대조적으로 묘사하는 것이지 문자적인 시간이 아니다(무천년설 또는 시작된 천년설). '천년'은 '영원'이란 개념에 견줄 때 한 점에 불과하다. 기억하라. 여기서 강조점은 '이긴 자'에게 주어지는 위로로서 상급이다.

2. 사탄의 최후(곡과 마곡의 전쟁)와 백 보좌 심판 【20:7-15】

7 천 년이 차매 사탄이 그 옥에서 놓여

역사적으로 그 **"천년"**이 차는 때가 언제일지는 감추어진 것이라 알 수 없다. 다만 사탄이 무저갱에서 잠시 놓인다는 사실에서 깨어 있는 교회는 우상숭배가 조장되고 만연 시 되는 때를 주목하게 될 것이다. 그가 옥에서 놓임은 곧 미혹의 재개를 암시한다. 사탄이 잠시 놓이는 까닭은 사탄과 그의 추종 세력들이 마지막 때 인줄 알고 최후의 악을 세상에 발하게 하여 큰 환난에 휩싸이게 하고, 교회의 측면에서 미혹과 배교의 허용하심은 역사적 종말의 때에 마지막 추수의 반복적 패턴으로 보인다.

8 나와서 땅의 사방 백성 곧 곡과 마곡을 미혹하고 모아 싸움을 붙이리니 그 수가 바다의 모래 같으리라

사탄의 최후 전쟁과 백보좌 심판은 미래주의자들의 관점과 일치하며 천년왕국이 끝나는 시점에 있을 최후의 미혹과 배교 및 옥석 가리기가 남아 있는 최후심판을 묘사한다. 이것은 천년왕국이 지상의 역사 안에서 전개되는 것임을 알 수 있다.

여기서 곡과 마곡은 하나님을 거역하는 세상의 모든 사람들이다. **"미혹하고"**가 주는 뉘앙스가 우상숭배라는 종교적 수단을 가리키는 것으로 볼 때, 이것은 말세에 세상이 종교적으로 교회에 가할 큰 박해가 있을 것임을 암시한다. 그러나 ἄμμος-아모스, **"모래"**가 은유하는 것은 비록 사탄과 따르는 자들의 수는 많으나 결국은 교회가 승리하게 될 것임을 가리킨다(참조, 혹자의 '7년 대환난설'은 근거가 잘못된 주장이나 큰 환란에 대한 예상이 틀린 것은 아니다).

9 그들이 지면에 널리 퍼져 성도들의 진과 사랑하시는 성을 두르매 하늘에서 불이 내려와 그들을 태워버리고

사탄의 군대가 **"성도들의 진"**과 **"사랑하시는 성"** 곧 땅에 흩어져 존재하는 역사적 종말 시대의 교회들을 대적하기 위해(13:1, 11, 17:8) 포위하지만 하늘에서 불이 내려와서 그들을 삼켜버린다(용이 여자의 아이를 물, 거짓복음으로 삼키려고 한 것과 대조적이다. 참조, 겔 38:22, 39:6). 이 장면은 아하시야의 군대에 포위된 엘리야 선지자의 모습을 연상시킨다(왕하 1:1-12). 그 탐심의 목소리는 진리를 외면한 채 소수의 의가 다수에 의해 불의가 되고, 다수의 불의가 대의를 형성하는 혼란한 세상을 만들어 낼 것이지만 **"불"**, 곧 진리의 성령이 세상을 정복한다는 것이다(마 24:14).

10 또 그들을 미혹하는 마귀가 불과 유황 못에 던져지니 거기는 그 짐승과 (그) 거짓 선지자도 있어 세세토록 밤낮 괴로움을 받으리라

이것은 '백 보좌 심판'이 비록 재림에 대한 구체적인 묘사는 아닐지라도 그 날에 있을 일에 대한 사실적 정황에 대한 계시임이 분명하다할 것이다. 이제 마귀가 그와 짝했던 짐승과 거짓 선지자가 들어있는 불과 유황 못에 던져진다(신적 수동태, 19:20). 그리고 그들은 세세토록 밤낮 괴로움을 받을 것이다(참조, 14:10-11에서 '밤낮 쉼을 얻지 못함은 안식을 거부한 징벌을 상징했다). **"그 짐승"**과 **"그 거짓 선지자"**는 누구인가? 그들은 실현된 종말에서 사탄의 하수인 노릇을 했던 로마 제국의 황제들과 헤롯 왕조(인격화된 압제수단)로 지칭되었다. 그들은 천년왕국이 시작되기 전부터 먼저 그곳으로 추락하여 고통을 받고 있었다. 하지만 곡과 마곡을 미혹하는 역할을 수행한 것은 사탄의 하수인이었던 그 짐승과 그 거짓 선지자가 아니라 마귀 자신이었다. 그러므로 여기서 마귀를 의인화된 제도(압제수단)로 읽는 것은 잘못이다.

11 또 내가 크고 흰 보좌와 그 위에 앉으신 이를 보니 땅과 하늘이 그 앞에서 피하여 간 데 없더라

여기서 **"크고 흰 보좌"**와 **"그 위에 앉으신 이"**는 4:2절과 5:7절에서 '보좌에 앉으신 이'로서 주 하나님에 대한 묘사이다. **"흰 보좌"**는 흠이 없으시며 거룩하신 하나님의 속성을 상징한다. 그리고 **"땅과 하늘이 그 앞에서 피하여 간 데 없더라"**(16:20, 21:1)는 심판의 결과로써 옛 창조에서 타락과 반역의 터전으로서의 땅과 하늘에 대한 완전한 소멸을 뜻하는바, 이것은 '거룩함'을 본질로 하는 새 하늘과 새 땅의 성취를 암시한다.

12 또 내가 보니 죽은 자들이 큰 자나 작은 자나 그 보좌 앞에 서 있는데 책들이 펴 있고 또 다른 책이 펴졌으니 곧 생명책이라 죽은 자들이 자기 행위를 따라 책들에 기록된 대로 심판을 받으니

죽은 모든 사람(지옥에서 둘째 부활에 참여한 불신자들)이 보좌 앞에 서 있고 책들과 '생명책'이 펴져 있었다(단 7:9-10, 12:1-2).

"책들"은 단 7:10의 인용으로 보인다. 거기서 책은 '심판을 베푸는 책'이다. 하나님의 책은 역사의 마지막 쟁점이나 역사의 특별한 사건과 관련하여 하나님의 목적을 기록했다(참조, 단 8:26, 9:24, 10:21, 12:4, 9). 때때로 그것은 인간의 행위에 대한 하나님의 기대와 의도를 나타내기도 한다.[76] 여기에서 책들의 내용은 "자기 행위를 따라" 기록한 것임을 밝힌다.

죄의 삯은 사망이다. 백 보좌 심판대에 서있는 죽은 자들은 이미 믿지 않음으로 심판을 받은 자들이다. 그들이 다시 사망에서 일으킴을 받아 백 보좌 심판대에 선 것은 사탄과 그에 속한 결과로써 공의의 판결이라는 성격이 짙다.

사탄과 그의 하수인이었던 짐승과 거짓선지자 및 불신자는 옛 하늘과 땅에 속한 존재이므로, 새 하늘과 새 땅에서 철저히 배제 당하는 심판이 곧 유황 불 못에 던져지는 것이다. 그러므로 여기서 영생과 영벌을 결정 짓는 **"자기 행위"**가 가리키는 바는 언약의 유무이지 개인의 도덕적인 행위를 일컫는 것이 아니다.

> 땅의 티끌 가운데에서 자는 자 중에서 많은 사람이 깨어나 영생을 받는 자도 있겠고
> 수치를 당하여서 영원히 부끄러움을 당할 자도 있을 것이며 [단 12:2]

13 바다가 그 가운데에서 죽은 자들을 내주고 또 사망과 음부도 그 가운데에서 죽은 자들을 내주매 각 사람이 자기의 행위대로 심판을 받고

다니엘서는 언약 백성들 중에서 신실한 자(남은 자)와 불경건한 자의 최후 종말을 언급한 반면(유대문헌과 가톨릭의 중간기는 이 읽기의 오류이다), 요한은 그리스도 밖에 속한 모든 자에 대한 종말을 언급한다. **"바다, 사망과 음부"**는 모두 죽은 자들의 영역에 대한 서로 다른 표현일 뿐이다. 특히 **"바다"**는 구약에서 세상을 상징했으며 그것은 죄로 타락한 영역이자 죽음의

76) John E. Goldingay, 다니엘서 주석 인용.

영역이었다(참조, 합 2:14). 또한 계시록에서도 이 용어는 사탄의 도구로서 '바다에서 올라온 짐승' 로마에 대한 부정적인 이미지로 사용되었다.

여기서 **"자기의 행위대로 심판을 받고"**는 12절의 내용과 동일하다. 다만 그들의 행위가 운명을 결정하는 것이라기보다 언약 안에 있는 자와 언약 밖에 있는 자의 행실은 서로 다른 것임을 암시한다.

> 하물며 하나님의 아들을 짓밟고 자기를 거룩하게 한 언약의 피를 부정한 것으로 여기고
> 은혜의 성령을 욕되게 하는 자가 당연히 받을 형벌은 얼마나 더 무겁겠느냐
> 너희는 생각하라 [히 10:29]

14 사망과 음부도 불못에 던져지니 이것은 둘째 사망 곧 불못이라

'사망과 음부'가 불못에 던져졌다는 의미는? 죄의 삯인 죽음이 죄의 근원인 사탄과 죄에게 속한 모든 것의 영원한 형벌은 그 자체가 새 예루살렘으로부터의 영원한 소멸로서 끝이 없는 심판을 의미한다. 이것은 새 하늘과 새 땅으로서 새 예루살렘에는 영생하는 존재들로만 채워진다는 것을 의미한다. '생명책'에 기록된 자들은 심판의 대상이 아니다. 그들은 도리어 '심판하는 권세를 받은 자들'(4절)이며 그리스도와 함께 다스리는 자들이다.

〈표 9〉 요한계시록에서의 전쟁과 출애굽과의 관계

선택	현장, 인도자	칭의	전쟁	결과	비고
제1 출애굽	애굽	어린 양 (제물)	가나안 [77]	포로생활	예표
	모세		여호수아 [78]		
제2 출애굽	바벨론	메시아	예루살렘	예루살렘 멸망	실체
	스룹바벨		힘 센 천사		
제3 출애굽	온 세상	그리스도	천년왕국	새 예루살렘	성취
	성령		백마 탄 자		

---

77) 가나안 및 블레셋과의 전쟁은 정복전쟁으로 여호수아와 다윗은 메시아의 모형, 반면 제국들은 정복을 당하는 징계와 심판을 상징.

78) 여호수아와 다윗 및 열왕들은 통치자로서 메시아의 왕권을 상징.

눅 9:30의 '장차 예수께서 예루살렘에서 별세하실 것을 말할 새'는 문자적으로 그의 출애
굽은 예루살렘에서 성취하실 것이라는 의미이다.

21-22장

새 하늘과 새 땅, 새 예루살렘

새 하늘은 주 예수께서 부활 승천하시어 하늘 보좌에 앉으신 것이고, 새 땅은 성령께서 그의 충만한 권세로 이 땅에 강림하신 것을 인하여 이루어진 것이며, 새 예루살렘은 "내가 너를 위하여 집을 지어주겠다"는 것과 그 다윗의 집 곧 다윗의 혈통에서 영원히 다스릴 왕의 영원한 왕국에 대한 약속으로서 진정한 다윗언약의 성취로 볼 수 있다. 그리고 새 예루살렘은 하나님의 영원한 임재와 다스림의 장소로서 모든 신자들이 하나님과 함께 영원히 거하는 장소(요 14:2, 성령의 전)이며, 새 예루살렘에서는 하나님의 몸이 성전(21:22)이신바 해와 달이 필요 없는 이유는 그분이 광채가 되시는 까닭이다. 따라서 거기에는 저주가 없다. 이것은 새 창조가 알파와 오메가이신 하나님의 작정과 성취에 근거한다는 결정적 계시의 단면이다. 하지만 이것 또한 '이미 그러나 아직' 안에서 이해되어야 한다.

어린 양의 승리와 성령의 강림으로 그리스도의 통치가 그의 몸 된 교회와 더불어 천년왕국 안에 시행되고, 천 년이 이르면 사탄과 그에게 속한 모든 악 심지어 사망과 음부조차도 불 못에 던져지고 파멸을 맞는 대신, 구원받은 모든 성도는 새 하늘과 새 땅이라는 그 새 창조 역사 안에서 아들의 형상으로서 영생하는 새 예루살렘이 되고, 하나님과 영원토록 함께 거하는 영광 안에서 새 창조 세계를 하나님의 뜻대로 다스리는 대위임명(창 1:26)을 성령의 능력으로 수행하게 될 것이다. 이는 새 하늘과 새 땅 그리고 새 예루살렘이 이전에 없던 새로운 것이 아니라 은혜로 말미암은 옛 창조에서 죄와 그것에 속한 모든 반역적 요소들을 심판하여 완전히 그리고 영원히 제거하는 새로운 은혜(요 1:16)에 의한 새 창조물을 의미하기 때문이다. 따라서 21장은 율법 아래의 이스라엘과 유다의 실패를 그리스도 안에서의 치유와 회복으로 묘사하고 있다.

1. '새 창조'와 새 예루살렘 【21:1-8】

1 또 내가 새 하늘과 새 땅을 보니 처음 하늘과 처음 땅이 없어졌고 바다도 다시 있지 않더라

"새 하늘"과 **"새 땅"**의 καινός-카이노스, '새로운'은 이전에 없던 새 것이 아니라 이전에 것을 갱신한(새롭게 한) 새 것이란 의미로 새 하늘은 그리스도의 부활을 인하여, 그리고 새 땅은 성령의 강림을 인하여 이미 성취된 것이다. 하지만 이 장면은 천년왕국에서부터 시작되어 백 보좌 심판 이후에 성취되어 주어질 교회의 영광에 대한 환상이다. 따라서 새 창조는 옛 창조물 자체를 모두 소멸시키고 처음부터 다시 창조한다는 것이 아니라 옛 창조에서 죄와 죄에 속한 모든 것(처음 하늘과 땅 및 바다)에서 죄를 멸절하는 새로운 창조, 즉 하나님을 전적으로 의탁하는 존재(재창조된 땅, 참조 20:4)로서 사람과 그에게서 모든 창조물을 하나님의 뜻대로 다스리는 하나님의 형상이 삼위 하나님의 영원하신 작정 안에서의 최종적으로 덧입혀진 그 성취를 가리킨다. 따라서 이것은 새 영, 새 마음, 새 사람, 새 노래, 새 옷, 새 계명, 새 언약 등등에도 동일하게 적용된다. 다만 이전에 없던 새 것으로서 'νέος-네오스'는 새 포도주(마 9:17)에만 사용되었다.

우리가 다 그의 충만한 데서 받으니 은혜 위에 은혜러라 [요 1:16]

2 또 내가 보매 거룩한 성 새 예루살렘이 하나님께로부터 하늘에서 내려오니 그 준비한 것이 신부(νύμφη)가 남편을 위하여 단장한 것 같더라

새 예루살렘은 영광을 받은 교회의 모습에 대한 것이다. 그러므로 현재의 지상 교회가 새 예루살렘이며, 하나님의 발등상이고, 지성소라는 주장[79]은 다소 성급해 보인다.

---

79) 송영목, 요한계시록은 어떤 책인가? 291쪽.

참으로 우리가 감사한 것은 **"새 예루살렘"**이 사람의 노력이나 행위로 말미암지 않고 오직 하나님의 은혜로 말미암아 준비되었다는 사실이다(요 17:19). 그러나 아내의 단장은 그 은 혜를 얼마나 귀한 것으로 받는지를 나타낸다. 신부는 신랑의 사랑을 신뢰하여 광야의 모든 여정을 소망 안에서 흔들리지 아니하고 인내하며 푯대를 향하여 달려갈 길을 다 달려갔다. 이사야 선지자는 야훼께서 예루살렘을 종말적으로 영화롭게 하실 것이며 그 때에 새 이름 으로 불리게 될 것이라고 했다.

나는 시온의 의가 빛 같이, 예루살렘의 구원이 횃불 같이 나타나도록
시온을 위하여 잠잠하지 아니하며 예루살렘을 위하여 쉬지 아니할 것인즉
이방 나라들이 네 공의를, 뭇 왕이 다 네 영광을 볼 것이요
너는 여호와의 입으로 정하실 새 이름으로 일컬음이 될 것이며 [사 62:1-2]

3 내가 들으니 보좌에서 큰 음성이 나서 이르되 보라 하나님의 장막이 사람들과 함께 있으매 하나님이 그들과 함께 계시리니 그들은 하나님의 백성이 되고 하나님은 친히 그들과 함께 계셔서

이제 보좌로부터 새 예루살렘(신부)을 향하여 위로의 말씀이 들려온다.
"보라 하나님의 장막이 사람들과 함께 있으매"는 삶의 중심이 되는 그리스도에 대한 예표 로서 이스라엘 진의 중앙에 있었던 성막을 떠올리게 하지만, 이것은 그 출발지였던 시내 산 언약의 성취를 나타낸다.
성령 안에서 그리스도와 연합된 교회를 성전으로 삼아 그 가운데 거하시는 상호내주를 상 징하는 말씀은 함께 거할 처소로서의 '혼인'을 상징하는바, **"그들은 하나님의 백성이 되고"** 에 대한 예표로서 주어진 레 26:12은, 순종하여 받는 복으로서 '하나님의 임재'가 진실로 이스라엘에게 가장 큰 선물로서 주어진 언약이었던 까닭이다.

아버지여, 아버지께서 내 안에, 내가 아버지 안에 있는 것 같이 그들도 다 하나가 되어
우리 안에 있게 하사 세상으로 아버지께서 나를 보내신 것을 믿게 하옵소서
내게 주신 영광을 내가 그들에게 주었사오니 이는 우리가 하나가 된 것 같이
그들도 하나가 되게 하려 함이니이다 [요 17:21-22]

4 모든 눈물을 그 눈에서 닦아 주시니 다시는 사망이 없고 애통하는 것이나 곡하는 것이나 아픈 것이 다시 있지 아니하리니 처음 것들이 다 지나갔음이러라

이보다 감격적인 위로가 있을 수 있을까? 주신 은혜와 사랑에 마땅히 감사했을 뿐인데, 그 서툰 광야의 여정을 잊지 않으시며 당연한 것으로 여기지 아니하시고 "먼 길 오느라 수고했다, 잘했다. 이제 그 옛 가시들을 다 불 못에 던졌으니 다시는 고난 따위는 없어!" 하시며 품으시는 주님의 온화한 음성이 독자의 가슴에 깊이 각인된다.

> 그런즉 누구든지 그리스도 안에 있으면 새로운 피조물이라
> 이전 것은 지나갔으니 보라 새 것이 되었도다 [고후 5:17]

5 보좌에 앉으신 이가 이르시되 보라 내가 만물을 새롭게 하노라 하시고 또 이르시되 이 말은 신실하고 참되니 기록하라 하시고

이제 주께서는 새 하늘과 새 땅, 새 예루살렘을 펼치신 이후에 새 창조의 마지막 대상으로서 피조물을 새롭게 하시겠다(현재형)고 선언하신다. **"이 말은 신실하고 참되니"** 는 하나님의 자기 맹세에 의해 성취하신 모든 언약에 신실하셨던 하나님을 강조하며, 여기서 만물을 새롭게 하는 형용사 '카이노스'는 갱신을 뜻한다. 노아 언약에서 알 수 있듯이 창조물의 보존이 하나님의 뜻이기 때문이다.

우리는 현재 천년왕국의 시대에 위치하고 있어서 사탄과 그 불법한 자들이 불 못에 던져질 그 이후에 새롭게 될 만물의 모습을 지금 당장은 볼 수 없다. 다만 죄로 인하여 함께 고통받는 만물이 죄가 사라진 이후의 모습을 이사야 선지자가 선언한 메시아의 날을 통해서 '이미 그러나 아직' 안에서만 바라볼 수 있을 뿐이다.

> 그 때에 이리가 어린 양과 함께 살며 표범이 어린 염소와 함께 누우며
> 송아지와 어린 사자와 살진 짐승이 함께 있어 어린 아이에게 끌리며
> 암소와 곰이 함께 먹으며 그것들의 새끼가 함께 엎드리며
> 사자가 소처럼 풀을 먹을 것이며 젖 먹는 아이가 독사의 구멍에서 장난하며
> 젖 뗀 어린 아이가 독사의 굴에 손을 넣을 것이라 [사 11:6-8]

6 또 내게 말씀하시되 이루었도다 나는 알파와 오메가요 처음과 마지막이라 내가 생명 수 샘물을 목마른 자에게 값없이 주리니

이 선언은 새 창조에 대한 것으로, **"이루었도다"**는 옛 창조와 새 창조 역사가 하나님의 예정에 근거한 시작과 성취라는 것이다. 이 말씀은 성경의 시작부터 갖게 되는 후택설이나 신정론 등의 인간의 수많은 신학적 질문들을 잠재운다.

"알파와 오메가", **"처음과 마지막"**은 스가랴서에서 성전의 모퉁이 돌(초림)과 머릿돌(재림)이 암시하는 메시아 언약의 성취를 가리킨다.

본 구절의 또 다른 배경은 사 55:1이다. 거기서 생수는 죄와 불순종으로 기근을 당한 땅에 부어지는 하나님의 영의 공급과 연관되어 있다. 가시와 찔레로 가득하여 온통 황무지로 변했던 땅이 위에서부터 영이 부어짐으로 인하여 밭은 아름다운 숲처럼 변할 것이 약속되었다.

이 **"생명수"**는 주께서 공생애 기간 중에 수가성의 사마리아 여인과의 대화에서 하셨던 말씀에서 그리고 명절에 성전에서 외치신 말씀들에서 이미 성취되었다.

> 내가 주는 물을 마시는 자는 영원히 목마르지 아니하리니
> 내가 주는 물은 그 속에서 영생하도록 솟아나는 샘물이 되리라 [요 4:14]

> 나를 믿는 자는 성경에 이름과 같이 그 배에서 생수의 강이 흘러나오리라 하시니
> 이는 그를 믿는 자들이 받을 성령을 가리켜 말씀하신 것이라 [요 17:38-39]

그런데 그 귀한 상품을 어떤 상인이 공짜로 팔 생각을 할 수 있을까? 하지만 하나님은 그렇게 하신다. 왜? 이미 자신이 그 대가를 지불하셨기 때문이다.

7 이기는 자는 이것들을 상속으로 받으리라 나는 그의 하나님이 되고 그는 내 아들이 되리라

본 구절에서 언약은 갱신된 언약을 나타낸다. 레 26장에서 순종하여 받는 복이 **"이기는 자"**에 대한 상속의 상급으로 주어지기 때문이다. 이것은 사 55:3에서 갱신되는 '새 언약'으로서 '다윗에게 허락한 확실한 은혜'라고 설명되고, 또한 렘 31:33에서 약속된 말씀의 성취

이기도 하다. 왜냐하면 하나님과 이스라엘 사이의 언약은 깨어졌고 진정한 의미에서 그것
은 폐기되었기 때문이다. 따라서 유배 이후에 하나님과 이스라엘 사이에 관계가 유지되려
면 새 언약(렘 31:31)이 필요했다(슥 3:8). 그것은 불신앙과 반역을 포기하고 종의 희생을 통
해 그와 함께 생명을 위한 하나님의 공급을 받아들이는 것과 관련이 있다.

하나님은 그분께 나아와 그가 거저 주시는 것을 받아들이는 사람들에게 영원한 언약을 주
신다. 그 영원한 것은 아마도 시내산의 조건부의 언약과 대조하기 위한 것일 수 있으며, 무
조건적인 다윗 언약과의 연결은 그러한 관점을 뒷받침할 수 있다. 하나님은 다윗에게 돌이
킬 수 없는 약속을 하셨는데, 그것은 메시아 언약이다. 변하지 않는 그 언약의 사랑을 경험
하기 위해 사람이 해야 할 일은 그분의 초대에 응하는 것뿐이다.

8 그러나 두려워하는 자들과 믿지 아니하는 자들과 흉악한 자들과 살인자들과 음행하
는 자들과 점술가들과 우상 숭배자들과 거짓말하는 모든 자들은 불과 유황으로 타는
못에 던져지리니 이것이 둘째 사망이라

값없이 살 수 있는 그 생명수를 구하지 않는 사람이 있다는 것은 놀라운 일이지만 현실이
다. 그들은 하나님의 친 백성이 경험하는 하나님과의 친밀한 교제를 경험하지 못한다. 요
한은 비록 공동체 안에 거하지만 그러한 자가 어떠한 자들인지를 나열하고 있다. 이들은
그리스도 바깥에 있는 불신자를 일컫는 것이 아니다. 공동체 안에 거하나 마지막 추수에서
최종적으로 유기 당할 자들에 대한 해설로 보인다. 첫째, 두려워하는 자들과 믿지 아니하
는 자들이다. 이들은 **'이기는 자'**의 반대편에 있는 자들로 박해를 견디지 못하고 쉽게 넘어
지는 자요 배교한 신자들이다. **"흉악한 자들"**은 문자적으로 '가증스러운 행위'를 일컫는다.
이것은 이방 종교 사상을 함께 취하는 자들이다. **"살인자들"**은 개인의 유익을 인하여 타인
을 미워하거나 모함하는 자들을, **"음행, 점술가, 우상 숭배자"**는 모두 세속적 가치(경제적)와
이익을 위하는 자들을, 그리고 **"거짓말하는 모든 자들"**은 영지주의나 율법주의자들을 지
칭한다. 이들은 현대의 각종의 기독교 이단들로서 즉 유사 그리스도인들의 부류에 속한다.

그들이 하나님을 시인하나 행위로는 부인하니
가증한 자요 복종하지 아니하는 자요 모든 선한 일을 버리는 자니라 [딛 1:16]

2. '거룩한 성' 【21:9-24】

9 ~이리 오라 내가 신부(님페) **곧 어린 양의 아내**(귀네)**를 네게 보이리라 하고**

거룩한 성에 대한 첫 모습이 소개된다. 그것은 어린 양의 아내라고 소개된다. 여기서 **"신부"** 는 **"어린 양의 아내"**로 동격화 되어 나타나는데 한글 개역성경에서는 서로 바뀌어 번역되었다. 이는 첫째, 정혼한 자들(메시아 언약 안에 있었던 경건한 구약 교회)이 자신을 단장함으로써 (언약을 지킴, 곧 메시아를 영접, 예복을 입음. 참조, 마 22:1-14) 신랑(부활의 주)을 맞이할 은혜를 입게 된 사실(열 처녀 비유, 마 25:1-13)을 의미하고 둘째, 어린 양의 아내가 부활 후에 형성된 교회라는 점에서 이는 메시아 언약 곧 옛 언약 안에 있던 유대인들이 부활하신 그리스도의 새 언약 안으로 옮겨졌음을 뜻한다. 그러므로 여기서 **"아내**(νύμφη)**를 네게 보이리라"**는 혼인에 대한 기다림의 기대가 아니라 부활의 승리 안에 있는 '이미 그러나 아직'이다.

Beale은 Beasley-Murray의 주장[80]을 근거로 '신부'와 '아내'를 동의어로 여긴다. 그러나 '신부'(γυνή)는 정혼의 상태를 나타내고 '아내'는 '이미 그러나 아직'의 긴장 상태에서 기혼자의 자격을 수여 받은 것이다.

이것은 매우 중요한 차이를 갖는다. 즉 요한은 의도적으로 두 단어를 구분하여 사용하는데, 신부-귀네는 언약 안에 있는 부활 이전의 구약교회와 어린 양의 관계를 나타내고, 아내-님페는 부활 이후의 새 언약 교회와 그리스도와의 관계를 나타낸다. 따라서 한글 성경에서 (영어성경의 오역에서 비롯된) 신부와 아내는 구분 없이 뒤섞어 사용하고 있어 혼란을 주고 있다. 이것이 주께서 마리아에게 **"여자여**(어린 양의 신부여)**-귀네"**라고 표현하신 까닭이다. 그러므로 이 구절은 **"~이리 오라 내가 그 아내, 그 어린 양의 신부를 네게 보이리라 하고"**로 번역되어야 한다.

10 성령으로 나를 데리고 크고 높은 산으로 올라가 하나님께로부터 하늘에서 내려오는 거룩한 성 예루살렘을 보이니

---

80) Beasley-Murray, 계시록, 318.

이 구절에서 **"성령으로 나를 데리고"**는 에스겔서에서 빈번하게 등장하는데, 거기서 선지자는 자신의 예언자적 소명을 강조하는 수사법으로 사용되었다.

요한이 성령에 이끌려서 보게 된 그 어린 양의 아내는 바로 거룩한 성 예루살렘이었고 그것이 하늘로부터 내려오고 있었다.

"하늘에서 내려오는"이 의미하는 바는 첫째, 성령의 전이 전적인 하나님의 은혜로 말미암은 성 이라는 것이다. 둘째, 그것은 가공되지 아니한 즉 인위적인 벽돌이나 역청으로 세운 바벨탑이 아니라 손대지 아니한 산돌이자 모퉁이 돌이자 머릿돌로 건축된 하나님의 도성이다. 셋째, 그 성은 저주 아래에 있지 아니하고 어린 양의 피로 씻어 정결하게 된 것이기에 거룩하다.

> 너희는 사도들과 선지자들의 터 위에 세우심을 입은 자라
> 그리스도 예수께서 친히 모퉁잇돌이 되셨느니라
> 그의 안에서 건물마다 서로 연결하여 주 안에서 성전이 되어 가고
> 너희도 성령 안에서 하나님이 거하실 처소가 되기 위하여
> 그리스도 예수 안에서 함께 지어져 가느니라 [엡 2:20-22]

11 하나님의 영광이 있어 그 성의 빛이 지극히 귀한 보석 같고 벽옥과 수정 같이 맑더라

지극히 귀한 보석으로 번역된 τίμιος-티모스는 '존경받는, 귀중한, 보배로운'을 뜻하는 형용사로 벽옥(청옥, 사파이어)이나 수정처럼 맑은 돌을 가리킨다. 이것은 **"하나님의 영광"**과 조화될 때 그리스도의 속성적인 인격으로서 성품을 가리키며, 그것은 곧 아내에게 나타나는 아들의 형상(성화)의 한 부분이다. 또한 보석들의 나열은 대제사장(출 28:17-20), 에덴동산(겔 28:13), 새 예루살렘(사 54:11-12)에 대한 모티브를 반영한다.

12 크고 높은 성곽이 있고 열두 문이 있는데 문에 열두 천사가 있고 그 문들 위에 이름을 썼으니 이스라엘 자손 열두 지파의 이름들이라

13 동쪽에 세 문, 북쪽에 세 문, 남쪽에 세 문, 서쪽에 세 문이니

14 그 성의 성곽에는 열두 기초석이 있고 그 위에는 어린 양의 열두 사도의 열두 이름이 있더라

12-13절은 "어린 양의 아내"에서 해설되었던 것과 같이 구원이 이스라엘로부터 말미암음을 나타내는 또 하나의 표현 방식이다. 따라서 **"열두 문"**, **"열두 천사"**, **"이스라엘 자손 열두 지파"** 등은 모두 새 예루살렘 성으로서 곧 어린 양의 아내가 구약 교회 및 유대인 그리스도인들을 지칭하는 것이며, 이방인 그리스도인들은 14절에서야 **"열두 사도의 열두 이름"** 안에 종속되어 있기 때문이다. 새 예루살렘 성에 대하여 그리스도 안에 있는 모든 신구약 교회를 포괄시켜 이해하는 방식은 보편적인 것이며, 여기서는 에스겔 선지자가 메시아에 의해 구현될 미래의 교회에 대한 겔 40~48장의 예언의 성취로써 '새 언약' 교회는 메시아 언약 안에서 하나님의 뿌리라는 동일한 정체성을 강조하려는 것이다. 그것은 오히려 이어지는 14절의 성곽의 묘사에서 어린 양의 열 두 사도의 이름에 의해 더욱 강조되고 있다.

15 내게 말하는 자가 그 성과 그 문들과 성곽을 측량하려고 금 갈대 자를 가졌더라

천사가 가진 **"금 갈대 자"**에 의한 성과 문들 그리고 성곽의 측량은 메시아 언약 안에 있는 교회 공동체의 구속과 안전을 가리키며 하나님의 영원한 임재 안에 소속되는 것을 뜻한다. 반면, 타락한 그리고 배교를 택한 무리들이 추구한 안전은 하나님을 경외하는 대신 자신의 지혜나 그 지혜를 상징하는 반역적 토대로서 바벨탑이었다. 그것의 결과는 저주 아래에서 고통하며 스스로 죄의 도구나 수단이 되어 환난과 고난을 확산시키며 하나님을 대적하는 것이었다.

> 여호와의 이름은 견고한 망대라
> 의인은 그리로 달려가서 안전함을 얻느니라 [잠 18:10]

16 그 성은 네모가 반듯하여 길이와 너비가 같은지라 그 갈대 자로 그 성을 측량하니 만 이천 스다디온이요 길이와 너비와 높이가 같더라
17 그 성곽을 측량하매 백사십사 규빗이니 사람의 측량 곧 천사의 측량이라

정육면체인 이 성의 모습은 솔로몬 성전의 내소(성막의 지성소)의 구조(왕상 6:20)를 떠올리게 한다. 이것은 새 예루살렘이 창조 세계의 중심으로서 에덴동산 중앙의 두 나무에서 예표가 되었던 것처럼 새 창조 세계의 중심이 순종하는 무리들로 회복된 그 축복의 성취를 상징하는 것이지 실제 성벽의 높이나 길이를 가리키지 않을 것이다(참조, 22:3). 왜냐하면 새 창조에서의 성전은 그리스도의 몸이고 또한 이때는 모든 대적이 존재하지 않기 때문이다. **"만 이천 스다디온"**과 그것의 제곱수인 **"백사십사 규빗"**은 이스라엘 열 두 지파와 열 두 사도가 상징하는 구원의 완전수를 암시하는 것으로 보인다. **"천사의 측량"**은 금 자를 들고 있는 그가(천사) 측량한 수로, 곧 그의 관점이 아닌 사람의 관점에서의 측량이라는 말이다.

> 시온이여 깰지어다 깰지어다 네 힘을 낼지어다
> 거룩한 성 예루살렘이여 네 아름다운 옷을 입을지어다
> 이제부터 할례 받지 아니한 자와 부정한 자가
> 다시는 네게로 들어옴이 없을 것임이라 [사 52:1]

18 그 성곽은 벽옥… 그 성은 정금
19 그 성의 성곽의 기초석은 각색 보석으로 꾸몄는데 첫째 기초석은 벽옥, 둘째는 남보석, 셋째는 옥수, 넷째는 녹보석이요
20 …… 열두째는 자수정이라

이사야는 회복된 시온의 영광을 청옥(벽옥)으로 묘사했다(사 54:11-12). 정금은 순결 곧 무흠함을 상징한다. 델리취는 보석들에 대하여 신적 영광의 자기발현 과정으로 이해한다. 성곽은 열 두 지파를 상징하고 각 보석은 제사장의 흉패를 떠올리는데 이 보석들은 모두 하나님의 형상으로서 신자 안에서 인격화된 그리스도의 성품을 상징하는 것으로, 이것은 새 창조의 최종 목적지로써 성도를 '하나님의 형상' 곧 아버지의 사랑과 은혜를 인하여 죽기까지 순종하신 아들의 형상으로 빚으신 것(창 1:26-27) 곧 영화롭게 단장시키신 교회의 모습을 상징한다.

21 그 열두 문은 열두 진주니 각 문마다 한 개의 진주로 되어 있고 성의 길은 맑은 유리 같은 정금이더라

여기서도 **"열두 문"**과 **"열두 진주"**는 이스라엘 지파의 수로 새 예루살렘 성이 가리키는 하나님의 영원한 임재와 구원이 하나님의 언약의 성취라는 사실을 나타낸다. 로마시대에 진주는 특정 지위의 소수에게만 허용된 보석이었다. 그 가치는 값으로 매길 수 없는 것으로 천국의 비유에 사용되었다(마 13:45-46). 사 54:12에서 그 성문의 재료는 석류석이다. 하나의 진

주에서 무려 열 두 개의 성문을 만들 수 있는 크기의 진주이니 그 가치는 측정 불가한 것으로 복음서에서 그것은 예수 자신이다. 진주 문과 더불어 정금으로 된 **"성의 길"**은 어린 양의 아내가 걸어 온 순결(어린 양의 피 공로)한 길이 마침내 존귀와 영광에 이르게 되었다는 역설로서 강조된다. Beale은 **"맑은 유리"**가 하나님의 영광을 비추는 것에 대한 비유로 이해한다.

22 성 안에서 내가 성전을 보지 못하였으니 이는 주 하나님 곧 전능하신 이와 및 어린 양이 그 성전이심이라

새 예루살렘 성은 옛 성과 달리 성전이 없다. 그것은 하나님을 경외하는 것이 지혜의 근본이 됨을 가리키기 위한 수단 곧 피조 세계의 중심이 곧 창조주가 되심과 마땅히 경배하는 피조물의 관계가 복을 누리게 됨에 대한 가르침의 도구에 불과했다. 이제 그것이 참 성전이신 그리스도 예수 안에서 성취되었으니 성전은 더 이상 필요가 없어진 것이다.

> 그 때에 예루살렘이 그들에게 여호와의 보좌라 일컬음이 되며
> 모든 백성이 그리로 모이리니 [렘 3:17a]

> 이 성전의 나중 영광이 이전 영광보다 크리라
> 만군의 여호와의 말이니라 [학 2:9a]

23 그 성은 해나 달의 비침이 쓸 데 없으니 이는 하나님의 영광이 비치고 어린 양이 그 등불이 되심이라

새 예루살렘에 필요 없는 것이 추가된다. 그것은 첫 창조에서 네 째 날에 창조되었던 광채들이다. 이것은 이사야 선지자에 의해 이미 예언되었던 것의 성취로서의 기록이다. 하지만 이것은 해와 달이 물리적으로 없어진다는 것인지는 분명치 않다. 다만 그 비침이 아무런 의미가 없을 만큼 하나님과 어린 양의 영광의 광채가 찬란함을 강조하는 것이다.

> 다시는 낮에 해가 네 빛이 되지 아니하며 달도 네게 빛을 비추지 않을 것이요
> 오직 여호와가 네게 영원한 빛이 되며 네 하나님이 네 영광이 되리니
> ~ 여호와가 네 영원한 빛이 되고 네 슬픔의 날이 끝날 것임이라 [사 60:19-20]

24 만국이 그 빛 가운데로 다니고 땅의 왕들이 자기 영광을 가지고 그리로 들어가리라

이것은 만국이 시온으로 모여들 것에 대한 이사야의 예언에 대한 성취를 일컫는다. **"만국"**
과 **"땅의 왕들"**은 구원에 대한 보편성으로써 이방과 유대교 종교 지도자를 지칭할 수 있
고, 교회를 핍박한 세계에 속했던 사람들을 가리킬 수도 있다. 따라서 땅의 왕들의 **"자기 영
광을 가지고"**는 사 60:3을 배경으로 하는데, 한글 개역성경의 번역은 매우 어렵다. 원문은
αὐτός ὁ δόξα-아우토스 호 독사, "그들의 그 영광"이다. 이것은 이사야서에서 열방이 이스
라엘 자체가 드러내는 빛이 아니라 열방이 야곱의 하나님의 율법의 빛을 보고 나아왔던 것
처럼, 이스라엘에 비추어지는 그 메시아의 찬란한 영광의 빛을 보고 이스라엘로 나아오게
될 것에 대한 예언이었다. 따라서 새 예루살렘에서는 신자들이 **"자기 영광"**이 자신의 것이
아닌 그리스도의 영광으로 말미암음을 가리킨다.

하나님의 성이여 너를 가리켜 영광스럽다 말하는도다 (셀라)
나는 라합과 바벨론이 나를 아는 자 중에 있다 말하리라
보라 블레셋과 두로와 구스여 이것들도 거기서 났다 하리로다 [시 87:4]

구세주의 인격 안에 있는 하나님의 임재의 찬란함은 억제할 수 없다. 하나님의 백성이 하
나님의 모든 것에 미치지 못할지라도 성육신의 빛이 그 능력의 일부분만 반영되더라도 왕
들조차도 그분의 발 앞에 엎드리고 싶어 할 것이라는 뜻이다. 이것은 낙원조차도 만족하
지 못할 것으로 여겼던 사람들이 이제 주님의 그 찬란한 영광의 빛에 이끌려 오직 예수 안
에 있는 구원을 믿고 변화되어 하나님의 주권을 전적으로 인정하게 된 새 예루살렘의 영광
에 대한 묘사라 할 수 있다.

3. 새 예루살렘의 영광 【21:25-22:5】

25 낮에 성문들을 도무지 닫지 아니하리니 거기에는 밤이 없음이라

성문은 어둠이 찾아오면 닫힌다. 하지만 새 예루살렘 성은 하나님의 영광과 어린 양이 해

와 달과 같은 광채시라 거기에는 밤이나 어둠이 있을 수 없기에 성문을 닫을 이유가 없다. **"밤"** νύξ-닉스는 어두움, 죽음을 의미했다. 참 빛이신 주님은 육신으로 계실 때, 밤 4경에 물 위를 걸으셨고, 밤에 찾아온 니고데모의 어둠을 밝혀 주셨다.

> 너희는 다 빛의 아들이요 낮의 아들이라 우리가 밤이나 어둠에 속하지 아니하나니
> 그러므로 우리는 다른 이들과 같이 자지 말고 오직 깨어 정신을 차릴지라
> 자는 자들은 밤에 자고 취하는 자들은 밤에 취하되 [살전 5:5-7]

26 사람들이 만국의 영광과 존귀를 가지고 그리로 들어가겠고
27 무엇이든지 속된 것이나 가증한 일 또는 거짓말하는 자는 결코 그리로 들어가지 못하되 오직 어린 양의 생명책에 기록된 자들만 들어가리라

그러므로(문이 닫히지 않음을 인하여) 그들이 열방의 영광과 존귀를 가지고 이 도성으로 들어올 것이다. 그러나 그 문은 모두에게 열려있지 않다. 더러운 것, 가증한 것(17:4), 거짓말하는 자(22:15)는 결코 그리로 들어가지 못하고 오직 어린 양의 생명책에 기록된 자들만 들어갈 것이다(27절, cf. 14:5 '그 입에 거짓말이 없는 자들').
여기서 **"속된 것"**, **"가증한 일"**은 우상숭배와 관련되고, **"거짓말하는 자"**는 '너희 복음'과 같은 거짓 증언과 관련된다. 마귀는 거짓의 아비이다.

22:1 또 그가 수정 같이 맑은 생명수의 강을 내게 보이니 하나님과 및 어린 양의 보좌로부터 나와서

참고로 22장 1-5절은 21장의 새 예루살렘에 대한 확장적인 묘사이고, 그 이후는 에필로그(Epilogue) 곧 결론부로 구성되어 있다.

새 예루살렘에 대한 예표로서 겔 40-48의 환상은 사도가 받은 환상의 이해에 바탕이 되었음은 의심의 여지가 없다. 특히 본 구절에 대한 구약적인 배경은 겔 47:1-9의 '성전에서 흘러나오는 물'로 거기서는 메시아에 의한 온 땅의 생명으로의 회복을 암시했다. 하지만 치유와 회복이라는 관점에서 이 구절의 모티프는 창 2:10이다. 그 까닭은 분명하다. 새 창조는 하나님의 창조의 예정 안에 처음부터 있었고 그것이 그 창조의 종착지이기 때문이다(타

락 이전의 에덴은 새 예루살렘의 모티프로 옛 터와 다름없다).

"생명수의 강"에서 **"생명수"** ὕδωρ ζωή-하이도스 조에는 **"강"** ποταμός-포타모스에 대한 동격의 소유격으로 여기서 생명과 물은 동일한 어원을 가진다. 즉 살리는 물이다. 탐심에 의하여 생명수 대신 사망과 고통 속으로 떨어진 인류의 눈물이 하나님과 어린 양의 보좌로부터 다시금 흐르는 생명수로 치유되고 있다. 요한은 가나 혼인 잔치에서 샘의 물이 포도주로 변한 사건으로 이것을 재 언급했다(요 2:1-11). 그 근원지가 하나님과 어린 양의 보좌인 것은 새 예루살렘 중앙에 하나님의 영원한 임재를 나타낸다. 이것은 두 개의 보좌를 말하는 것이 아니라 요한이 동족 유대인의 이해를 위해 그들의 유일신 사상을 배려하여 삼위일체에 근거한 하나의 보좌를 일컫는 서술방식으로 봐야 한다.

2 길 가운데로 흐르더라 강 좌우에 생명나무가 있어 열두 가지 열매를 맺되 달마다 그 열매를 맺고 그 나무 잎사귀들은 만국을 치료하기 위하여 있더라

생명수가 흐르는 곳은 **"길 가운데"**로 묘사된다. 만물을 새롭게 하는 생명수는 성도와 하나님과의 교통을 상징하는 πλατεῖα-플라테이아, 사 35:8에서 그것은 구속함을 입은 자들만을 지칭하는 '거룩한 길'이다. 그것은 이후에 그의 복음서에서 '진리'와 '생명'으로 확장되고, 그 근원이 곧 '아버지께로 갈 수 있는 유일한 길로서 주님'의 자기계시에서 비롯된 것임을 우리는 알고 있다(요 14:6). 따라서 여기서 **"길"**은 진리를 소유한 새 예루살렘의 삶 자체를 상징한다고 할 수 있다.

이 구절의 배경은 겔 47:12이다. 거기서 나무는 각종의 열매를 맺는 복수의 다양한 나무들이다. 그러나 여기서 강조되는 것은 창 2:9이다. 따라서 사도가 여기서 강조하려는 것도 1절과 동일하게 창조의 기원과 새 창조의 완성에 있다.

강 좌우에는 **"생명나무"**만 있고 거기에 '선악을 알게 하는 나무'는 없다. 거기에는 자신의 소욕을 채우기 위해 자유의지를 사용하는 자가 다시는 없기 때문이다. 이것은 필자가 새 창조는 첫 창조에서 사람의 실패로 말미암은 것이 아니라 처음부터 하나님의 예정 안에 있었던 것으로 읽는 요소 중 하나이다. 좋은 나무에서 아름다운 열매가 맺히듯 생명나무가 **"열두 가지"** 열매를 맺는 것은 성령 안에서 그리스도와 성도의 연합을 의미하는데, 오직 그 결실의 이유는 하나님과 어린 양의 보좌에서 흘러나오는 생명수를 인함이다.

내 안에 거하라 나도 너희 안에 거하리라

가지가 포도나무에 붙어 있지 아니하면 스스로 열매를 맺을 수 없음 같이

너희도 내 안에 있지 아니하면 그러하리라 [요 15:4]

이것은 새 언약 안에 있는 교회로 하여금, 그리스도인 안에 있는 아들의 형상으로서 성령의 열매를 맺어 생명을 공급해야 하고, 그가 가진 하나님의 말씀은 푸르고 활력이 있는 잎과 같이 만국을 치료하는 약재가 되어야 함을 교훈하고 있다.

Beale은 '생명나무 열매는 계속해서 열매를 맺으며 잎사귀는 계속해서 치료하는가? 질문한다. Beale의 답은 부정적이다. 새 창조 세계에서 아픔과 고통은 존재하지 않기 때문이라고 한다. 하지만 나의 생각은 다르다. 첫째, 이것은 교회를 위한 것이며 둘째, 새 창조에서도 하나님의 임재와 말씀은 삶의 근거이자 기초인 까닭이다. 피조물은 창조주에 전적인 의탁 없이는 결코 온전할 수 없다. 그 이유가 이어서 소개된다.

3 다시 저주가 없으며 하나님과 그 어린 양의 보좌가 그 가운데에 있으리니 그의 종들이 그를 섬기며

우리는 인과적으로 이 구절을 해석하기 쉽다. 즉 선악을 알게 하는 나무가 없고 미혹하는 존재가 사라졌으니 "저주"가 사라지는 게 당연하다는 식이다. 아마도 생명나무에 대한 Beale의 오해도 같은 논리이지 싶다. 하지만 사도는 21:3에서 새 예루살렘에서 없어진 것들을 나열하면서 그것을 인과 관계로 말하지 않는다. 만약 그렇다면 그것들의 원인이었던 이 "저주"의 제거를 먼저 제시했어야 했다. 그러나 사도는 '하나님의 주권적인 은혜'를 앞세운다. 이것은 성경을 해석하는 가장 첫 번째 시각임을 보여준다. 그렇지 않으면 에덴에서 선악과는 신정론이나 후택설과 같은 신학적인 우문을 제기하는 것에서 발견할 수 있는 것처럼 인간을 시험하는 수단이 되고 말 것이다.

율법의 축복과 저주는 에덴의 두 나무를 상징한다. 거기서 저주는 사람을 시험하기 위해 제시된 것이 아니라 예지된 미혹을 피하여 살 길을 제시하는 즉 복을 더욱 복되게 하는 은혜의 수단이다. 율법의 저주에서도 마찬가지다. 그것은 저주에 빠트리기 위해 덫을 놓으신 것이 아니라 피하여 살 길을 알리신 하나님의 은혜였을 뿐이다. 그렇지 않았다면 하나님은 인간의 수많은 반역과 넘어짐에도 불구하고 언약을 갱신하시며 결국 십자가를 스스로 지셔야 할 이유가 전혀 없기 때문이다.

신명기에서 축복의 분량에 비하여 저주의 분량이 현격하게 많은 이유도 연약한 인간을 향한 하나님의 세심한 은혜를 보이신 것이지 율법이 매우 지키기 어려운 것이어서 저주에 걸리기 쉽도록 의도한 것이 아니다. 이러한 인과론은 율법을 은혜가 아닌 저주의 법으로 오해하는 어이없는 결과를 불러왔다. 소위 바울 신학의 새 관점주의자들의 주장이 그러하다. 그들은 갈 3:10에서 바울의 말을 문자적으로 읽어 크게 오해한다. 거기서 바울은 율법을 '저주의 법'이라고 말하는 것이 아니라 '믿음으로 말미암는 의'를 부정하고 '율법의 행위로 말미암는 의'를 주장하는 것에 대하여 반박할 뿐이다. 율법의 축복과 저주는 오직 '희생제의'를 통한 구속 곧 메시아 언약 안에 있는 의를 가리키며, 사람이 율법의 행위로 말미암아 얻을 수 있는 것은 의가 아니라 오히려 죄에 대하여 자각하는 은혜만 있을 뿐이라는 것이었다. 다시 말하자면 생명나무와 선악을 알게 하는 나무 모두가 하나님과의 관계를 공고히 하는 은혜의 수단이었듯이, 율법의 축복과 저주 또한 하나님을 떠나 죄에 빠진 사람들에게 그것을 알리며 하나님께로 돌아올 수 있는 유일한 길로서 메시아를 제시하고 있는 것이다. 따라서 율법을 지킬수록 저주에 빠진다는 그들의 읽기는 율법을 '은혜가 아닌 저주의 수단으로 주신 하나님'으로 만든다. 율법은 죄를 자각케 하여 하나님 앞에서 자신을 겸비한 자, 가난한 자, 작은 자로 만들고 스스로 탄식하게 하여 메시아 언약 안에서 자유하게 될 그 구속의 날을 간절히 소망하게 하는 은혜의 수단이자 하나님을 증언하는 제사장 나라로서 준비시키는 이스라엘에게 주어진 삶의 지침이었다. 그러나 그 율법 안에서 절기들과 희생제의를 통한 구속자 메시아를 발견하지 못하면 그 율법은 실제적으로 그들에게 짐이 될 뿐 무가치한 것이었다.

나라를 빼앗기고 이방인의 포로로 전락한 그들의 역사가 입증하듯이 대다수의 이스라엘은 하나님과의 언약 안에 머물지 못했다. 포로귀환 후에도 그들의 삶의 태도는 근본적으로 바뀌지 않았고, 기름부음을 받은 자와 묵시가 끊어진 가운데서 외세의 핍박이 지속되자 급기야 유대인들의 율법적 경건은 '하나님의 의' 대신 그들을 다스리는 제국들을 모델로 한 '다윗왕국의 구현'으로 변질되었다. 그들이 예수보다 강도(유대의 민족주의자, 열심당원)였던 바라바를 원한 것도 그리고 왕으로 하나님 대신 가이사를 선택한 것도 같은 맥락이다. 기름부음을 받은 자가 끊어지고 그 구속자가 올 때를 침묵 가운데 기다려야 했던 유대인들은 예레미야로부터 말라기에 이르는 선지자들의 오실 메시아에 대한 새 언약을 붙잡아야 했다. 그럼에도 여전히 모세의 법 안에서 정치적 이스라엘 왕국의 재건을 꿈꾸며 그것을 이루는 수단으로서 '율법의 행위'를 '자기 의'로 치부했던 바리새인 중심의 유대 사회는, 공관복음에서 메시아를 영접치 않음으로 정죄 받았기 보다는 이미 심판 받기로 작정된 것으로부터 비롯된 불신이라고 정죄한다. 하지만 요한은 동족의 회개와 구원에 하나님의 끝나지 않은 자비와 은혜를 강조한다(계시록에서는 선민의 지위에서 임박한 심판으로부터 '남은 자'의 회개를 촉구하고, 복음서에서는 선민이 아닌 그리스도 안에서 동일한 이방인으로서 보편적인 구원을 촉구한다).

> 우리가 다 그의 충만한 데서 받으니 은혜 위에 은혜러라
> 율법은 모세로 말미암아 주어진 것이요
> 은혜와 진리는 예수 그리스도로 말미암아 온 것이라 [요 1:16-17]

그렇다. 저주가 사라진 배경은 **"하나님과 그 어린 양의 보좌"**가 세 예루살렘 가운데 있는 그 은혜 때문이다. 이것은 첫 사람이 하나님을 경외하는 것 안에서 피조물을 다스리는 지혜를 구했더라면 가능했을 그 은혜의 귀착점일 것이다. 사람에게 대위임명을 감당할 수 있도록 하나님의 형상의 일부로서 주어진 '자유의지'가 순종의 도구로 내어드리지 못할 때 그것이 인류에게 어떠한 비극을 초래하였는지를 처절하게 깨닫게 한다. 이제 새 예루살렘은 하나님과 어린 양께 자신의 자유의지를 즐겨 드리는 존재로 변화되었다.

4 그의 얼굴을 볼 터이요 그의 이름도 그들의 이마에 있으리라

구약의 이스라엘이 하나님의 얼굴을 직접 뵙는 것은 죽음으로 이어졌기에 그것은 불가능했다(출 33:20). 모세도 그분의 뒷모습만 뵐 수 있었다. 하나님이 죄인에게서 얼굴을 돌리는 것은 그에게 화가 임하는 것을 의미했다. 이스라엘은 끊임없이 여호와의 얼굴을 구했다(시 11:7, 시 27:4, 시 42:2). 그것은 은총을 상징했기 때문이다. 그런데 새 예루살렘에서는 하나님의 얼굴을 직접 대면하여 볼 수 있게 된다는 것이다. 이것은 천년왕국을 살고 있는 교회에게는 상상할 수 없을 만큼 놀랍고 벅찬 은혜이다. 다만 그것을 알고 누리는 자는 소수이다. **"그들의 이마"**에 있는 하나님의 이름은 인침을 받았기 때문이다(7:2-3).

> 이기는 자는 내 하나님 성전에 기둥이 되게 하리니 그가 결코 다시 나가지 아니하리라
> 내가 하나님의 이름과 하나님의 성 곧 하늘에서 내 하나님께로부터 내려오는
> 새 예루살렘의 이름과 나의 새 이름을 그이 위에 기록하리라 [계 3:12]

**5 다시 밤이 없겠고 등불과 햇빛이 쓸 데 없으니 이는 주 하나님이 그들에게 비치심이라
그들이 세세토록 왕 노릇 하리로다**

여기서 **"그의 얼굴을 볼 터이요"**는 죄인이 하나님의 얼굴을 볼 수 없었던 것은 물론이고 모세에게 조차도 거부되었던 것과 대조적이다(출 33:20. 23). 계 21:23절과 25절을 묶어 놓은 이 구절은 거기서의 은혜에 새 예루살렘이 영원토록 왕 노릇 하는 은혜가 더하여지는 것에 초점이 설정되어 있다. 구속받은 자들의 진정한 행복의 비결이 제시되고 있는데, 그들은 하나님의 소유라고 이마에 특권적인 표가 새겨져 있다(참조, 14:1).

거기에는 밤이 없다. ἔτι-에티, **"다시"**는 '**더 이상**'으로 번역되어야 한다. 그것은 빛이신 하나님의 영광이 도무지 어둠의 시작을 용납지 않는 죄의 영원한 소멸을 함축하기 때문이다. 곧 대위 임명(창 1:28)으로서 만물의 통치와 다스림의 권세를 강조한다. 이것은 천년왕국의 예표적인 통치의 실체적인 개념으로 찬사도 포함된다. 즉 그리스도께 복종하는 천사들이 마땅히 그분과 연합된 새 예루살렘의 통치를 받는 것이 분명하기 때문이다. 재림 이후에는 그리스도께 연합된 신자들이 다스림의 대상인 만유로서 만유 안에 있는 천사들의 수종을 받게 되고 이것이 새 창조의 예정 안에 있는 하나님의 뜻임을 가리킨다. 따라서 구속받은 성도들은 아들의 형상을 입음으로써 세 피조물이 되어 비로소 창조주의 대위임명을 완벽히 수행할 수 있는 존재가 된다.

> 하나님이 이르시되 우리의 형상을 따라 우리의 모양대로 우리가 사람을 만들고
> 그들로 바다의 물고기와 하늘의 새와 가축과 온 땅과 땅에 기는 모든 것을
> 다스리게 하자 하시고 [창 1:26]

22장

에필로그

내가 속히 가리라【22:6-21】

이 책의 에필로그(6-22)는 "이것들을 증언하신 이가 이르시되 내가 진실로 속히 오리라 하시거늘 아멘 주 예수여 오시옵소서! 주 예수의 은혜가 모든 자들에게 있을 지어다!"(계 22:20-21)하는 축복으로 마무리된다. 이것은 "예수 그리스도의 계시라 이는 하나님이 그에게 주사 반드시 속히 일어날 일들을 그 종들에게 보이시려고 그의 천사를 그 종 요한에게 보내어 알게 하신 것이라" 하고 시작된 프롤로그(1:1-8)와 수미상관 구조를 취하고 있다. 이것은 당시의 일곱 교회의 수신자들에게 첫째, 끝까지 충성하라! 둘째, 하나님과 그리스도의 은혜를 영화롭게 하라! 셋째, 이기는 지에게 예비 된 상을 반드시 받도록 하라는 것이지만, '모든 시대 모든 독자들에게' 이 예언의 말씀을 듣는 자들이 임박한 '여호와의 날' 그 최종적인 진노의 심판에 대해 깨닫고 경건한 자들은 더욱 믿음으로 이기는 자가 되고, 믿지 아니하던 자들은 지체하지 말고 회개하여 그 은혜를 반드시 받으라는 축복의 편지임을 알게 한다. 한 가지 분명하게 해야 할 관점은 22장이 실현된 종말론의 연장이 아니라 미래 종말론으로 전환된 상태에서 주어지는 묵시라는 점이다. 그리고 세 번의 "내가 속히 오리라"는 주님의 반복된 확약 속에서 이 모든 묵시가 속히 그리고 이미 일어나고 있는 사실임을 확신시켜주는 가운데 사도의 "아멘, 주 예수여 속히 오시옵소서!(아멘! 에르코마이, 퀴리오스 예수!)"라는 확신에 찬 응답으로 마무리되고 있는데, 이는 어떤 이의 더디다고 의문하는 그 질의에 응답하는 것이며, 이 약속과 응답은 모든 독자들의 한 결 같은 고백을 이끌어내고 있다

6 또 그가 내게 말하기를 이 말은 신실하고 참된지라 주 곧 선지자들의 영의 하나님이 그의 종들에게 반드시 속히 되어질 일을 보이시려고 그의 천사를 보내셨도다

이 구절은 책의 서문 1:1의 말씀을 확증시키는 위치에서 평행적인데, 여기서 **"반드시 속히 되어질 일을 보이시려고"**는 그것이 서문의 예정과 달리 이제는 확증된 사실임을 '보이셨으니'라는 뜻이다. 이제 교회는 하나님께로부터 시작된 이 메시지의 최종 전달자가 되었다.

7 보라 내가 속히 오리니 이 두루마리의 예언의 말씀을 지키는 자는 복이 있으리라 하더라

여기서 **"속히 오리니"**의 ἔρχομαι ταχύς-엘코마이 타키스는 현재형으로 "속히 가고 있으니" 또는 "서둘러 가고 있으니"가 더 나은 번역으로 보인다. 이미 그 분은 출발하셨다는 것이다. 사도는 그의 복음서에서 임마누엘의 영광을 설명할 때 **"내가 친히 가리라"**(출 33:14)는 말씀의 성취로 보았다. 따라서 그는 주님의 **"내가 속히 가리라"**에 대한 응답으로서 그의 아멘(20)은 확신에 확신을 더하는 것임을 알 수 있다. 따라서 그의 계시록에서 여섯 번째 선언되는 **"복이 있으리라"**는 그 축복에 대한 확신을 더욱 견고하게 만든다. 그 복은 1:3부터 반복된 약속으로써 구원 곧 예수 그리스도 시며, 여기서 **"이 책"**(두루마리)은 구약의 정경이 아니라 요한계시록이다.

8 이것들을 보고 들은 자는 나 요한이니 내가 듣고 볼 때에 이 일을 내게 보이던 천사의 발 앞에 경배하려고 엎드렸더니
9 그가 내게 말하기를 나는 너와 네 형제 선지자들과 또 이 두루마리의 말을 지키는 자들과 함께 된 종이니 그리하지 말고 하나님께 경배하라 하더라

요한의 이러한 특이한 행동은 19:10에서도 발생했다(거기 주석 참조).
이것은 사도 요한이 주께 경배하듯 천사를 섬기려했다는 의미가 아니다. 천사는 사도의 깊은 공감에서 비롯된 경의적인 존중에 대하여 자신이 단지 메신저에 불과하니 그 경의를 결코 받아들일 수 없다는 뜻이다. 이에 대하여 송영목[81]은 성도가 오히려 천사를 다스리고 하나님께 직접 나아갈 수 있는 지위를 가졌기 때문이라고 말한다. 하지만 이것은 우상을 금

---

81) 송영목, 요한계시록은 어떤 책인가? 쿰란출판사, 297쪽.

기시한 그가 스스로 '천사숭배'의 잘못에 빠진 것이 아니라 그의 "다른 천사"라는 묘사에서 알 수 있듯이 순간적인 혼란으로 보이며, 그가 굳이 이것을 언급한 것은 오히려 우상숭배에 대한 세심한 주의를 강조한 것으로 보아야 한다. 따라서 오늘 날 목회자가 성도들로부터 영광을 취하는 일이 얼마나 경계해야 할 일인가로 적용해야 한다. 성도가 천사를 다스리는 일은 실현된 종말의 때를 지나 혼인잔치가 이후에나 있을 아직은 미래종말의 영역에 속할 뿐이다.

10 또 내게 말하되 이 두루마리의 예언의 말씀을 인봉하지 말라 때가 가까우니라

본 구절의 배경은 묵시로부터 몇 달 뒤의 있을 일을 말한 단 8:26이다. 그러나 이것은 단 12:4에서 인봉을 명한 것과 대조적이다. 그것은 그 묵시의 때가 먼 미래였던 것과 달리 이 묵시는 임박한 때를 전하기 위해 "기록하라"는 명령(1:19, 14:13, 19:11, 21:5)이 주어진 것과 비교 시 인봉할 이유가 없을 만큼 때가 가깝다는 것이다. 이것은 주께서 비유로 말씀하시며 이사야의 말을 인용하여 바리새인들을 향하여 반복하셨던 경고의 말씀을 떠올리게 하는데, 이 말씀에 대한 뜻은 이어지는 11절에서 제시된다.

> 그들의 눈을 멀게 하시고 그들의 마음을 완고하게 하셨으니
> 이는 그들로 하여금 눈으로 보고 마음으로 깨닫고 돌이켜
> 내게 고침을 받지 못하게 하려 함이라 하였음이더라 [요 12:40]

11 불의를 행하는 자는 그대로 불의를 행하고 더러운 자는 그대로 더럽고 의로운 자는 그대로 의를 행하고 거룩한 자는 그대로 거룩하게 하라

이것은 묵시의 그 때의 성취가 진행되고 있다는 것과 그것의 온전한 성취를 목전에 두고 있다는 그 때의 임박함을 강조한다. 참으로 이스라엘의 자손이 바다의 모래와 같이 많을지라도 남은 자만 돌아와 구원을 받듯이(사 10:22) 주의 재림은 불의를 행하는 자들에게는 언제나 긴박한 것이어서 자신의 완악함을 고칠 여유를 평생 동안 갖지 못한다는 뜻이다. 반면 경건한 자들은 주의 재림이 오늘일 수 있다는 긴장 속에서 살아가기 때문에 그것은 언제나 긴박하다. 주의 속히 오심을 간절히 기대하는 사람은 역사의 어느 시점에서나 경건한 자들의 것이지 불의한 자들의 것이 아니다. 이것은 미래 종말의 때에도 결국 택함을 받은

자만 구원을 받게 될 것이라는 말이다.

12 <mark>보라 내가 속히 오리니 내가 줄 상이 내게 있어 각 사람에게 그가 행한 대로 갚아 주리라</mark>

여기서 두 번째로 반복되어지는 **"내가 속히 오리니"**는 행 1:11의 **"하늘로 가심을 본 그대로 오리라"**는 귀소적인 관점에서의 읽혀질 수 있다. 이 약속은 속히 오실 것을 믿으며 사는 경건한 자들에게 주시는 위로의 말씀이다. **"속히"**는 천 년이 하루 같거나(벧후 3:8) 부활과 성령의 강림 사이가 불과 50일에 지나지 않음을 지칭하는 것일 수도 있지만, 11절의 해석과 같이 이것은 경건한 자의 신앙의 태도에 귀결된 것으로 읽는다. **"행한 대로"**는 그 상의 지급 방식을 두고 분분한 주장들이 있지만 여기서 말하는 행위는 속히 오리라에 대한 반응을 가리키고(마 25:1-13, 열 처녀 비유) 상은 그리스도 자신이며 아내로서의 지위 즉 구원에 속한 것들이다.

> 그러므로 깨어 있으라 집 주인이 언제 올는지 혹 저물 때일는지,
> 밤중일는지, 닭 울 때일는지, 새벽일는지 너희가 알지 못함이라
> 그가 홀연히 와서 너희가 자는 것을 보지 않도록 하라 [막 13:35-36]

13 <mark>나는 알파와 오메가요 처음과 마지막이요 시작과 마침이라</mark>

이 선언 역시 서문 1:8에서 이루어졌던 것이다. 이 세 가지의 진술은 그리스도를 모든 피조물로부터 구별시킨다. 즉 그리스도는 만물 안에 임재하시지만 그 모든 만물 위에 계시는 하나님이신 까닭이다. 따라서 모든 것 즉 계시를 통하여 알리시는 모든 것들이 하나님의 예정 안에서 그의 뜻대로 성취되고 있음에 대한 선포인 것이다.

> 일을 행하시는 여호와, 그것을 만들며 성취하시는 여호와,
> 그의 이름을 여호와라 하는 이가 이와 같이 이르시도다 [렘 3:2]

14 <mark>자기 두루마기를 빠는 자들은 복이 있으니 이는 그들이 생명나무에 나아가며 문들을 통하여 성에 들어갈 권세를 받으려 함이로다</mark>

이제 그리스도를 소유할 수 있는 일곱 번째의 복이 선언된다. **"두루마기"** στολή-스톨레는 계시록에서 6:11과 7:9, 13에서 발견된다. 그것은 어린 양의 신부나 아내들이 입은 옷을 가리킨다. 그리고 그것을 씻어 깨끗케 하는 것은 어린 양의 피다(7:9).

계시록의 칠복 곧 생명나무에 나아가 새 예루살렘 성에 들어갈 권세를 받을 자들은 다음과 같다.

① 1:3 - 읽는 자, 듣는 자, 지키는 자

② 14:13 - 주 안에서 죽는 자

③ 16:15 - 깨어, 벗고 다니지 않고 부끄러움을 보이지 않는 자

④ 19:9 - 결혼 잔치에 초대받은 자

⑤ 20:6 - 첫째 부활에 참여하는 자

⑥ 22:7- 예언의 말씀들을 지키는 자

⑦ 22:14 - 두루마기를 빠는 자

이들은 모두 그리스도의 몸 된 교회를 지칭하는 것이다.

15 개들과 점술가들과 음행하는 자들과 살인자들과 우상 숭배자들과 및 거짓말을 좋아하며 지어내는 자는 다 성 밖에 있으리라

반면 여기서는 이제 복을 받아 새 예루살렘 성에 들어가는 자와 대조적으로 들어가지 못할 자들이 열거된다. 이들은 21:8에서 언급되었던 자들과 거의 동일하다. 여기에는 21:7의 '거짓말 하는 자'가 추가되고 있다. 그리고 여기서만 나타나는 항목은 가장 앞서 진술되는 **"개들"**이다. 그것은 토한 것을 다시 삼키는 존재로서 유대인 그리스도인 곧 유대교로 다시 돌아 간 배교자들을 가리켰다(21:8 주석참조). **"거짓말을 좋아하며 지어내는 자는 다 성 밖에 있으리라"**는 시 101편에서 압살롬이 아침마다 성문에서 백성들의 마음을 훔친 배신과 관련이 있다. 거기서 다윗은 압살롬과 그를 추종하여 자신을 배신한 무리들을 향해 성 밖으로 추방당할 것이라 말했다. 그러므로 새 언약 교회 안에서도 이것은 그대로 적용된다는 것이다.

16 나 예수는 교회들을 위하여 내 사자를 보내어 이것들을 너희에게 증언하게 하였노라

나는 다윗의 뿌리요 자손이니 곧 광명한 새벽 별이라 하시더라

이 구절은 서문 2:28과 평행적이다. "내 사자를 보내어"는 계시를 시작하였고 이제 그 계시를 종결한다는 의미를 함축한다. 그리고 이 계시를 전하는 이의 신분을 "예수 그리스도의 계시라"하고 시작에서 밝혔던 것과 같이 이제 끝에서 "나는 다윗의 뿌리요 자손이니 곧 광명한 새벽 별이라"라고 자신을 밝히는 수미상관 구조 즉, 인클루시오(포괄시키는 문학적 장치) 형식을 통하여 요한이 기록한 이 모든 계시가 메시아 언약의 성취로서 자신의 것임을 밝히신다.

'새벽 별'은 '한 별이 야곱에게서 나올 것'(민 24:17)이라는 발람의 마지막 예언에서 다윗-메시아의 연결점을 가진다.

17 성령과 신부가 말씀하시기를 오라 하시는도다 듣는 자도 오라 할 것이요 목마른 자도 올 것이요 또 원하는 자는 값없이 생명수를 받으라 하시더라

이 구절은 요한 계시록의 참 목적이 드러난다. 그것은 심판이 아니라 임박한 심판으로부터 구원으로의 초대이다. 그런데 초청하는 자가 "성령과 신부"라는 사실은 매우 중요한 점을 우리에게 시사한다.

여기서 "성령과 신부"는 구약 교회가 아니라 신약 교회라는 사실이다. 즉 여기서 "신부"는 어린 양의 신부인 귀네가 아닌 어린 양의 아내인 νύμφη-님페이다. 즉 새 언약 안으로의 초대인 것이다.

> 명절 끝날 곧 큰 날에 예수께서 서서 외쳐 이르시되 누구든지 목마르거든 내게로 와서 마시라
> 나를 믿는 자는 성경에 이름과 같이 그 배에서 생수의 강이 흘러나오리라 하시니
> 이는 그를 믿는 자들이 받을 성령을 가리켜 말씀하신 것이라 [요 7:37-38]

18 내가 이 두루마리의 예언의 말씀을 듣는 모든 사람에게 증언하노니 만일 누구든지 이것들 외에 더하면 하나님이 이 두루마리에 기록된 재앙들을 그에게 더하실 것이요
19 만일 누구든지 이 두루마리의 예언의 말씀에서 제하여 버리면 하나님이 이 두루마리에 기록된 생명나무와 및 거룩한 성에 참여함을 제하여 버리시리라

여기서 화자인 **"내가"**는 요한이 아니라 예수 자신이시다. 이는 앞 구절에서 이 계시가 자신의 것임을 인클루시오를 통해 밝히신 것에서 확인된다. 이 예언의 말씀에서 누구든지 '가감하지 말라'는 명령의 출처는 신 4:2과 12:32이다. 신 4:2에서 이 명령은 거짓 선지자 발람의 미혹에 빠져 우상인 바알브올을 따랐다가 심판을 받은 사실로부터 주어졌고, 신 12:32에서는 가나안 입성 후 동일한 사례를 따르지 못하도록 미리 경고하는 가운데 주어졌다. 신약의 서신에서 거짓 교사(배교자)들의 특징은 자신들의 목적을 달성하기 위해 하나님의 말씀으로 가장하거나 가감하여 왜곡시키는 것이었다. 이것은 일곱 교회에 주신 메시지에서도 잘 드러난다(계 2:6, 14-15, 20).

20 이것들을 증언하신 이가 이르시되 내가 진실로 속히 오리라 하시거늘 아멘 주 예수여 오시옵소서

세 번째의 **"속히 오리라"**의 확언이 재림의 절정으로서 주어진다. 이것은 '진실로 내가 가고 있다'는 의미의 확언적인 말씀이다. 사도는 교회의 모두를 대표하여 주님의 약속의 말씀에 간절한 소망을 담아 **"아멘 주 예수여 오시옵소서"**라고 화답한다.

여기서 **"주 예수"**는 놀라운 선언이다. 삼위일체에 대한 묘사가 은유적으로 제시되어 왔지만 이제는 계시의 결론으로써 예수의 주(여호와 하나님) 되심은 직접적으로 선언된다. 이 칭호는 모든 그리스도인에게 너무나 친근한 선언이다. 하지만 그의 또 다른 수신자인 유대인들, 그것도 "아버지와 나는 하나다"는 말씀을 신성모독으로 책잡아 십자가에 처형케 한 그 동족 유대인들에게 이 칭호는 실로 충격적인 선언이다.

그는 주님의 **"속히 오리라"**는 말씀에 반가움으로 화답하여 "아멘! 주여 속히 오시옵소서!"라고 화답하는 대신 **"아멘! 오시옵소서"**라고 말하고 있다. 요한의 이 반응은 박해를 당하고 있는 자신과 교회의 고통보다 동족 한 사람의 회개와 구원에 더 매달리는 마음이 내포되어 있을 수 있다. 그는 자신의 복음서에서 주를 십자가에 매단 동족을 향해 그것은 주께서 아버지께로 돌아가는 길이며, 이미 우리를 위하여 그곳에 있었던 것이니 자책하기보다 회개하고 구원을 받으라고 촉구한다.[82] 그의 이 같은 심정은, 심판으로 오시는 주의 발걸음에 차마 "속히"를 붙이지 못하고 있는 듯하다. 그것은 그의 마음에 부어진 하나님의 사랑으로 보인다. 주의 오심이 누구보다 더디게 느껴지는 것은 경건한 삶을 사는 자들만의 몫이 분

---

82) Ibid, D.A. Carson.

명할 것이다. 하지만 그가 가슴 아파하는 것은 약속된 배교자들의 심판 때문이 아니다. 심판과 남은 자의 구원은 약속하신 대로 속히 임할 것이나, 이제 선민의 지위로서 동족 유대인이 아니라 동일한 이방인이자 그리스도께 접붙임 당할 원 가지로서의 구원을 위해 그의 마음은 급하다. 그래서 그는 동족의 구원을 위해 네 생물의 계시 안에서 영감 된 주님의 뜻을 따라 복음서를 쓰기로 결심한다. 주님의 그 사랑은 끝이 없다.

21 주 예수의 은혜가 모든 자들에게 있을지어다 아멘

그래서 그는 심판보다 은혜를 앞세우며 이 책을 마무리하고 있다. 심판 받아 마땅함을 확증하고 거듭 확증 했으면서도 그가 동족을 향한 눈물을 거두지 못하는 것처럼 이 마음은 세상의 불신자를 향한 모든 그리스도인들의 눈물이 되어야 한다.

여기서 **"은혜"**는 서문 1:4에서 축복되어진 것임을 고려할 때 계시록에서 선언된 일곱 개의 **"복이 있나니"**를 함축하고 있으며, 심판으로부터 돌이켜 여호와이신 예수께로부터 말미암는 그 구원의 은혜가 모든 수신자들에게 임하기를 간절히 호소하며 끝난다.

아멘! 주 예수여
오시옵소서!

나가면서

요한계시록에 대한 신자들의 막연한 두려움은 현대 목회자들에 의해 그리스도의 승리에 관한 책으로 위로를 받는다. 하지만 그 위로는 메시지의 궁극적인 결론이지 결코 책이 전달하려는 전부가 아니다. 이 책은 성경의 모든 언약들의 성취로써 저수지이자 구속사의 결정체로서 언약 안에 머무는 자들에게 영적전투에 대한 위로와 소망을 주는 반면, 언약 밖에 있는 자들에게 엄중한 경고의 목소리를 발하기 때문이다.

메시아 언약 아래에 있던 1세기 유대교가 직면했던 위기가 바로 그러했다. 그들은 표면적으로는 경건한 자들이요 자칭 율법행위에 철저한 의인들이었다. 하지만 그들은 하나님이 시온의 영광이신 제사장의 나라를 비전으로 삼은 것이 아니라, 오히려 탐심에서 비롯된 다윗 왕국의 영광을 취하려고 하나님의 얼굴을 구했던 우상숭배자요 진리를 알고도 그분을 거부한 고범자의 집단에 불과했다(요 8:44).

그들에게 주 예수의 메시아 되심은 핑계치 못할 만큼 수많은 표적과 말씀으로 분명하게 증언되었지만, 회개는커녕 시기가 가득하여 박해를 가한 일련의 반역적 행위를 일삼다가 그 강퍅해진 심령은 결국 유기라는 파멸적 심판에 이르는 배교자들의 전형적인 길을 걸었다. 그들은 이스라엘에 속했고 양자됨과 영광과 언약들과 예배와 약속들을 가졌지만 '많이 맡은 자'(암 3:2)로서 기뻐하지 못했고, 감사하지 않았으며, 자신을 쳐서 하나님께 복종하지 못하고 빛보다 어둠을 더 사랑하였다. 그렇다면 새 언약 교회는 과연 이들보다 나을까? 전혀 그렇지 않다. '믿으면 구원'이라는 명제적 진리 아래에서 벗어나 '아들의 형상'이라는 창조의 원 목표로 나아가야 하지만, 눈에 보이는 것은 믿음이 아님에도 그 가치를 탐하느라 나아가지 못한다. 그리스도와 온전한 연합을 이루지 못하면(요 15:5) 명목적인 그리스도인(엄밀히 불신자)으로 전락되거나 미련한 다섯 처녀처럼 동일하게 시험에 빠지기 쉽고(마 25:8) 얼마든지 완악해지다가 동일한 그 반역자요 배교자의 길을 갈 위험이 있다는 경고에 귀를 닫고 있다. 믿는 자들에게 '구원의 확신'은 변함없는 성경적 진리이다. 그러나 바울의 '두렵고 떨림으로 너희 구원을 이루라'는 경고(빌 2:12)는 배교의 책임이 교인의 몫임을 분명히 한다. 오늘날 현대 기독교는 1세기의 그들과 너무나 닮아 있다. '하나님과 재물을 겸하여 섬길 수 없다'(눅 16:13)는 주님의 경고는 현 시대 교인들의 탐심을 지적이나 하신 듯 세태가 너무나 닮아 있다.

성경은 나의 필요를 채우는 것이 복음인가? 하고 질문한다. 기도응답의 비결인 상호내주의 조건으로써 '내 안에'(요 15:7)는 하나님의 뜻에 신자 자신을 종속시키는 것을 의미하므로, 하나님 한 분 만으로 모든 필요의 충족으로 삼는 성숙한 그리스도인에게서 그것은 오히려 철저히 배제되어져야 하는 것이다(시 23:1).

성경은 시작에서부터 시대와 세대를 초월하여 하나님을 전적으로 의탁하는 것만이 사람이 복락을 누리는 지혜이자 유일한 길이라고 말한다. 동시에 그것은 탐심을 물리치는 힘으로서 오히려 내 모든 것을 아낌없이 내어주는 사랑인 십자가라고 말한다. 신자의 일생을 의탁하고도 남을 하나님의 사랑과 은혜가 거기에 있다. 이를 체득한 자만이 겸손히 순종으로 자신의 삶을 전적의탁의 산제사로 드릴 수 있는 것이다(고전 13장).

우리는 21장에서 그 전적의탁이 새 창조 세계 안의 새 질서라고 이해되어졌다. 세상을 다스리는 지혜와 권세가 주의 이름에 있다는 것은 교회가 전적으로 주를 신뢰하는 것이지 그 탐심에서 비롯된 욕구 충족의 수단으로 주의 이름을 사용하여 스스로 해산을 시도하며 바벨탑을 세우는 것이 아니다(시 37:5).

여호와의 크고 두려운 날의 심판을 보라. 언약 언에 있는 자에게 그것은 구원의 날이지만 언약 밖에 있는 자들에겐 재앙이었듯이, '심판의 경고는 교회 울타리 밖의 불신자들의 몫이 아니라 울타리 안에 있는 불신자(?)들에게 필요한 메시지이다. 따라서 요한계시록은 그리스도의 승리로 치부하며 묻어둘 것이 아니라 강론이 매우 시급한 것이다. 이 책의 구체적인 요구는 일곱 교회에 주시는 메시지 안에서 '탐심으로부터 자신을 멀리하여 어떠한 상황에서도 믿음을 지켜 승리하라'는 것이다.

새 창조로써 새 하늘과 새 땅, 새 예루살렘은 주 성령 안에서 신자 각자가 성화에 능동적으로 참여하여 그 '아들의 형상'을 입고 만유를 다스리는 그 영광의 지위를 온전히 회복한 상태를 일컫는다. 과연 우리'는 그리고 '나'는' 과연 거기에 합당한 길을 걷는 자인가? 경건한 십사만 사천이 눈물로 시온의 대로를 걸었던 것과는 달리, 오늘 우리는 성령 안에서 주와 동행하며 염치없는 구원을 누리는 무익한 종의 감격으로 그 길을 걸으며 끊임없는 임재를 누리는 영광된 아들들로서 합당한 예배를 하는가?

부활과 영생의 약속은 '나'로 하여금 능히 십자가를 지게 하는 초월적인 은혜인가? 사도는 훗날 교회를 향하여 모든 메시지의 함축된 결론과 같이 이렇게 말한다.

자녀들아 너희 자신을 지켜 우상에게서 멀리하라 [요일 5:21]

성경색인

사무엘하		
10:4		83
22:9		147
24:1		199

열왕기상		
6:20		287
7:23		94
7:40		218
7:45		218
16:31		67
17:1		133
18:15		133
18:40		229
19:18		68
21:25		67

열왕기하		
1:1		275
3:14		133
4:10		51
23:29		229

역대상		
16:31	182	258

역대하		
4:8		218
16:9		48
35:20		229

욥기		
1:12		143
9:5		136
26:6		145
37:22		52

시편		
2:1		171
2:6		200
2:7	69	178
2:9		263
15:1		200
18:6		134
27:4		295
27:8		52
33:3		103
35:10		189
37:5		306
37:7		132
40:3		103
42:2		295
44:11		203
71:19		189
74:1		258
78:40		204
79:1		165
79:10		257
84:5		50
87:4		290
89:27		48

96:1		103
97:5		231
101편		301
101:3		83
104:35		256
109:2		242
113:5		189
115:13		172
141:2	102	133
145:17		216
149:1		103
149:5		69

잠언		
3:12		84
15:11		145
18:10	207	287
20:22		262
30:27		145

전도서		
12:3		252
12:8		249

아가		
5:2		84

이사야		
6:2		96
6:3	96	218
6:9		58

9:6		96
10:20		143
10:22	121	122
		299
11:2		48
11:6		282
11:15		227
13:10		33
20:4		83
21:1		235
21:9	205	246
22:22	53	74
23:9		252
24:23		91
25:8		129
26:17		177
30:26		217
34:4	117	118
34:9		147
34:10		208
35:8		292
40:1		214
40:4		136
40:12		136
40:18		190
40:29		183
41:4		52
41:15		136
41:25		227
42:10		103
43:2		184

3:22		202	**사도행전**		2:4	104	205	**갈라디아서**	
4:14	129	283			2:9		52		
5:22	99	264	1:8	18	2:23		173	1:6	138
5:27	69	100	1:11	300	2:28		75	1:8	138
5:39	46	106	1:14	132	3:5		262	1:19	56
6:30		258	2:1	131	3:25		262	2:2	92
6:66		195	2:5	127	5:3		19	2:9	79
7:37		302	2:16	46	6:5	167	271	3:10	154	294
8:44		305	2:17	90	8:18		37	3:19	25
9:39		83	2:20	115	9:5		170	4:1	25
10:4		202	4:24	202	9:27		185	4:4	90
10:7		75	5:1	64	16:25		46	4:26	185
10:9		75	7:4	202	**고린도전서**			6:14	88
11:25		272	7:44	216				**에베소서**	
12:40		299	7:49	203	1:24		104		
14:2		279	7:53	25	6:3		25	1:4	191
14:21		76	7:54	166	8장		21	1:13	123
14:23		128	9:31	175	180	9:25		92	1:15	57
15:4		292	11:19	179	11:31		72	2:2	230	270
15:5		305	13:6	195	227	13:6		67	2:20	286
15:19	38	172	15:20	21	15:3		52	3:3	46
16:8		262	16:14	66	15:7		56	3:8	104
16:33	38	92	16:16	228	15:41		54	3:9	46
	203	262	18:19	56	15:51	72	160	4:30	123
17:15		77	20:6	145	**고린도후서**			6:10	104	228
17:21	93	281	21:20	184				**빌립보서**	
17:38		283	24:1	145	1:5		19		
19:30		230			5:17		282	2:12	306
20:17		258	**로마서**		6:5		171	2:16	92
20:30		154			8:9		104	3:4	173
			1:2	95	120	11:2		202	3:10	174

내적 증거로 읽는 요한계시록

아멘! 주여, 오시옵소서

초판 발행 2024년 11월 11일

지은이 김경태
펴낸이 방성열
펴낸곳 다산글방

출판등록 제313-2003-00328호
주소 서울특별시 마포구 동교로 36
전화 02-338-3630
팩스 02-338-3690
이메일 dasanpublish@daum.net
　　　　iebookblog@naver.com
홈페이지 www.iebook.co.kr

© 김경태, 2024, Printed in Korea

ISBN 979-11-6078-319-3 03230